Sexo Definitivo
Tudo o que você precisa saber sobre sexo e sensualidade

Judy Bastyra

Sexo Definitivo
Tudo o que você precisa saber sobre sexo e sensualidade

Tradução:
Lucas Portella

Fotografias por John Freeman
Apresentação por Ed Straw
Vice-Presidente da Relate
Consultoria de Marj Thoburn MBE
Presidente da BASRT (Associação Britânica de
Terapia Sexual e de Relacionamentos)

Publicado originalmente em inglês sob o título *Ultimate Sex – Everything you need to know about sex and sensuality*, por Hermes House.
© 2003, 2008, Aness Publishing Ltd.
Direitos de edição e tradução para todos os países de língua portuguesa.
Tradução autorizada do inglês.
Ilustrações do *Kama Sutra*, cortesia de Art Archive/ JFB Extrato de *The Butcher*, de Alina Reyes, usado com a permissão de Random House Group Limited.
© 2013, Madras Editora Ltda.

Editor:
Wagner Veneziani Costa

Produção e Capa:
Equipe Técnica Madras

Fotos:
John Freeman, assistido por Alex Dow

Maquiagem:
Bettina Grahan

Ilustrações:
Samantha Elmhurst

Tradução:
Lucas Portella

Revisão da Tradução:
Selma Borghesi

Revisão:
Arlete Genari
Renata Brabo

Dados Internacionais de Catalogação na Publicação (CIP)
(Câmara Brasileira do Livro, SP, Brasil)

Bastyra, Judy
Sexo definitivo: tudo o que você precisa saber sobre sexo e sensualidade/Judy Bastyra; tradução Lucas Portella. – São Paulo: Madras, 2013.
Título original: Ultimate sex
Bibliografia
ISBN 978-85-370-0861-4

1. Amor 2. Intercurso sexual 3. Instrução sexual 4. Intimidade (Psicologia) 5. Relações sexuais 6. Sensualidade 7. Sexo I. Título.

13-06139   CDD-613.9071

Índices para catálogo sistemático:
1. Instrução sexual 613.9071

É proibida a reprodução total ou parcial desta obra, de qualquer forma ou por qualquer meio eletrônico, mecânico, inclusive por meio de processos xerográficos, incluindo ainda o uso da internet, sem a permissão expressa da Madras Editora, na pessoa de seu editor (Lei nº 9.610, de 19.2.98).

Todos os direitos desta edição, em língua portuguesa, reservados pela

MADRAS EDITORA LTDA.
Rua Paulo Gonçalves, 88 – Santana
CEP: 02403-020 – São Paulo/SP
Caixa Postal: 12183 – CEP: 02013-970
Tel.: (11) 2281-5555 – Fax: (11) 2959-3090
www.madras.com.br

Agradecimentos

Gostaria de agradecer especialmente a dois de meus colegas: primeiramente a Clare Spurrell, uma aventureira e escritora em formação que contribuiu imensamente com este livro, tanto para as pesquisas como editorialmente, e a Tessa Swithinbank, escritora e amiga muito próxima que também ofereceu grande apoio e contribuição. Gostaria também de agradecer para Ruth Thomson, Tannis Taylor, Jonathan Hart, Emily Dubberley, do <cliterati.co.uk>; Lynn Warner, Robert Page do *The Lover's Guide*; Trilby Fairfax, Simon Parritt, do SPOD; Robert e Lynn Watson, do Dateable; Dr. Jane Roy, da Relate; e a todos os meus outros amigos, que foram gentis o bastante em conversar comigo a respeito de suas vidas e fantasias sexuais; à minha editora, Katy Bevan, e à minha revisora Sarah Brown; ao fotógrafo John Freeman, sua assistente Alex Down e à maquiadora Bettina Graham. A Katy e Nathan, Helen e Armani, Tino e Jennifer, Steve e Barbara, Jessica e Kitt, e Justin e Abigail por terem feito uso de seus corpos para ilustrar o texto. À Marie Stopes que forneceu material contraceptivo. Sh! Women's Erotic Emporium, Coco de Mer e Myla foram muito generosos em nos emprestar roupas de baixo, brinquedos sexuais e outros objetos para serem fotografados. A equipe de Ann Summers foi extremamente informativa durante os primeiros dias da minha pesquisa. Agradecimentos a The Terrence Higgins Trust, Stonewall e Peta Heskell, diretor da UK Flirting Academy, <www.flirtcoach.com>. Eu também gostaria de pedir desculpas a qualquer pessoa de quem eu tenha me esquecido em razão da pressa por cumprir os prazos – peço minhas sinceras desculpas.

Finalmente, gostaria de dedicar este livro a todos os homens da minha vida que à sua própria maneira me ajudaram a escrever esta obra: meu pai e maior encorajador, Jessel, seguido por muitos de meus parentes, e meus muito queridos, passados e atuais amigos: Dominic, Stuart, John, Gil, Charlie, Robert, Roger (que insistiu para ser mencionado) e a B.K., minha inspiração.

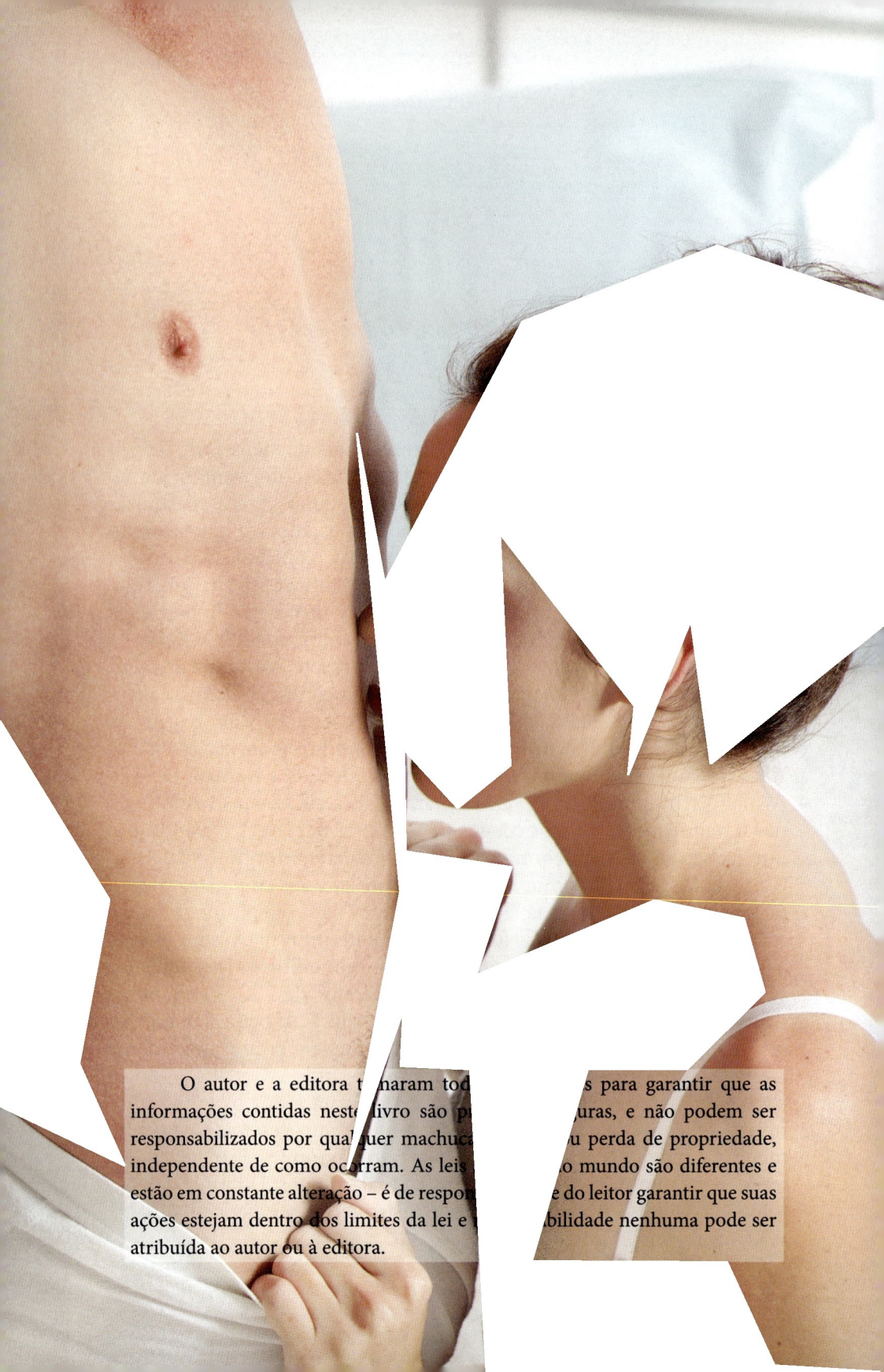

O autor e a editora tomaram tod[as as medidas] para garantir que as informações contidas neste livro são p[recisas e seg]uras, e não podem ser responsabilizados por qualquer machuca[do, dano o]u perda de propriedade, independente de como ocorram. As leis [em todo] o mundo são diferentes e estão em constante alteração – é de respon[sabilidad]e do leitor garantir que suas ações estejam dentro dos limites da lei e [responsa]bilidade nenhuma pode ser atribuída ao autor ou à editora.

Índice

Apresentação 11
Introdução 15
Atração 21
Corpo 45
Sedução 79
Orgasmo 115
Coito 143
Fatores X 199
Erotismo 231
Trazendo Novidades 263
Sexo Divino 297
Comidas para o Amor 357
Estações 385
Saúde Sexual 431
Glossário 487
Bibliografia 497
Índice Remissivo 501

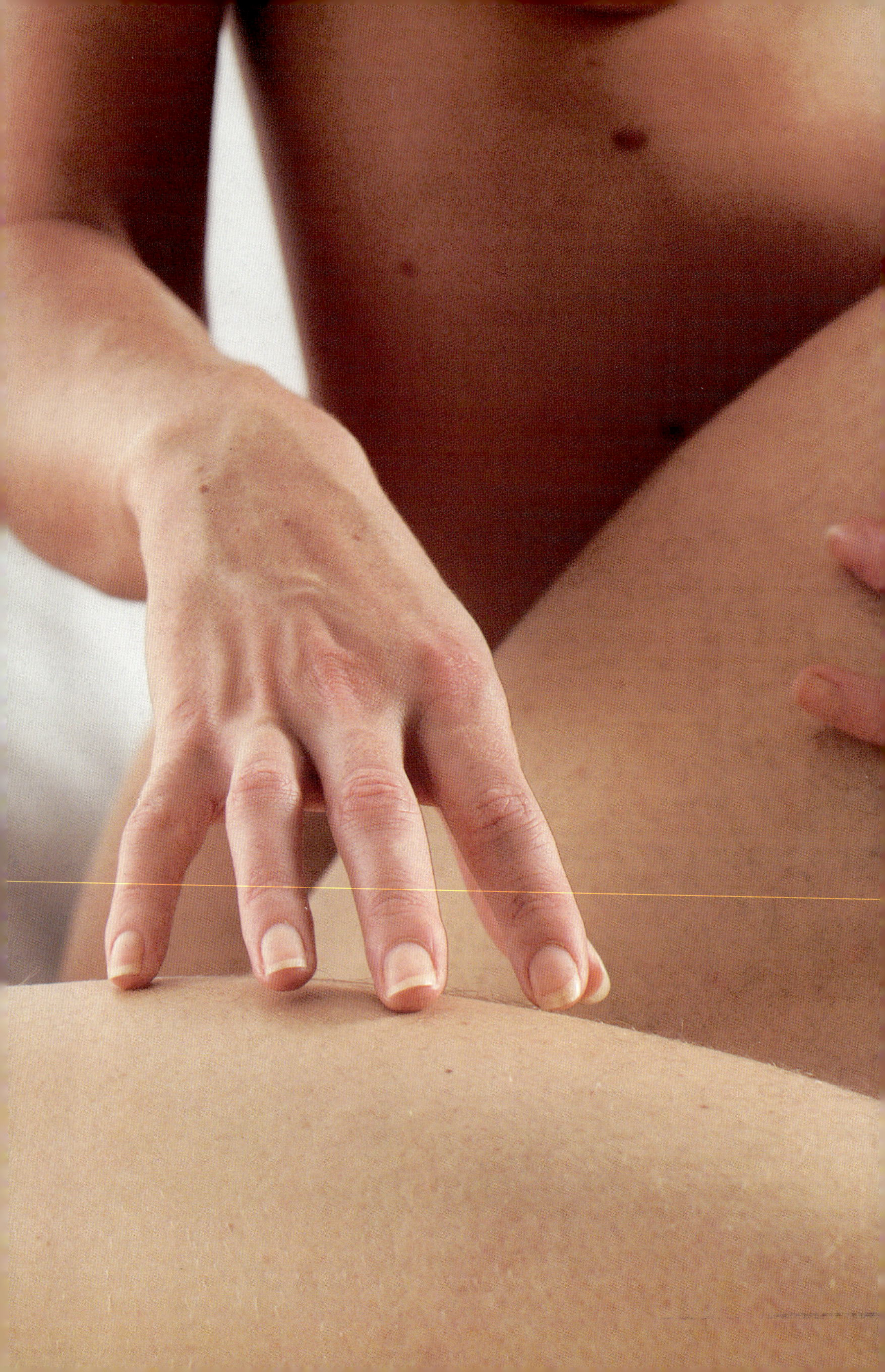

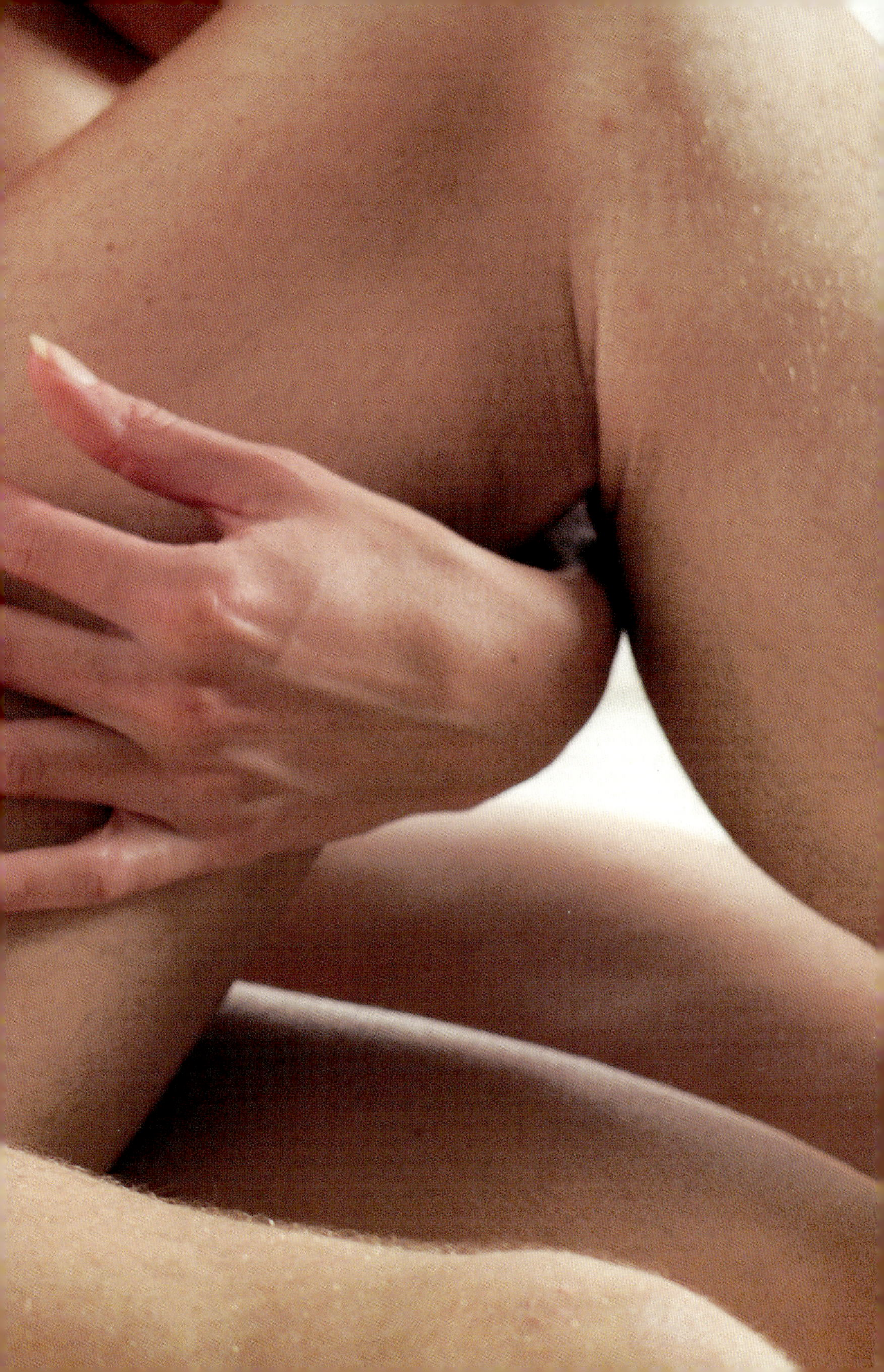

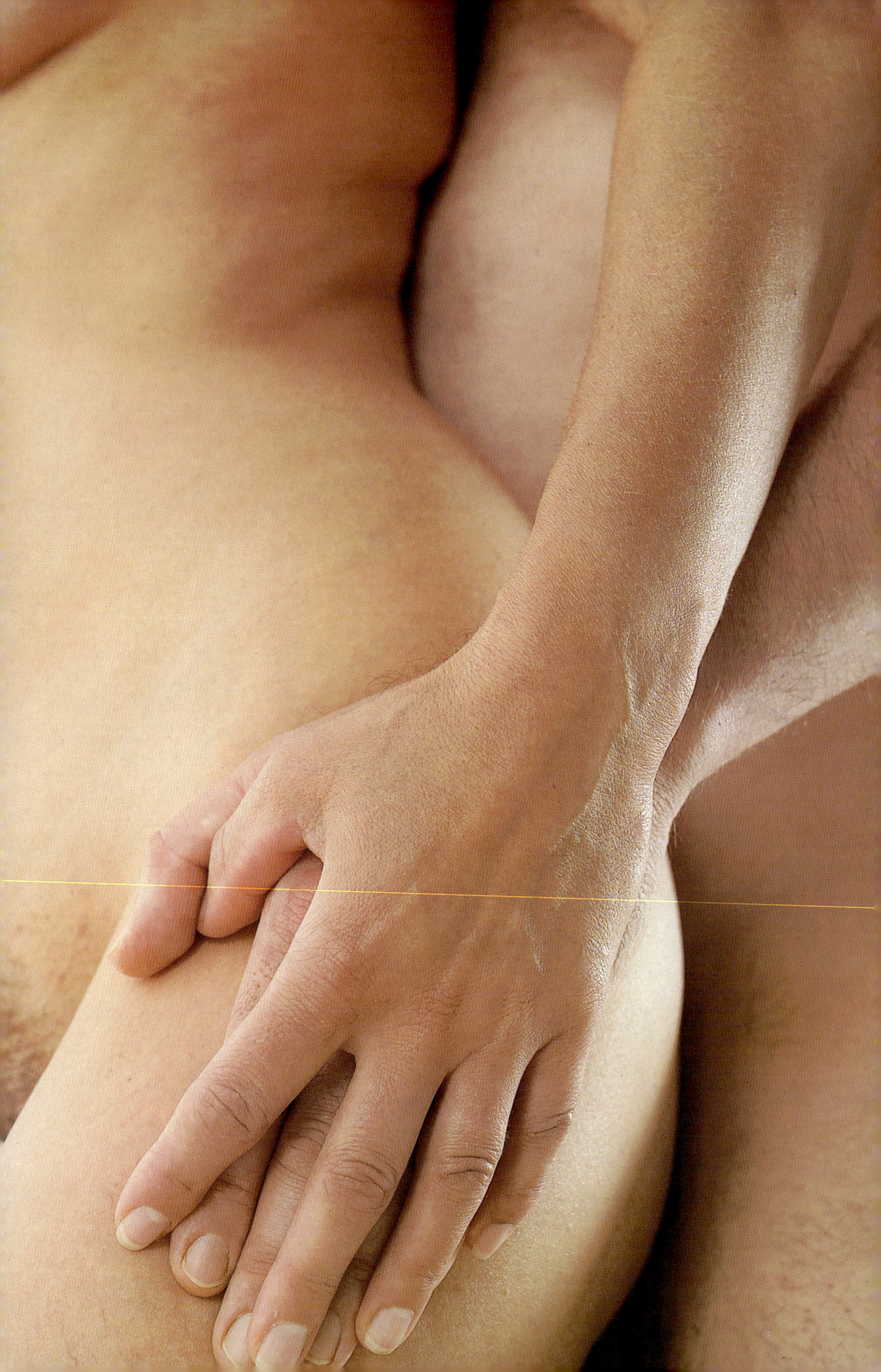

Apresentação

QUE LIVRO INTERESSANTE! Supostamente, somos todos especialistas no assunto, mas eu certamente aprendi muito. Descobri o que café, couve-de-bruxelas e aspargos têm em comum, e adquiri um conhecimento melhor de anatomia. Descobri que a compreensão de "por que e onde" melhora nossas habilidades e consequentemente aumenta a motivação, e descobri que com sexo não funciona de maneira diferente. Qual a importância do aroma; o motivo de o pós-coito ser parte da sedução; e de onde vem a abençoada sensação do orgasmo...

As dicas começam desde o início, com a forma de apresentação e higiene pessoal, lugares legais para conhecer gente, coisas boas de dizer em uma conversa (atenha-se à franqueza e evite a busca por soluções milagrosas: todas elas são enganação), leitura de linguagem corporal e sedução. O livro então vai ao que interessa na questão das preliminares, de encontrar os pontos certos, do coito, do sexo oral e anal, e exibe um esplêndido leque de práticas de erotismo. Referências complicadas a disfunções, saúde e segurança não foram deixadas de lado, e o tratamento dado a elas é bastante abrangente.

Existem milhares de maneiras de ter intimidade com o seu parceiro; muitas delas você conhecerá neste livro.

ACIMA E À ESQUERDA | Aproveite a leitura com o seu parceiro – isso pode abrir portas para conversas e, depois, para a ação.

Apresentação

O livro não faz julgamento algum e por isso traz alívio para uma sociedade sufocada por regras. Escolha no banquete os pratos que mais lhe apetecem hoje: não se trata de certo ou errado, mas do cardápio sexual em constante mutação.

Estamos cercados de imagens de sexo nas revistas, em filmes e em propagandas, mas muito desse material foge do que vale a pena ser dito. Sexo é um conjunto de sensações, sendo tanto uma viagem emocional quanto uma exploração de si mesmo. O livro pode ajudá-lo a descobrir partes suas que você sequer sabia que existiam. Folheie e deixe de lado, leia do início ao fim, leia sozinho ou acompanhado.

Minha experiência diz que as pessoas estão se tornando cada vez mais abertas a discutir suas questões sexuais e mais propensas a insistir em ter uma boa vida sexual. Minha organização talvez seja mais conhecida por seu trabalho com conselho matrimonial. Muito menos conhecido pelo público é o serviço de terapia sexual que oferecemos há muito tempo. A terapia sexual se desenvolveu em resposta à constatação de que, em alguns casos, problemas sexuais foram a raiz causadora de problemas no relacionamento. Evidente que o inverso pode apresentar o mesmo resultado: conexões emocionais pobres podem causar sexo insatisfatório. Mas são muitos os casos em que melhorias no sexo podem salvar o relacionamento. E a beleza disso é que muita coisa relativa ao sexo é comportamental: precisa-se de técnicas, e elas podem ser ensinadas e aprendidas.

Este livro apresenta e ensina o assunto de uma maneira aberta, clara e segura, em consonância com a visão moderna, livre de inibições e reprimendas e sustentável pela noção de que o sexo é uma dádiva que podemos oferecer um ao outro.

Para muitos, esta será uma leitura extremamente pessoal: aconchegue-se em seu lugar favorito e aproveite um pouco de chamego antes de ir adiante. Uma dose de sensualidade pode ser simplesmente benéfica. Divirta-se.

Ed Straw, Vice-Presidente, Relate
(A maior organização de apoio matrimonial do Reino Unido)

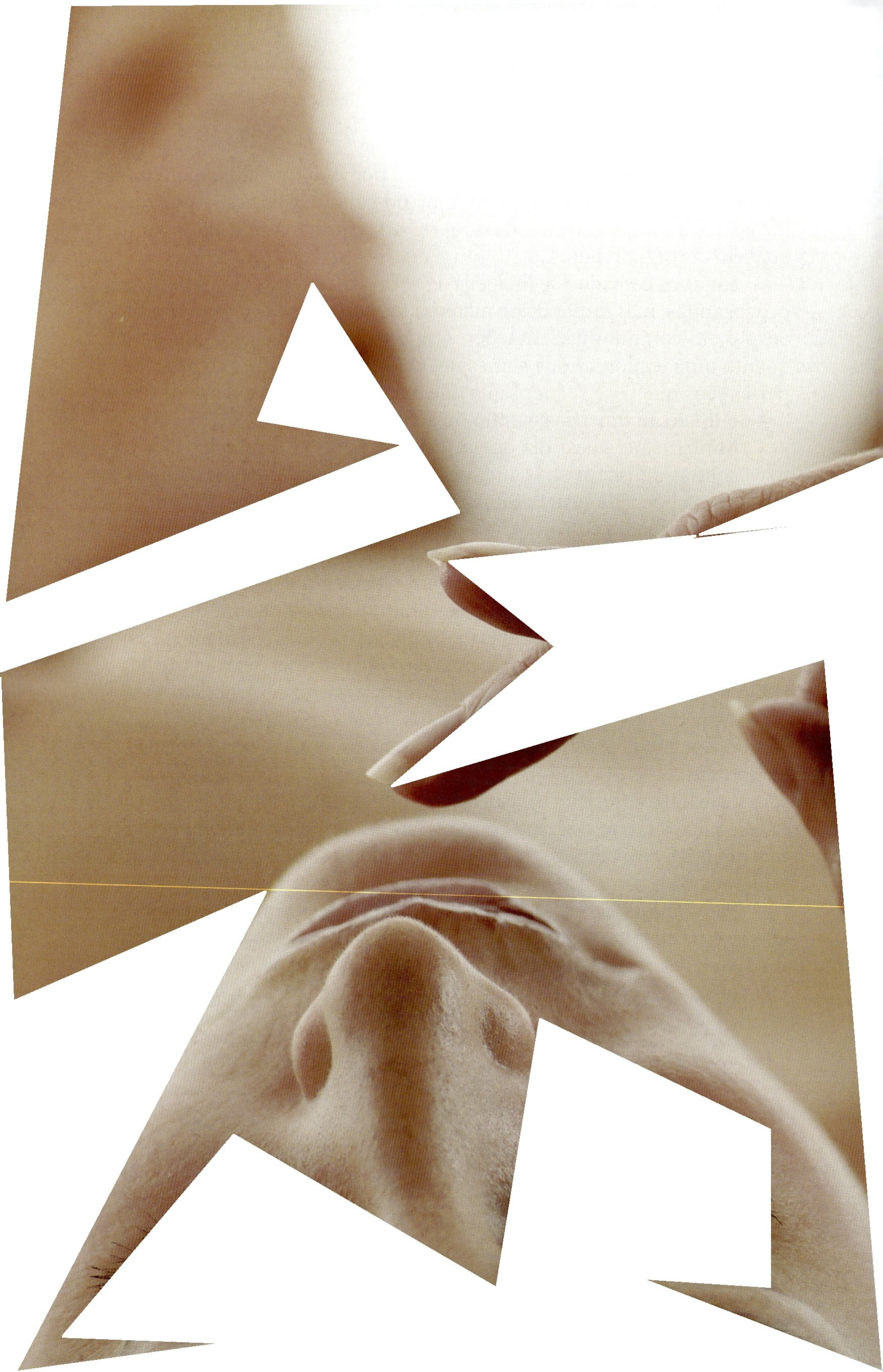

Introdução

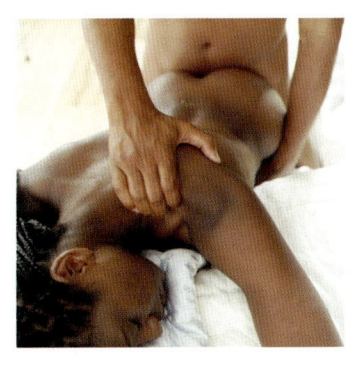

ESTA PÁGINA E A ANTERIOR| Um bom sexo está ao alcance de suas mãos.

ESCREVER UM GUIA DE SEXO revelou-se uma jornada fascinante que me levou a buscar uma grande variedade de especialistas para pedir conselhos, de autoridades em *bondage** a terapeutas sexuais, de empreendedores da indústria pornográfica a profissionais médicos. Uma gama enorme de pessoas compartilhou suas experiências mais íntimas comigo, e com a ajuda delas produzi um livro de referência inspirador, que trará elucidações para pessoas de todas as idades e ajudará a apimentar um pouco suas vidas sexuais.

Surpreendentemente, sexo ainda é algo sobre o que dificilmente se conversa em nossa sociedade. Eu me refiro a *realmente* conversar a respeito. A despeito do fato de vivermos em uma dita "sociedade liberal", muitos de nós

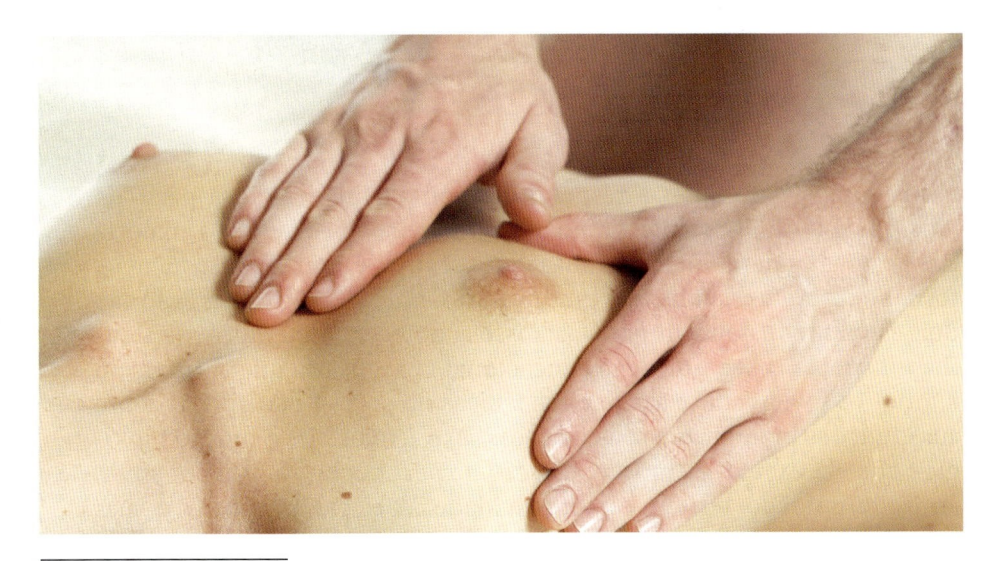

---

* N.T.: *Bondage* é um tipo específico de fetiche, geralmente relacionado com sadomasoquismo, em que a principal fonte de prazer consiste em amarrar e imobilizar seu parceiro ou a pessoa envolvida. Pode ou não envolver a prática de sexo com penetração.

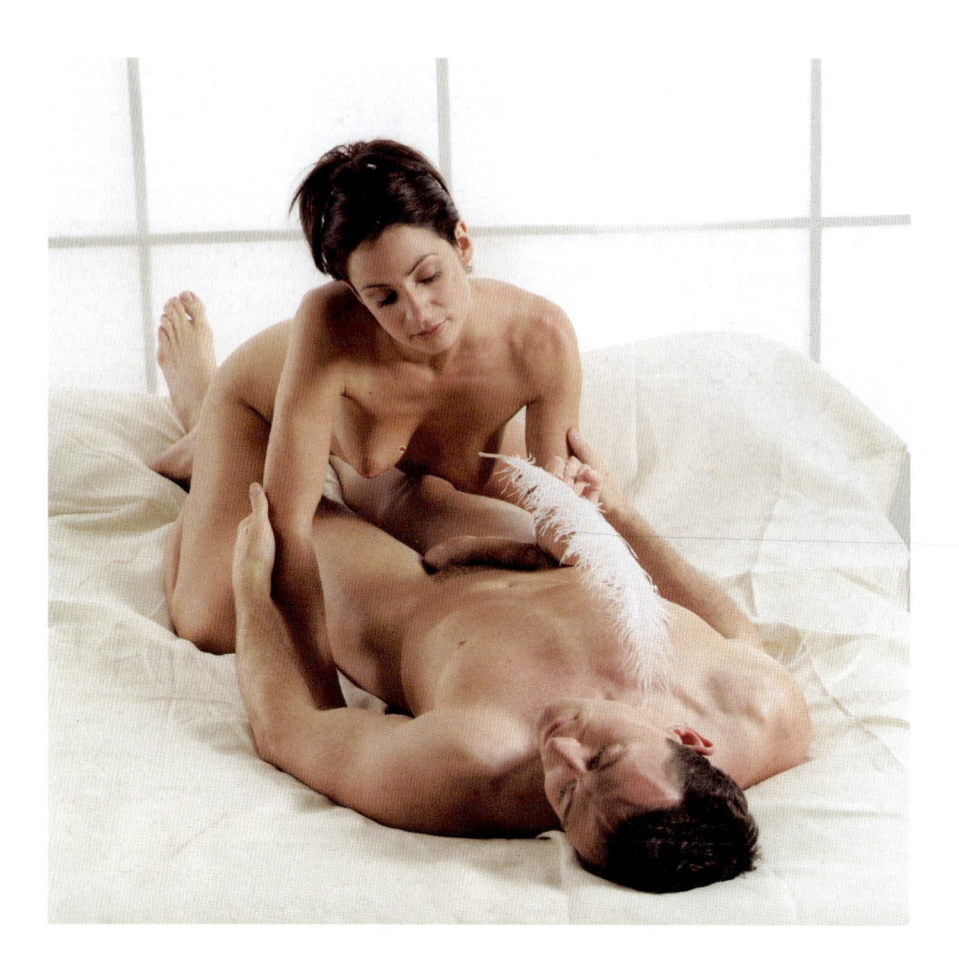

ainda somos ignorantes a respeito das complexidades dessa parte da vida que é tão importante. Creio ser verdadeiro afirmar que a maioria das pessoas poderia melhorar suas vidas sexuais e, como consequência, tornar o restante da vida mais gratificante. Comunicação e educação são dois elementos essenciais para fazer isso acontecer. Se eu exercesse alguma influência sobre o sistema educacional, asseguraria que ensinassem a todos os jovens sobre a arte e as técnicas do sexo, e não apenas sobre suas funções biológicas e seus perigos. Sexo é mais que a função biológica que ele exerce, é emoção, direção, experimentação, paixão, amor, amizade, cuidado, ternura e expressividade. Você precisa saber das suas próprias necessidades e também das necessidades do seu parceiro. Este realmente pode ser um assunto muito complicado de se discutir, mas ser capaz de se comunicar com o outro sobre seus desejos e necessidades é

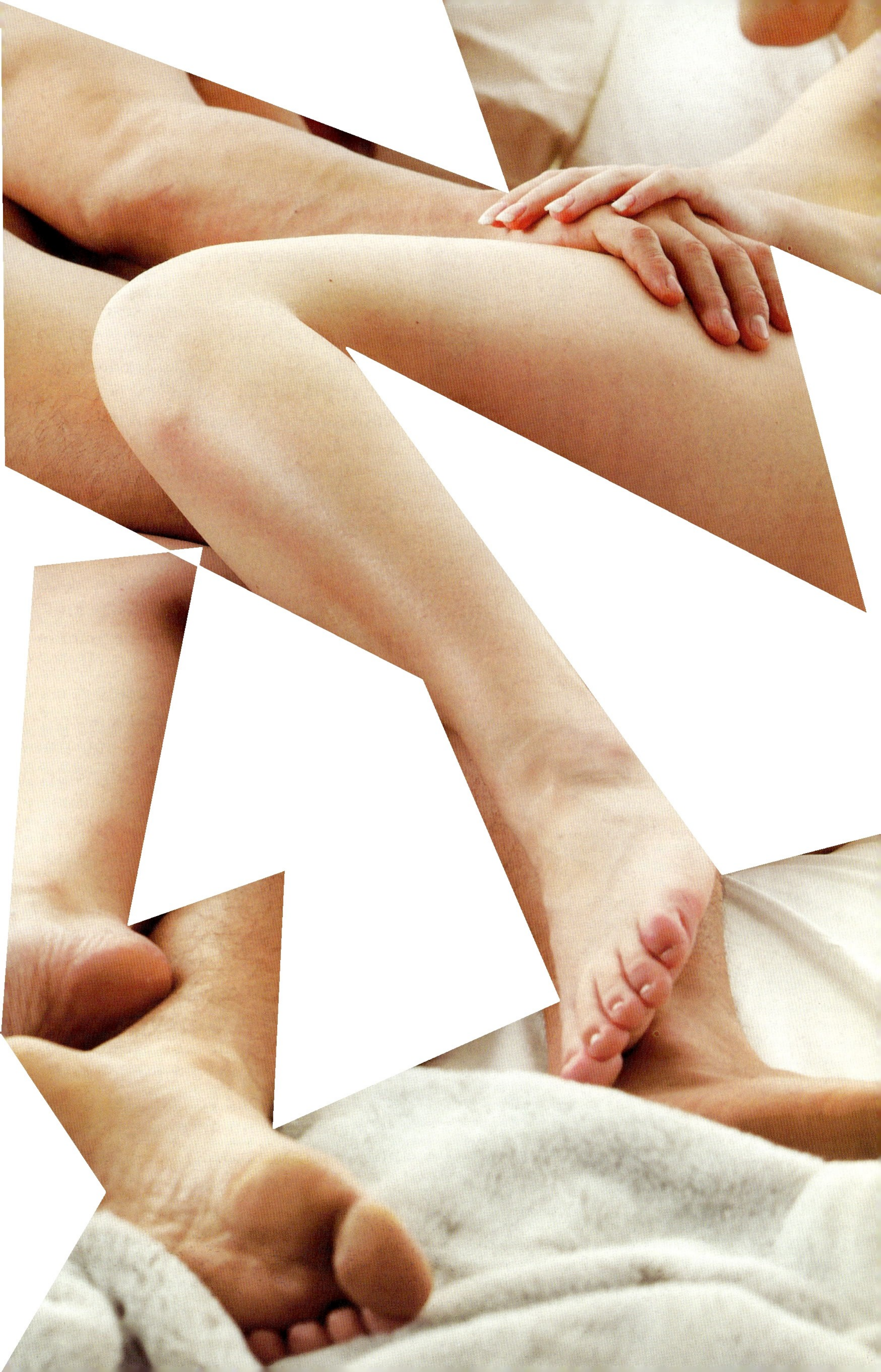

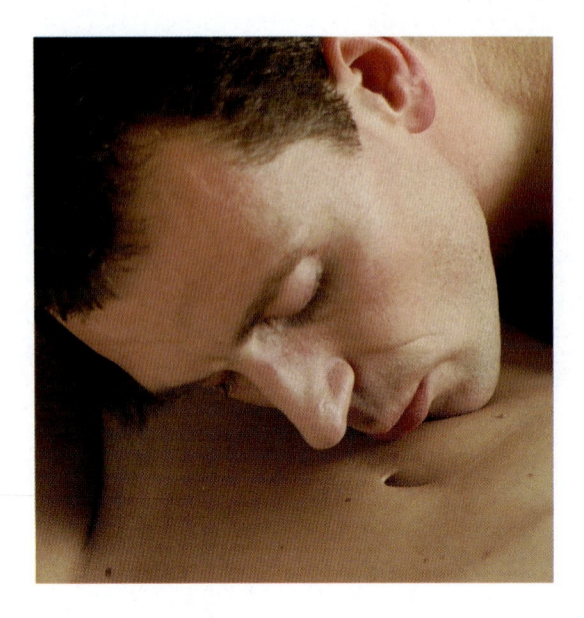

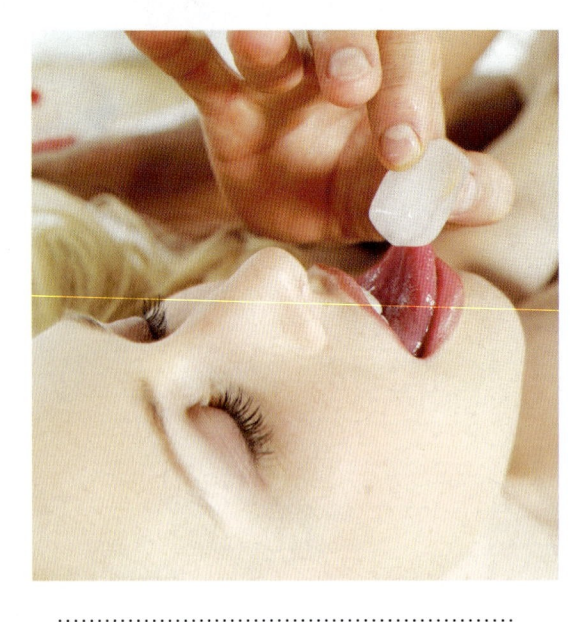

um elemento vital para uma relação sexualmente bem-sucedida. E é por esse motivo que comunicação é algo que vai aparecer frequentemente neste livro.

Sem dúvida alguma, sexo é um dos maiores apetites da humanidade, e, dentro da arena sexual, existe todo um cardápio de coisas excitantes e tentadoras a se experimentar. Algumas vezes você está tão faminto que só consegue pensar em saciar essa fome o mais rápido possível. Há algo de maravilhoso em ter uma fome realmente grande e saciá-la rapidamente.

Em outras oportunidades, você prefere dar tempo para degustar a refeição – analisar o cardápio, aguardar e imaginar o que vai chegar, o clímax da refeição principal, seguido pela doce sobremesa. Você está imerso em um mundo de puro prazer. É uma experiência completamente diferente, agora longa e vagarosa, lenta e sensual. Você pode ainda não estar satisfeito, mas montou o cenário para uma fonte contínua de estímulo e prazer.

Não existe nenhuma fórmula infalível para o sexo bem-sucedido. Para algumas pessoas, sexo é apenas uma atividade funcional para procriação, enquanto para outros pode ser a própria força motriz da vida. Neste livro, eu me esforcei para cobrir todos os diferentes aspectos e preferências, desde os mais novos modismos e fases da nossa cultura ocidental até os antigos ensinamentos orientais sobre a arte de amar presentes no *Kama Sutra*, no *Ananga Ranga* e no sexo tântrico.

ESTA PÁGINA E A ANTERIOR|
O toque não precisa ser feito apenas pelas mãos – use suas pernas, lábios e até o calor da sua respiração para tocar e sentir.

Este livro é voltado para parceiros, amantes de todas as maravilhas ligadas ao sexo e ao prazer sensual. Com sorte, lendo-o e gostando do que ler, encontrará algo que você e seu parceiro possam usar juntos e que faça a vida sexual de vocês melhor.

Em um tom mais sério, eu gostaria de adicionar um toque de realismo. Ter uma vida sexual fora do comum é algo almejado por muitos de nós, mas que poucos conquistam. É improvável até mesmo que a vida sexual do parceiro mais ardente seja maravilhosa o tempo todo. Mas, como a maioria das coisas, ela sempre pode ser refinada e melhorada: sexo não permanece estático, ele muda constantemente com as estações e as diferentes forças que influem sobre a sua vida. É isso que o torna tão fascinante e excitante.

Sexo não é algo que simplesmente começa e termina na juventude: ele geralmente melhora à medida que você envelhece. Na verdade, ele pode ajudá-lo a viver mais, caso você tenha uma vida sexualmente ativa. É preciso que você se mantenha trabalhando nisso a vida toda, da mesma maneira como você precisa se manter trabalhando em seus outros relacionamentos. A prática leva à perfeição. Somos todos estudantes de sexo, e até mesmo os melhores amantes têm algo a aprender. Esse aprendizado não começa nem termina com um livro: ele começa com seu parceiro e é uma longa e excitante jornada que vocês farão juntos, aventurando-se um pela mente e sensualidade do outro. Essa viagem deve levá-los a territórios desconhecidos, para descobrirem o que faz o outro palpitar, e como fazer para capturar a essência da pessoa amada.

Bon voyage e bon appetit!
Judy Bastyra

Atração

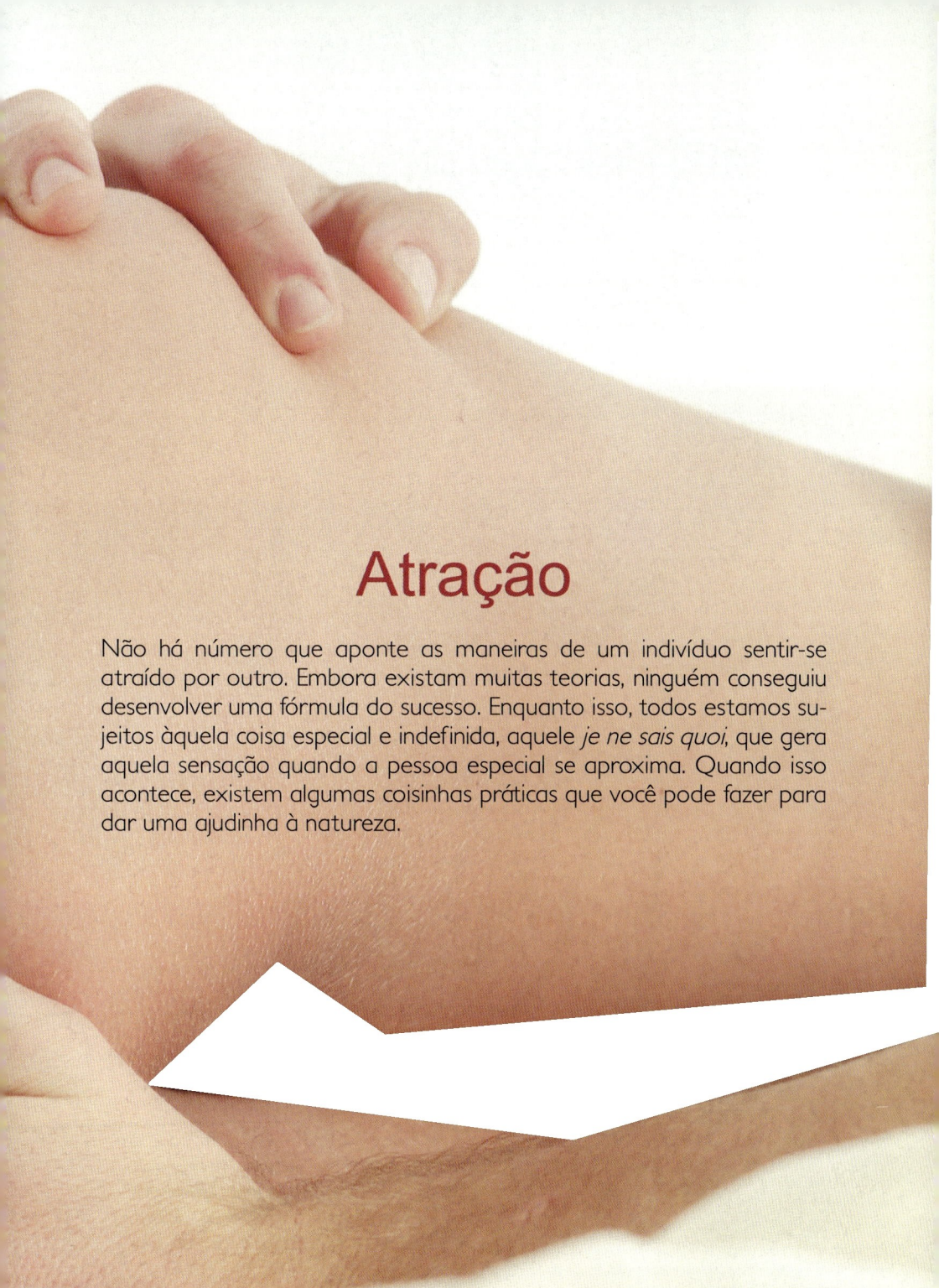

Não há número que aponte as maneiras de um indivíduo sentir-se atraído por outro. Embora existam muitas teorias, ninguém conseguiu desenvolver uma fórmula do sucesso. Enquanto isso, todos estamos sujeitos àquela coisa especial e indefinida, aquele *je ne sais quoi*, que gera aquela sensação quando a pessoa especial se aproxima. Quando isso acontece, existem algumas coisinhas práticas que você pode fazer para dar uma ajudinha à natureza.

Um dos componentes principais do suor que o homem tem debaixo do braço é a androsterona, que ajuda a criar aquele cheiro azedo, "de macho" – a mesma substância está presente nas trufas, que levam os suínos à loucura. Mesmo assim, é melhor você continuar se banhando até encontrar alguém que o ame do jeito que você é.

Primeiras Impressões

A VIDA SOCIAL MUITAS VEZES SE ASSEMELHA a um ambiente de trabalho competitivo – várias pessoas desejando a mesma vaga. Então é sensato fazer o mesmo esforço para encontrar o parceiro perfeito que se faz para conquistar o emprego perfeito. Para isso, você precisa de preparação e de uma estratégia de jogo.

As primeiras impressões são cruciais, já que você raramente consegue uma segunda chance. As pessoas formam a primeira impressão quatro segundos depois de se conhecerem, então aparência conta, sim: cabelo, unhas, dentes, cheiro, roupas, todas as coisas habituais. As mulheres tendem a se organizar melhor quanto a isso, mas é algo importante para os dois sexos.

Unhas, por exemplo. Não é preciso fazer sessões semanais na manicure, mas ao menos se certifique de que a parte debaixo de suas unhas fique limpa. Poucas coisas são tão desanimadoras como unhas sujas e mal cortadas. Não pense onde suas mãos estiveram: concentre-se no lugar para onde elas estão indo.

Cuidar das aparências é importante tanto para homens quanto para mulheres, embora estas tendam a ter consciência inata disso.

Homens, vejam se suas barbas, bigodes ou cavanhaque estão aparados e apresentáveis. Lembrem-se de que a pele feminina é bastante sensível. Barbas que pinicam não só causam irritação, como podem acabar com o tesão. Uma pesquisa recente demonstrou que 90% das mulheres preferem homens de barba feita, em qualquer idade. Junto a isso, procure por pelinhos indesejados no nariz e nas orelhas. Verifique também as sobrancelhas. Pelos entre as sobrancelhas podem deixar o rosto com uma feição grave, de pessoa com uma aproximação difícil e, portanto, difícil de sair. Uma

Aromas Excitantes

Feromônios são hormônios específicos ligados ao cheiro, e o perfil do feromônio de cada pessoa é único. As palavras "feromônio" e "hormônio" vêm do grego. *Pherein* significa carregar, ou levar, e *horman* significa excitar. São elementos químicos misteriosos que são liberados no ar, programando nossos cérebros com informações sexualmente estimulantes.

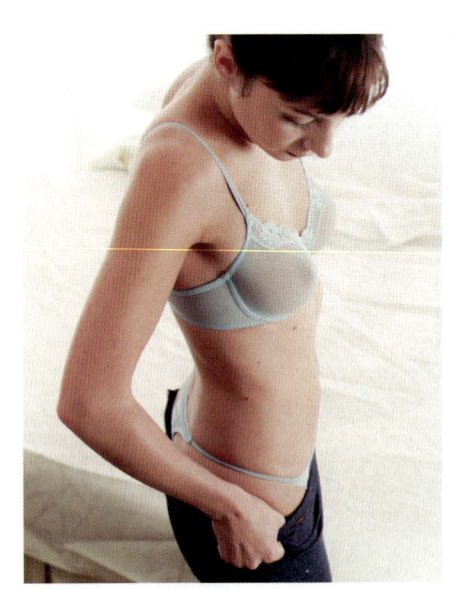

Vestir-se e maquiar-se é um ritual antigo para as mulheres, mas os homens não deveriam ignorar essa etapa.

boa pinça já resolve esse problema, e com isso você volta ao jogo. As mulheres também, de vez em quando, precisam batalhar com a pinça e lutar contra alguns cabelos rebeldes e inconvenientes.

Seus dentes também são importantes e serão checados por qualquer um que pense em beijar você. Se eles estiverem manchados por causa de cigarro ou café, invista em algum clareador. Certifique-se de que seu hálito é atrativo – carregue balinhas. Mau hálito *definitivamente* não é algo sedutor.

O Doce Aroma da Atração

Tome um banho antes de sair, especialmente se o dia estiver quente. Não há nada mais atraente do que um homem ou uma mulher que cheira bem no primeiro encontro.

Todavia, o cheiro natural do corpo é comprovadamente um fator positivo, na medida em que a relação avança. O biólogo Claus Wedekind, da Universidade de Bern, na Suíça, publicou alguns achados interessantes que conectam a atração ao aroma natural do corpo com o sistema imunológico. Nesse estudo, um grupo de homens recebeu camisetas e foram instruídos a vesti-las durante duas noites, sem utilizar fragrâncias artificiais ou colônias. As camisetas, ensopadas de suor, eram então entregues a um grupo de mulheres para uma sessão de degustação aromática, e elas deram notas aos cheiros, pensando em quanto ficaram atraídas. Todos os homens e mulheres fizeram testes de sangue para os cientistas decifrarem a composição de seus complexos principais de histocompatibilidade (MHC). MHC é um tipo de molécula, única para cada indivíduo, que está envolvida no sistema imunológico. Procriar com alguém de MHC diferente resulta em uma prole que herda o sistema imunológico de ambos os pais e que, por consequência, tem maior imunidade.

Os resultados de Wedekind mostraram que as mulheres achavam mais atraentes os aromas de homens com MHC diferente do delas. Isso significa que elas se sentiram atraídas por homens que gerariam filhos mais fortes e resistentes com elas.

Ninguém pode afirmar ao certo se pessoas se apaixonam por um indivíduo unicamente por causa de um sutil aroma, mas você alguma vez já disse a alguém, "aquela pessoa não é particularmente atraente, mas existe alguma coisa nela..."?

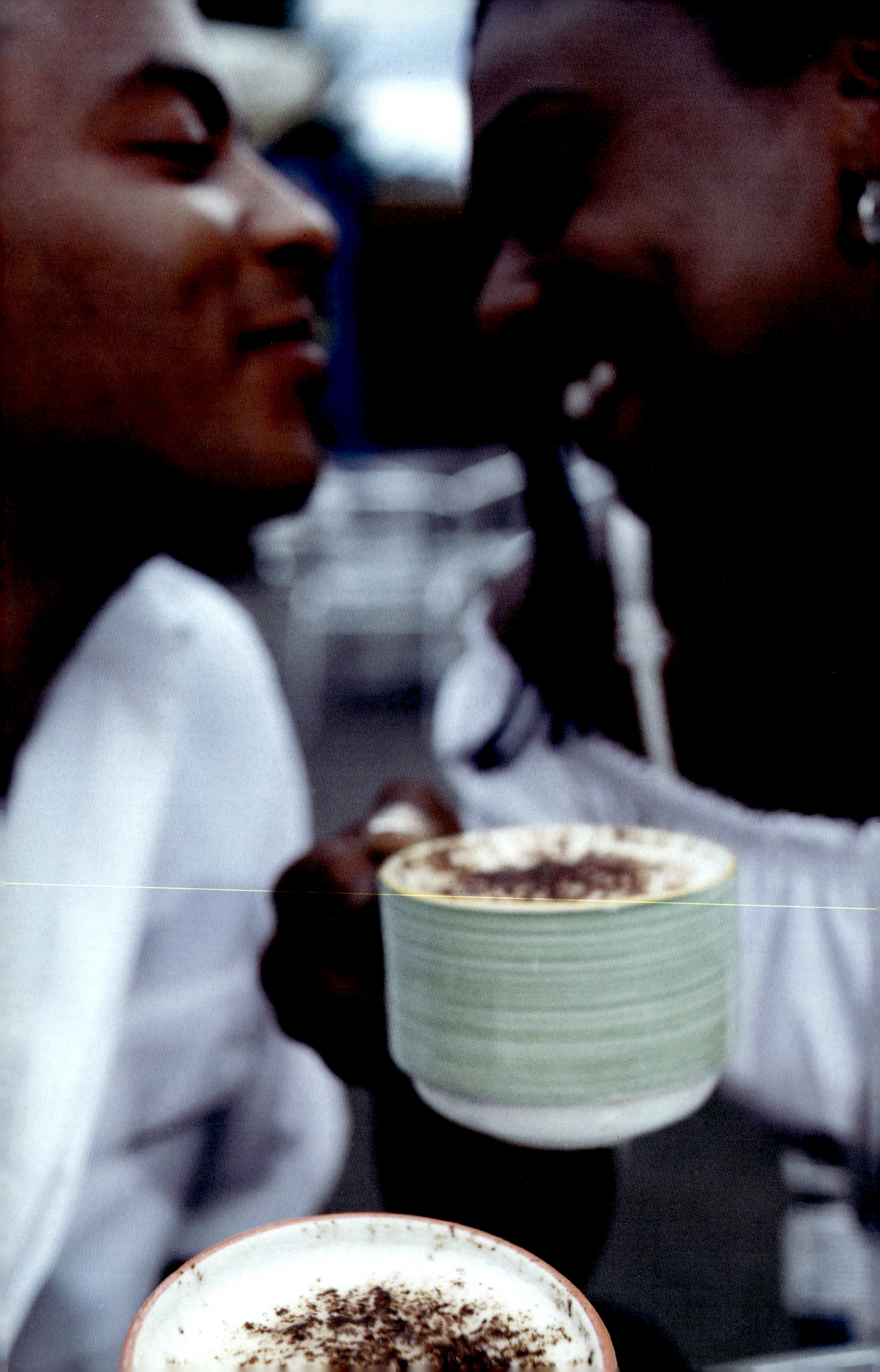

Flertando

ESTA PÁGINA E A ANTERIOR|
Flertar é uma habilidade natural que todos nós podemos aprender. Fazer contato corporal e tocar o rosto enquanto mantém o contato visual são maneiras clássicas de demonstrar interesse em alguém.

MUITAS COISAS ESTÃO MUDANDO em nossa sociedade, mas algumas delas certamente permanecerão iguais. Felizmente, uma delas é o flerte. O flerte é um jogo divertido e excitante que surge naturalmente, mas, como qualquer jogo, requer prática, habilidade e determinação.

Começa o Jogo

Muitas pessoas têm dificuldade em atrair pessoas do sexo oposto. Você pode pensar que é tímido demais para flertar, ou que não é confiante o suficiente para abordar alguém que ache interessante. Deve ser um alívio saber, então, que não importa quão confiante e descolada seja a pessoa – todo mundo acha o flerte complicado e existem algumas coisas simples que você pode fazer para melhorar suas perspectivas. A melhor coisa a fazer é não se esquecer de ser você mesmo.

Manter o contato visual enquanto sorri é um jeito
ótimo de ganhar a atenção de alguém.

O flerte começa assim que você estabelece contato visual. É assim que começa o jogo. Os olhos, dizem, são a janela da alma e a arma mais poderosa do seu arsenal.

Uma vez que tenha reparado em alguém que julgue promissor, tente atrair o olhar dessa pessoa enquanto ela passa. Se o olhar for retribuído, tente manter o contato visual por alguns segundos. Para os aventureiros, esse é o momento de usar aquele sorriso charmoso (mas faça o favor de checar se você não tem um ramo de espinafre preso entre os dentes).

É fácil influenciar a primeira impressão que alguém faz de você. É importante que você sorria, pois isso diz que você é amigável e abordável. Um sorriso pode alterar completamente o seu rosto. Quando você pensa em alguém que ama, é muito comum imaginar a pessoa sorrindo. Complementar um sorriso dizendo "oi" é mais um passo além. Uma piscadela geralmente é uma abordagem atrevida, para os bravos.

Quando está em uma grande multidão, cercado de amigos e colegas, você fica parecendo bastante inabordável, principalmente para uma pessoa que não seja confiante o bastante para entrar no seu grupo e conversar com você. Se você olhou alguém e gostou do que viu, então tente facilitar a aproximação. Ofereça-se para ir buscar a próxima rodada, ou pegue os copos vazios em uma festa – qualquer coisa que distancie você da multidão e que dê uma oportunidade de passar ao lado dele ou dela.

Pode ser que um dia você sinta atração pela pessoa ao seu lado na fila do cinema ou de outro lugar. Filas são lugares perfeitos para flertes, já que você pode muito facilmente começar uma conversa sobre o mau serviço, sobre o filme que vai assistir ou o horário em que vai começar a sessão.

Mulheres Flertam Naturalmente

A maioria das mulheres, seja qual for o motivo, flerta mais naturalmente que os homens. As mulheres tendem a possuir mais inerentes os traquejos do flerte e frequentemente flertam tanto com homens como com mulheres. Para completar a confusão, as mulheres não necessariamente estão flertando com alguém porque estão atraídas, elas podem fazer isso como um meio de saber qual a resposta que receberiam daquela pessoa.

O antropólogo australiano Karl Grammer, diretor do Instituto Ludwig Boltzmann de Etologia, de Viena, conduziu um estudo com 45 pares de homens e mulheres que não se conheciam. Eles foram monitorados secretamente através de um espelho falso, para terem analisada a interação que tiveram um com o outro. A maioria das mulheres conquistou a atenção do homem fazendo uso de gestos de flerte e conversando facilmente, independentemente de admitir ao final ter achado os homens atraentes. Os métodos subconscientes de flerte que elas utilizaram, tais como assentir e encorajar, foram apenas meios de avaliar a adequação dos homens. Grammer concluiu: "Você pode prever o comportamento masculino a partir do comportamento feminino, mas não consegue fazer o contrário".

Embora essa seja uma revelação importante sobre o comportamento das mulheres, é importante lembrar que esse foi um estudo de interação coletiva, e não de interação de um casal. Se, como homem,

Quando chegarem neste estágio, gastem um pouco de tempo anotando os futuros encontros em suas agendas, assim nenhum dos dois esquecerá.

você não consegue ter certeza se uma mulher está interessada em você ou se está apenas em um ambiente de grupo, tente conversar com ela a sós. Se ela continuar flertando, agora diretamente com você, pode ser que você tenha alguma chance.

Primeiras Jogadas

Uma vez que você já fez o contato visual e sorriu, o próximo passo é respirar fundo e ir para o primeiro *round* – a conversa. Lembre-se, estamos no século XXI e não adianta ficar em sua cadeira, brincando com o canudinho da bebida enquanto espera ele (ou ela) tomar a iniciativa. Cabe a você levantar de sua cadeira e se apresentar. Se você não fizer isso, alguém vai se adiantar e tomar o seu lugar.

O que você falar para quebrar o gelo é de importância suprema. Isso vai decidir se você vai poder puxar uma cadeira ou se vai fazer a caminhada da vergonha. Um estudo envolvendo mil mulheres, conduzido pelo psicólogo Chris Kleinke, mostrou que a abordagem honesta é a melhor. Charlene Muehlenhard, da Universidade do Texas, fez um estudo similar com homens, e obteve o mesmo resultado; então mantenha as coisas simples.

O estudo de Kleinke sobre as mulheres mostrou que as frases mais bem-sucedidas foram simples e inofensivas, como: "Você quer dançar?" ou "Posso pagar um almoço?". As mais malsucedidas foram as presunçosas e as irreverentes, como "Você me lembra uma mulher com quem saí", ou "Aposto que consigo beber mais do que você!".

É importante lembrar-se de dar atenção irrestrita ao objeto do seu desejo. Essa pessoa acaba de ser *a* pessoa mais interessante que você já conheceu e ela precisa sentir isso. O psiquiatra Danilo Ponche aconselha as pessoas a se concentrarem nos atributos pessoais, mais do que nos materiais. Ele avisa: "Não elogie os brincos de uma mulher – elogie o sorriso maravilhoso dela".

A coisa mais importante a ser lembrada é que flertar geralmente é algo inocente e feito com leveza de coração – evite entrar em alguma situação com o raciocínio de que "essa é a pessoa por quem esperei tanto tempo"; ao fim do dia, ela é apenas mais uma pessoa no mundo à procura de amor. Aproveite a excitação de conhecer alguém totalmente novo, mantenha sua mente aberta e divirta-se!

Mantenha a conversa bastante leve, driblando assuntos tais como política, ou outros em que você tenha opiniões fortes, até que vocês se conheçam um pouco melhor.

Encontros

O ENCONTRO É UMA OPORTUNIDADE de você conhecer mais a fundo a pessoa com quem está começando a sair, de pensar se vocês são compatíveis e, mais importante, de concluir se vão querer sair de novo.

Ir a um encontro com uma nova pessoa pode ser estressante; é excitante, mas para você o mais importante é se sair o melhor possível. A escolha do local onde vocês vão se encontrar depende muito das circunstâncias. Se a decisão foi deixada em suas mãos, tente pensar em um lugar neutro e mantenha as coisas relativamente simples. Você deve procurar um local onde consigam conversar com facilidade e onde os dois sintam-se à vontade. Uma sessão de cinema não é o ideal para o primeiro encontro, já que vocês não podem conversar um com o outro. Entretanto, é uma boa escolha para um segundo encontro, especialmente se vocês jantarem depois, pois o filme surge como tema de conversa, ajudando a descobrir a densidade da personalidade da outra pessoa. Ele também permite saber se vocês têm a mesma opinião sobre as coisas e se conseguem respeitar as diferenças.

Locais para Encontros

Um café durante o dia ou um drink após o trabalho é uma boa escolha para quem está começando, já que você pode tornar o encontro longo ou curto o quanto quiser. Quando for para um bar, tente não exagerar na bebida, porque é sempre bom lembrar no dia seguinte se você gostaria ou não de ver a pessoa uma segunda vez; isso também pode prevenir o erro de ir para a cama no primeiro encontro, coisa que talvez você não fizesse se estivesse sóbrio. (Caso decida dormir com alguém no primeiro encontro, então tenha a certeza de estar bem equipado com preservativos.)

Não brigue para ver quem vai pagar – o melhor é ceder graciosamente e depois pagar no próximo encontro.

Uma caminhada em algum parque local é algo bastante romântico. O ar fresco e o ambiente natural ajudam vocês a se sentirem à vontade, e a conversa pode fluir com maior facilidade. Obviamente, é preciso que o tempo não esteja ruim, pois gritar a plenos pulmões para superar o barulho do vento enquanto o seu cabelo recém-lavado não lhe deixa em paz pode acabar estragando tudo, embora isso possa trazer um pouco de entretenimento cômico.

Outra alternativa é fazer algo um pouco diferente, como ir ao boliche ou andar de bicicleta. Fazer uma atividade com outra pessoa é uma opção fantástica. Enquanto fornece imediatamente um tópico de conversação, não há pressão para ficar falando o tempo todo, e também pode ser algo hilariante, se senso de humor em um parceiro for algo importante para você.

O importante é que vocês façam algo que deixe os dois confortáveis. Imagine uma tarde prazerosa com um amigo, e tente reproduzir isso. O lugar aonde vocês vão precisa ser uma escolha de ambos. Por exemplo, imagine que você é um piloto de Fórmula 1; um dia na pista de corrida pode fazer com que você pareça demais,

Algumas pessoas têm sorte o bastante para conhecerem parceiros em potencial durante festas e jantares na casa de amigos.

Muitas pessoas passam a maior parte do dia no trabalho, então esse local não deve ser excluído dos lugares onde se pode conhecer alguém parecido.

Encontro às Escuras

Muitas pessoas solteiras atravessam grandes tempestades na busca por um parceiro. Você não precisa mais ir à televisão para conseguir um encontro às escuras; nos dias de hoje, existem inúmeros meios para se conhecer alguém. Existem agências *online* de encontros, clubes e colunas para solteiros em jornais e revistas. Por que não buscar uma publicação periódica da área? Você pode encontrar alguém com interesses conectados aos seus.
Speed dating é uma adição refrescante à vida dos solteiros, disponível em alguns lugares voltados para sozinhas.

Os participantes têm a oportunidade de conversar com dez pessoas em uma tarde. Cada pessoa recebe um broche com seu nome e uma folha de avaliação antes de serem pareadas. Depois de sete minutos, tocam um sino e os homens caminham até a próxima pretendente. Se houver interesse mútuo, os organizadores fornecerão para um o número de telefone do outro.
Sete minutos pode não ser tempo suficiente para conhecer alguém, embora digam que a maioria das pessoas obtém a primeira impressão a respeito de um desconhecido apenas poucos minutos depois de conhecê-lo.

mas também pode ser uma furada, ou, no mínimo, algo bastante desconfortável para a outra pessoa.

Etiqueta no Primeiro Encontro

Existem certas coisas a se considerar em um primeiro encontro, como quem vai pagar a conta. A melhor opção é presumir que vocês vão dividir a conta. Se você for mulher, pode ser que o homem seja particularmente cavalheiro e insista em pagar. Pode ser que você não veja problemas nisso e pode ser que você se sinta desconfortável, então a melhor escolha é aceitar graciosamente a generosidade e sugerir que você pague na próxima vez que saírem – você não deve se sentir como se devesse algo a ele.

Mantenha a conversa bem leve. Há alguns assuntos que claramente não são adequados, como discutir excessivamente sobre os ex-parceiros, ou qualquer outro assunto pessoal demais. Idealmente, você quer apenas passar ao seu parceiro uma ideia do que você gosta. A hora de discutir assuntos mais voláteis é quando vocês começarem a se conhecer melhor, mas, por enquanto, atenha-se à simplicidade. É sempre uma boa ideia deixar um ar de mistério; você quer que a pessoa saia e pense que conseguiu apenas tocar na sua superfície e que gostaria de mergulhar mais fundo. Não é para ser frio – apenas não dê informação pessoal demais muito cedo. Ainda haverá bastante tempo para isso.

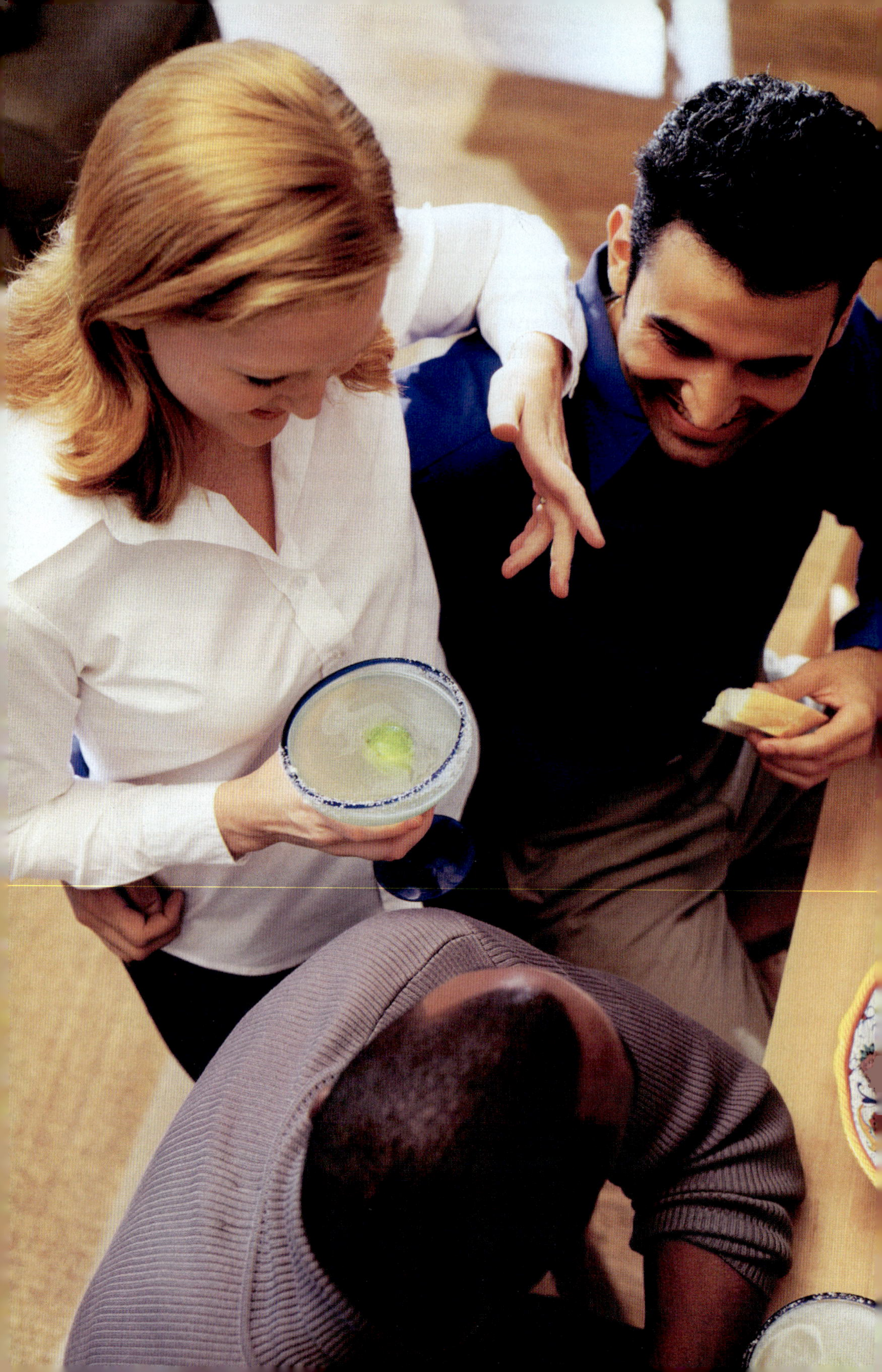

Linguagem Corporal

A MAIORIA DAS PESSOAS TEM UM RADAR que as avisa quando outra pessoa está interessada, mas algumas são difíceis de ler. Nesses casos, conhecimento para ler a linguagem corporal é importante.

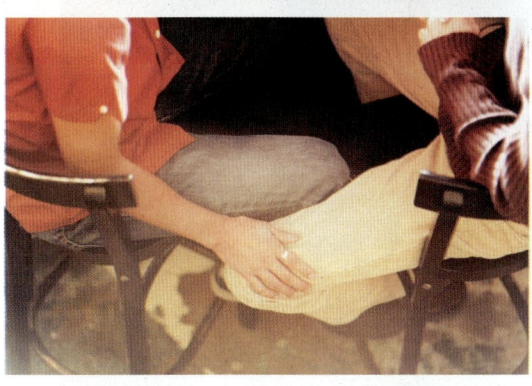

Sinais Sexuais

As mulheres tendem a usar mais a linguagem corporal do que os homens, porém muitos sinais são empregados por ambos os sexos. Os homens são notoriamente ruins em entender os sinais, portanto um pouco de estudo sobre o que *realmente* significa cada gesto é algo crucial para se avançar no jogo da sedução.

Charles Darwin disse: "Nas mais diferentes classes do reino animal, como mamíferos, aves, répteis, peixes, insetos e até mesmo crustáceos, a diferença entre os sexos segue quase que exatamente as mesmas regras: os machos são sempre os galanteadores". Traduzindo grosseiramente, isso quer dizer que os machos usarão todo o seu valor sexual na tentativa de copular, seja o pavão levantando e abanando suas penas na direção da pavoa, seja um homem dançando sugestivamente dentro do campo de visão de uma mulher.

ESTA PÁGINA E A ANTERIOR|
Sinais de linguagem corporal, como alguém olhando para você, tímido e tocando os lábios ou o queixo com os dedos, certamente indicam quando ele ou ela está interessado em você. Outro indicativo positivo que diz que a atração é mútua é quando vocês se sentem confortáveis encostando casualmente um no outro, ou ficando próximos.

Pés apontados diretamente para você indicam interesse.

Observação de pessoas. Use os sinais do quadro na página seguinte veja quantos sinais você identifica.

As fêmeas do mundo animal irão, por sua vez, emitir aromas e sinais para demonstrar seu interesse ou a ausência deste. A pavoa, por exemplo, pode recatadamente dar as costas ao pavão, e, em alguns casos, uma mulher pode fazer o mesmo.

Você deve começar a interpretar os sinais da linguagem corporal antes mesmo da primeira abordagem. Quando estiver conversando com alguém, observe a maneira como ele ou ela senta, como ele ou ela olha para você e preste atenção até mesmo nos menores gestos, pois todos significam algo. Se você chegar à conclusão de que está na verdade recebendo o oposto dos sinais que desejava, é hora de interromper a conversa e deixar a ideia de lado, para não perder seu tempo insistindo em uma causa perdida. E você nem liga; elas não eram seu tipo mesmo, não é verdade?

Observando as Pessoas

Se o homem ou a mulher em que você está interessado der algum destes sinais, pode ser que você esteja com sorte. Não chega a ser uma forma de consentimento, mas indica que você tem grandes chances.

Homens e mulheres – mordiscar os lábios, umedecê-los e mostrar a língua, tocando os dentes frontais.

Homens e mulheres – olhar fundo nos olhos, com interesse e pupilas dilatadas.

Apenas mulheres – piscar mais do que o normal, tremer as pálpebras e olhar para cima.

Geralmente apenas as mulheres – enrolar os cabelos entre os dedos.

Homens e mulheres – ele ou ela toca seu braço, coxa ou mãos enquanto diz algo.

Homens e mulheres – espelhar a sua voz, acelerando ou desacelerando os padrões de discurso, para imitar você.

Apenas homens – manter as pernas abertas, distantes uma da outra, geralmente com as mãos na cintura, e com o peito estufado, como um galo.

Homens e mulheres – apontar o pé em sua direção. Este é um sinal clássico.

Homens e mulheres – espelhar movimentos; quando um se encosta na cadeira para beber, o outro faz o mesmo.

Homens e mulheres – inclinar-se para a frente e diminuir o espaço pessoal.

Homens e mulheres – tons da pele avermelharem-se um pouco, especialmente no rosto.

Homens e mulheres – expor a palma da mão enquanto olha para você, ou segurar o cotovelo em uma mão, enquanto mantêm a palma da outra mão para cima.

Marcar o próximo encontro. Pode ser difícil encontrar o equilíbrio entre ser muito afobado e parecer indiferente demais.

O Próximo Passo

ENTÃO VOCÊ CONHECEU ALGUÉM de quem gosta, saiu com ele e adoraria ver a pessoa de novo. Mas quem deve dar o próximo passo? Se você gosta de falar ao telefone, uma ligação no dia seguinte pode ser uma boa sugestão, seja para agradecer ou para saber se a pessoa chegou bem em casa – ambos os motivos são inofensivos e não comprometerão você. Se não quiser parecer uma pessoa afobada, espere alguns dias antes de fazer a ligação, mas não muitos, sob o risco de você ficar no passado.

Se estiver inseguro da receptividade que teria e prefere se proteger um pouco, um cartão ou uma carta são boas tentativas. Com a tecnologia se refinando cada vez mais, as cartas estão rapidamente se tornando obsoletas; uma quantidade imensa de correspondência hoje é enviada por meio dos computadores, e para muitas pessoas as únicas cartas que chegam pelo correio são alguns envelopes contendo cobranças. É tão empolgante, entretanto, receber um envelope com uma carta escrita à mão, com textura, pelo correio. É muito mais pessoal do que uma mensagem de texto e existe a vantagem sensorial da experiência: abrir o envelope, sentir o papel, analisar a letra. Além do mais, você pode reler a carta quantas vezes quiser. Se não quiser ser muito sério, um

Receber flores – mesmo que seja apenas uma – faz derreter o coração da maioria das pessoas. Um bom conselho, entretanto, é não comprá-las no posto de gasolina.

cartão-postal pode ser legal – um cartão de "obrigado" ou de "estou pensando em você", ou até mesmo um cartão bobinho sobre algo que vocês tenham em comum.

Você pode enviar um monte de flores. Flores são um dos símbolos mais tradicionais de romance. Mas com que frequência os homens recebem flores das mulheres? Isso certamente teria impacto. Entretanto, uma rosa enviada ao escritório dele poderia gerar alguns rubores indesejados e comentários de colegas menos afortunados.

Abordagens Hi-Tech

Se você é inabalavelmente estabelecido no século XXI e prefere usar tecnologia moderna, pode utilizar seu celular ou seu e-mail para enviar uma mensagem. Qualquer celular possui um serviço de mensagem de texto, que é uma ótima alternativa para enviar mensagens curtas e saudações. Mensagens de textos se tornaram comuns entre os mais jovens e são potencialmente menos embaraçosas do que ligações. Enviar textos alivia as sessões de nervosismo pelas quais passamos ao lado do telefone, quando vamos discar o número – enquanto desejamos, ao mesmo tempo, que dê ocupado. Simplesmente escreva algumas palavras, engula seco e envie. Se você receber uma resposta, pode até propor mais um encontro para se encontrar com a pessoa.

Algumas pessoas acham que enviar um e-mail ou mensagem de texto é algo covarde e que nada supera um telefonema, mas com texto você pode pensar em tudo o que gostaria de dizer e não será interrompido pelas perguntas que ele ou ela fizer. Além do mais, você pode pensar em piadas adoráveis, destacando, assim, o fato de você ser uma pessoa muito interessante e espirituosa. Com certeza é mais casual do que uma ligação telefônica, definitivamente é menos embaraçoso e serve também para o flerte e para brincadeiras. Estatísticas mostram que 42% das pessoas entre 18 e 24 anos usam mensagem de texto para flertar, 20% delas já usaram mensagem de texto para chamar alguém para sair e, terrivelmente, 13% já terminaram um relacionamento via mensagem de texto. Mensagem recebida, câmbio e desligo.

Continuando a Corte

Presentes como chocolate ou um livro não custam muito, e é ótimo receber um presente e saber que a pessoa estava pensando em você e que reservou algum tempo para encontrar algo que ela pensa que você poderia gostar. Às vezes um presente mais barato pode até ser mais carinhoso do que um que custe montanhas de dinheiro, mas cautela é importante – um presente sugestivo ou apimentado logo nos primeiros estágios de uma relação pode não apresentar os resultados desejados; guarde-o para depois.

Sexo Virtual

De certa maneira, a tecnologia reinventou a carta de amor e outras formas criativas de comunicação amorosa. Hoje em dia as pessoas andam tão ocupadas com suas carreiras que se torna difícil encontrar tempo para conhecer alguém.

Muitos casais em potencial começam (e terminam) o namoro trocando e-mails. Alguns nunca chegam a se encontrar pessoalmente no mundo real. Salas de bate-papo para solteiros foram criadas especificamente para as pessoas conhecerem possíveis parceiros, que pensem da mesma maneira. Entretanto, é importante lembrar que as pessoas raramente são o que dizem ser: a beleza da internet é o espaço que as pessoas têm para se reinventarem e criarem uma versão ideal de quem elas gostariam de ser. Algumas pessoas optam pela internet para a gratificação sexual, um processo conhecido como "relações sexuais virtuais". As salas de bate-papo são para pessoas que compartilham das mesmas fantasias eróticas. Sexo virtual é relativamente inofensivo e recreativo quando mantido em seu contexto, mas é preciso apontar algumas coisas, se quisermos que ele continue assim. Nunca revele sua identidade ou endereço, e reserve essa relação ao local onde ela deve ficar... na rede.

Algumas pessoas preferem enviar mensagens de texto para a pessoa com quem saem. Uma vez que você se entendeu com a tecnologia, elas são rápidas e simples, e não são pesadas nem sérias demais.

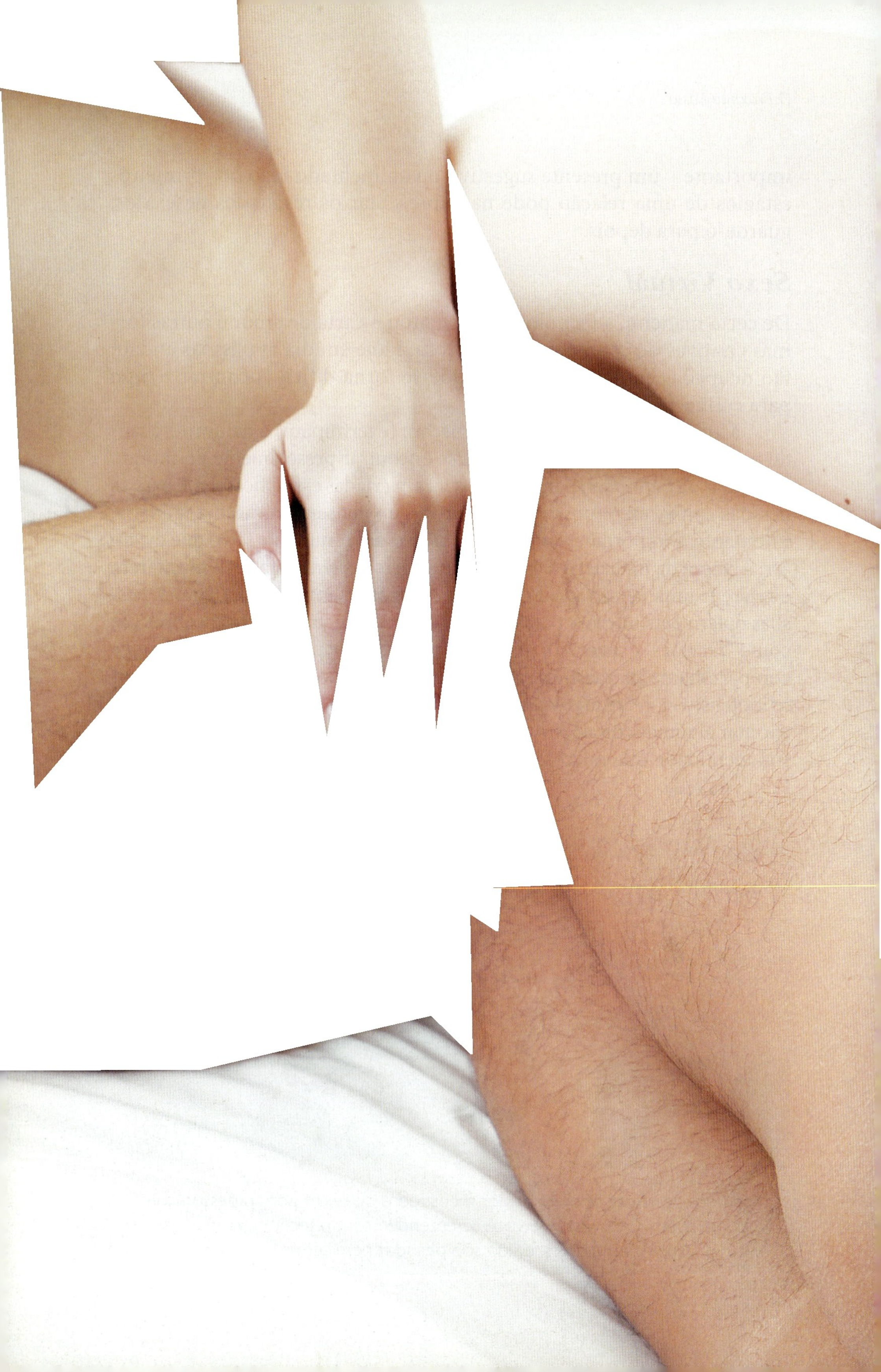

Corpo

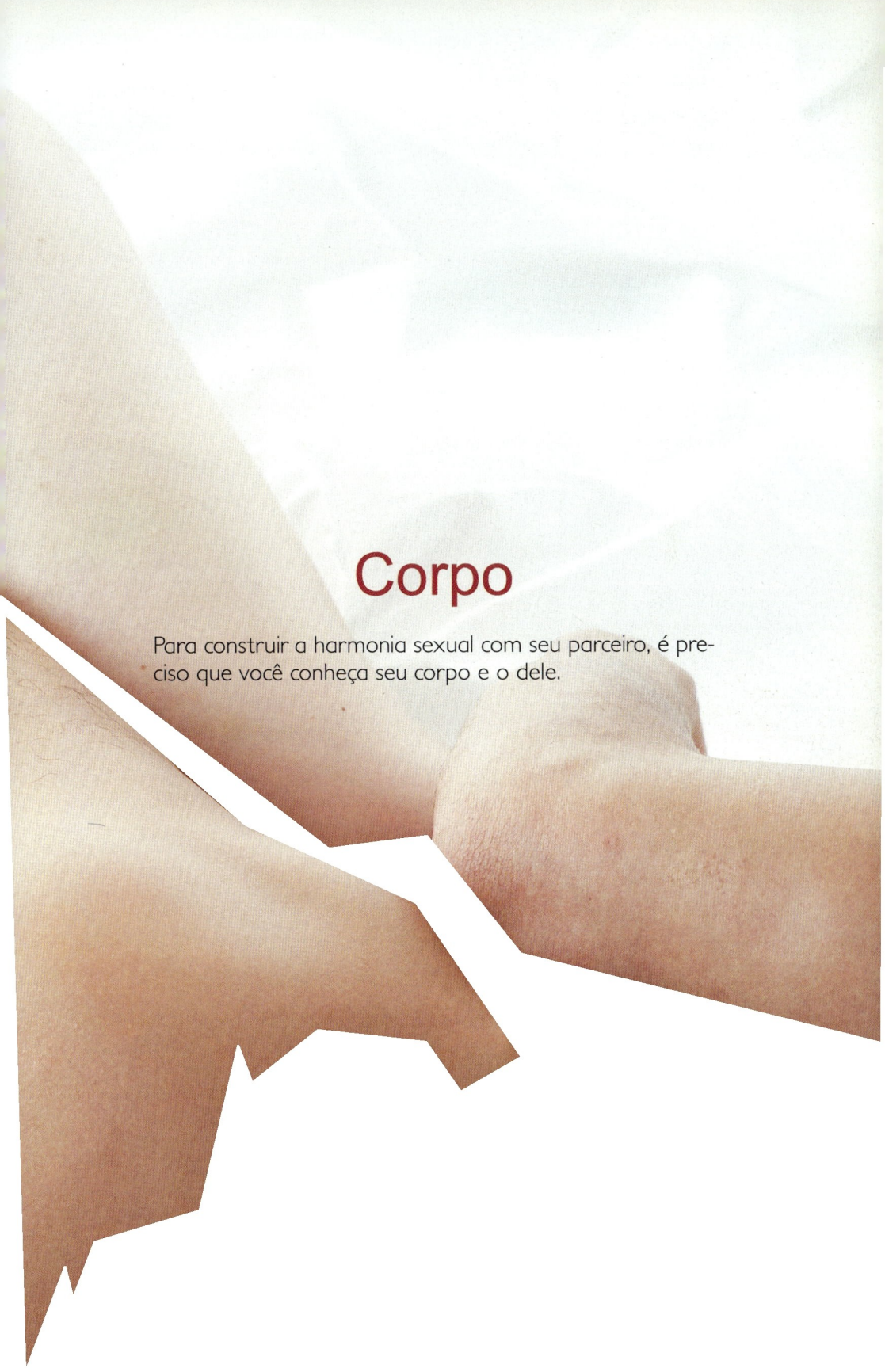

Para construir a harmonia sexual com seu parceiro, é preciso que você conheça seu corpo e o dele.

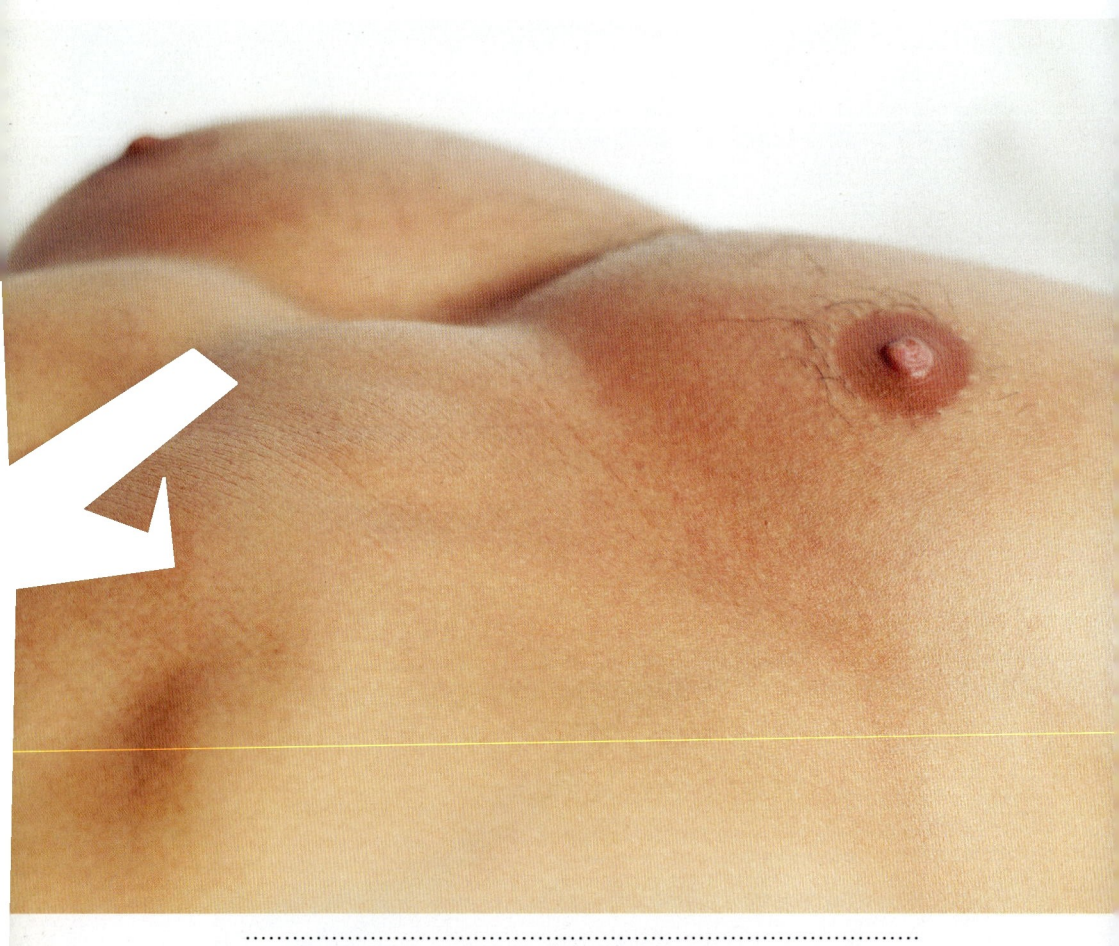

Muitos homens adoram que brinquem com seus mamilos.
Se ele passa algum tempo malhando na academia e tem um
peitoral bem trabalhado, passe algum tempo nessa região
para demonstrar sua aprovação.

O Corpo do Homem

O CORPO MASCULINO é uma paisagem que vale a pena explorar. Um corpo que é melhor conhecido e compreendido pelo seu dono dará mais prazer a este.

O Pênis

Deixe os cachorros de lado – o melhor amigo do homem é o pênis. A maioria dos homens acaricia e cuida de seu pênis, em diferentes níveis de regularidade. Alguns homens conversam com seus pênis e os enxergam como indivíduos distintos, com identidade e cérebro próprios. E o que há de tão especial nisso? Bom, dependendo do ponto de vista, ele tem vida própria, especialmente durante a puberdade, quando aplaude de pé na primeira oportunidade. O aroma sutil do perfume de uma professora nova, uma coxa insinuante de uma mulher no ônibus, uma pilha de melões no supermercado – para os rapazes, essa é uma época de tentação, uma batalha constante travada entre a mente e a matéria.

Apesar da aparente complexidade e perplexidade de caráter, o pênis é um órgão extremamente simples, tanto em estrutura quanto em função. Biologicamente, ele possui apenas duas funções: ser a passagem segura para a urina e para o esperma.

O pênis tem diferentes componentes, todos feitos de tecido erétil, parecido com o do clitóris. Basicamente, há quatro partes principais constituintes do pênis. A cabeça, ou glande, que é a parte bulbosa em formato de cogumelo da ponta do pênis. A segunda é o corpo do pênis, que vai da glande ao púbis (ossos pélvicos). A terceira parte é a uretra, que é o tubo que corre internamente pelo corpo do pênis, facilitando a passagem da urina e de esperma. Finalmente, o frênulo, que é a pequena pele hipersensível que conecta a cabeça ao corpo do pênis.

A Glande ou a Cabeça

No centro da glande fica o meato, ou abertura uretral, que se assemelha a um pequeno corte. O esperma é ejaculado e a urina é expelida por essa abertura. A glande é o ponto de extremidade de inúmeros nervos, o que faz dela umas das regiões mais sensíveis do pênis.

No homem não circuncidado, o pênis flácido é coberto por uma fina camada de pele membranosa chamada de prepúcio. Quando um homem não circuncidado tem uma ereção, esta pele se retrai para exibir a glande e, durante o sexo, ela se retrai ainda mais para deixar a glande completamente exposta. Isso desestrutura o mito de que homens não circuncidados têm menos sensibilidade nessa região quando comparados aos seus semelhantes circuncidados. Circuncidado ou não, todas as partes relevantes são estimuladas exatamente da mesma maneira. A única diferença é que o pênis não circuncidado precisa sair para poder brincar.

O Corpo do Pênis

O tecido esponjoso erétil que ajuda com a rigidez de uma ereção é formado por três cilindros. O corpo esponjoso circunda a uretra na parte inferior do pênis e se expande em uma das extremidades para formar a glande. Durante a ereção e por um breve período de tempo posterior a ela, a uretra é comprimida para não ser possível a passagem de urina, apenas de esperma. Os outros dois vasos são chamados de corpos cavernosos, e ficam na parte superior do pênis.

Quando um homem é estimulado sexualmente, são esses três vasos que se tornam inchados por sangue, resultando numa ereção. Tanto o corpo esponjoso quanto os corpos cavernosos se estendem até o interior do corpo em direção ao ânus, abaixo da glândula prostática, e formam a raiz do pênis, e ali se mantêm por meio de ligamentos.

A Uretra

Esse é o tubo que carrega tanto a urina quanto o esperma através do pênis. Os músculos do esfíncter uretral se contraem para impulsionar a passagem de urina ou de sêmen, mas não dos dois ao mesmo tempo.

O Frênulo

Fica localizado na parte inferior do pênis, onde a cabeça encontra o corpo do pênis; é uma região de pele enrugada e dobrada, que liga o prepúcio à cabeça; é particularmente sensível, então não deve nunca ser esquecida durante o sexo.

A Coroa

É a parte que circunda a base da glande, onde ela se encontra com o corpo do pênis. É uma região tão sensível que alguns dizem que uma pressão leve, aplicada ao redor dela, pode suprimir o orgasmo e aumentar a duração do sexo. É nesta área que se acumula esmegma, então lave-a regularmente.

Os Testículos

Também chamados de gônadas masculinas (entre muitos outros nomes menos clínicos), os testículos são a parte mais delicada e vulnerável do corpo masculino. Mesmo que aparentem ser um par, os testículos ficam em um saco que é chamado escroto. Externamente, há uma crista muito fina no centro do saco escrotal chamada de rafe do escroto. Dentro, o septo divide escroto em dois, para que cada testículo tenha o seu próprio compartimento.

O trabalho do saco escrotal é manter os testículos na temperatura adequada para a produção de esperma. Essa temperatura ideal é inferior à temperatura do resto do corpo humano. Você provavelmente já notou que em dias quentes os testículos parecem ficar mais soltos e o saco escrotal mais relaxado do que ficariam em um dia frio.

Cada testículo tem aproximadamente o tamanho de um ovário, cerca de 4 centímetros de comprimento, 3 centímetros de profundidade e 2,5 centímetros de diâmetro. A função principal deles é produzir e criar esperma, mas eles também são responsáveis pela produção dos hormônios sexuais masculinos que controlam o crescimento de pelos, a musculatura e a agressividade. Cada testículo produz cerca de 150 milhões de espermatozoides por dia, mas depois de ejacular muitas vezes ele pode levar até sete dias para repor esses espermatozoides.

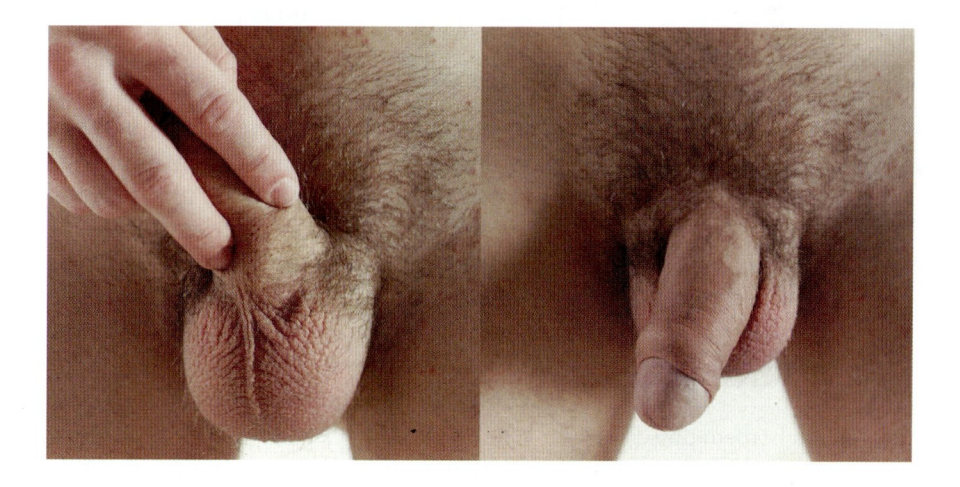

Os testículos pendem do corpo em um saco chamado escroto.
Aqui a rafe do escroto pode ser vista claramente.

O Ânus

O ânus é o orifício enrugado e apertado localizado entre as nádegas e, além da sua função mais óbvia, pode ser encarado como um caminho para o ponto G masculino, a próstata. É um músculo firme, que muitos sentem ser impenetrável, mas com a estimulação e lubrificação corretas, você pode se sentir muito mais à vontade com ele do que pensou de início que pudesse.

O Períneo

Essa é a área de pele sensível que cobre a região que se estende entre o ânus e os testículos. Com frequência é considerada uma região monótona e sem propósito algum, senão o de servir de divisa entre o pênis e o ânus. Entretanto, uma vez que você percebe ser uma região de sensibilidade acima da média, faz sentido saber que ali também há um *playground* de prazer em miniatura, pleno em sua particular combinação de terminações nervosas, pontos quentes e infinitas possibilidades.

Esperma

O termo esperma com frequência é usado para descrever a substância leitosa produzida quando da ejaculação de um homem. Na verdade, espermatozoides representam apenas 10% desse fluido, que, mais corretamente, é chamado de sêmen. Nesses 10%, existem, em média, de 200 a 500 milhões de espermatozoides, embora adolescentes jovens tendam a produzir mais – isso se deve à produção de hormônios andrógenos, como a progesterona, durante a puberdade. Esses hormônios estão também envolvidos na produção dos pelos do rosto e do corpo, e na mudança de voz.

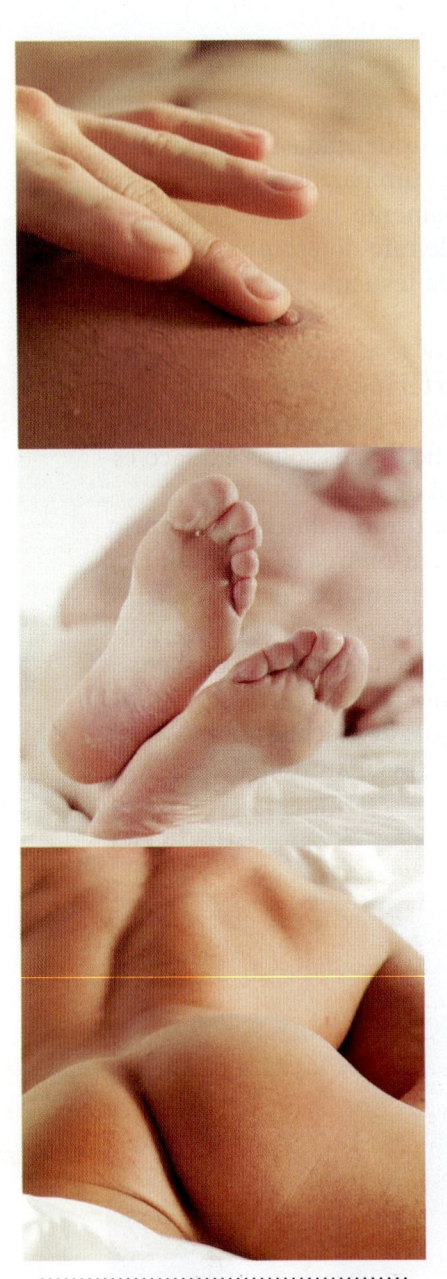

O corpo de um homem possui diversas áreas sensíveis, tanto dentro quanto fora. Todo homem deveria reservar algum tempo para explorar o próprio corpo.

> **Sêmen – você sabia que:**
>
> - O sêmen irrita os olhos, e por isso a estimulação oral e manual requer precisão.
> - Bom para a pele, o sêmen contém diversas vitaminas e minerais. Esqueça cremes caros e conquiste uma dispensa pessoal!
> - O sêmen possui um leve gosto metálico, pois contém zinco.
> - Uma colher de chá de sêmen contém sete calorias. As mulheres que estão de olho na balança, não precisam deixar de comer aquele pedaço de torta.
> - Aspargos, couve-de-bruxelas e café fazem o sêmen ter um gosto ruim, enquanto balas de menta, manga, chá verde e doces o fazem ter um gosto bom.
> - Diabéticos produzem sêmen com um gosto mais adocicado, devido ao excesso de açúcar no corpo.

Os 90% restantes do sêmen são compostos por 30 substâncias diferentes e são chamados de plasma seminal. (Plasma é um fluido que carrega consigo substratos suspensos – nesse caso, sêmen carregando espermatozoides.) Entre essas substâncias estão cálcio, colesterol, frutose (um açúcar que fornece energia ao espermatozoide) e ácido lático (um subproduto da atividade muscular). A quantidade de cada substância varia em cada ejaculação e depende de diversos fatores. Por exemplo, o nível de ácido lático será maior depois de qualquer espécie de atividade muscular. O que foi ingerido algumas horas antes também influirá na composição química do esperma, e terá influência em seu sabor.

A produção de esperma marca o início da puberdade e geralmente ocorre entre os 12 e 13 anos, quando os rapazes passam pela experiência de liberação de esperma enquanto dormem – processo conhecido como "sonho molhado". Esse processo descarta esperma antigo para a produção de esperma novo. A frequência dessas emissões diminui conforme o rapaz começa a entrar em atividade sexual.

A quantidade de sêmen produzido varia de pessoa para pessoa. A maioria dos homens ejacula cerca de uma colher de chá de sêmen, mas essa quantidade pode aumentar no caso de haver um grande intervalo de tempo entre uma ejaculação e outra. Longas preliminares e tempo grande de excitação também aumentam a quantidade de sêmen produzido, pois as glândulas reprodutivas, como a próstata, trabalham mais.

A consistência e coloração do sêmen também são variáveis. A cor geralmente se assemelha a leite ou pérola, mas se tiver passado muito tempo desde a última ejaculação, então pode ser que a cor assuma um tom levemente amarelado.

Corpos masculinos vêm em todos os tamanhos e formas.

O Grande Debate

Por alguma razão os homens têm em mente que as mulheres adoram pênis gigantes. A verdade é que um pênis muito grande pode ser difícil e até doloroso de se acomodar. Lembre-se, a vagina, em média, tem apenas 10 centímetros de profundidade. Embora seja verdade que existe o lado ruim de um pênis pequeno, ele é mais fácil de acomodar usando diferentes posições, dedos e utensílios sexuais do que um pênis que simplesmente é grande demais. Não importa quão grande ou pequeno, existe uma solução para qualquer eventualidade. Qualquer pessoa que já esteve em uma relação em que teve de lidar com algo assim sabe que metade da diversão é entrar debaixo do lençol e chegar a um meio de resolver o problema.

Disfunção Erétil

Um quarto de todos os pênis tem uma leve curvatura, seja para baixo ou para a esquerda, até mesmo quando estão rígidos. A menos que isso cause dor e desconforto, é uma condição completamente normal. Algumas mulheres dizem que um pênis curvado pode intensificar o prazer, e que o ato de felação se torna mais fácil.

Muitos homens sofrem de outras formas de disfunções eréteis, como não conseguir manter uma ereção por tempo suficiente para satisfazer a si mesmos ou a seus parceiros. Cerca de 10% da população masculina têm algum problema de ereção, e muitos sofrem silenciosamente, já que apenas 5% deles tendem a buscar ajuda profissional. Se você acha que tem algum problema de ereção, não guarde isso consigo – consulte seu médico, um urologista ou um terapeuta sexual que possa ajudá-lo.

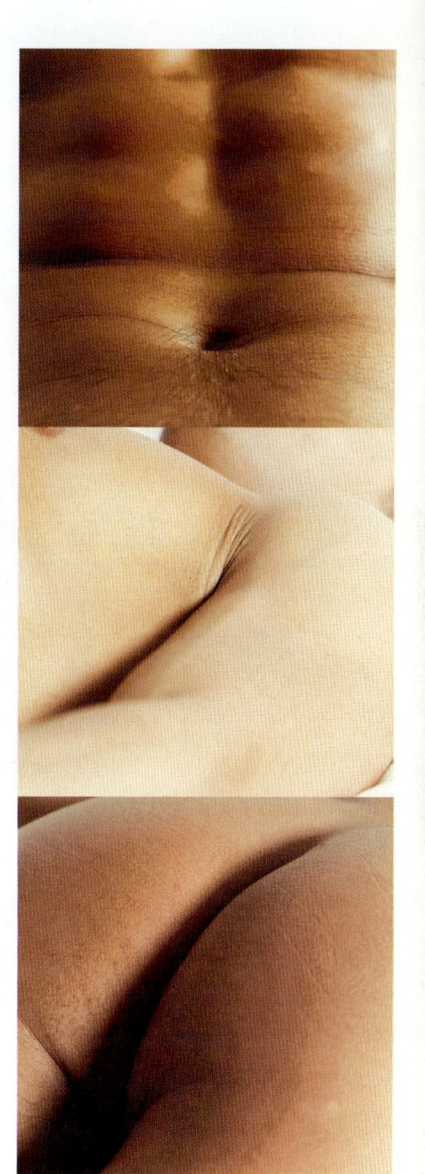

A visão de um corpo masculino geralmente é descrita como menos interessante do que a de um corpo feminino – mas a beleza está nos olhos de quem vê.

O que temos por dentro é tão importante quanto todo o resto que podemos ver.

Os Órgãos Sexuais Internos Masculinos

ESSAS SÃO AS PARTES que você não consegue ver pelo lado de fora, mas compreendê-las é crucial para entender o próprio corpo.

O Epidídimo

O epidídimo é um canal que liga cada testículo ao canal deferente. É no epidídimo que os espermatozoides aprendem a nadar antes de iniciarem sua longa e arriscada jornada pelo canal deferente e através de três diferentes glândulas a caminho da uretra, antes de serem ejaculados.

O Canal Deferente [vas deferens]

Vas em latim significa "canal", e *deferens* significa "levar". O *vas deferens*, ou canal deferente, são os dutos que transportam o esperma de cada testículo até o pênis, por meio do epidídimo. O esperma então viaja pelo canal deferente, que pode ser sentido abaixo da pele do saco escrotal indo em direção à virilha. A maioria dos homens tem dois, mas alguns possuem três. O canal deferente é a parte que é cortada em uma cirurgia de vasectomia. Na maioria das vezes em que um procedimento de vasectomia não tem o resultado desejado, é porque o homem tinha três canais deferentes e o cirurgião viu apenas dois.

Como os canais não têm nenhuma função hormonal, uma vasectomia não tem influência alguma sobre a virilidade ou sobre a produção de hormônios sexuais, e costuma ser uma boa solução como medida anticonceptiva de longo prazo.

As Vesículas Seminais

Essas glândulas são responsáveis pela produção do fluido seminal que compõe a maioria – cerca de dois terços – do sêmen. Esse fluido contém frutose, que fornece torrentes de energia aos espermatozoides para a árdua jornada que farão, e prostaglandina, que ajuda no processo de quebra do revestimento mucoso do colo do útero das mulheres, para facilitar a viagem.

Os Órgãos Sexuais Internos Masculinos

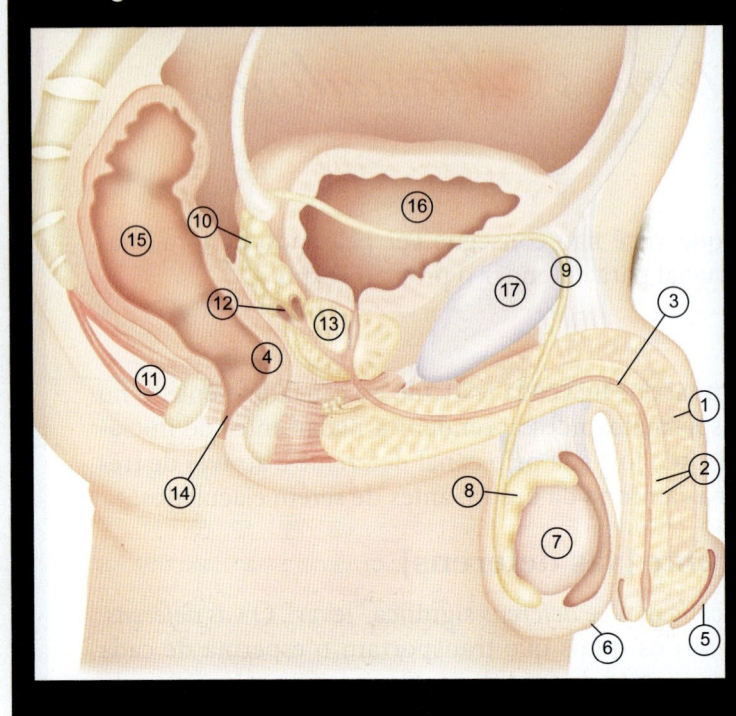

1 Corpos cavernosos;
2 Corpos esponjosos;
3 Uretra;
4 Ponto G;
5 Prepúcio;
6 Saco escrotal;
7 Testículos (gônadas masculinas);
8 Epidídimo;
9 Canais deferentes;
10 Vesículas seminais;
11 Músculo pubococcígio;
12 Glândulas bulboretrais;
13 Próstata;
14 Ânus;
15 Reto;
16 Bexiga;
17 Púbis.

As Glândulas Bulboretrais

Também conhecidas como glândulas de Cowper, essas glândulas têm o tamanho de uma ervilha e produzem a maior parte do fluido pré-seminal que sai do pênis precedendo o orgasmo. Esse fluido límpido protege o esperma do ambiente ácido da uretra.

Próstata

Essa pequena glândula tem o tamanho de uma noz. Ela é responsável por um quarto do fluido que é ejaculado. É localizada a cerca de 5 centímetros dentro do ânus, na parede frontal do reto, logo abaixo da bexiga. A próstata também é conhecida como o ponto G masculino, já que, quando estimulada, gera um orgasmo muito mais intenso para o homem. No início do século XX, algumas mulheres usavam um instrumento de aço, que era vendido na época, para massagear a próstata de seus maridos nas preliminares. Durante a Segunda Guerra Mundial, médicos do exército davam manipuladores de próstata a soldados que não haviam estado com uma mulher em meses, para que eles aliviassem a congestão pélvica. Essa é a chamada massagem prostática. Muitos homens ainda se sentem tímidos quanto a terem suas próstatas tocadas, já que a única via de acesso é o ânus. Entretanto, uma vez vencido esse obstáculo, eles vão se perguntar como ficaram tanto tempo sem experimentar isso.

As células de Leydig dos testículos produzem testosterona e androsterona, hormônios masculinos que regulam a agressividade e o crescimento de pelos, entre outras coisas.

Músculo Pubococcígio

Conhecido também como PC, ele forma o assoalho pélvico e é responsável pelas intensas contrações sentidas durante o orgasmo. Vale a pena praticar alongamentos para mantê-lo em bom estado.

O Reto

Os esfíncteres são dois músculos muito poderosos que controlam a entrada do ânus. O reto é a passagem pela qual as fezes são expelidas, embora, na verdade, elas passem pouquíssimo tempo nessa região, já que ficam armazenadas mais acima, dentro do cólon.

Reserve algum tempo, quando sozinho,
para se familiarizar com seu próprio corpo.

Autoconhecimento Sexual e Saúde

EM COMPARAÇÃO COM AS MULHERES, pouquíssimos homens conversam entre si sobre seus corpos. Dito isso, há uma parte do corpo masculino que com frequência é motivo de preocupação – o pênis. Muitos homens são obcecados pelo próprio pênis e não há um que, em pelo menos um momento de sua vida, não se preocupou se o seu era grande ou grosso o suficiente, ou se ficava duro o suficiente.

O próprio pênis pode ser uma tremenda fonte de ansiedade para os homens. Quando ele não toma a forma adequada, eles se sentem extremamente embaraçados. Mulheres não têm que se preocupar com coisas deste tipo. Elas sempre podem fazer sexo, contanto que estejam devidamente lubrificadas.

É mais do que provável que a maioria dos homens já tenha examinado minuciosamente o próprio pênis. Certamente eles sabem como ele funciona e quais as partes mais sensíveis, já que frequentemente se masturbam. A primeira coisa que uma criança do sexo masculino descobre é o próprio pênis e, dali para a frente, eles podem ser descritos como inseparáveis. Entretanto, os homens podem não se examinar adequadamente, por diferentes ângulos, usando espelhos, então por que não tentar? Pode ser que haja algumas partes a que você não tenha dado atenção e pode ser que descubra partes sensíveis que tenha ignorado.

Deite-se, dobre as pernas e coloque a planta do pé sobre a cama. Separe os joelhos para ter uma vista melhor dos seus órgãos sexuais. Usando um pequeno espelho de barbear, que tenha um lado para ampliação e um lado regular. Observe todas as partes. Além de ser informativo, esse procedimento é algo que você deveria fazer com regularidade para verificar se tudo está saudável.

Limpeza e Boa Saúde

Manter seu prepúcio limpo e livre de esmegma é essencial para uma boa vida sexual. Se você não gostaria de tê-lo em sua boca, não pode esperar que nenhuma outra pessoa goste de colocá-lo na dela – ou em

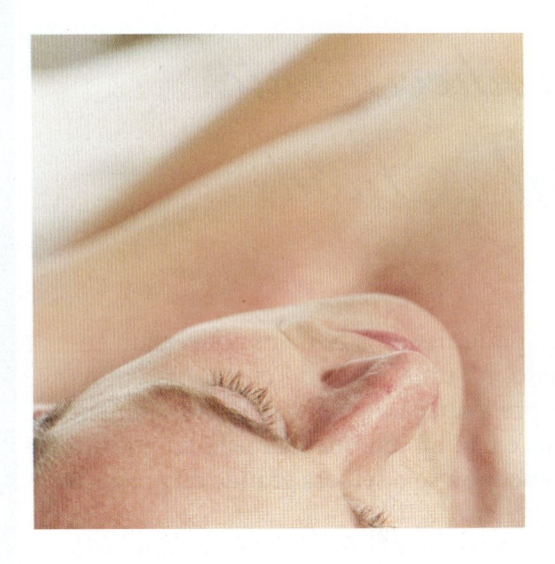

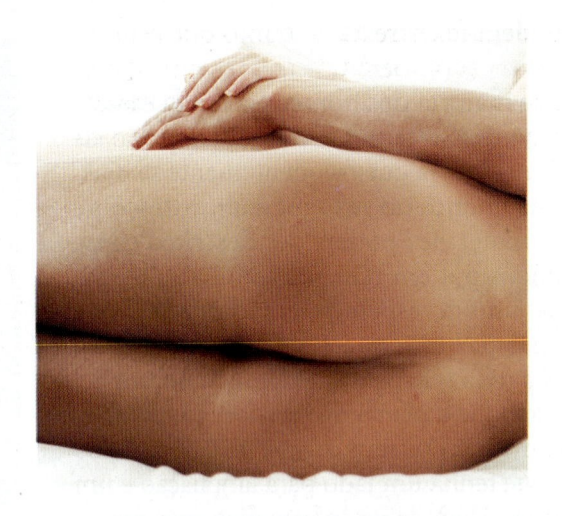

Quanto mais familiar e confortável consigo mesmo, mais à vontade você ficará com outros. Autoexame não deve ser considerado vaidade, mas uma precaução necessária no combate às doenças.

qualquer outro lugar. Enquanto estiver enxaguando, acomode seus testículos em suas mãos e massageie-os para procurar por anormalidades e caroços. Explore suas regiões sensíveis, como o ânus e o períneo.

Câncer de próstata é a forma mais comum de câncer entre jovens de idades entre 15 e 34 anos e, por razões desconhecidas, é quatro vezes mais provável de acontecer entre homens brancos do que em negros. A boa notícia é que ele é facilmente diagnosticado por meio de autoexames e, no decorrer das duas últimas décadas, avanços na área de drogas terapêuticas e diagnósticos mais eficazes aumentaram a taxa de sobreviventes e tornaram o câncer de próstata quase completamente curável se detectado e tratado em estágio inicial. A maioria dos tumores é detectada pelos próprios portadores. Eles geralmente tomam a forma não dolorida de um caroço cujo tamanho varia de uma ervilha para um ovo. Outras anormalidades podem incluir um testículo maior do que o normal, sensação de peso ou repentina retenção de fluido no saco escrotal. Dores na parte inferior do abdômen ou da virilha, assim como peitorais maiores do que o normal ou mais macios do que de costume, também podem indicar problemas.

Autoexame

O melhor é tentar o autoexame testicular (TSE) após um banho quente, pois o calor irá relaxar o saco escrotal e tornar mais fácil de sentir a região. O National Cancer Institute recomenda que todos os homens, não apenas aqueles em grupo de risco, façam o seguinte, uma vez ao mês:

- Ficar em pé na frente de um espelho, usar ambas as mãos para checar inchaços e anormalidades na pele do saco escrotal. Colocar o dedo indicador e o dedo do meio sob um testículo e o polegar no topo, rolar o testículo no meio do polegar e dos outros dedos. Não entre em pânico se um dos testículos aparentar ser maior do que o outro – isso é perfeitamente normal.
- A estrutura macia, semelhante a um tubo, atrás dos testículos é o epidídimo, que carrega e guarda esperma. Localize-o e se familiarize com ele, para não confundi-lo com um caroço. Caroços cancerosos são mais comuns de aparecerem nas laterais do testículo, embora de vez em quando apareçam na frente.

É de extrema importância que você entre em contato com seu médico caso encontre algum caroço ou protuberância que o preocupem. Muitos homens ficam embaraçados com a ideia de um estranho manuseando sua genitália, mas câncer de próstata é um caso sério. Um caroço não se traduz automaticamente em câncer, mas é melhor assegurar-se. E a maioria dos médicos vai dar parabéns pela sua iniciativa preventiva.

Medindo

Um pênis ereto tem, em média, 15 centímetros. Noventa por cento dos pênis estão entre 13 centímetros e 18 centímetros. O menor pênis funcional do mundo ficava ereto com seu orgulhoso 1,5 centímetro, e o maior chegou aos 30 centímetros.

Quando for medir seu pênis, sempre se certifique de que, antes de mais nada, ele esteja ereto. Então gentilmente force o ângulo um pouco para baixo, deixando-o perpendicular ao seu corpo. Use uma régua comum (fitas métricas não costumam ser necessárias) para medir a distância entre os ossos púbicos, que ficam na base do pênis, e a ponta dele. Medir a parte de baixo vai lhe dar um resultado maior do que medir a parte de cima.

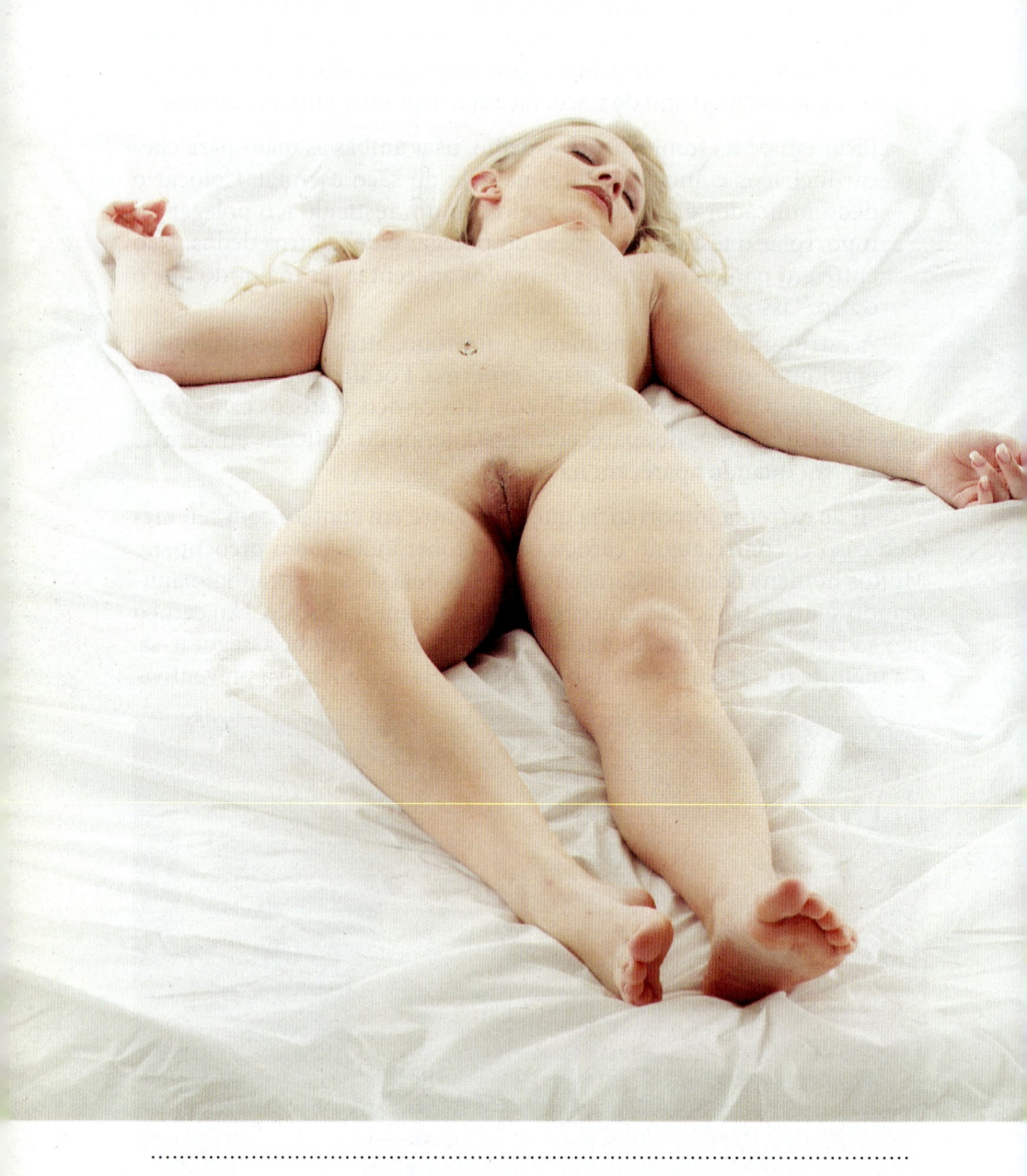

ESTA PÁGINA E A SEGUINTE|
Há muito mais a ser descoberto no corpo feminino do que aquilo que se vê.

O Corpo da Mulher

A GEOGRAFIA da genitália feminina pode ser fonte de muita confusão e frustração, tanto para homens quanto para mulheres. Em comparação à genitália masculina, onde o que você vê é basicamente tudo o que há para se usar, é preciso um conhecimento estrutural básico um tanto maior para encontrar o caminho no corpo de uma mulher. Um conhecimento maior a respeito de como tudo funciona e onde estão localizadas determinadas coisas melhora muito a vida sexual da maioria dos casais.

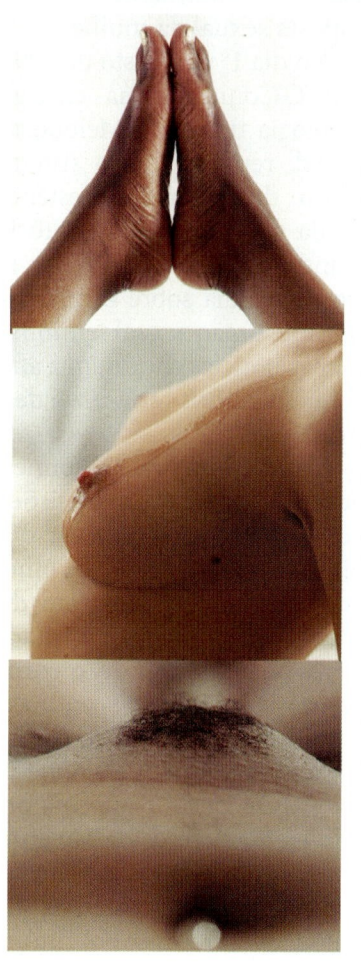

Os Lábios

A vulva é a parte exterior da genitália feminina que pode ser vista pelos olhos. As dobras protetoras que formam a vulva são chamadas de lábios. Os lábios externos, ou grandes lábios, geralmente são cobertos por pelos pubianos. Os lábios interiores, ou pequenos lábios, são bem mais finos, menos carnudos e muito mais sensíveis, por serem ricos em terminações nervosas. Eles contêm diversas glândulas sebáceas e sudoríparas que auxiliam a manter a vulva higienizada e saudável. Os pequenos lábios variam em tamanho e formato. Em algumas mulheres, eles são pequenos e se escondem da vista. Em outras, há mais carne e às vezes as dobras da pele projetam-se para fora dos grandes lábios, o que é perfeitamente normal.

O Monte Púbico

O monte púbico, ou monte de Vênus, é o pequeno acúmulo de gordura que protege o osso púbico durante o sexo. Essa área tem diversas terminações nervosas, e durante a puberdade se torna coberta por pelos.

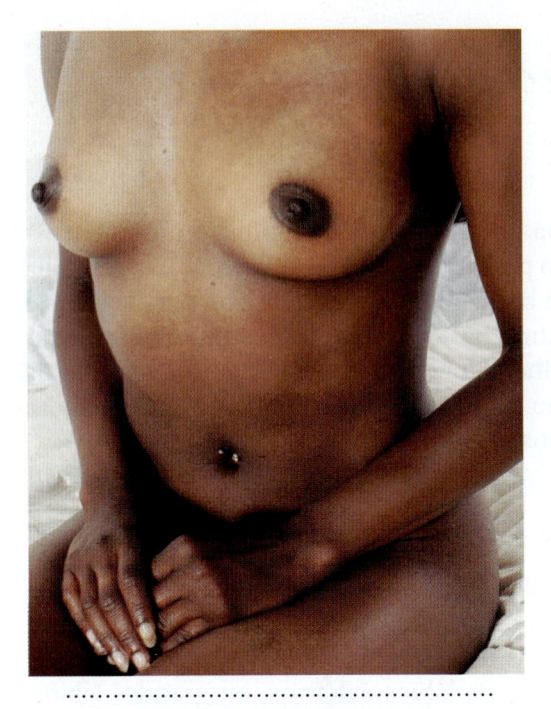

A inibição muitas vezes funciona como impedimento para alguém aprender sobre seu próprio corpo.

O Clitóris

O botão mágico, *die Kitzler*, *le cli cli* ou clitóris – todas as mulheres têm um. Em inspeção minuciosa, a cabeça, ou glande do clitóris, pode ser vista embaixo do capuz. Pesquisas recentes mostram que o clitóris é um órgão maior do que a parte que pode ser vista exteriormente.

Clitóris variam de tamanho e forma de mulher para mulher, mas em todas elas é o único órgão cujo propósito exclusivo é gerar prazer sexual. O clitóris é localizado abaixo do osso púbico, de modo a poder ser gentilmente manipulado e estimulado durante as preliminares, embora isso dependa da posição sexual.

A cabeça é apenas do tamanho de uma ervilha, mas detém de 6.000 a 8.000 terminações nervosas, e esse é o motivo de algumas mulheres considerarem muito intensa a estimulação direta. Debaixo do capuz, o tecido erétil que forma o resto do clitóris se bifurca em direção às costas da pélvis. Os músculos clitorianos de proteção que ficam em torno também são extremamente sensíveis e suas contrações auxiliam a resposta sexual da mulher.

No dia 1º de agosto de 1998, Helen O'Connell, uma cirurgiã de urologia do Royal Melbourne Hospital, reparou que o sistema nervoso do clitóris se estende além da ponta visível do clitóris, causando um frenesi de especulações na mídia sobre o mistério do gigante órgão sexual feminino. Algumas notícias chegaram a afirmar que o clitóris teria mais de 5 metros.

O artigo da Sra. O'Connell, a despeito de suas imprecisões, foi o primeiro a reconhecer que o clitóris é maior do que os olhos veem. Anatomistas hoje em dia afirmam que o clitóris é formado por três partes: a glande, o corpo e a crura.

Puxando o capuz do clitóris para trás, você pode facilmente ver a glande, que é composta por tecido erétil, e cresce de tamanho durante a excitação. Debaixo do capuz há um cordão flexível conhecido como corpo do clitóris, que ao toque parece emborrachado. A maioria da estrutura do clitóris é interna, embora a cabeça, ou glande, seja claramente visível do lado de fora. A terceira parte do clitóris tem o formato de um V inverso, composto por duas cruras, localizado onde o corpo do clitóris se divide. Essa parte é formada por duas asas de tecido erétil, a crura. Você não consegue vê-las, pois são estruturas internas, mas elas contribuem para a excitação sexual e para o orgasmo. No total, o clitóris tem cerca de 9 centímetros de comprimento. As duas cruras são cobertas pelos pequenos lábios, mas se estendem em até os músculos do períneo, entre a vagina e o ânus.

O clitóris e o pênis são a mesma estrutura durante as primeiras oito semanas do desenvolvimento fetal. Todavia, embora seja formado de tecido erétil, ele não desenvolve uma ereção, em vez disso ele incha e se preenche com sangue.

Bulbos do Vestíbulo

Esses bulbos se encontram em ambos os lados da entrada vaginal, dentro dos pequenos lábios; são cercados por tecido muscular e preenchidos por sangue durante a excitação, e se contraem durante o orgasmo. Acredita-se que esses bulbos facilitam a relação sexual por endurecerem as paredes da entrada vaginal, facilitando a entrada do pênis.

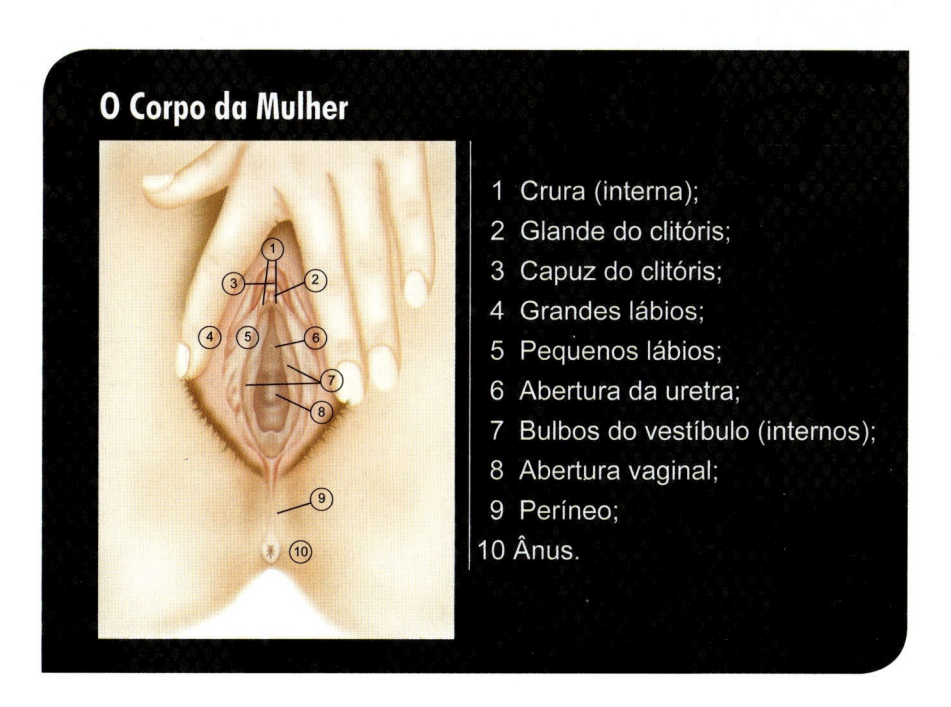

O Corpo da Mulher

1 Crura (interna);
2 Glande do clitóris;
3 Capuz do clitóris;
4 Grandes lábios;
5 Pequenos lábios;
6 Abertura da uretra;
7 Bulbos do vestíbulo (internos);
8 Abertura vaginal;
9 Períneo;
10 Ânus.

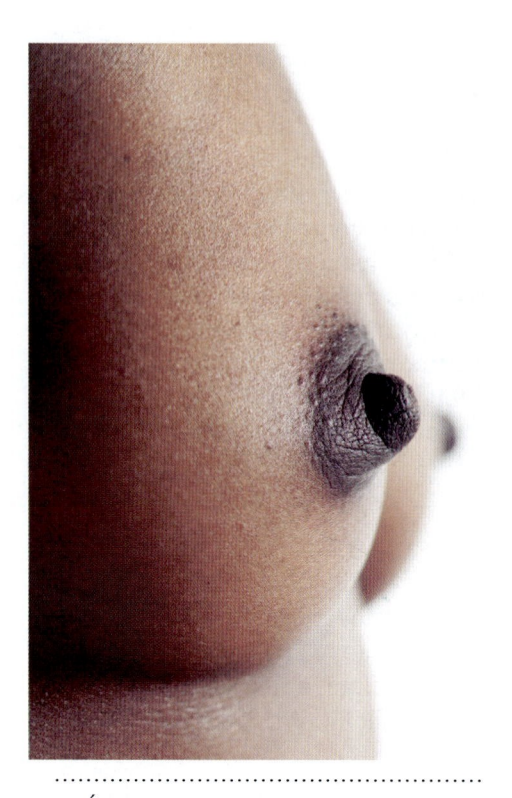

É muito comum um seio ser maior do que o outro. Cerca de 40% das mulheres têm seios de tamanhos diferentes, mas essas variações geralmente são ínfimas. Um seio tende a crescer mais rápido do que o outro e em geral aos 20 anos de idade já estão completamente formados.

Abertura da Uretra

Por muito tempo as pessoas acreditaram que a urina da mulher era expelida pela vagina, mas na verdade ela sai de um pequeno buraco que fica abaixo do clitóris, chamado de abertura da uretra. A abertura vaginal localiza-se bem abaixo disso e é coberta por uma fina camada membranosa, chamada hímen. O hímen cobre a abertura da vagina apenas parcialmente, permitindo o fluxo de sangue menstrual. Ele geralmente é rompido, seja por exercícios ou por tampões, tempos antes de uma garota perder sua virgindade.

O Períneo

Essa área plana entre o fim da vulva e o ânus, o períneo, tem uma multiplicidade de terminações nervosas muito sensíveis ao toque. Algumas mulheres gostam quando essa região é massageada com leveza durante a excitação sexual. O períneo é consideravelmente elástico, o que permite a uma mulher sentir o pênis de seu parceiro quando ela pressiona essa região durante a penetração. Parteiras recomendam que se massageie o períneo com óleo, como o de amêndoas, para aumentar a elasticidade antes do parto de uma criança.

O Ânus

A apertada abertura muscular do reto, o ânus, é uma área de grande sensibilidade que algumas pessoas gostam de incorporar às suas vidas sexuais. Mas tome cuidado, sempre peça permissão antes, e mãos, dedos, consolos e qualquer outra coisa devem ser minuciosamente lavados antes de entrar na vagina depois de ter estado no ânus.

Seios

Independentemente de você ter grande e voluptuosos seios, ou um par mais compacto, você sabe que eles são a diversão definitiva para a maioria dos homens, independentemente de tamanho e formato. Videogames, futebol e Fórmula 1, tudo fica para trás quando colocado ao lado de um par de seios.

Os seios são compostos por uma massa de tecido glandular lácteo, que repousa sobre uma camada de gordura e são conectados à parede muscular da frente do peito. Os ductos lactíferos das glândulas levam às cavidades lactíferas, que são áreas de coleta, localizadas logo atrás dos mamilos. Tecidos fibrosos envolvem os ductos lactíferos e dão firmeza e estrutura aos seios. O tamanho dos seios depende somente da quantidade de gordura e tecido glandular, que até certo ponto é controlado por hormônios, e pode variar no decorrer da vida da mulher.

Muitas pessoas acreditam que seios maiores são melhores do que seios pequenos. O tamanho dos seios é herdado de ambos os pais. Mulheres com seios grandes com frequência reclamam que as pessoas encaram seus seios e sentem que inicialmente são julgadas com base apenas no tamanho deles, em vez de em sua personalidade e inteligência, enquanto outras mulheres basearam suas carreiras no tamanho de seus seios. De uma forma ou de outra, as mulheres precisam resistir à pressão de se parecerem como todas as outras – aprenda a amar o que você tem, independentemente do tamanho.

Os seios têm grande importância psicológica para as mulheres, pois são símbolos de fertilidade e capacidade de alimentar seus descendentes. As mulheres podem passar por uma imensa tristeza se um de seus seios tiver de ser removido ou quando chegam à fase adulta sem seios desenvolvidos. Hoje em dia a cirurgia plástica está disponível com grande grau de sucesso, mas antes de tomar providências radicais é preciso considerar o problema tendo em vista as consequências em sua qualidade de vida.

É importante adquirir o tamanho correto de sutiã em uma boa loja do ramo, especialmente se você estiver entre os tamanhos maiores, para ter um suporte adequado. Muitas mulheres usam o número errado de roupa íntima. Reserve algum tempo para se familiarizar com seus seios e aprender a amá-los, usando creme hidratante para cuidar da pele delicada que os envolve.

Pelos inconvenientes no mamilo são completamente normais. Caso seja verdadeiramente um problema, seu médico pode indicar eletrólise ou alguma outra técnica para remoção de pelos – entretanto,

Sexo Definitivo

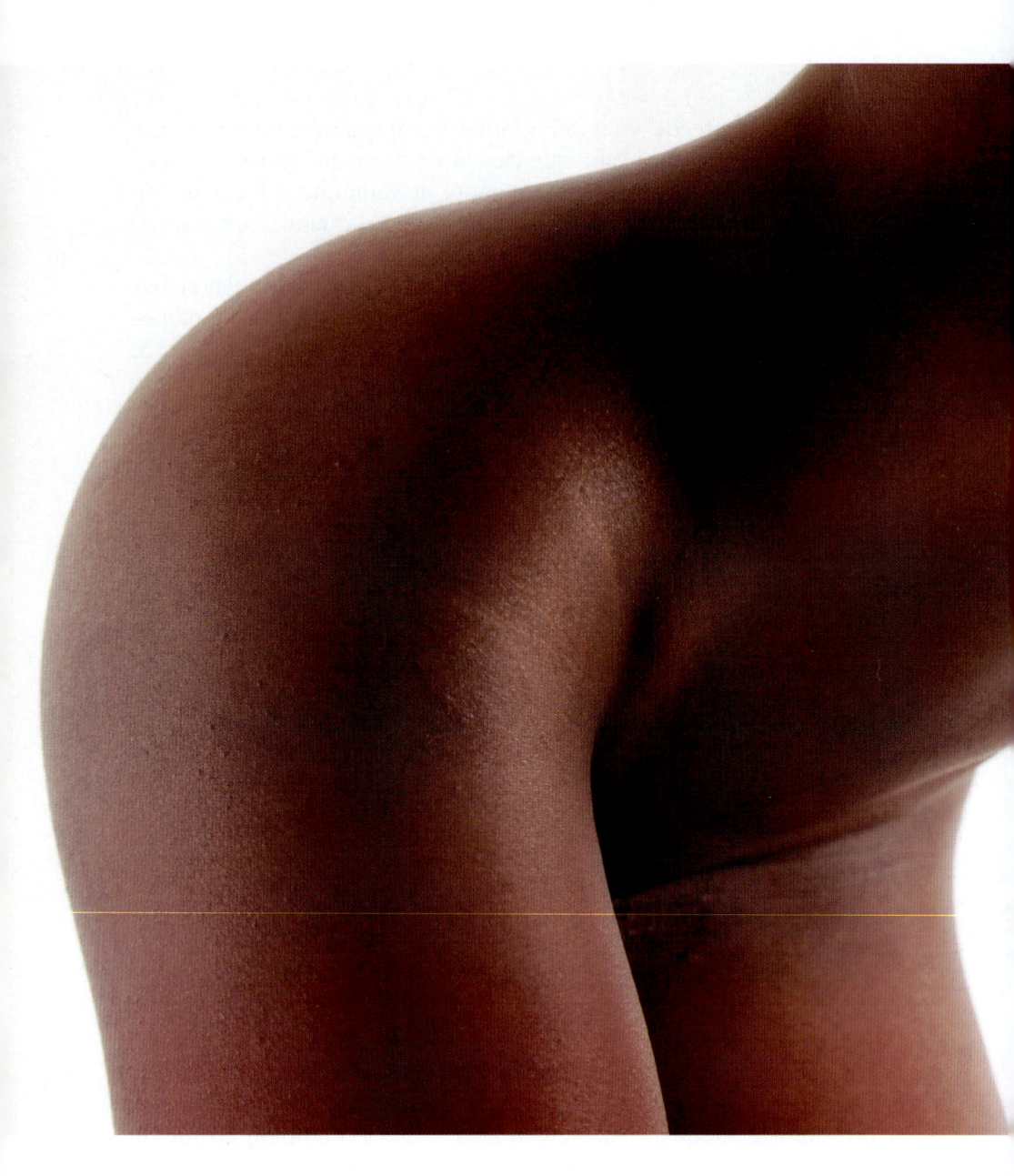

para aquele pelo chato aqui ou ali, a pinça é mais do que suficiente.

Mamilos invertidos, aqueles que se voltam para dentro, em vez de para fora, podem ser motivo de preocupação por serem diferentes dos mamilos da maioria das mulheres. Essa condição afeta 10% das mulheres e, na maioria dos casos, não se configura como um problema. Durante a excitação ou fase de amamentação, o mamilo invertido costuma saltar para fora. Se amamentação é um problema, consulte um médico ou uma parteira e eles saberão como retificar a situação.

Os Mamilos

O termo mamilos na verdade descreve apenas uma parte da região mais pigmentada dos seios. O botão protuberante no centro é o mamilo. A área que circunda o mamilo é a aureola, a cor dela depende da cor de pele da mulher, mas em geral é rosa, marrom ou preta. Aqui, de novo, o tamanho varia de mulher para mulher, mas algumas têm até 12,5 centímetros de diâmetro. Os pequenos nódulos presentes na superfície da aureola são chamados de tubérculos de Montgomery e são perfeitamente normais. O mamilo tem até 20 aberturas de ductos lactíferos que se tornam ativos durante os últimos estágios da gravidez e de todo o período de amamentação. Esses ductos são diretamente conectados com o cérebro, então a amamentação de um bebê ou a atenção de um parceiro pode ter um profundo efeito emocional em uma mulher lactante. O mamilo é uma das regiões mais sensualmente sensíveis tanto em homens quanto em mulheres, e algumas destas alegam ser capazes de alcançar o orgasmo apenas com estimulação dos mamilos.

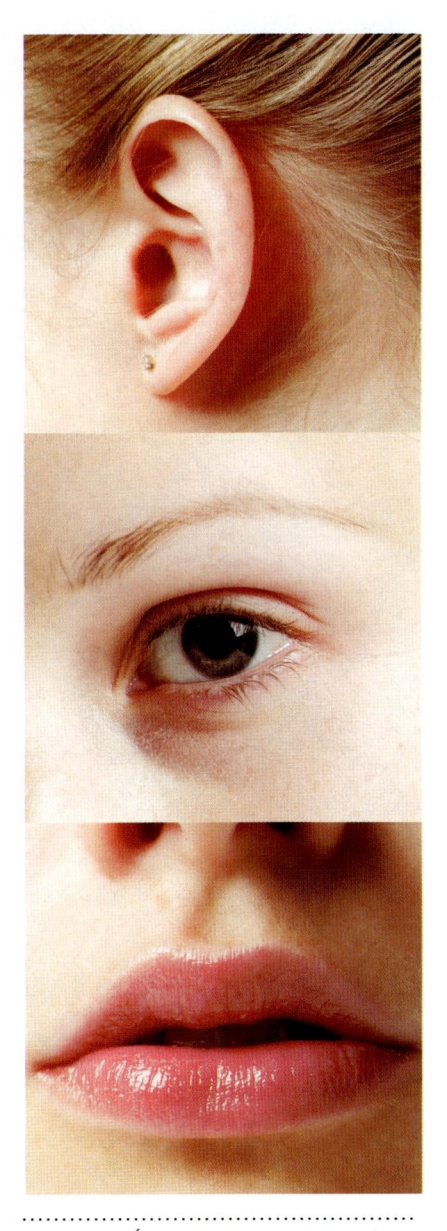

ESTA PÁGINA E A ANTERIOR|
A excitação começa com os sentidos: o gosto de pele misturado com um bom vinho, o ruído de respiração sobre uma música leve, a visão de um corpo em uma sala iluminada à luz de velas: a satisfação envolve tanto vista, audição, paladar e olfato quanto sensações táteis, de toque.

Os órgãos sexuais femininos, em especial a vulva, têm sido descritos com frequência como uma flor. Mulheres artistas, como Georgia O'Keeffe e Judy Chicago, usaram a flor em seus trabalhos como uma metáfora para a genitália feminina.

Órgãos Sexuais Internos Femininos

ESSAS SÃO AS PARTES do corpo da mulher que não são visíveis de imediato, mas compreendê-las é de crucial importância para uma boa saúde e satisfação sexual.

A Vagina

Vagina em latim significa bainha. Digna de seu nome, o propósito central da vagina é se acomodar em torno do pênis de modo a colaborar para a passagem segura do sêmen a seu destino final. O canal vaginal tem em média entre 7,5 centímetros e 10 centímetros de comprimento, embora possa ser ligeiramente maior em mulheres que já tiveram bebês. O tecido muscular dentro da vagina permite expansão e contração, pois precisa ser capaz de abrir o suficiente para que passe a cabeça de uma criança. Durante momentos de excitação sexual, as paredes da vagina se expandem e se curvam, e também se contraem em torno do pênis durante o orgasmo.

Pesquisadores sexuais norte-americanos descobriram que as paredes vaginais também são responsáveis pela produção dos lubrificantes que são secretados durante a excitação. Esses fluidos lubrificam a movimentação no sexo, diminuindo a fricção, que pode ser dolorosa. Algumas mulheres produzem mais fluido do que outras, e algumas outras apresentam, durante o clímax, a mesma ferocidade líquida que os homens.

O Cérvix

Também conhecido como colo do útero, o cérvix (ou cérvice) conecta a vagina e o útero por meio de um túnel estreito que o atravessa e vai à abertura do útero. Durante a relação sexual, o cérvix se move para baixo, na tentativa de ajudar a viagem do esperma através do canal, até o útero, para chegar ao óvulo. O cérvix muitas vezes é bloqueado por um tampão mucoso para proteger o útero de uma possível infecção. Esse muco se afina em época de ovulação para não dificultar a passagem do esperma para o útero. Nos últimos estágios da gestação, o cérvix já tem a capacidade de abrir-se o suficiente para permitir a passagem do bebê.

É importante que as mulheres estejam familiarizadas com seu cérvix e cientes dos problemas que podem aparecer. Fazer o exame do Papanicolau com regularidade é algo vital em mulheres sexualmente ativas.

O Útero

Também chamado de ventre, o útero é do tamanho do punho fechado de uma mulher. É composto por várias camadas de tecidos e músculos. O forro interno, ou endométrio, demora um mês para se construir, e então se desfaz durante a menstruação, regenerando e renovando o ambiente. O miométrio fica próximo do endométrio, e é composto de poderosos tecidos musculares que se contraem tanto no trabalho de parto quanto no orgasmo. Quando o nível de estrogênio cai, durante a menopausa, o útero começa a diminuir de tamanho.

Trompas de Falópio

As trompas de falópio ligam os ovários ao útero, ramificando-se de maneira simétrica ao lado da parede externa do útero. Elas têm cerca de 10 centímetros de comprimento e, em uma das pontas, possuem projeções semelhantes a dedos que acariciam a superfície do ovário para capturar um óvulo antes de despejá-lo nas trompas. Se ocorrer fertilização, o primeiro estágio geralmente se desenrola nas trompas de falópio.

Até recentemente, as mulheres precisavam de ao menos uma trompa saudável para engravidarem, mas hoje a microcirurgia para desbloquear a trompa e a fertilização *in vitro* ajudaram-nas a superar esses problemas.

Os Ovários

Os ovários são órgãos pequenos, branco-rosados que residem na região pélvica. Eles têm cerca de 3 centímetros de comprimento por 2 centímetros de largura e contêm uma média de 100 mil óvulos cada (formados antes do nascimento), mas liberam apenas um por mês, durante a ovulação. Os ovários também são responsáveis pela liberação de estrogênio e progesterona, hormônios que desempenham um papel vital durante a menstruação.

Orgãos Sexuais Internos Femininos 73

O Músculo do Assoalho Pélvico

Esse é o poderoso músculo pubococcígeo que suporta o assoalho pélvico e os órgãos reprodutivos. Durante o orgasmo ele se contrai. Mantendo o músculo do assoalho pélvico bem exercitado, você terá benefícios entre quatro paredes, pois contraí-lo deliberadamente durante a relação sexual causa uma prazerosa sensação ao redor do pênis de seu parceiro.

Manter a musculatura do assoalho pélvico forte também ajuda no trabalho de parto e na recuperação. Aulas de pilates ensinam as mulheres a exercitarem o músculo do assoalho pélvico, embora existam inúmeros exercícios que podem ser praticados independentemente. A beleza é que você pode fazê-los a qualquer hora, em qualquer lugar, e ninguém saberá o que você está tramando. Para testar os seus músculos do assoalho pélvico, tente interromper seu fluxo de urina por dez segundos e depois liberá-lo. Se você consegue fazer isso, então seus músculos são bem fortes; se não, alguns minutos de exercício diário podem prevenir alguns problemas futuros.

Exercícios regulares com os músculos do assoalho pélvico terão benefícios no presente e no futuro.

Orgãos Sexuais Internos Femininos

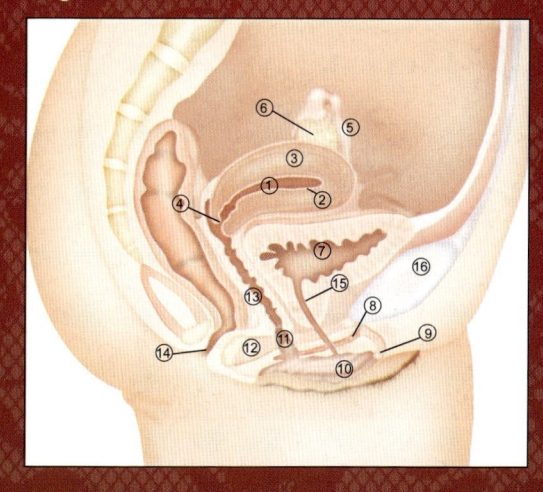

1. Útero;
2. Endométrio;
3. Miométrio;
4. Cérvix;
5. Trompas de falópio;
6. Ovários;
7. Bexiga;
8. Cruras;
9. Capuz do clitóris e glande;
10. Grande e pequenos lábios;
11. Vagina;
12. Músculo pubococcígeo;
13. Ponto G;
14. Ânus;
15. Uretra;
16. Osso púbico.

Explorar e depois levar as coisas mais adiante é uma progressão natural.

Autoconhecimento Sexual

Cuide da sua pele usando creme hidratante.

É INCRÍVEL O NÚMERO de mulheres que não sabem onde ficam seus órgãos e como eles funcionam. É aqui que uma autoinspeção com um pequeno espelho, em um quarto, sozinha, se torna inestimável.

Convidando seu parceiro para participar, você pode apresentá-lo ao seu *playground*, e não apenas educar vocês dois, mas também estruturar o cenário perfeito para diversão. Isso não trará apenas benefícios sexuais, mas também ajudará a reconhecer sinais e sintomas que podem indicar problemas de saúde futuros.

Imagem Espelhada

Uma casa vazia e algum tempo livre fornecem tudo de que você precisa para sua autoapresentação. Fique em pé na frente de um espelho grande e olhe para seu corpo nu. Descubra a singularidade de sua sensualidade. Repare nos vincos, nas linhas, nas formas arredondadas e no toque de sua pele.

Elogie seus próprios atributos e concentre-se naquilo que é bonito. Em vez de torcer o nariz para as partes de que você não é fã, veja-as sob uma perspectiva positiva. Uma barriga arredondada e protuberante, por exemplo, pode ser vista tanto como um sinal de sobrepeso e falta de sensualidade como um sinal de feminilidade e fertilidade. Mova seu corpo, sente-se, ajoelhe e fique em pé. Veja como o seu corpo se move e como os seus músculos e tendões trabalham juntos. Toque gentilmente seus mamilos, corra os dedos indicadores por eles, belisque-os com leveza com o polegar e o indicador, aumentando gradualmente a pressão para ver se você gosta da sensação.

Pegue um espelho pequeno de mão e sente-se em uma posição confortável. Abra suas pernas, com o espelho angulado de modo que consiga ver claramente e se examinar com perfeição. Separe os seus lábios para alcançar o clitóris. Para ver seu clitóris mais claramente, pode ser que você precise levantar o capuz do clitóris também, mas lembre-se de que essa é uma região de extrema sensibilidade, então manuseie com cuidado.

Mova suas mãos e dedos em torno da região vaginal, prestando atenção em quais são as regiões mais sensíveis. Não ignore seu ânus e seu períneo, pois para algumas mulheres estes são pontos realmente excitantes. Logo verá que você e os seus delicados órgãos sexuais estarão intimamente apresentados e talvez então sinta que está pronta para dar o próximo passo nessa relação.

Checagem Mamária

Deite-se ou fique em pé com um braço estendido acima da cabeça. Com a outra mão, use a almofada dos dedos para massagear a região dos seios, usando movimentos circulares para checar o aparecimento de caroços ou outras anormalidades.

Abaixe o braço levantado, deixando-o repousar ao seu lado e, usando a outra mão mais uma vez, cheque sua axila, procurando por caroços e inchaços. E então repita o mesmo processo com o lado oposto.

Não entre em pânico se encontrar algo. Consulte seu médico e lembre-se de que nem todos os caroços são sinais de coisas sinistras; com frequência, são apenas depósitos de tecido adiposo, mas é melhor prevenir do que remediar.

Autoconhecimento Sexual 77

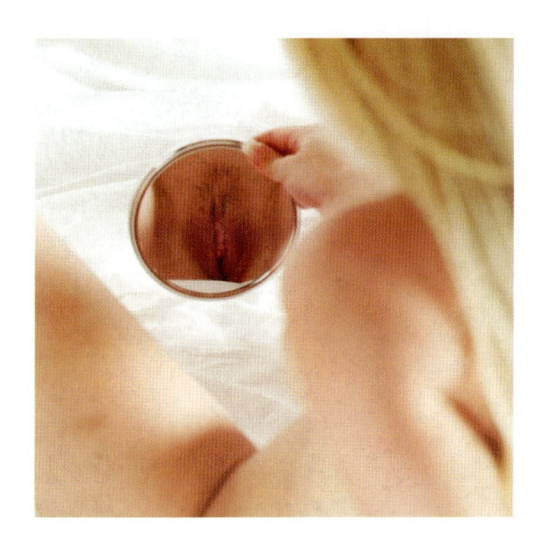

À ESQUERDA|
Pegue o seu espelho e dê uma olhadinha.

ACIMA|
Descubra você mesma a maneira como prefere ser estimulada.

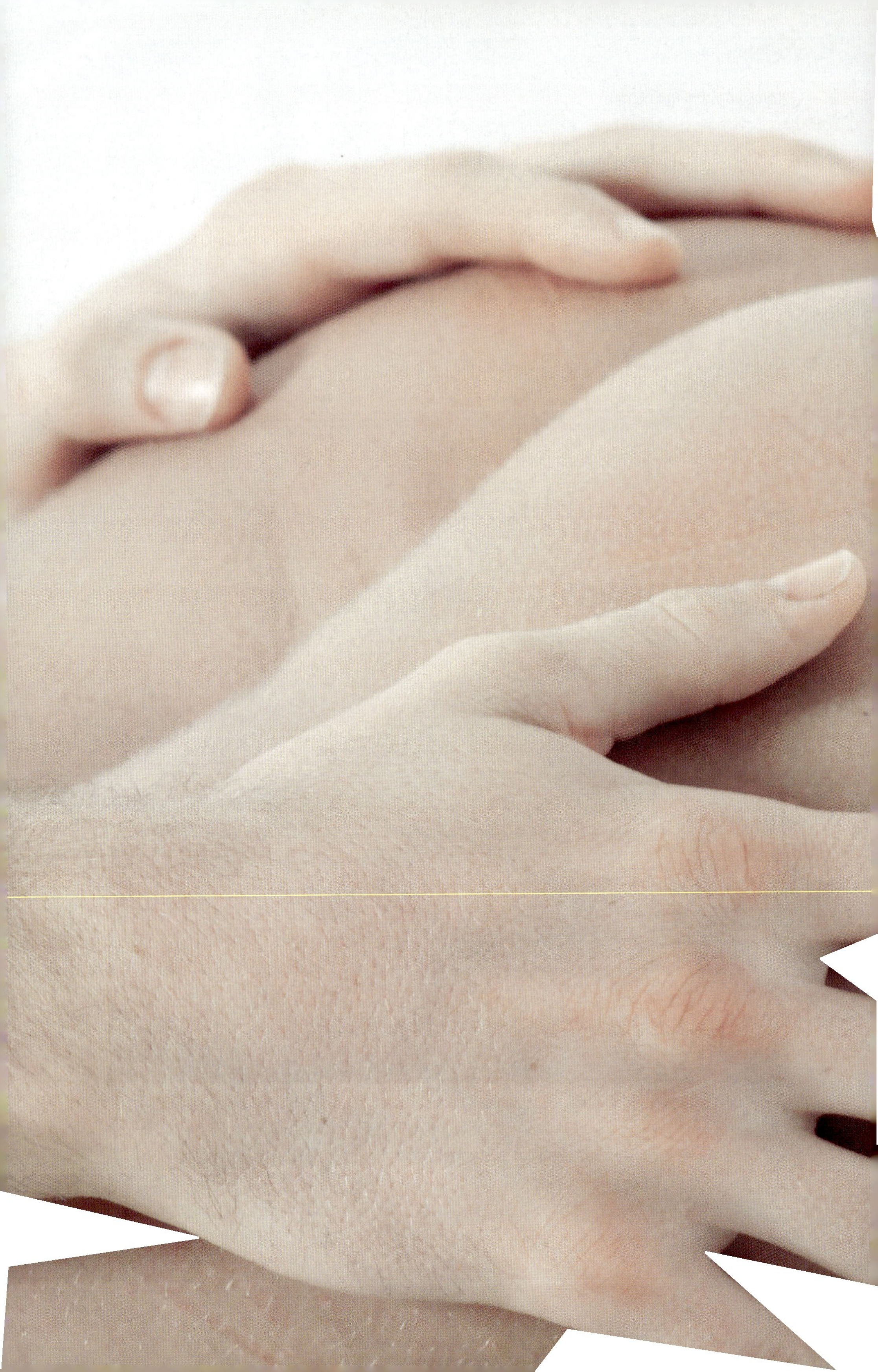

Sedução

Sedução é a sutil arte de explorar a química que existe entre você e outra pessoa, usando-a para conquistar a maior vantagem possível. Isso inclui romance, persuasão e tentação, e não termina após as primeiras emoções da relação. A arte da sedução inclui também o crepúsculo do pós-coito – o conforto de deitar juntos depois do sexo –, assim como a possibilidade de admitir que pode querer seduzir um membro não do oposto, mas do mesmo sexo.

ESTA PÁGINA E A SEGUINTE|
Nos primeiros estágios de uma relação, vocês pensam em quase nada a não ser um no outro. Os sentidos estão aguçados com antecipação e vocês se presenteiam com gestos românticos e atenciosos.

A Importância da Sedução

UM LIVRO SOBRE TÉCNICAS SEXUAIS tem muito do seu foco nos aspectos físicos da relação sexual, e torna fácil que elementos externos a isso, como a sedução e o romance, sejam ignorados. Mas sexo não é apenas a relação física. Diferentemente da maioria dos animais, humanos fazem sexo não apenas para procriação, mas por conforto, relaxamento, recreativamente e por amor.

Como a maioria dos organismos complexos do mundo animal, os humanos precisam que o epicentro erótico do corpo – o cérebro – seja estimulado quando estiverem se preparando para a relação sexual. Esqueça o clitóris, o ponto G, o pênis e a próstata; se você não estiver a fim, você não está a fim, e isso é controlado pelo cérebro.

As reais fundações da sensualidade, do prazer e da realização sexual residem no cérebro: o sótão do seu corpo, em vez do porão. Preparação, antecipação e relaxamento começam na cabeça, e isso faz da estimulação mental um componente essencial das preliminares.

Tentação Irresistível

Sair para encontros, romantizar, fazer corte e flertar pode parecer coisas fora de época e antiquadas para algumas pessoas, mas até o mais intransigente dos cínicos se derrete quando certa canção toca na rádio, despertando a antiga lembrança de um relacionamento passado ou um episódio particular de um relacionamento presente.

É no estágio em que você está apaixonado que os seus sentidos estão em seu pico; o céu parece ser mais azul, as flores parecem mais cheirosas, tudo tem um gosto mais agradável e até as piadas parecem mais engraçadas. Ótimas memórias são formadas nesse período em que um começa a conhecer melhor o outro. Aromas são particularmente evocativos: o perfume que alguém usa, os cheiros de pão fresco naquele dia em que vocês foram à padaria pela primeira vez, até o cheiro de uma determinada marca de café pode exercer algum efeito. Vamos ser sinceros, as delícias e emoções do sexo vão muito além do prazer físico, não importa quão delicioso este seja.

Na primeira onda de atração mútua, apenas tocar as mãos ou entrelaçar os dedos pode causar arrepios de deleite.

Não cometa o erro de ignorar seu parceiro – ele merece sua total atenção.

Presentear com um pequeno lembrete, como uma flor, pode parecer algo antiquado, mas mostra que você se importa.

Romance não precisa necessariamente ter flores, ursinhos de pelúcia e cartas melosas, mas no início da relação o romance é o campo em que irão florescer as memórias que serão criadas com aquela pessoa. É um fato triste que quanto mais você passa a conhecer a pessoa, tanto mais complacente você se torna a respeito de gestos românticos, então o espaço para esses gestos é bastante restrito.

O romance pode começar antes de vocês terem se tornado parceiros já estabelecidos, quem dirá de terem feito sexo, com telefonemas, mensagens de texto, recadinhos, cartas e e-mails. Gestos pequenos que demonstram que você estava pensando na pessoa costumam ter um impacto bem maior do que gestos grandiosos e caros. Mostre que você está começando a entender seu novo parceiro e amante em potencial, que você escuta o que ele diz e que se importa com o que ele deseja. Faça isso comprando o último CD que ele mencionou, ou um livro interessante, as flores favoritas, a cerveja preferida dele, ou alguma lembrancinha, simplesmente porque "isso me lembrou de você".

Sexo Definitivo

Alguns lábios foram feitos para serem beijados. Ajuda quando eles são macios e suaves, quando seus dentes são limpos e seu hálito é fresco.

O Beijo

NA MAIORIA DAS VEZES, VOCÊ CONSEGUE DIZER qual tipo de parceiro a pessoa será pelo jeito que ela beija, afinal, o beijo é efetivamente o primeiro momento de contato sexual. Durante o beijo, você literalmente prova um pouco do produto que está no mercado. Beijar não é um costume universal; muitas culturas distantes não tinham ideia do que era isso, até os europeus chegarem e mostrarem como se faz.

A língua e os lábios são duas das regiões sensíveis mais erógenas do corpo, recheadas de terminações nervosas. Quando você beija com paixão, é liberado em seu cérebro um componente químico similar àqueles liberados com a prática de esportes radicais, como mergulho em queda livre e paraquedismo. Chamados de neurotransmissores, esses componentes químicos conectam-se aos receptores cerebrais do prazer, resultando em euforia, vibrações na barriga e a sensação de prazer. Mesmo quando não há grande paixão no momento do beijo, ele pode criar essa sensação física prazerosa.

Existe todo um repertório de beijos que você pode experimentar enquanto explora as zonas erógenas de seu parceiro. Nem todos os beijos apaixonados precisam fazer cócegas nas amígdalas da outra pessoa. Um roçar quase imperceptível nos lábios pode ser igualmente excitante.

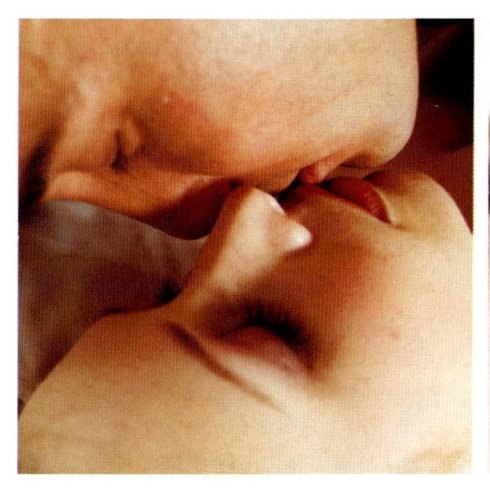

Um beijo tem tantas facetas: segurança, amor e conforto, além de paixão.

Beijo de Nariz

Apesar de os europeus estarem beijando há mais de duas centenas de anos, acredita-se que a prática tenha se originado na Índia. Textos sânscritos védicos de 1500 a.C. descrevem o costume de esfregar e pressionar os narizes. Esse tipo de cumprimento, geralmente chamado de beijo de esquimó, é também associado aos Inuítes e povos das Ilhas do Pacífico. Os lábios não chegam a se tocar; o que realmente acontece é que uma pessoa está inalando o aroma das glândulas odoríferas presentes na bochecha da outra pessoa. Animais fazem isso o tempo todo. Você já reparou que os gatos sempre esfregam o rosto contra os humanos amigos como o fazem com seus amigos felinos?

Sincronização dos Lábios

A maioria das pessoas curte a ideia de beijar alguém que tenha lábios bem feitos e macios, um sorriso bonito e dentes bons. Dentes feios são uma das coisas menos atraentes. O tamanho dos lábios não indica se uma pessoa beija bem ou não, mas algumas bocas parecem que pedem por um beijo. Talvez seja o formato, o sorriso, o volume dos lábios ou até mesmo a maneira como a pessoa umedece os lábios com a língua.

Uma pesquisa sobre beijos mostrou que as mulheres gostam mais de beijar do que os homens, e que elas gostam de abraços prolongados, sem que isso leve a alguma outra coisa. Na verdade, algumas mulheres afirmam considerar os beijos a parte mais erótica do sexo, e algumas dizem que até já alcançaram um orgasmo por meio de uma sessão de beijos apaixonados.

Os homens, por outro lado, gostam de beijar, embora tendam a enxergar o beijo como uma etapa necessária para se chegar à relação sexual. Evidentemente, muitos homens, especialmente ingleses e americanos, detestam demonstrações públicas de afeto. Entretanto, parece que os homens do Mediterrâneo adoram beijar em público. Eles beijam suas esposas, mães, namoradas, filhos, pais e amigos com a mesma intensidade. Eles até dão três beijos na bochecha quando se cumprimentam, em vez de dois.

Além da boca e da bochecha, há muitos lugares do corpo que parecem implorar para serem beijados: pálpebras, nariz, orelhas, pescoço (uma delícia), axila (sim, de verdade), parte de dentro dos pulsos, ponta dos dedos, atrás dos joelhos, calcanhares, solas e dedos dos pés, e muitos outros lugares no meio desse caminho. A melhor maneira de descobri-los é fazer um passeio de beijos em seu parceiro e descobrir por si só qual percurso fazer pelo corpo dele.

Sobre os Beijos

O que diferencia uma pessoa que tem o beijo comum de outra que é um beijador exemplar? Essa é a pergunta para a qual todos querem resposta. Uma boca relaxada e mente aberta são bons lugares para começar. Quanto a para onde ir a partir daí, aqui estão algumas sugestões:

Beijo Francês: acaricie gentilmente o interior da boca de seu parceiro com a sua língua. Enquanto ele ou ela responde, você pode acelerar o passo, até alcançar a intensidade total.

Selinho: Excelente para relaxamento e para momentos de ternura. Faça bico com seus lábios e então dê um beijo leve, um pouco como uma bicada, mas com duração de três segundos. Este, na verdade, é um franzir de nariz e fica na categoria entre beijo e cócegas, mas é muito bom.

Silencioso, porém mortal: Um dos tipos de beijos mais *sexy* é o silencioso, com lábios e olhos fechados, enquanto com as mãos acariciam cabelo, rosto e pescoço do outro.

Beijo estereofônico: Gemer e sugar enquanto beija. Algumas pessoas adoram o som e a sensação de ter o interior de suas orelhas sendo beijado – esse barulho particular realmente as excita.

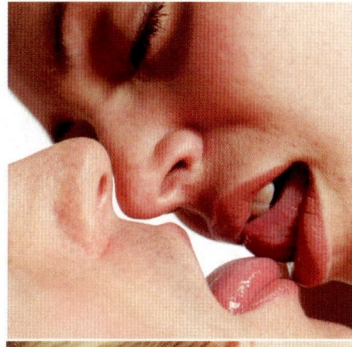

Explorar os diferentes jeitos de beijar seu novo parceiro, da maneira mais apaixonada à ligeira provocação, é uma experiência excitante.

Beijo falante: Segure o rosto de seu parceiro entre as suas mãos e beije partes diferentes do rosto dele, a começar pelas sobrancelhas, e depois pálpebras, nariz e por aí vai, e entre os beijos diga algo erótico. Descreva o que pretende fazer com ele, a maneira que quer ser beijado, onde você quer os beijos e a posição que quer experimentar.

Mordiscar: Não morda, pois machuca. Acariciar, por outro lado, é uma delícia.

Marcas: Não as deixe. Chupões não são uma coisa excitante.

Beijo de borboleta: Testado e comprovado. Use seus cílios para acariciar o rosto e o corpo de seu parceiro.

Demorem um pouco para se despirem caso consigam controlar a antecipação.

Preliminares

LEMBRA-SE DAQUELES TEMPOS quando você ainda estava crescendo, antes de a penetração na relação sexual ser obrigatória? Aquelas sessões quentes no cinema, o jeito que vocês acariciavam a mão um do outro, e como andavam abraçados e grudados um no outro? Essas emoções e sensações eram muito emocionantes, e em alguns sentidos até melhores do que sexo em si. Preliminares são como espiar por um buraco de fechadura e ver como vocês se adaptarão um ao outro enquanto amantes. É uma maneira de explorar o outro psicologicamente e sensualmente, um meio de estabelecer alguma orientação e até mesmo alguns limites, prazeres e desprazeres, vontades e necessidades. Vocês estão descobrindo maneiras de relaxar e de agradar um ao outro.

Perguntar o que é gostoso e o que seu parceiro quer que você faça é o único caminho para realizar sexualmente tanto você quanto seu parceiro. Quando você acaricia alguém durante as preliminares, imagine-se como um turista em uma excursão pelo corpo, quando você pergunta os caminhos mais adequados aos destinos. Muitas pessoas começam fazendo o que gostariam que fizessem com elas, e esse é um bom começo, contanto que você seja flexível o bastante para se adaptar às preferências do seu parceiro.

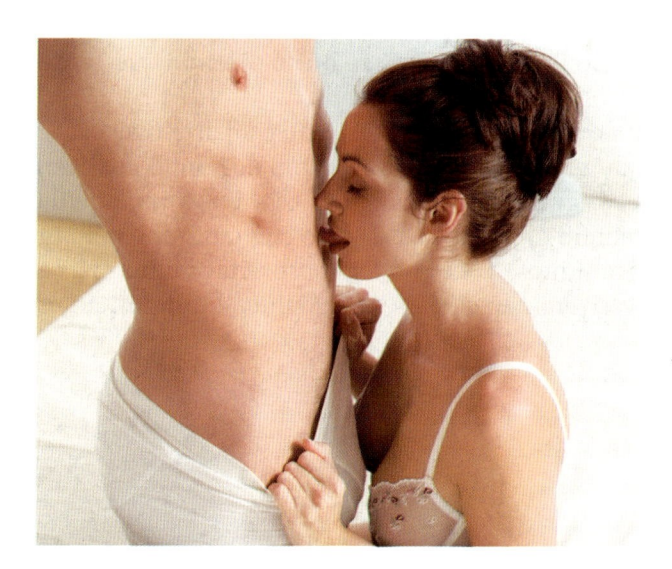

Acaricie e beije com movimentos confiantes e você vai deixar seu parceiro fervendo.

Falando Sacanagem

A ideia de falar sacanagem chega a enojar algumas pessoas. Outras amam isso e incorporam completamente em seu repertório sexual. A maioria das pessoas pensa que pudesse gostar, mas que se sentiria boba se o fizesse.

Falar sacanagem não significa necessariamente que você deve encostar sua boca contra o ouvido de seu parceiro e gritar a maior sequência possível de palavrões. Você pode começar, para encorajar, com alguns pequenos gemidos quando ele ou ela estiver fazendo algo que seja particularmente prazeroso para você. Quando começar a se sentir confortável fazendo isso, passe a sussurrar coisas como "você faz eu me sentir tão *sexy* quando faz isso", ou, "seu gosto é tão bom". Fundamentalmente, dizer sacanagem é uma maneira muito boa de comunicação sexual, e você acaba elogiando seu parceiro por aquilo que ele ou ela está fazendo.

Se você se sente idiota dizendo que isso ou aquilo gera uma sensação incrível, pense em como se sente quando ele ou ela diz isso para você. É mais provável que se sinta bem por ser fonte de tanto prazer do que fique assustado com o que escutou. Se você fala alguma língua estrangeira, pode ser que perca a inibição quando começar a dizer algo em francês ou espanhol.

Testado e Aprovado

As preliminares muitas vezes começam horas antes de se entrar no quarto. O começo pode ser uma troca de olhar quando vocês se conhecem, uma mensagem de texto mais apimentada enquanto você está no trabalho, ou até um recado inesperado no seu bolso dizendo que "você vai se dar bem hoje".

Como as preliminares são em muitos aspectos, a parte mais excitante do sexo, é divertido prolongá-las pelo máximo de tempo possível. Seu parceiro e você deveriam gastar tempo com essa oportunidade de se satisfazerem e acariciarem um o corpo do outro enquanto aproveitam o tempo de que dispõem juntos. Vocês podem aproveitar muito mais a transa se seus corpos estiverem excitados ao máximo, e úmidos, antes do coito.

Preliminares

Obviamente que tocar nas genitais de seu parceiro não é algo proibido, mas traga para a brincadeira os outros sentidos, como a visão e o paladar.

Comece com o jeito que vocês tiram as roupas. Muito frequentemente, os casais veem as roupas como uma barreira inconveniente que precisa ser removida o quanto antes. Entretanto, é muito *sexy* assistir a seu parceiro tirar a própria roupa. Se você for um pouco atrevido, coloque uma música e submeta-o a um lento, longo e *sexy strip-tease*. Ele certamente vai adorar e ela vai achar inesquecível, especialmente se ele usar um chapéu no final. Também é erótico tirar a roupa de seu parceiro, revezando-se em turnos para tirar as peças.

Os beijos vão estabelecer o ritmo da relação que está a ponto de começar.

Conversa em Particular

Falar sacanagem fora do quarto também é divertido. É algo realmente *sexy* quando você está em um lugar lotado e seu parceiro sussurra algo tão inacreditavelmente safado em seu ouvido que você não pode fazer nada senão ficar vermelho. A parte interessante está em saber que todas as outras pessoas pensam que você está em uma conversa normal, quando na verdade vocês estão arrancando as roupas um do outro.

Experimente um beijo lento, carinhoso, acariciando a boca do outro com a língua, ou um beijo mais apaixonado e frenético em que vocês sejam um pouco mais selvagens e diretos entre si. Pequenos beijos ao longo do corpo de seu parceiro o deixarão louco de desejo.

Tente não ir direto à genitália e explore outras partes do corpo – dedos, dedos dos pés, axilas e umbigos – antes do resto. Provoquem-se ao limite com carícias que imitem massagens, beijos e lambidas ternas. Cedo ou tarde vocês terão se estimulado quase ao ponto do orgasmo, até que não aguentem mais, e então uma coisa levará a outra, se você assim quiser.

Preliminares não são apenas um meio justificado pelo fim e devem ser aproveitadas pelo prazer que geram por si mesmas. Isso inclui a preliminar emocional além da sexual. O toque, o jeito de tirar a roupa e pequenas gentilezas no decorrer do dia são tão importantes quanto o que você consegue fazer com suas mãos.

As carícias e técnicas que você e seu parceiro preferem são tão particulares quanto você, e variam conforme seu humor, o dia que você teve e até mesmo o clima. Busque algumas dicas na seção a respeito de masturbação deste livro, para obter mais informação. O segredo para uma boa preliminar é simples. Leve o tempo que for preciso e não apresse seu parceiro ou pressione a si mesmo. Se você levou meia hora massageando a parte interna da coxa de seu parceiro, não espere reciprocidade. Você precisa gostar de fazer na mesma medida em que ele ou ela gosta de receber. Na próxima vez, será você o agraciado.

Sexo Tântrico

Esses ensinamentos antigos analisam as diferenças entre homens e mulheres durante seus períodos de excitação e têm como objetivo harmonizar essas diferenças, focando o direito feminino de alcançar a excitação sexual e ensinando o homem a domar sua paixão.

Um dos principais ensinamentos é a retenção do orgasmo masculino, que, de acordo com o Tantra, em cada ejaculação enfraquece a energia vital. Os homens são ensinados a controlar a respiração e orientar a energia do orgasmo para o cérebro, o que abre caminho para uma sensação de grande realização espiritual. Preliminares prolongadas são a linha de frente do sexo tântrico, e encorajam a conexão emocional por meio dos abraços, do carinho e do contato visual.

Preliminares

Quem poderia imaginar que o filme *Ou Tudo ou Nada* tiraria tantos chapéus dos armários?

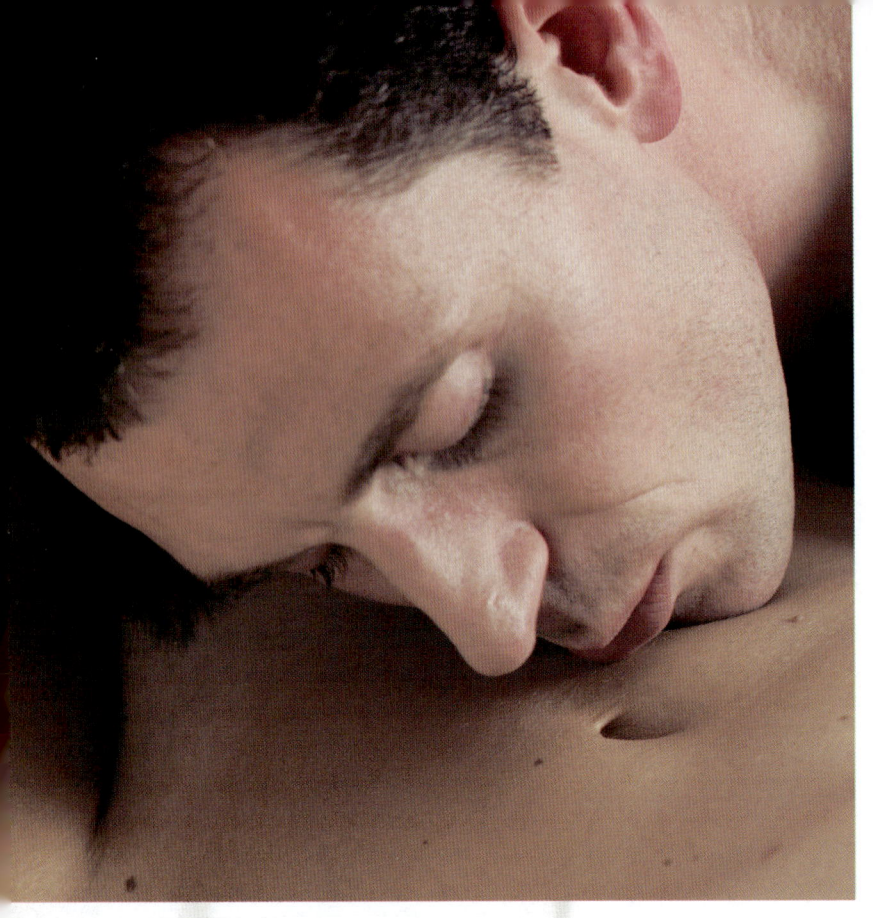

Juntos, mapeiem todas as suas zonas, erógenas.

Zonas Erógenas

QUANTAS VEZES SEU PARCEIRO acariciou inocentemente seu pescoço, enquanto vocês assistiam a televisão, criando espasmos eletrizantes pelo seu corpo? Para uma experiência plenamente sensual, saia em uma viagem pelo corpo e concentre-se mais na jornada do que no destino. Considere o corpo de seu parceiro uma doce e variada paisagem com um leque gigante de áreas ainda a serem exploradas.

Quando se trata de sexo, é extremamente fácil concentrar-se no óbvio: testículos, clitóris, pênis e seios, mas esse conjunto compõe uma fatia proporcionalmente pequena da vista completa. Geralmente as áreas menos óbvias são as que geram os resultados mais quentes. Tocar e acariciar o corpo do outro pode gerar resultados além do meramente sexual. O toque certo pode fazer você sentir um calor pelo corpo todo e reafirmar os sentimentos profundos de amor e carinho que vocês nutrem um pelo outro. Concentrar-se em outras partes do corpo durante as preliminares mostra que você acha seu parceiro todo *sexy*, e não apenas nos pontos quentes.

O Umbigo

A pele em torno do umbigo é consideravelmente mais fina, o que a torna uma região extremamente sensível. Os umbigos ganharam um novo papel na vida das pessoas depois que começaram a ser decorados com tatuagens e *piercings*. Algumas pessoas são hesitantes quanto a essa parte do corpo, mas outras gostam de ter seus umbigos bem cuidados por uma língua macia. Pode até fazer com que elas deem risadinhas, mas, afinal de contas, o objetivo é se divertir.

Trabalhar os Dedos dos Pés

Essa é uma das coisas que ou você ama ou você detesta. Algumas pessoas julgam repugnante a ideia de ter dedos dos pés perto dos lábios, enquanto outras acham isso realmente excitante. Se limpeza for sua encanação, porque não presentear seu parceiro com uma sessão de pedicuro? Contanto que ele ou ela não seja muito cocegueuto, uma sessão de pedicuro pode ser bem relaxante. Uma alternativa é encorajar seu parceiro a tomar um banho e esfregar bem os próprios pés, e depois você pode hidratá-los. É surpreendente a maneira como você passa a

Fetichistas do pé, também conhecidos como podólatras, sempre souberam que os dedos dos pés estão entre as zonas mais erógenas do corpo humano.

enxergar os pés como uma parte realmente *sexy* do corpo depois que começa a cuidar deles. Vai parecer que todos os fetichistas por pés não podem estar enganados.

Peito dos Pés

Para aqueles que conseguem suportar alguém encostando em seus pés sem ter nenhum surto histérico, o peito dos pés é uma região sensível e rica em nervos, que pode ser acariciada e lambida. Muitas pessoas adoram receber massagem nos pés e terem-nos mimados, e os pés podem ser usados como um meio inovador e interessante de se estimular outras áreas, mas certifique-se de que foram aquecidos antes.

Nuca

Há algo estranhamente reconfortante e ao mesmo tempo deliciosamente sensual em receber carícias na nuca. Esse tipo de carícia gera ondas de calor e choque por toda a extensão da sua espinha, deixando você se sentindo amado e energizado. É um lugar muito relaxante e adorável para acariciar seu parceiro, já que tem uma conexão misteriosa com outros centros sensuais.

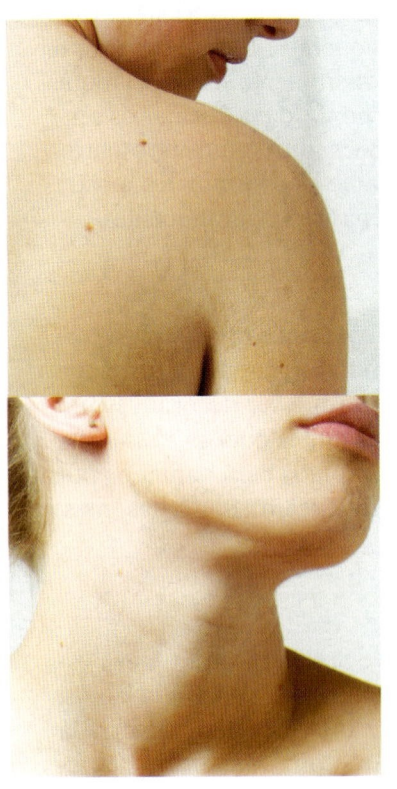

Acariciar o pescoço de seu parceiro irá gerar uma sensação quente de cócegas através da espinha dele.

Axilas

Ninguém aqui está dizendo para você enfiar o rosto nas axilas de seu parceiro assim que ele sair da academia, mas pense em como elas são sensíveis. Elas são um autêntico campo minado de terminações nervosas e, depois de um banho, respondem muito bem a carinhos gentis e pequenas lambidas.

Dedos

Compreensivelmente os dedos são um foco de atenção bem popular, mas não apenas pela sensibilidade da ponta dos dedos. Durante uma refeição romântica vocês podem alimentar um ao outro, lambendo e chupando dedos e pulsos. O ato de chupar os dedos é muito erótico por ser recheado de insinuação.

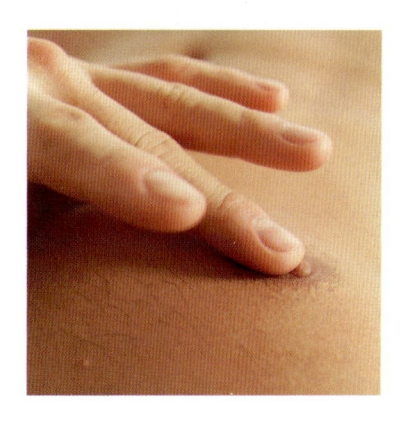

O mamilo masculino é uma zona erógena sensível que responde aos toques mais delicados.

O aroma é um dos sentidos mais poderosos. Use as adoráveis fragrâncias das pétalas de rosas e velas aromáticas para criar o clima.

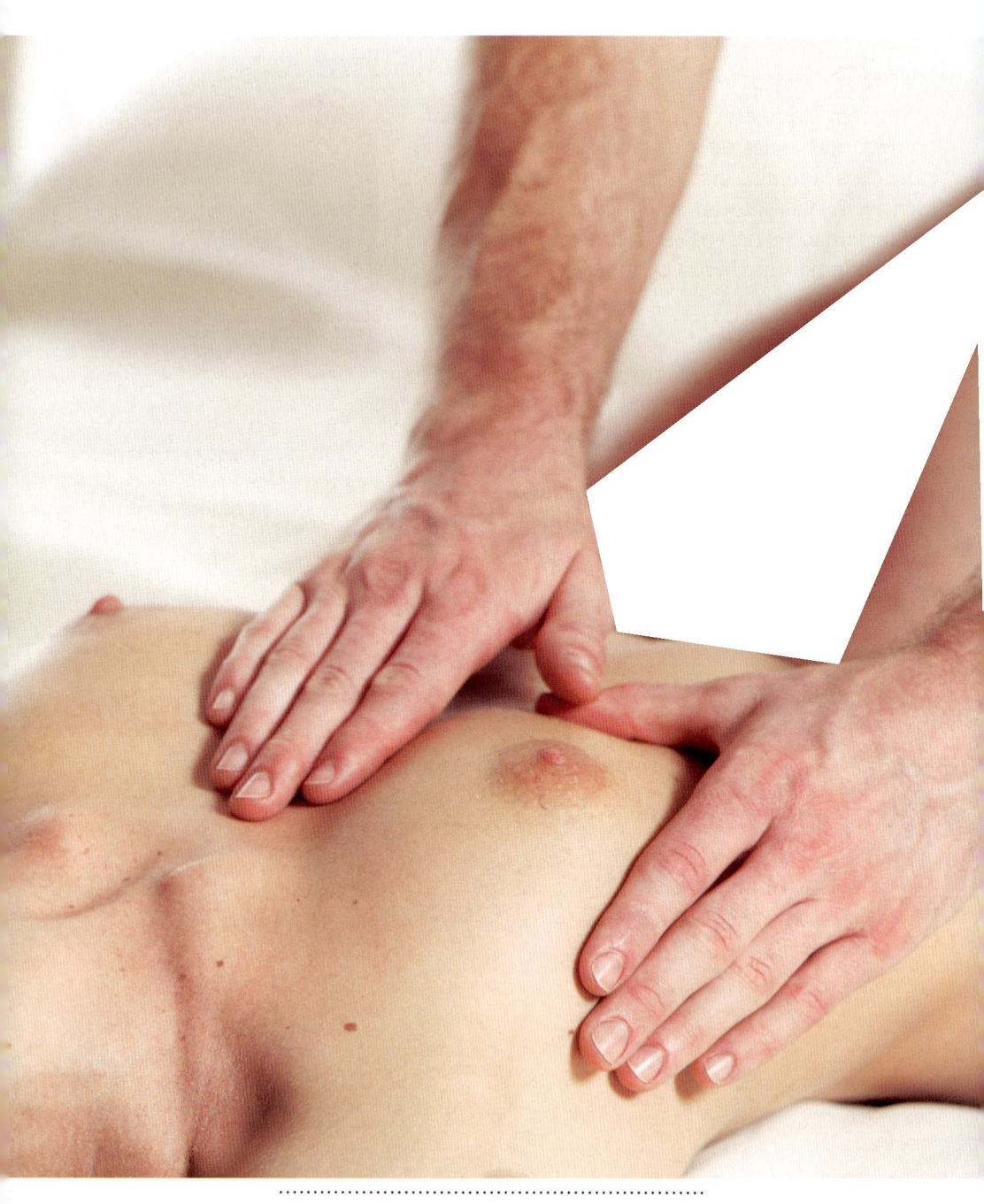

Uma massagem suave no peitoral é uma experiência incrivelmente sensual para vocês dois, durante as preliminares.

Massagem Sensual

PESQUISAS MOSTRARAM que as artes da massagem e do toque exercem um efeito terapêutico, tanto emocional quanto físico, nas pessoas. A pele é o maior órgão do corpo e fornece regularmente ao cérebro informações sobre o ambiente que nos cerca, e, quando tratado com gentileza e carinho, o cérebro também relaxará. Depois de um dia estressante, uma massagem em seu parceiro ajuda a arejar o dia e permite que aproveitem a companhia um do outro.

Ser massageado em um quarto claro enquanto se ouve um disco de rock no último volume pode parecer interessante para alguns, mas para construir a verdadeira sensualidade o melhor é abaixar as luzes e às vezes até mesmo usar velas, deixar alguns óleos aromáticos ao alcance das mãos e colocar alguma música relaxante.

Antes, tome um banho morno, não quente, e certifique-se de que o quarto esteja aquecido o suficiente. Você e seu parceiro precisam estar confortáveis, portanto a cama ou o chão costumam ser os melhores lugares para a massagem. Uma massagem próxima – mas não muito perto – de uma lareira é uma coisa extremamente sensual, pois o calor e a tremulação da chama, com o estalar da madeira queimando, inspiram o instinto ancestral que existe em você.

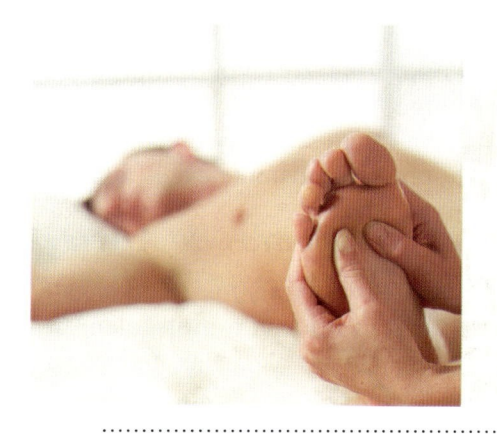

Mesmo que não seja necessariamente um precursor do sexo, a massagem pode ser o cenário que deixará você com vontade.

Técnica Básica

O segredo de uma boa massagem é o toque constante, confiante, e os movimentos fluidos e ininterruptos. Experimente variar a pressão e a velocidade, explore diferentes técnicas e use-as em conjunto, fazendo com que elas se comuniquem entre si para gerar a experiência mais agradável.

Para lubrificar as áreas que você pretende massagear, despeje um pouco de óleo em suas mãos e esfregue-as para aquecer. Aplique óleo suficiente para que suas mãos deslizem suavemente pela superfície do corpo de seu parceiro, mas lembre-se de que apenas um pouquinho já rende bastante.

Movimentos Circulares

Os movimentos circulares alongam os músculos e aliviam a tensão dos tecidos moles. São melhores quando aplicados em superfícies amplas, como as costas, as coxas, o peito e a barriga. Coloque suas duas mãos chapadas sobre o corpo, uma ao lado da outra, deixe sua mão direita guiar o movimento e mova-as em sentido horário, fazendo uma pressão constante e delicada.

Movimentos de Aliviação

Esses movimentos também aliviam a tensão no tecido mole, além de serem ideais para as costas, por ser uma superfície ampla. Para aliviar de baixo para cima, coloque ambas as mãos chapadas na base da coluna, uma em cada lateral. Deslize ambas para cima, concentrando a pressão em suas palmas, e

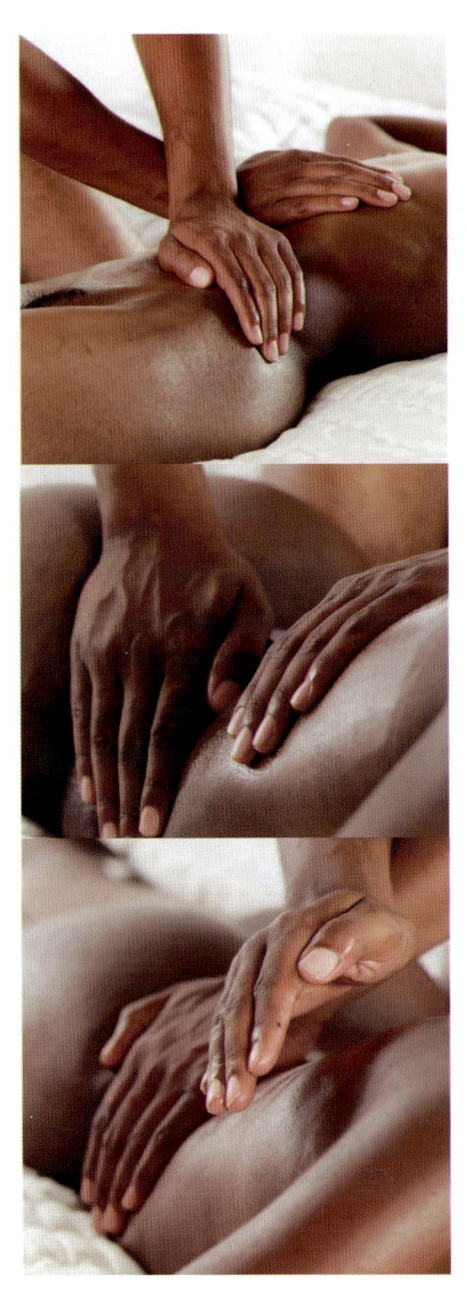

Com os movimentos circulares, mantenha as duas mãos próximas uma da outra, para que sua mão direita passe por cima da esquerda.

depois deslize suas mãos para as laterais do corpo. Molde as palmas de suas mãos à superfície do corpo de seu parceiro e arraste-as de volta à base das costas.

Movimentos de Amassamento

Esse movimento é ideal para regiões mais carnudas, como as nádegas e as coxas, e é ótimo para aliviar a tensão de músculos maiores. Imagine que você está amassando massa de pão e aperte um pouco de carne entre seus dedos e role-a de uma mão para a outra, e de volta à primeira.

Movimentos de Percussão

Gestos rápidos que criam alguma vibração ajudam a melhorar desde a circulação até as terminações nervosas, passando pela tonalidade da pele. As batidas são feitas por movimentos repetitivos, em que as duas mãos se concentram na mesma região; os pulsos precisam permanecer relaxados, para que o movimento não seja rígido demais.

Aqueça um pouco de óleo em suas mãos para evitar o choque de um toque frio.

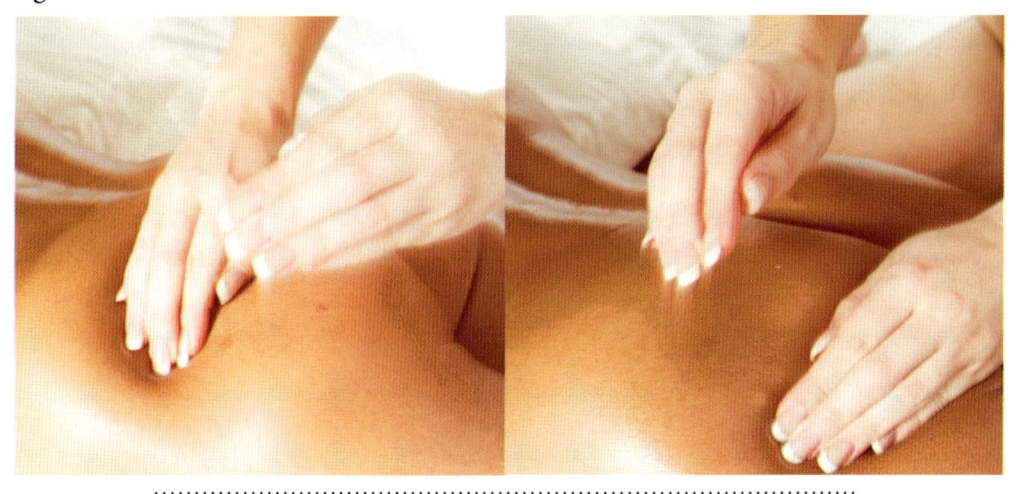

Movimentos de percussão podem ser divertidos, mas seja gentil.

Aquela gloriosa soneca pós-coito, quando vocês dois estão satisfeitos e esgotados, é apenas mais uma maneira de prolongar as delícias da relação amorosa.

Pós-Coito

A SEDUÇÃO NÃO TERMINA junto com o sexo. Depois do sexo é hora de ficarem juntos, aconchegados e até dormir – um tempo para deitar juntos, conversar um pouco, talvez, e com sorte ainda curtir o corpo um do outro. Vocês continuam fazendo amor quando fazem carinho um no outro. O orgasmo não é o fim do processo: o toque é a maneira definitiva de completar o ato de fazer amor.

Por outro lado, há a difícil discussão sobre homens que caem no sono imediatamente após o sexo. Muitas mulheres consideram irritante se seus parceiros viram de costas e começam a roncar, porque, para elas, os momentos após a transa são particularmente preciosos e ternos, e é quando, deitando sobre o braço do parceiro, elas se sentem mais relaxadas e contentes. Não parece que seja apenas esgotamento físico que acomete os homens depois de um orgasmo, embora, sem sombra de dúvida, esse seja um dos fatores. Parece haver uma resposta mental e emocional. Por um curto período de tempo, os homens entram em um estado de euforia, realização, vulnerabilidade e de uma alegria quase perigosa. Eles estão esgotados fisicamente e seu sistema hormonal está temporariamente desligado. Todos os instintos básicos, incluindo os sexuais, estão suspensos e o que predomina é a irresistível sensação de relaxamento absoluto. Se preferir, a mulher pode considerar que o fato de ele cair no sono é uma indicação de total confiança.

Claro que não há nenhuma regra absoluta, e muitos homens não pegam no sono e gostam de conversar depois do sexo. Alguns acendem um cigarro, outros ligam o rádio. Naturalmente que é nos primeiros estágios de um relacionamento que o homem se esforça mais para agradar sua parceira depois do sexo. Pegar no sono imediatamente depois do sexo é mais comum em relações antigas, de longo prazo, e acontece porque os homens sentem-se seguros para fazê-lo. As mulheres comportam-se de maneira sutilmente diversa. Algumas vão pegar no sono rapidamente ou não vão querer conversar, mas a grande maioria gosta de ficar aconchegada. Seja como for, deitar juntos na posição de "conchinha" ou dormir nos braços um do outro pode criar em ambos um sentimento de proximidade, segurança e paz.

Fazer amor e depois dividir um café da manhã na cama enquanto lê o jornal é um dos maiores prazeres da vida.

Dividir alguma refeição depois do sexo é uma experiência deliciosamente sensual e pode até repor suas energias para mais.

Aproveitando a Remanescência

De acordo com o *Kama Sutra*, o ato de fazer amor não chega ao fim até que o homem tenha esfregado unguento de sândalo no corpo de sua parceira. Eles devem então comer doces e beber suco fresco, enquanto aproveitam a luz do luar e um diálogo confortável. Finalmente, quando a mulher vira seu olhar em direção à lua, o homem dá a ela uma lição de astronomia e mostra os diferentes planetas.

Talvez contemplação das estrelas não seja a melhor das ideias, mas comer alguma coisa depois do sexo realmente é algo divino. Você pode fazer um café da manhã, um almoço ou o jantar em sua cama, e é fácil deixar preparada uma bandeja com uma seleção de frutas, chocolates, salgadinhos e vinho ou champanhe. Se você não possui uma varanda, não houver lua e estiver um frio gelado, porque não tomam um banho juntos? Despeje alguma loção aromática, crie a atmosfera, considere distribuir velas pelo banheiro, e entre na água. Abra espaço em sua vida corrida para proporcionar bons momentos a vocês dois.

Muitas mulheres conseguem ter mais de um orgasmo em uma transa e muitos homens também gostam de repetir a sessão. Todos os homens precisam de algum tempo para se recuperar – até os mais jovens e saudáveis geralmente precisam de cerca de 20 minutos antes de tentar de novo. Esse momento de deitar junto, conversando e curtindo o corpo um do outro pode, de vez em quando, levar a uma surpresa, especialmente quando a mulher começa a lamber o pênis de seu parceiro, sendo óbvio que repetir a penetração não é a única opção.

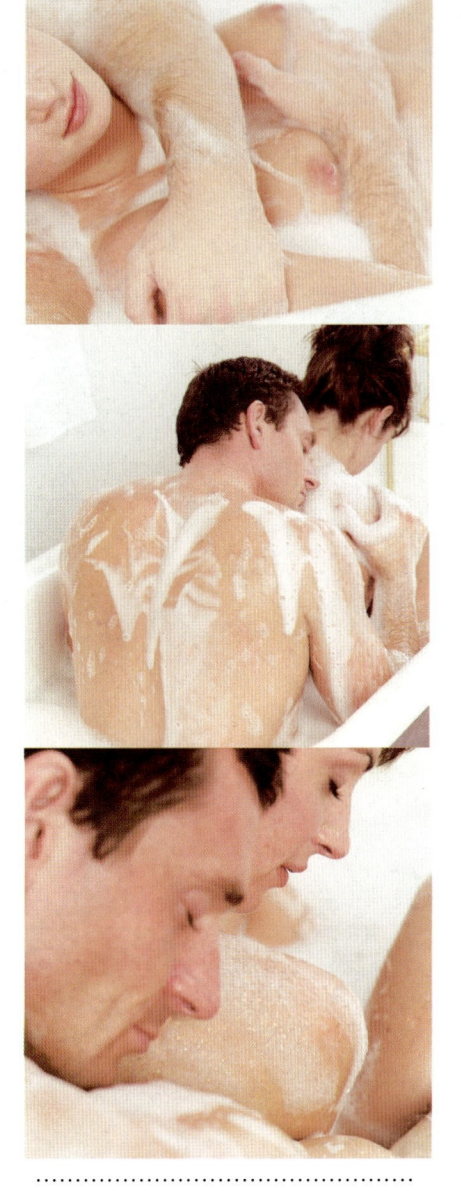

Desfrutem de um longo banho de banheira juntos, prolongando a intimidade e o carinho depois de terem feito amor.

Comunicação é a essência de uma vida sexual mutuamente satisfatória. Pode ser arrasador ter um problema fácil de resolver, mas deixar que o medo impeça vocês de conversarem a respeito.

Conversa de Travesseiro

A COMUNICAÇÃO é o segredo até mesmo nas relações mais curtas – é importante que a outra pessoa saiba o que você está esperando dela. Isso não serve apenas para evitar mal-entendidos, mas também para que você consiga aquilo que deseja.

Quais são suas preferências sexuais? Há coisas que você não gosta que seu parceiro faça, mas deixa de comunicar para ele não se sentir criticado? Há coisas que você adoraria que seu parceiro fizesse, mas ainda não se sente à vontade o suficiente para mencionar? Existe algo particularmente safado que você adoraria fazer durante o sexo, mas não toca no assunto por medo de parecer uma pessoa assanhada?

Entregar-se à intimidade e conversar sobre os seus sentimentos mais profundos costuma ser igualmente difícil para homens e mulheres. Em um mundo ideal nós seríamos capazes de contar absolutamente tudo uns aos outros, mas, no mundo real, pouquíssimas pessoas realmente o fazem, até que surja um problema que as faça lidar com o assunto. Construir uma relação de confiança e conversar sobre essas fantasias, medos e necessidades íntimas leva tempo, por vezes anos. No decorrer desse tempo, você consegue, por linguagem verbal e corporal, compreender o que seu parceiro gosta e não gosta em determinados momentos, pois você já o conhece bem.

Sexo é apenas uma extensão de um relacionamento. Comunicação é a chave.
Portanto, seja claro sobre o que você precisa e espera para si mesmo.

Comunicação Sexual

É óbvio que um ótimo lugar para essas conversas íntimas é o quarto, ou quando vocês estiverem deitados juntos e confortáveis no sofá. A melhor maneira de dar dicas ao seu parceiro são as afirmativas – "eu adoro quando você me toca neste lugar", ou "eu prefiro quando você faz assim". Críticas diretas podem intimidar e chatear, e por isso devem ser evitadas, mas dizer do que você não gostou em relações anteriores pode ser construtivo: "Eu não me sentia à vontade quando meu último parceiro dizia sacanagem enquanto fazíamos amor", ou "O modo como a minha última esposa me mordia toda vez que ela tinha um orgasmo era realmente irritante". Entretanto, revelações íntimas sobre parceiros anteriores podem chatear os atuais, e uma lista versátil sobre as habilidades dos seus parceiros anteriores não é aconselhável. Deixando todo o resto de lado, é bem provável que se estruture uma escala comparativa. Você deve medir a resposta do seu parceiro e agir de acordo, sem nunca se esquecer de ressaltar os aspectos positivos de seu relacionamento.

Em teoria, quanto maior o tempo que você estiver com alguém, tanto maior é a facilidade que teria em discutir suas necessidades. Entretanto, todas as relações sexuais se modificam com o passar do tempo, e não é porque o sexo foi vigoroso durante o primeiro ano que ele vai continuar sendo assim até o décimo. Comunicação contínua e cooperação são vitais, em especial quando há problemas com que lidar. Quando deixados de lado, problemas podem consumir uma relação por dentro, criando rachaduras entre vocês. Se o problema é compartilhado, ela não se sentirá frustrada e ressentida, e ele não se sentirá chateado e culpado – ou vice-versa.

Algumas questões sérias, como bissexualidade, podem surgir do nada em etapas mais avançadas de um relacionamento, e podem ter consequências devastadoras para o parceiro desavisado caso o assunto nunca tenha sido abordado antes. Para além do que será descoberto, um segredo muito grande pode parecer uma traição. Não há nenhuma solução para grandes surpresas de natureza sexual, mas é importante saber que existe apoio profissional para a questão, e que, se o problema for desafiador demais, você deve buscar ajuda para conseguir encarar as implicações que isso pode ter em seu relacionamento. Como regra geral, é sempre melhor lidar com os problemas assim que eles surgem, em vez de ceder terreno.

Se vocês se tratam mal de maneira geral, então é bem possível que a vida sexual seja horrenda. Não surgirá remédio algum no futuro para curar um problema de relacionamento como este. A maneira mais eficiente de manter fértil uma relação íntima é serem melhores amigos. Pode ser que vocês acabem fazendo sexo apenas uma vez por semana ou duas vezes ao mês, ou com frequência ainda menor, mas a chave é serem respeitáveis, amorosos e abertos um com o outro. Honestidade é a melhor escolha.

Melhores amigos também podem ser amantes.

Sexo Gay

ESTE LIVRO FOI escrito primariamente de um ponto de vista heterossexual, mas o que você faz quando se sente atraído ou seduzido por uma pessoa do mesmo sexo? Vale apontar que o sexo gay, tanto entre homens quanto entre mulheres, não é muito diferente do sexo heterossexual – os relacionamentos apresentam muitos problemas iguais, os parceiros têm os mesmos sentimentos e as técnicas são bastante parecidas. A postura da sociedade, entretanto, ainda é muito confusa e isso pode impor pressão adicional sobre parceiros gays.

Saindo do Armário

Contar à família geralmente apresenta um problema. Não é a família de todo mundo que é composta por liberais da classe-média com um ponto de vista pansexual do mundo. Na verdade, para a maioria dos pais, leva bastante tempo para que eles aceitem o fato de terem um filho gay.

Embora algumas famílias sejam realmente homofóbicas, a maioria apoiará os filhos. A primeira reação geralmente é o pensamento "eu nunca vou ter um neto", e depois "mas e a AIDS?". Mas, de modo geral, a preocupação mais comum é "Onde ele vai conhecer alguém que o ajudará a ter uma vida estável e feliz?". Se você não consegue contar pessoalmente à sua família, então pode ser que escrever uma carta seja uma boa ideia. Assegure que você continua a mesma pessoa que eles conhecem e amam, independentemente da sua preferência sexual. Não é um grande problema. Existem grupos de apoio que podem ajudar famílias a atravessar esse estágio delicado.

Dar e receber prazer e saborear a sexualidade um do outro é o coração de qualquer relacionamento de casal, não importando de qual sexo eles sejam.

Relacionamentos gays são muito parecidos
com relacionamentos heterossexuais.

Esteja você ainda na escola, ou na faculdade, ou em seu trabalho, confira a política de privacidade antes de contar a mais alguém – amigo, professor ou colega de equipe. Em algumas instâncias, pode ser que eles sejam legalmente obrigados a contar para outra pessoa. Antes que você se dê conta, pode ser que uma simples confidência se torne uma história complicada – pessoas em grupos são naturalmente fofoqueiras, intencionalmente ou não.

Nunca revele esse segredo quando estiver bêbado ou alterado – você poderá se arrepender disso no dia seguinte. Anúncios públicos causam desconforto em todos os presentes. Revelar uma outra pessoa é, no mínimo, deselegante e pode causar sofrimento e problemas a um grande número de amigos e parentes. Muita sensibilidade é requerida para pessoas maduras se revelarem aos seus parceiros ou filhos, já que isso está destinado a ser traumático para todos os envolvidos. Buscar conselho antes de abordar o assunto é recomendável e, mais uma vez, há grupos de apoio para lésbicas e gays e eles possuem uma experiência muito rica lidando com esse tipo de situação delicada.

Como Cuidar de Si Mesmo

Seja você gay ou heterossexual, sexo seguro é a regra do jogo. Você pode contrair doenças sexualmente transmissíveis por meio de beijos, carícias e sexo oral, além da penetração. Se você prefere múltiplos parceiros, é essencial para sua segurança que você faça sexo seguro.

O que Gays Fazem na Cama

Gay ou heterossexual, as zonas erógenas do corpo são exatamente as mesmas e, em ambos os casos, não se restringem à genitália. Tanto mulheres quanto homens gays adoram beijos, ficar juntinhos, massagem, carícias, carinhos e beijar as zonas erógenas um do outro, incluindo mamilos, braços, dedos dos pés, dedos das mãos, orelhas, face, pescoço e genitália. Eles masturbam o outro e se aventuram em fantasias, incluindo *cross-dressing*. As mulheres podem usar *strap-ons* para sexo vaginal ou anal, ou inserir dedos ou a mão. Os homens podem ter sexo anal ou sem penetração. Homens e mulheres gays têm a mesma possibilidade de curtirem sadomasoquismo que homens e mulheres heterossexuais. Em outras palavras, seja qual for o sexo, casais gostam de dar prazer a seus parceiros, e gostam de explorar e aproveitar sua própria sexualidade.

Como Saber se Você é Gay

Ainda não chegaram a conclusões sobre se as pessoas nascem com um pacote genético que predetermina a preferência sexual ou se é possível "se tornar" gay em consequência da criação dada pelos pais e/ou do ambiente em que se foi criado. A discussão ainda tem enfoque fervoroso no dualismo entre natureza e cultura:

Hoje em dia, com as boates gays e a internet, é mais fácil conhecer outras pessoas gays.

"Eu descobri quando ainda era adolescente e me sentia mais excitado por comerciais de roupas íntimas masculinas do que pelas propagandas de *lingerie*".

"Eu me dei conta que era uma mulher homossexual quando fui beijada pelo galã da escola e percebi estar mais interessada na professora de artes."

"Eu nunca gostei do sexo com meu marido, e pensava que não havia nada a se fazer. Quando nos divorciamos, depois de as crianças terem crescido, e eu conheci a Joan, foi como se alguém tivesse acendido uma luz em minha vida."

"Eu sempre suspeitei, ainda menino, que tinha tendências homossexuais, mas meus pais eram tão religiosos que aquilo simplesmente não era aceitável. Fiz terapia até o dia em que me casei e tive um casamento muito feliz por vários anos. Minha esposa e meus filhos vêm passando por maus bocados desde que eu me revelei, mas com o passar dos anos nós estamos conseguido apoiar uns aos outros e reconstruir nossa vida enquanto família!"

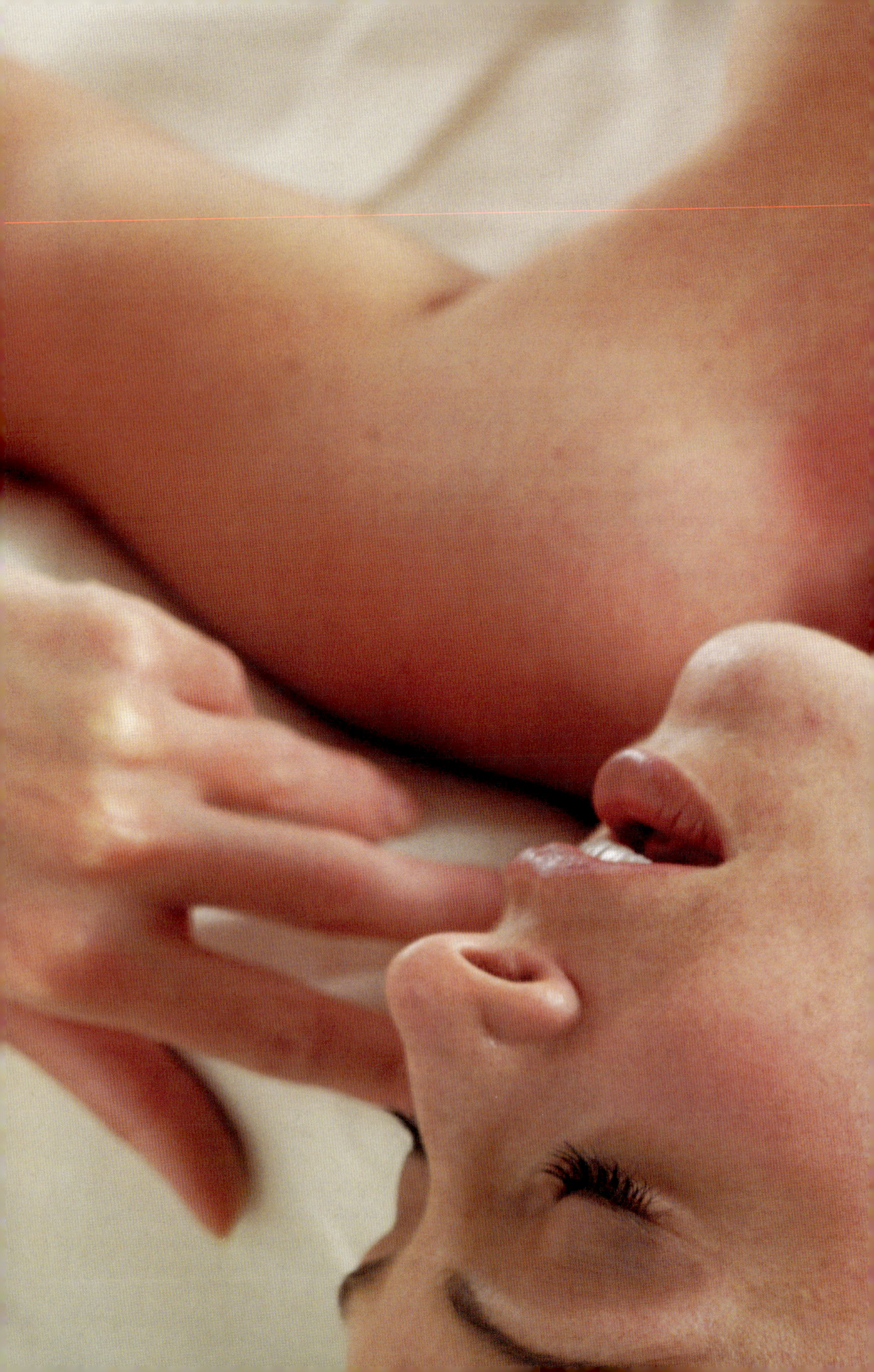

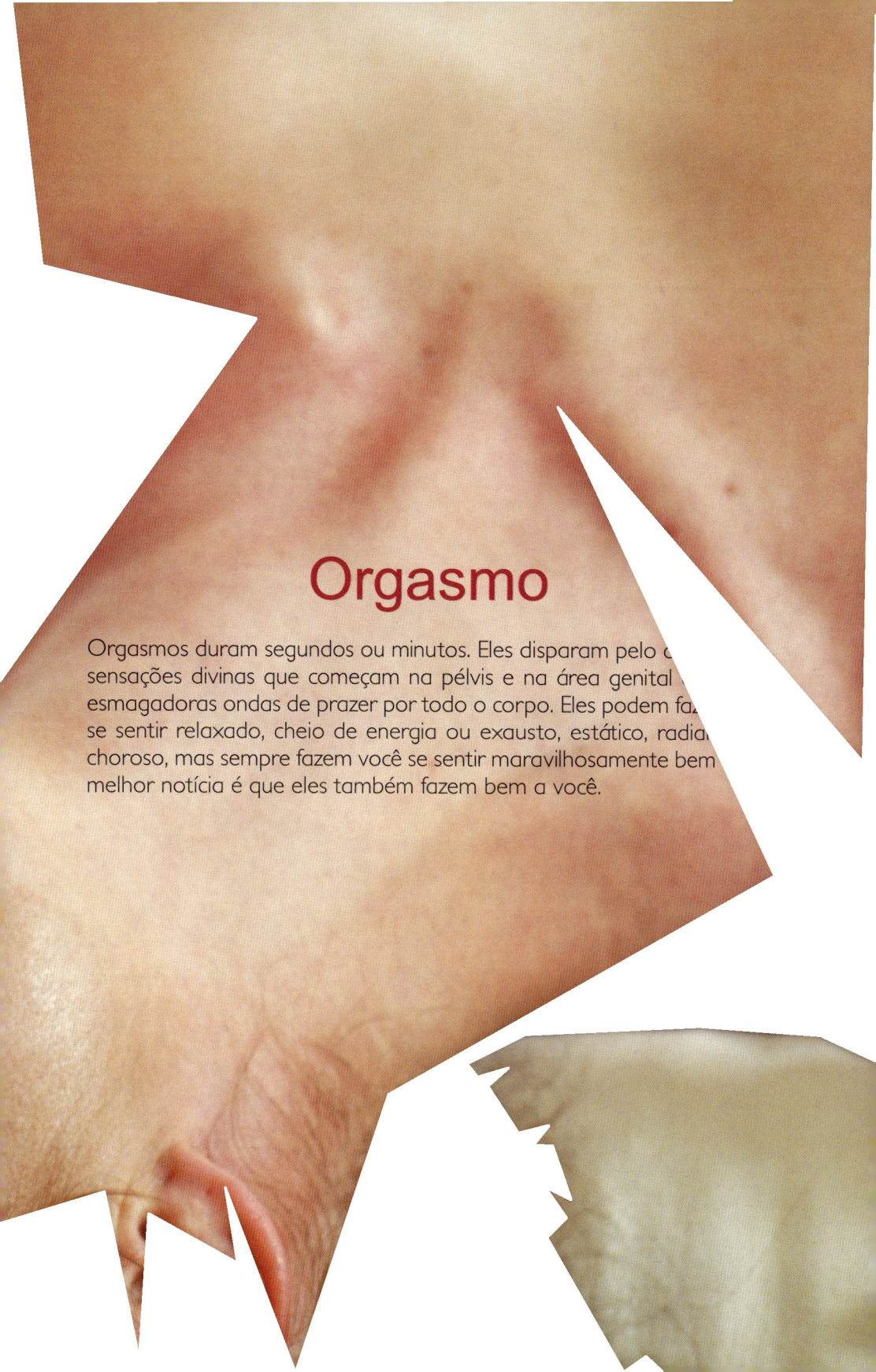

Orgasmo

Orgasmos duram segundos ou minutos. Eles disparam pelo c[orpo] sensações divinas que começam na pélvis e na área genital [em] esmagadoras ondas de prazer por todo o corpo. Eles podem fa[zer] se sentir relaxado, cheio de energia ou exausto, estático, radia[nte,] choroso, mas sempre fazem você se sentir maravilhosamente bem [. A] melhor notícia é que eles também fazem bem a você.

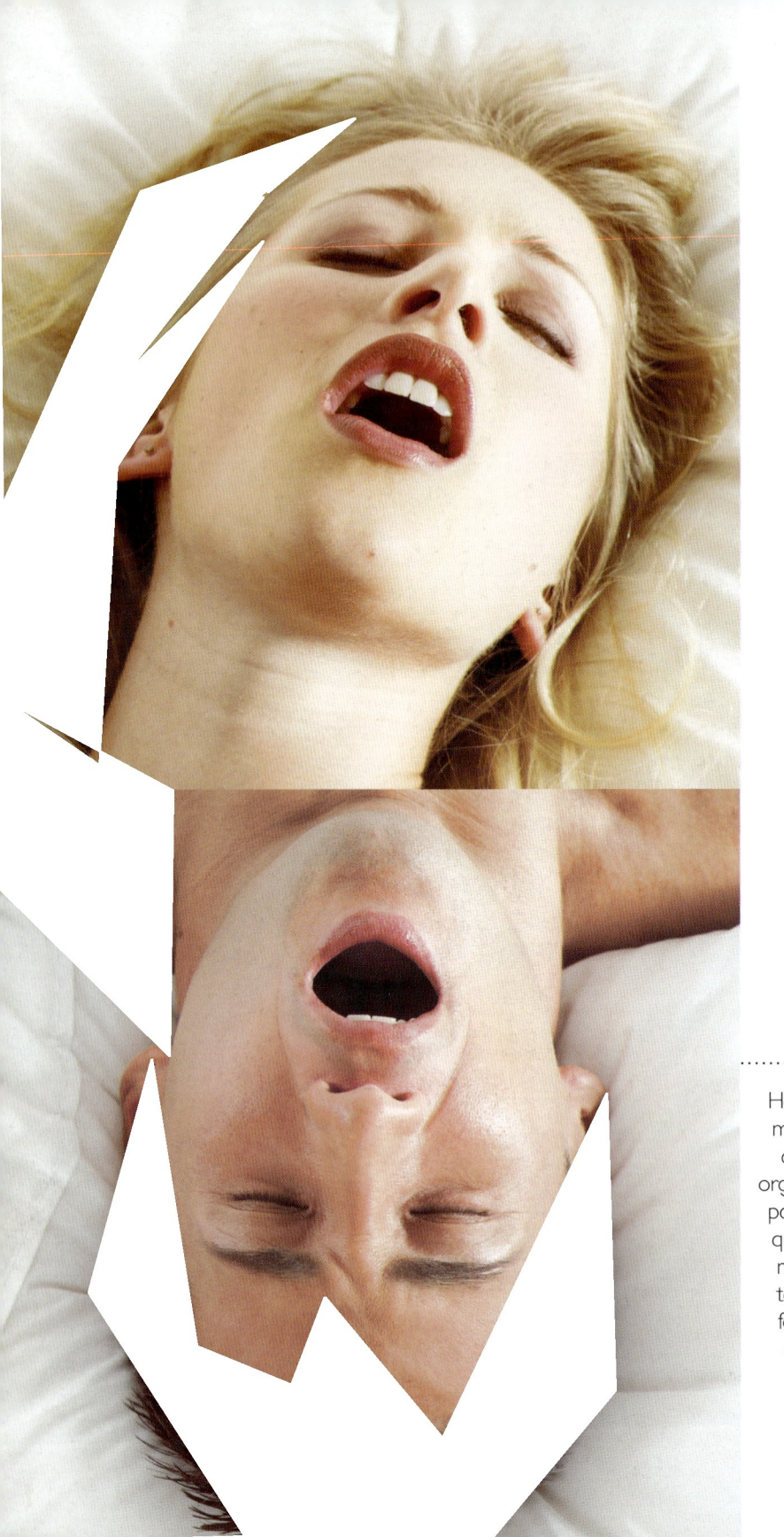

Há diferentes maneiras de alcançar o orgasmo, tanto para homens quanto para mulheres, e todas essas formas são deliciosas.

O Grande Oh

É ALGO QUE NOS FASCINA e uma coisa que nós buscamos – os arrepios de êxtase que sentimos ao final de fazer amor. *La petite morte* [a pequena morte], como chamam os franceses, é o prazer definitivo. Você pode chegar ao orgasmo por conta própria, por meio da masturbação, ou junto de seu parceiro.

Para o homem, o orgasmo é um processo relativamente simples. Ele fica excitado, é estimulado a um ponto sem volta e ejacula, embora existam técnicas, e aqui o tantrismo merece destaque, para se alcançar o orgasmo sem a ejaculação. Para mulheres, o orgasmo sempre foi uma questão mais complicada e controversa. Sigmund Freud, por exemplo, embora nunca tenha negado a existência do orgasmo clitoriano, acreditava que o orgasmo mais satisfatório para uma mulher era o vaginal, alcançado por meio da penetração de um pênis. Mas qual seria a real extensão do conhecimento de Freud sobre o que as mulheres sentem e o que elas vivenciam? Considerando que o número estimado de mulheres que conseguem chegar ao orgasmo apenas com a penetração é de somente 30%, a insistência de Freud fez muitas mulheres que necessitam de estimulação do clitóris para gozarem se sentirem um fracasso. Mais recentemente, sexologistas descobriram que quando as mulheres têm um orgasmo, elas o estão tendo graças à estimulação do clitóris.

Há Mais de uma Maneira

Seu orgasmo irá causar diferentes sensações corpóreas, de acordo com os diferentes métodos que forem empregados para alcançá-lo: masturbação, sexo oral ou penetração. Frequentemente, ouve-se dizer que o orgasmo por meio da masturbação, por exemplo, é mais intenso que o orgasmo com um parceiro, porque nós conhecemos os melhores caminhos para chegarmos até lá. Igualmente, muitas mulheres dizem que precisam sentir um pênis, dedos ou um vibrador dentro delas durante o orgasmo, porque isso torna a experiência corporal mais intensa.

Não há técnica nenhuma que leve ao orgasmo definitivo. Alguns homens o conseguem simplesmente ao ver uma mulher nua; algumas mulheres, especialmente durante a ovulação, chegam ao clímax enquanto fantasiam, ou até

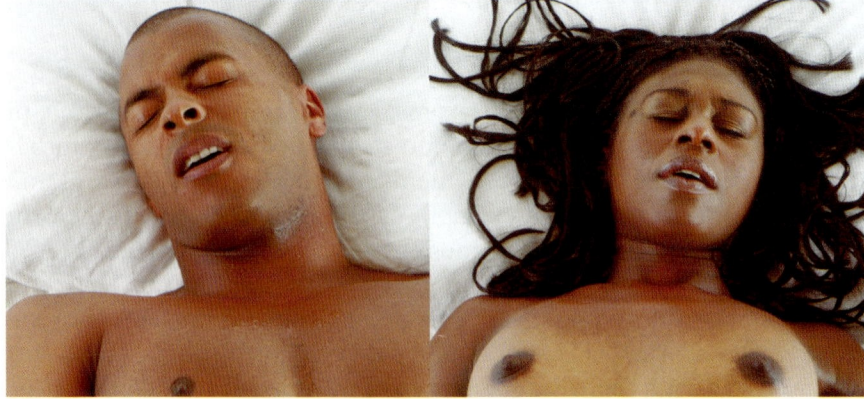

O que leva mais rápido o homem ao orgasmo (penetração ritmada) não é necessariamente o melhor meio para alcançar o orgasmo feminino. Sexo nem sempre é um prática intuitiva, mas pode ser aprendido junto de seu parceiro.

mesmo enquanto estão envolvidas em uma discussão intelectual. Todos nós somos diferentes e você precisa explorar, sozinho ou com seu parceiro, a maneira mais excitante e plena de chegar aos seus orgasmos.

Carinhos Diferentes

Há evidências que apontam que tanto homens como mulheres podem ter orgasmos em diferentes partes do corpo, e não apenas nas proximidades da genitália e da área pélvica. Pessoas que sofreram danos nos nervos da região genital desenvolvem a sensação do orgasmo em outras regiões do corpo. Algumas mulheres alcançam o orgasmo somente por estimulação dos mamilos, e alguns homens apenas por meio da felação. Algumas mulheres já registraram orgasmo durante o parto, e o período de lactação pode proporcionar uma sensação sexual, pois a sucção causa contrações uterinas e ereções dos mamilos semelhantes às do orgasmo.

Está Tudo na Cabeça?

Os orgasmos têm uma dimensão psicológica muito importante. O cérebro já foi descrito como a zona erógena mais importante do corpo inteiro. Sentimentos e pensamentos amorosos, ternos e positivos quanto ao seu parceiro e a fazer amor colocam você diretamente no caminho para chegar ao orgasmo.

Entretanto, muitas emoções negativas, como raiva de seu parceiro ou até mesmo preocupação financeira podem ficar entre você e seu orgasmo. Se algum dos dois está com problema para alcançar o orgasmo, deixem-no de lado por algum tempo e façam outras coisas, como se beijar e trocar carícias. Se o elemento mais importante do seu relacionamento, ser o melhor amigo do seu parceiro, ocupa o espaço que merece, os orgasmos fluirão. Comunicação de ambos os lados é um pré-requisito para o prazer mútuo.

O orgasmo não é necessariamente uma experiência partilhada. A maioria das pessoas desaparece em seu próprio mundo, o que pode levar a sentimentos de desconexão. Um beijo e aconchegar-se junto ao outro pode facilmente retificar isso quando você voltar à Terra.

A Ciência por Trás do Orgasmo

O QUE REALMENTE ACONTECE durante o orgasmo é algo diferente para o homem e para a mulher. Contudo, apesar de as respostas e intensidades experimentadas por ambos os sexos poderem variar, a natureza do processo é a mesma tanto para um quanto para o outro.

Mulheres

Quando o clitóris de uma mulher é estimulado e ela fica excitada – a fase da excitação –, mais sangue circula na região pélvica, e a vagina fica úmida. Esta se expande e aumenta, o clitóris e os seios incham e os mamilos enrijecem. Na fase de platô, os lábios da vagina se expandem ainda mais, partes da parede vaginal incham com sangue e a entrada da vagina se estreita. Os batimentos cardíacos da mulher aumentam, seus músculos enrijecem e uma tonalidade rosa pode aparecer pelo seu corpo. Nessa altura, o clitóris por vezes desaparece; se seu parceiro estiver no meio da estimulação, a situação pode ser um pouco desconcertante. Logo antes do orgasmo, a cor dos pequenos lábios se altera.

Durante o orgasmo, a terceira fase, a tensão muscular e o aumento dos vasos sanguíneos alcançam seu pico. Quando o orgasmo acontece, uma sensação de calor e prazer emana do corpo. A parede vaginal se contrai ritmicamente por alguns segundos e a tensão cessa. O número e a intensidade das contrações são variáveis. A estimulação do ponto G pode levar à ejaculação de um líquido semelhante ao fluido prostático masculino. A musculatura do útero também se contrai, puxando assim o esperma para cima, ajudando-o a encontrar o caminho correto a seguir.

Na quarta fase, a conclusão, a genitália volta ao normal. Essa fase pode durar até meia hora.

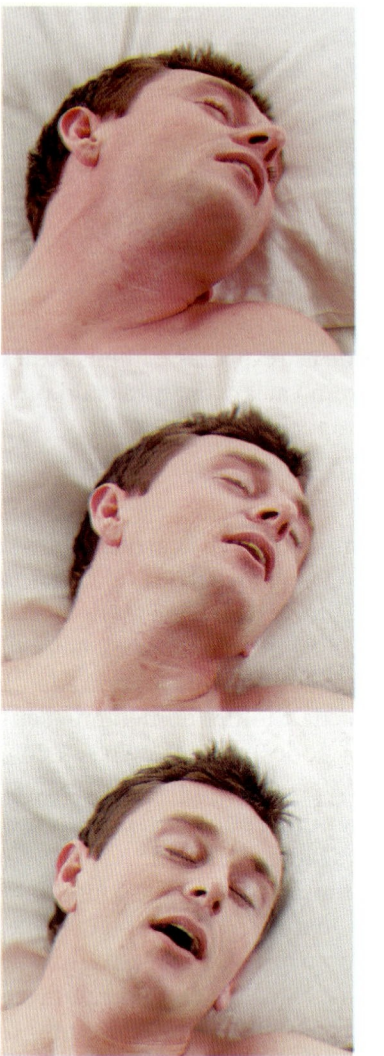

Homens

A sensação abençoada do orgasmo vem, em parte, do líquido seminal sendo enviado para a passagem urinária, ainda na glândula prostática. A maioria dos homens vivencia o orgasmo como sensação e ejaculação.

Quando um homem fica excitado, seu pênis endurece, os batimentos cardíacos aumentam e os músculos se contraem. O sinal mais óbvio de que um homem se aproxima do orgasmo está em seu pênis e em seus testículos: as veias começam a engrossar, a cor da glande (cabeça) fica um pouco mais escura e os testículos sobem em direção ao corpo. Quando o pênis alcança seu maior comprimento, a coroa em torno da glande se torna extrassensível e o homem chega ao ponto sem volta. Ele então terá seu orgasmo, em até oito contrações com intervalos de aproximadamente um segundo.

Melhorando o Orgasmo

As mulheres são capazes de ter orgasmos múltiplos, mas algumas não sabem que conseguem continuar após o primeiro. Orgasmos múltiplos vêm em uma série de ondas, uma após a outra.

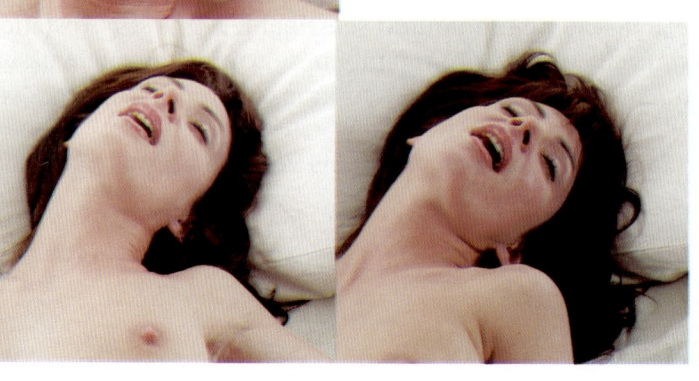

Algumas pessoas se preocupam com a aparência que terão durante o orgasmo. Mas os melhores orgasmos são aqueles em que você esquece a inibição e sucumbe ao prazer.

Orgasmos sequenciais são um pouco diferentes, pois vêm e vão com espaço de minutos. Para ambos, você tem apenas que continuar estimulando o clitóris. Se for dolorido fazer isso depois do orgasmo, o que é frequente, tente acariciar a região da vulva ou outras partes do corpo, ou concentre-se na penetração. Muitas mulheres têm dificuldade de chegar ao orgasmo apenas pela penetração e precisam de estimulação extra do clitóris, com um dedo ou um vibrador. Tente pressionar seu clitóris contra o pênis ou o osso púbico.

Alguns homens dizem que ter os testículos acariciados durante o orgasmo aumenta a sensação de prazer; outros adoram quando seus mamilos são sugados. O mais perto que um homem vai chegar de ter orgasmo múltiplo é quando ele é adolescente e pode ejacular várias vezes seguidas. Se um homem tem um segundo orgasmo em um intervalo de poucas horas, a sensação pode ser muito mais intensa. Não há explicação médica, mas um dos motivos pode ser por seus sentidos ainda estarem elevados devido ao primeiro orgasmo.

Para os homens, o prazer sexual estendido precisa ser aprendido. Quanto maior o tempo nas preliminares, mais intenso será o orgasmo. A arte antiga do sexo tântrico ensina aos homens como chegar ao pico e se manterem lá sem terem um orgasmo imediatamente. O Tantra também ensina como chegar ao orgasmo sem ejacular e como ter um orgasmo no corpo inteiro ao espalhar a energia do pênis e dos testículos. Enquanto isso, tente a técnica de espremer. Logo antes do orgasmo, posicione seu polegar em um dos lados, ou na base de seu pênis e as pontas dos dedos indicador e médio no lado oposto, e aperte. Isso interrompe o fluxo de sangue para o pênis e desacelera tudo.

Parece que há um ponto para cada letra do alfabeto, e outros ainda estão sendo descobertos a cada dia. Entretanto, parece que todos ficam próximos à área do ponto G, então a boa notícia é que, se você não encontrar o ponto G, mesmo assim haverá um leque amplo de outros pontos.

Encontre o Lugar Certo

MUITAS PESSOAS BUSCAM DESCOBRIR o orgasmo milagroso que se alcança por meio da estimulação de várias regiões do corpo, e muitas publicações que exaltavam esse tipo de orgasmo já foram vendidas. Entretanto, não há nenhuma prova médica da existência deles.

Ponto G

A área sensível descoberta pelo dr. Grafenberg é supostamente localizada, nas mulheres, no teto da vagina, cerca de 5 centímetros na parede externa, no tecido que cerca a uretra. Muitas mulheres alegam que o orgasmo proveniente da estimulação dessa área realmente é espetacular, enquanto outras registram sentir apenas desconforto. Para estimular esse ponto, insira um dedo na vagina excitada (pode ser mais fácil se você ficar de cócoras). Você pode comprar vibradores desenhados especialmente para o estímulo do ponto G. Diz-se com frequência que é mais fácil ter orgasmos múltiplos com estimulação do ponto G e que você pode ter uma sensação no corpo inteiro. Você pode sentir vontade de urinar quando tocar neste ponto, então tome cuidado – e esvazie sua bexiga antes de tentar.

O ponto G masculino é a glândula prostática que, quando estimulada, pode resultar nos mais incríveis orgasmos, até mesmo se o pênis não estiver sendo tocado. O caminho dos nervos que vão do pênis ao cérebro passam pelo reto e um centro nervoso é localizado atrás da próstata, então a sensação é poderosa. Um dedo lubrificado inserido no ânus – evite unhas compridas – encontrará a glândula prostática, que possui o tamanho de uma noz, 5 centímetros acima, no sentido do umbigo. Acaricie essa glândula e o orgasmo será intensificado.

O Ponto A e o Ponto U

A zona erógena forméx anterior está na vagina, na parede oposta ao ponto G. Ela é maior, mais fácil de encontrar e mais sensível que o ponto G. Além da estimulação manual, a mulher pode montar o homem e fazer com que o pênis dele chegue ao ponto A. Outra zona erótica que se tornou badalada recentemente é o ponto U, uma pequena área de tecido exterior acima da abertura

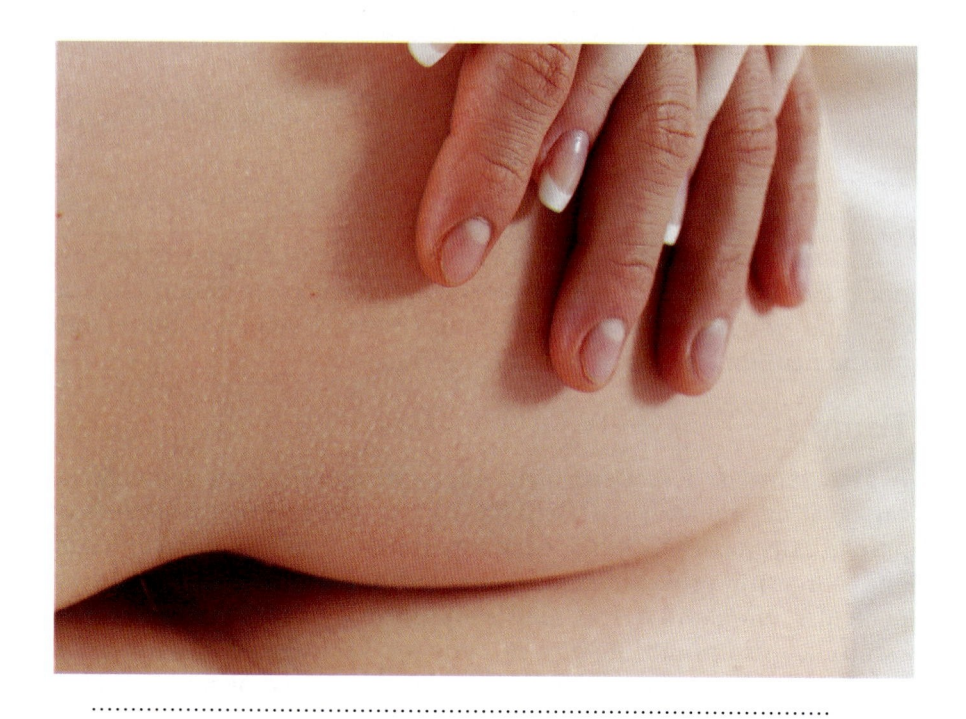

Nenhum ponto é um botão mágico, e orgasmos não seguem agendamentos; portanto, não negligencie a poderosa estimulação do carinho amoroso, ou pode ser que você crie ansiedade e destrua o seu propósito.

da uretra e logo abaixo do clitóris. Qualquer estimulação ali precisa ser extremamente gentil, pois uma infecção urinária pode destruir toda a diversão. O legal é que toda essa região é riquíssima em terminações nervosas, o que faz com que ela inteira se torne uma zona erógena, portanto cabe a você criar os seus pontos especiais.

Orgasmos Simultâneos

Este é tido como o maior objetivo de todas as transas. Quando acontece, o orgasmo simultâneo é incrível, entretanto não são muitos casais que vivenciam isso, então não fique desapontado. Na verdade, há algumas coisas que o tornam um pouco desinteressante. O que você acha de ver seu parceiro tendo um orgasmo? Não é essa a coisa mais erótica do mundo? Se ambos estiverem concentrados em seus próprios orgasmos, pode haver uma sensação de deslocamento em que os dois se sintam momentaneamente separados um do outro.

Fingindo

Não são apenas as mulheres que fingem orgasmos. Um número cada vez maior de homens está fazendo isso também, como resultado de pressão, expectativas e falta de confiança. Quando um parceiro não consegue alcançar um orgasmo, não é uma boa ideia insistir em ajudá-lo a ter um. Pode ser que você esteja projetando nele seus próprios medos e buscando garantias de que você é um bom amante. Deixe estar – quando uma relação desmorona, é muito mais provável que seja por outros motivos emocionais do que por dificuldade em alcançar o orgasmo.

Explorem todos os cantos e pormenores de seus corpos para encontrar os seus pontos de prazer.

Problemas com Orgasmo

Anosgarmia é a incapacidade de uma mulher em ter orgasmos, até mesmo com estimulação. Pode ser que tenha alguma causa física, incluindo doenças, como diabete avançada, ou quando você está tomando medicamentos e sofre de deficiências hormonais, ou por anorexia. Também é causada por uma condição rara chamada vaginismo, espasmos involuntários dos músculos que cercam a abertura vaginal. Os espasmos tornam difícil, ou quase impossível, que um pênis penetre. Se você acha que possui algum problema físico, consulte seu ginecologista. Para a maioria das mulheres que não chega ao orgasmo, o motivo geralmente é de fundo psicológico. Inúmeros problemas sociais, culturais ou de relacionamento provavelmente estão envolvidos – ansiedade, questões de controle no relacionamento, um passado de abuso sexual, ou o medo de ser penetrada. Pode ser que tenha raízes em sua criação moral ou religiosa. Lembre-se também de que no início de um relacionamento pode ser que demore algum tempo para alcançar o orgasmo, em especial se a mulher está muito ansiosa para fazer tudo dar certo.

Os homens às vezes sofrem do problema inverso – ejaculação precoce. Isso também provavelmente tem causas físicas e você deve consultar seu médico no caso de ser algo recorrente. Vale também para o fracasso repetitivo em manter uma ereção. Todavia, com mais casos de recuperação do que não, ambos geralmente são problemas ocasionais e podem ser solucionados com paciência, compreensão e um pouco de imaginação dentro do contexto do relacionamento amoroso. Ansiedade geralmente é o maior motivo por trás desses empecilhos.

O chuveiro é um local popular, pois oferece privacidade e não há necessidade de se limpar depois.

Homens e a Masturbação

ANTIGAMENTE, os dicionários definiam masturbação como "autoabuso". Hoje, é mais corretamente definida como "autossatisfação". Cerca de 95% dos homens se masturbam, e é pouco provável que essa estatística se altere com o tempo. Especialistas sexuais acreditam que a masturbação é parte integrante de um estilo de vida saudável. É uma prática sexual que agora é reconhecida como normal e que traz benefícios.

Os homens tendem a se masturbar com maior frequência que as mulheres. Alguns homens se masturbam duas ou mais vezes por dia, e alguns o fazem somente algumas vezes ao mês. É provável que os homens se masturbem com maior frequência porque, biologicamente, eles precisam "limpar os canos" com maior frequência, e o fazem repondo o sêmen antigo com o novo. Seja qual for o motivo, a masturbação é parte da rotina normal do homem, seja ele consciente disso ou não.

Pequeno Alívio

Com excessiva frequência os homens se masturbam pensando somente no orgasmo, no final. É tentador enfiar-se entre os lençóis, sentar no banheiro ou dar uma escapadinha rápida em qualquer outro lugar para aliviar a tensão sexual. Não há problema algum com isso, mas para ganhar algo mais de seu orgasmo é preciso se dar algum tempo para praticar a arte da masturbação para prolongar as sensações deliciosas que levam ao clímax. Isso vai resultar em um orgasmo mais intenso e também como treinamento para aquelas sessões de longa duração com seu parceiro.

Assim como o sexo, a masturbação pode ser dividida em duas categorias: a "rapidinha" e a longa e extenuante sessão sensual. Em vez de se concentrar apenas no pênis quando estiver se masturbando, tente explorar outras áreas, tais como seus mamilos, peitoral, coxas, períneo e nádegas. Se você nunca tentou estimular seu ânus, não custa nada tentar. Ninguém vai ver.

Masturbação é uma grande oportunidade de deixar sua imaginação solta. Diferentes pessoas têm diferentes fantasias e o conteúdo da sua é completamente pessoal, e você nunca deve sentir-se envergonhado dele. Todos têm fantasias e elas devem ser o ápice da depravação. Com frequência, aquilo que faz você enlouquecer em sua mente, na verdade, teria o efeito oposto na realidade.

Não existe jeito certo ou errado de se masturbar. Alguns homens preferem segurar forte, outros preferem um toque mais leve. Muitos homens gostam mais de manter a estimulação apenas na glande. Isso pode envolver um movimento de puxar, que estimula apenas a cabeça e a região do frênulo. Outros homens incorporam o corpo do pênis em sua técnica. A técnica vencedora é sempre a que funcionar melhor para você; o objetivo deste livro não é dogmatizar qual a maneira correta de fazer as coisas, e sim encorajar um pouco de variedade e trazer descobertas.

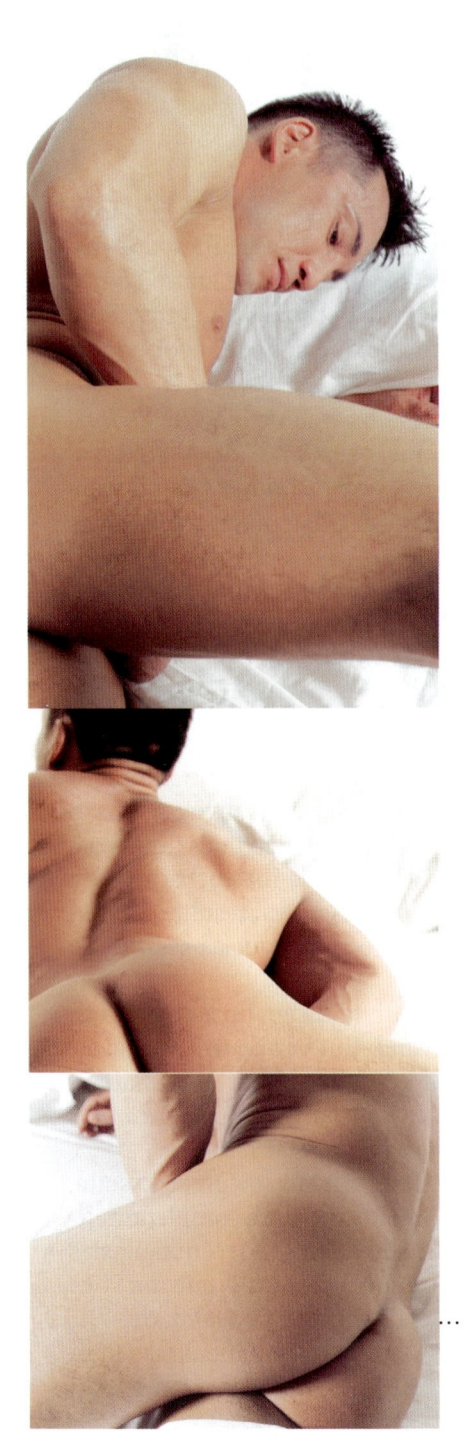

As técnicas descritas aqui foram testadas e aprovadas. Elas são apenas um guia, já que ensinar um homem a se masturbar é como ensinar o padre a rezar a missa. É interessante que a masturbação ainda seja um dos tópicos mais difíceis de discutir em um relacionamento, portanto, abordar o tema quando estiverem deitados pode se provar útil.

Pegada Caligráfica

Segure seu pênis da mesma maneira que você seguraria uma caneta, com o polegar próximo a você e o dedo indicador mais distante. Acaricie seu pênis para cima e para baixo, estimulando o frênulo e a glande. Se você quiser mais contato, basta juntar seus outros dedos ao movimento e utilizar o polegar no topo para acariciar a cabeça.

Vire e Torça

Segure o topo da cabeça como uma torneira e gire como se estivesse abrindo ou fechando-a. Pode ser melhor utilizando lubrificação e estimulando o corpo do pênis com sua outra mão.

Existem tantas posições e lugares para masturbação quanto existem homens no planeta.

A Massagem do Colchão

Deite-se e esfregue seu pênis para cima e para baixo no colchão. Você pode apimentar isso com algumas almofadas distribuídas estrategicamente para variar a pressão e a textura.

Bomba de Reza

Junte suas mãos com força, como se fosse rezar. Acrescente lubrificante e então insira seu pênis na abertura formada no encontro dos seus pulsos. Usando sua pélvis, faça movimentos rítmicos dentro de suas mãos, ajustando a profundidade da penetração.

São Francisco Shuffle

Segure seu pênis de maneira semelhante como fez na pegada caligráfica, usando ou a mão inteira ou o polegar e o dedo indicador. Faça o movimento de subida, mas, em vez de fazer o movimento de descida em seguida, vá ao topo da cabeça, mantendo o contato, e desça pelo outro lado, de modo que o topo da sua mão fique mais próximo de seu estômago e que seu polegar esteja apontando para longe de você. E então inverta a direção.

Vestindo-se

Para esta técnica, o que você precisa fazer é experimentar alguns tecidos e texturas diferentes, colocando meias, luvas e outras vestes em torno de seu pênis. Tecidos diferentes vão provocar sensações diferentes; mas certifique-se de pedir permissão à sua namorada antes de usar as luvas dela.

Tecidos têm diferentes texturas que estimularão diferentes terminações nervosas de diferentes maneiras. A leveza fria da seda, por exemplo, vai induzir uma sensação semelhante à de água, enquanto o toque mais duro e quente do couro, combinado com seu aroma inconfundível, será uma experiência completamente diferente. Aqui, o segredo é experimentar, e em breve você saberá quais tecidos deixam você excitado.

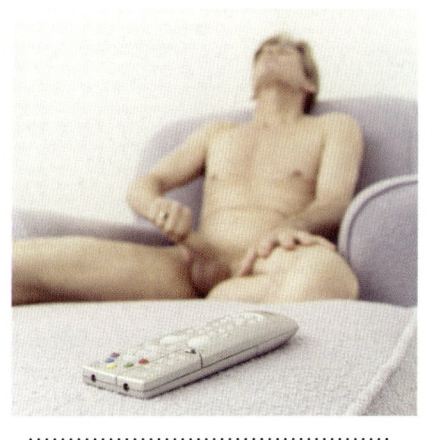

A televisão é uma ótima fonte de material e estimulação para inspirar uma sessão de autossatisfação.

Sexo Definitivo

ESTA PÁGINA E A SEGUINTE|
Mesmo com a maioria das mulheres se masturbando, elas continuam mais reticentes a respeito disso do que a maioria dos homens, e muitas não admitem se masturbar, mesmo para amigas próximas. Outras ficam contentes de conversar com seus parceiros a respeito disso e usam o conhecimento íntimo que têm de seus próprios corpos para aumentar a satisfação sexual de seus relacionamentos.

Mulheres e a Masturbação

POR MUITOS ANOS, PENSOU-SE que a masturbação fosse algo sujo e depravado, ainda mais quando eram mulheres que o faziam. Não foi antes de 1972 que a Associação Médica Norte-americana declarou que a masturbação é uma atividade sexual normal.

Embora hoje em dia para algumas mulheres seja complicado abordar o tema da masturbação, a verdade é que a maioria das mulheres se masturba. Estatísticas recentes mostram que 82% das mulheres se masturbam, e esse número está crescendo. Será que hoje existem mais mulheres que se masturbam? Provavelmente não: elas apenas sentem-se mais à vontade para admitir.

Para muitas mulheres, a masturbação é a única maneira de obter satisfação sexual e orgasmos, e considera-se que é três vezes mais fácil uma mulher alcançar o orgasmo por meio da masturbação do que com a penetração. Um número esmagador de mulheres encontra dificuldades ou não consegue chegar ao clímax com um parceiro por meio apenas da penetração e precisa da estimulação do clitóris.

Cliterati

Emily Dubberley, jornalista e especialista sexual sobre masturbação, diz sobre o orgasmo que "é como uma daquelas bexigas d'água que escorregam por entre seus dedos quando você tenta agarrá-las, ou um sabonete durante o banho. Tente agarrar com força e ele sairá voando". Como não havia material suficiente sobre masturbação na internet, ela fundou o site <cliterati.co.uk>; então no caso de você não estar se sentindo criativa o bastante para pensar em algo sozinha, entre no site para algumas ideias atrevidas.

Montando o Cenário

A maioria dos homens pode se masturbar a quase qualquer hora, com resultados satisfatórios, mas para as mulheres isso costuma ser mais complexo. A masturbação é uma arte refinada que exige envolvimento de todos os sentidos para criar o clima.

Costuma valer a pena preparar-se com antecedência para entrar no clima certo. Solidão é um requisito básico. Desligue seu computador; deixe o telefone fora do gancho e alimente o cachorro, certifique-se de estar garantindo uma janela de tempo livre de distrações, a menos que você fique excitada com a adrenalina e talvez com a possibilidade de ser descoberta.

Não há um lugar certo que vá intensificar sua experiência. Onde quer que você se sinta à vontade será o lugar ideal, mas pode ser divertido buscar variedade e tentar posições diferentes, desde deitada na frente da sua cama, ou durante o banho, até saltando para o banco de trás do seu carro. Qualquer ajuda literária ou visual deve estar em posição para ser utilizada.

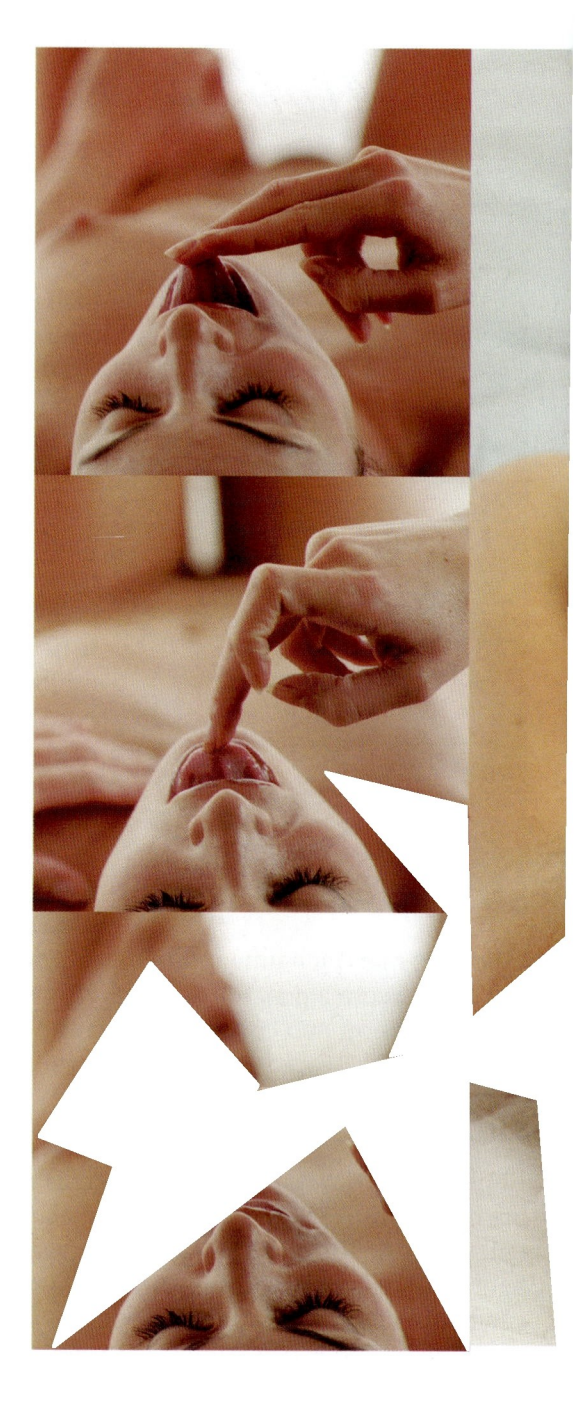

ESTA PÁGINA E A ANTERIOR|
Se você não tem nenhum lubrificante ao alcance, use sua própria
saliva para se lubrificar quando estiver se masturbando.

Técnicas

Não há técnica correta ou incorreta – o primeiro passo importante é explorar seu próprio corpo e descobrir o que acontece em toda e cada uma de suas zonas de prazer. Também é importante experimentar toques e carícias para descobrir qual você mais gosta e o que serve melhor para você, já que as preferências variam muito de mulher para mulher.

Muitas mulheres gostam de fantasiar enquanto brincam consigo mesmas. Se você é uma delas, esta é uma oportunidade de deixar sua mente vaguear pelo impossível, pelo sórdido e perigoso. Não importa, a sua mente é completamente segura e você não deve se sentir culpada a respeito do que deixa você excitada. Fantasia e realidade são dois mundos completamente diferentes.

Usar lubrificante ajuda a tornar o momento e os toques um pouco mais suaves. Você pode usar lubrificantes à base de água, que geralmente são inodoros e sem sabor, ou a sua própria saliva. Algumas mulheres produzem mais lubrificação que outras e não acham que lubrificantes sejam necessários. De qualquer maneira, eles evocam uma sensação e experiência diferentes, então experimente.

Carinho da Cruz no Clitóris

Usando seu terceiro e quarto dedos, acaricie seu clitóris e a área que o cerca em um movimento de cruz, movendo do norte para o sul e depois de leste para oeste, com seu clitóris como ponto central. Mude de direção e de pressão aplicada até descobrir seus pontos mais sensíveis.

Beliscos de Paixão

Aperte seu clitóris com leveza usando o polegar e o dedo indicador ou o anelar e levante-o sutilmente, não deixando de apertar. Role-o entre seus dedos, comece devagar e entre em seu ritmo. Mais uma vez, experimente aplicando diferentes movimentos e pressões. Para mulheres com grande sensibilidade no clitóris, o contato direto pode ser intenso demais. Se esse é o seu caso, tente manter o clitóris coberto com uma camada dos pequenos lábios para evitar estímulos diretos.

Ciclone Circular

Essa é uma antiga conhecida e, uma vez aperfeiçoada, vai garantir o orgasmo. Coloque os dedos indicador e médio logo acima do clitóris e esfregue em movimento circular, variando o tamanho e a frequência dos círculos. Como você está estimulando somente a área acima do clitóris, você pode usar um pouco mais de pressão.

Imagem de um Oito

Outra antiga conhecida e que é autoexplicativa. A parte superior do oito se concentra no clitóris e a parte inferior abrange a vulva e os lábios. Faça um círculo menor para o clitóris e um círculo maior, mais amplo, para o círculo de baixo. Use os dedos indicadores e médios ou quaisquer outros dois que forem mais confortáveis.

Três Digitos de Prazer

Esta técnica usa três dedos. Use o quarto dedo e o polegar para segurar os pequenos e os grandes lábios, deixando o dedo médio livre para se concentrar na estimulação do clitóris. Com sua mão livre, você pode usar um vibrador.

Carinho da Vitória

Com o dedo médio e o indicador em formato de V, esfregue os dedos para cima e para baixo ao longo da vulva e com o clitóris no meio. Isso estimula as laterais do seu clitóris e dos pequenos lábios. Variando a abertura do V, você pode desfrutar de sensações diferentes.

Tapinhas

Abra os lábios para expor completamente o clitóris. Com seu dedo indicador, dê um leve tapinha na ponta do seu clitóris. Esta não é para todas as mulheres, e algumas podem julgar que essa sensação é demais, mas pode adicionar diversidade e tempero quando combinada com outras técnicas.

Compartilhar a experiência da masturbação é simplesmente outra forma de intimidade, que pode ser profundamente erótica e excitante. Não serve apenas como substituto do prazer da penetração, mas chega a melhorá-la.

Fazendo Juntos

A ARTE DE DAR PRAZER a si mesmo geralmente é considerada uma atividade solitária que só deve existir dentro de quatro paredes. Muitas pessoas, em especial mulheres, ainda se agarram ao tabu da masturbação e por isso encontram dificuldades até em simplesmente conversar com seu parceiro, que dirá fazer na frente dele.

Observarem-se mutuamente enquanto se masturbam pode ser uma experiência de aprendizado.

O formato de dois corpos pode se encaixar de muitas maneiras diferentes.

Começar essa conversa sobre a masturbação na frente do outro pode ser difícil, mas os benefícios podem fazer valer a pena. Algumas pessoas, tanto homens quanto mulheres, acham difícil chegar ao clímax por meio da penetração. Isso pode levar a uma variedade de problemas, muitos dos quais derivam do temido orgasmo fingido. Simplesmente não há espaço para mentiras em uma vida sexual saudável.

Por diversas razões, a maioria das pessoas continua se masturbando mesmo quando estão em um relacionamento, e nenhuma das razões é exclusivamente a insatisfação sexual com seus parceiros. Muitos casais, em especial os jovens, gostam de masturbação mútua, por ser um meio seguro de explorar o corpo do outro e de se deleitar com o outro sem penetração.

Ponto de Vista do Espectador

Também existe a opção de dar prazer a si mesmo com o envolvimento próximo de seu parceiro. A masturbação pode resultar nos orgasmos mais intensos e é razoável pensar que essas experiências precisam ser testemunhadas. A maioria das pessoas se aferraria à oportunidade de observar a pessoa amada se divertindo e de compartilhar esse momento.

Aproveite a oportunidade de observar seu parceiro para ver como ele gosta de ser tocado. Experimente repousar sua mão sobre ele enquanto ele se autoestimula, assim você estará afinado com o ritmo que ele ou ela considera mais prazeroso.

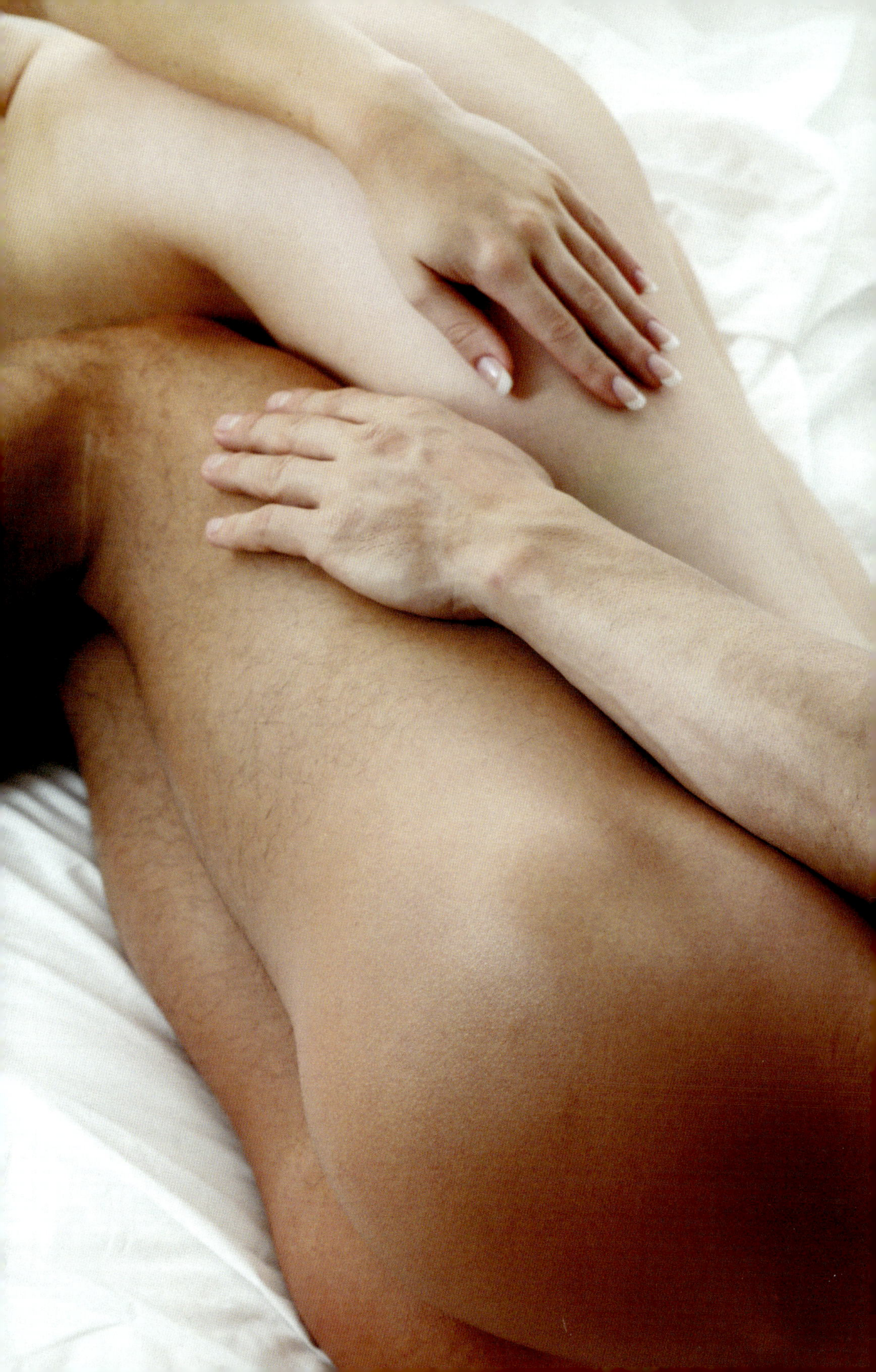

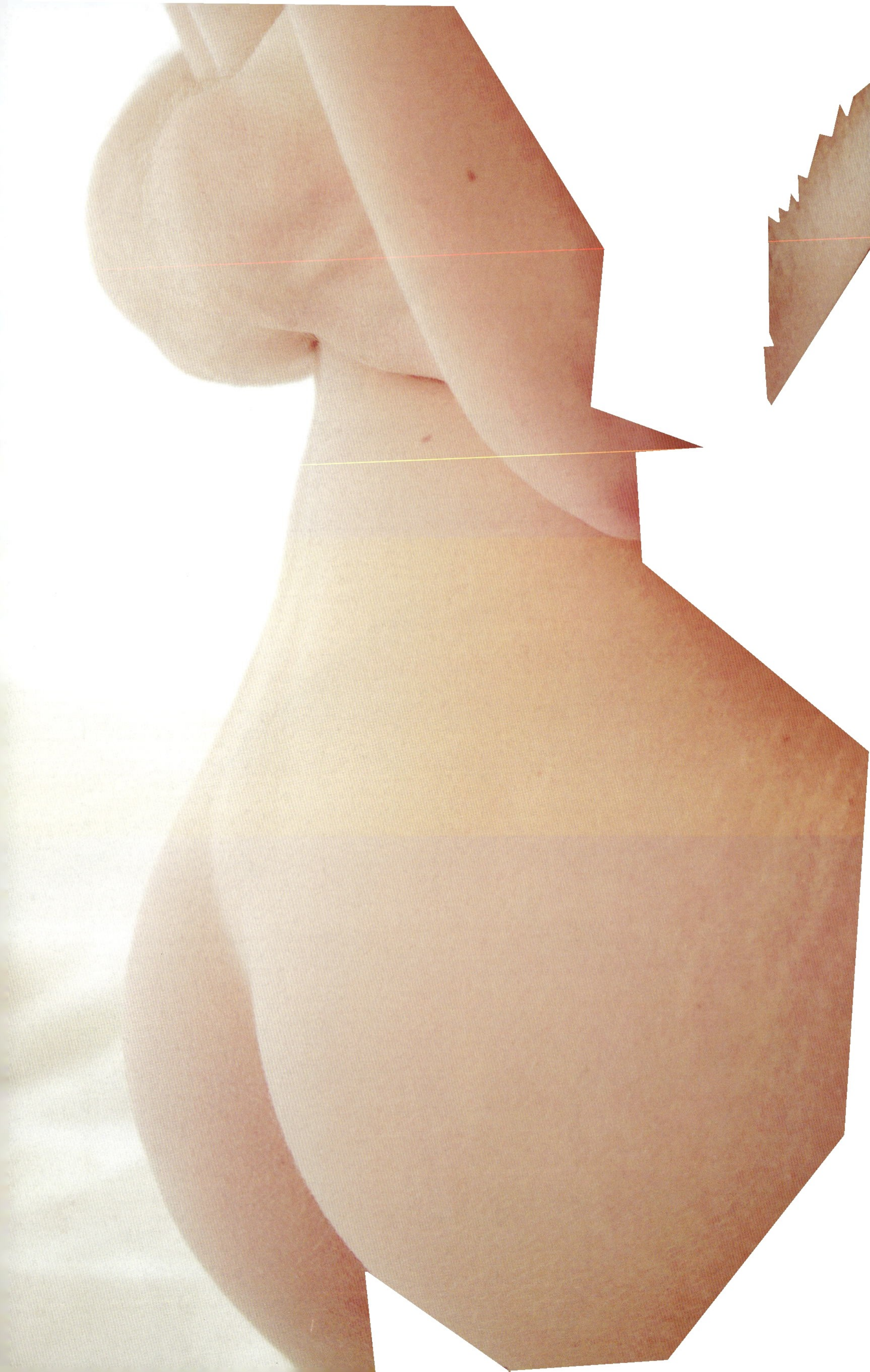

Coito

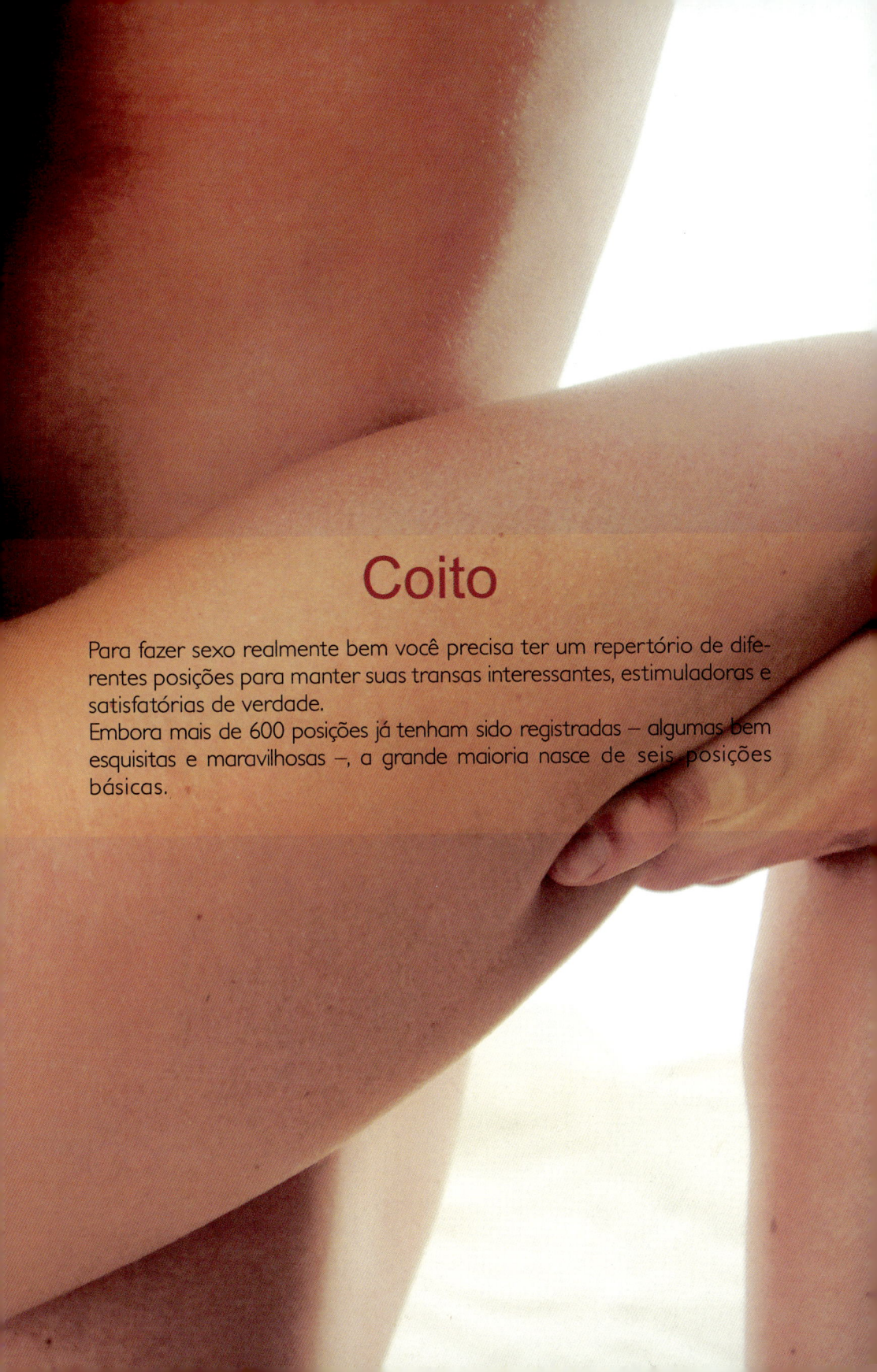

Para fazer sexo realmente bem você precisa ter um repertório de diferentes posições para manter suas transas interessantes, estimuladoras e satisfatórias de verdade.
Embora mais de 600 posições já tenham sido registradas – algumas bem esquisitas e maravilhosas –, a grande maioria nasce de seis posições básicas.

Fazer amor encarando o parceiro possibilita infinitas oportunidades para vocês se tocarem e explorarem o corpo um do outro.

Como Fazer

TODOS TÊM UMA OPINIÃO e uma preferência quando o assunto é posições sexuais. Alguns adoram fazer conchinha, enquanto outros são devotos de posições mais sacanas. Na busca pela posição perfeita nós somos todos iguais a uma criança solta em uma fábrica de chocolates. Sabemos que existem muitas opções a serem escolhidas, a começar pela bem conhecida papai-mamãe e progredindo para algo que deixaria orgulhoso qualquer acrobata. Algumas posições parecem ser completamente doídas de fazer, e outras desafiam a imaginação. Entretanto, independentemente das torções e nós de que se gaba o seu amigo, há apenas seis posições básicas: homem por cima, mulher por cima, lado a lado (concha), sentado ou de joelhos, entrada por trás (de quatro) e em pé. Todas as outras são variações dessas seis.

É certo que variar as posições tornará sua vida sexual mais interessante e, embora não precise ser feito com precisão militar, pode ser muito divertido experimentar coisas novas. Algumas posições permitem penetração mais profunda, enquanto outras estimulam áreas diferentes de seus corpos durante a penetração. Existe uma posição para cada tipo de paixão. Cada uma delas pode ser adaptada a servir necessidades individuais, independentemente de diferenças de peso e altura, comprimento e grossura do pênis, mobilidade, idade ou flexibilidade. Basta apenas um pouco de imaginação, prática e entusiasmo (e claro, o ingrediente mágico, humor).

Comunicação verbal e física com seu parceiro é algo soberano. Quando vocês descobrirem as preferências um do outro, você saberá com antecedência quando deve mudar de posição e quando é necessário liderar. Sempre é bem excitante quando um de vocês sugere uma nova posição, dizendo "eu li algo sobre esta aqui. Vamos tentar uma vez?".

Sinalizando as Mudanças

A maioria de nós somos criaturas com hábitos e geralmente optamos por apenas duas ou três posições sexuais, porque elas são as favoritas dentre as que conhecemos. Mas familiaridade traz desdém e pode levar ao tédio no quarto. Tentar novas posições pode parecer estranho de início, mas realmente acrescenta tempero e aventura à sua vida sexual.

Isso não quer dizer que você deve se pendurar pelos lustres como um Tarzan moderno. Conheça seus limites e não tente nenhuma posição que seja fisicamente vigorosa demais para você. A posição escolhida deve ser confortável tanto para você quanto para seu parceiro, ou vocês vão terminar frustrados, insatisfeitos e possivelmente presos em um emaranhado dolorido. Se uma nova posição não funcionar, não se preocupe, você pode descobrir algo incrível que irá reinventar esse capítulo.

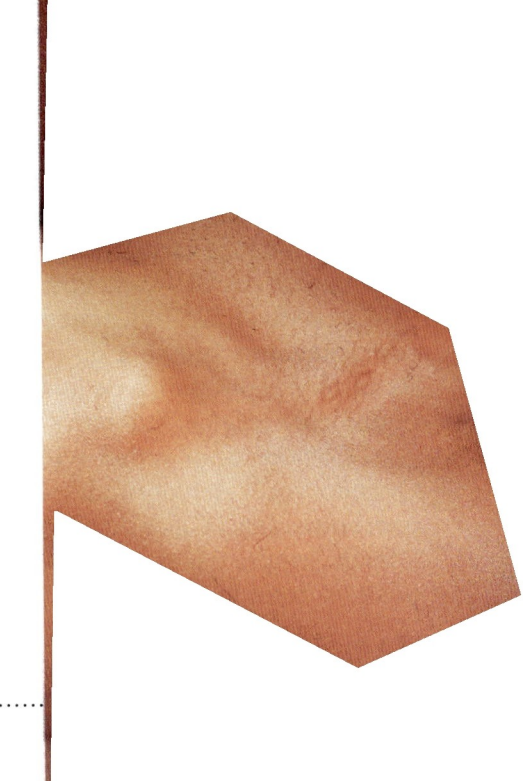

Olhar nos olhos de seu amante e observar o rosto dele enquanto fazem sexo é um dos prazeres de quando o homem ou a mulher fica por cima.

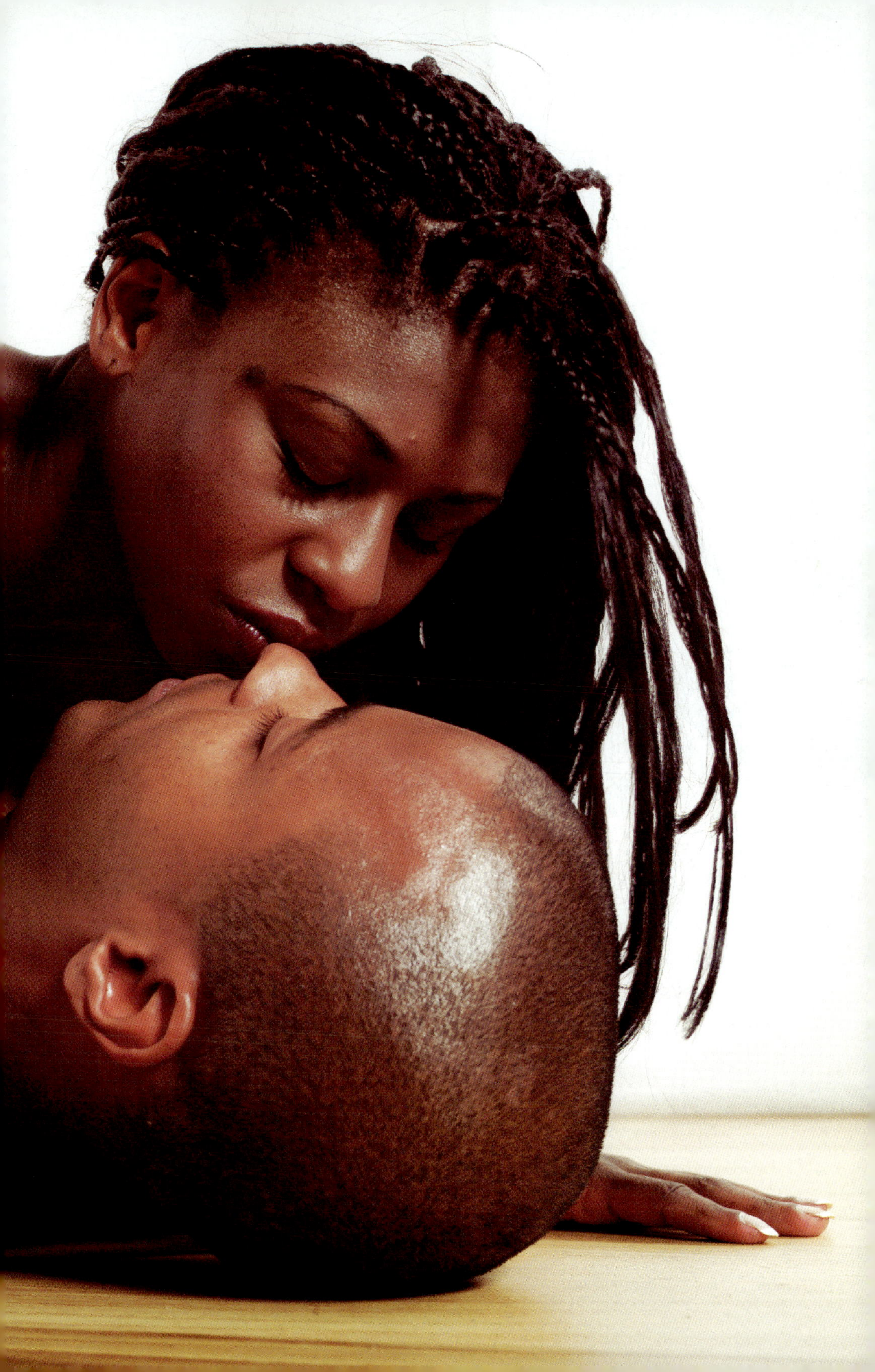

A posição papai-mamãe é muito natural e fácil para fazer sexo, então é a preferida por casais de todas as idades, tanto para uma brincadeira rápida como para uma sessão de amor prolongada.

Homem Por Cima

COSTUMA-SE DIZER QUE ESTA É A POSIÇÃO que os missionários promoviam no século XIX enquanto viajavam pelo mundo e descobriram que outras culturas gostavam de sexo desinibido e com várias posições. Ficou decidido que a posição do homem dominante em cima da mulher era a única aceitável, e então foram feitas tentativas de impô-la para quem fizesse sexo.

Talvez seja por causa dessa história que a posição ficou mal afamada. Imagens de mulheres entediadas olhando as horas por cima do ombro de seus parceiros, ou pensando em qual será a nova cor do teto do quarto, geralmente são associadas à posição papai-mamãe. Também é uma posição que as pessoas, em especial as mulheres, acabam adotando por não serem confiantes em relação a seus corpos. A barriga fica mais bonita quando elas estão deitadas, e por ser uma posição bem básica, não há por que se preocupar com flexibilidade, ou com os seus seios balançando, ou com a aparência da sua bunda. A maioria das pessoas tenta esta posição nas primeiras vezes que fazem sexo com seu parceiro, e quando se sentem mais à vontade, experimentam posições mais desafiadoras.

Tendo dito isso, papai-mamãe é uma das posições mais íntimas; com ela seus corpos se fundem um ao outro, vocês podem se beijar, trocar carícias e fazer sexo por muito mais tempo.

O Básico do Homem por Cima

Essa é a posição clássica do homem por cima. Para começar, as pernas dele geralmente ficam posicionadas entre as pernas dela, que estão ligeiramente abertas. A mulher pode envolver o pescoço de seu parceiro com seus braços e o homem, apoiado em seus cotovelos, pode abrigar a cabeça de sua parceira com suas duas mãos.

Essa é uma ótima posição para beijar e se fazer carinho, mordiscar o ouvido um do outro, sussurrar frases amorosas e então ter um longo e demorado sexo. Vocês podem posicionar suas mãos nas nádegas um do outro e balançar para lá e para cá, pois isso colabora para a excitação do clitóris.

Para as mulheres, uma vez que estiverem excitadas, abram suas pernas e deixem-no entrar. Ao mesmo tempo, acariciem os testículos

Fazer sexo ao ar livre é maravilhosamente libertador. Entretanto, certifiquem-se de que vocês têm privacidade total, evitando assim o risco de serem observados ou de ofenderem outras pessoas.

dele e o corpo do pênis antes de ele fazer a penetração. Faça carinho nas costas dele e trabalhe as costas todas para baixo com suas duas mãos livres para chegar ao ânus dele.

Para os homens, você está no controle para regular o ritmo da transa e, consequentemente, o momento em que vai ejacular. A penetração lenta e a retirada quase completa do seu pênis vão levá-la à loucura: coloque apenas a ponta de seu pênis dentro da vagina e tire, repetindo isso vagarosamente ou em ritmo mais acelerado. Isso cria uma sensação maravilhosa e aumenta a tensão sexual. Entretanto, tome cuidado se você estiver muito excitado, porque pode acabar gozando rápido demais.

O maior problema dessa posição é que ela não é boa o suficiente para a estimulação do clitóris, porque dificilmente o pênis fica no ângulo adequado. Se a mulher arquear as costas, ele consegue penetrar ainda mais profundamente.

Pontos positivos: Vocês podem olhar para o rosto um do outro, tanto para se guiarem com relação às coisas que excitam seu parceiro quanto para excitar ainda mais as suas sensações.

É uma posição muito versátil e que pode ser adaptada para muitos lugares além da cama e do sofá.

Homem por cima 1. Colocar um travesseiro abaixo dos glúteos da mulher aumentará o contato entre o clitóris dela e o osso púbico dele.

Pontos negativos: Uma mulher pequena e leve pode ser esmagada por um parceiro pesado, mesmo que ele ele apoie a maior parte de seu peso sobre as mãos ou cotovelos.

Fazer essa posição depois de uma grande refeição não é nada confortável para nenhum dos dois parceiros.

Homem Por Cima 1

A mulher coloca um travesseiro sob as costas e dobra as pernas. O homem pode ajoelhar sobre ela, segurando os quadris dela enquanto a penetra. O travesseiro ajuda a aumentar o contato entre o clitóris e o osso púbico do homem, e assim o clitóris é estimulado dentro do ritmo da transa. Experimente ângulos diferentes para acertar em cheio. Essa posição permite principalmente a penetração superficial, então vocês dois precisam ser bem ágeis. O homem pode puxar gentilmente o corpo da parceira em sua direção a cada movimento de entrada. Ele pode acariciar os seios e a barriga dela e pode mudar de posição facilmente para estimular o clitóris com sua língua. Uma vez que a mulher está esticada na frente do homem, ele conseguirá observar a entrada e saída de seu pênis – algo visualmente muito excitante.

Pontos positivos: Essa é boa para as mulheres, pois seu parceiro terá mais acesso aos seios e ao clitóris.

Pontos negativos: Pode ser bem cansativa para o homem, já que ele está segurando a si próprio e a sua parceira.

Homem Por Cima 2

A mulher cruza suas pernas em torno do quadril de seu parceiro, com um ou dois travesseiros embaixo de suas costas, caso seja necessário. O homem levanta um pouco o corpo de sua parceira, de modo a ficar segurando suas nádegas. Ela também pode acariciar as costas dele. A mulher puxa o homem para dentro dela e pode ditar o ritmo da transa. Por tornar possível uma penetração mais profunda, existem mais chances de o clitóris ser estimulado do que se ela ficasse deitada, reta. O homem penetra em um ângulo bem inclinado. Se vocês dois conseguirem, inclinem-se para um beijo.

Pontos positivos: Por causa do ângulo da penetração, um homem que acredita que seu pênis é pequeno vai se sentir um garanhão. A mulher pode estimular a si mesma também, e isso excita ambos.

Pontos negativos: Pode ser complicado para a mulher acertar o ritmo, e para o homem deixar que ela se mova livremente.

Homem Por Cima 3

Para essa posição, a mulher deve trazer os joelhos em direção ao próprio peito e apoiar um ou os dois pés nos ombros de seu parceiro. Ela pode segurar o quadril para se equilibrar e ele pode colocar as mãos sobre as nádegas dela. Essa posição é ótima para uma penetração realmente profunda. Quando a mulher coloca as duas pernas para o mesmo lado, as paredes laterais da vagina são massageadas. Ela também pode pressionar a própria barriga para sentir o pênis do parceiro se movendo. Essa posição é muito excitante porque vocês podem observar as expressões um do outro e, no caso de ela começar a se masturbar, ele vai adorar assistir a isso também. Mas algumas mulheres vão achar a profundidade da penetração dolorosa demais para ser suportada por muito tempo.

Pontos positivos: A penetração profunda torna essa posição extremamente excitante para os dois parceiros – excelente para uma transa relativamente rápida.

Homem Por Cima

Homem por cima 3. Apoiar os pés dela nos ombros dele torna a penetração muito mais profunda. Ambos os parceiros ainda conseguem olhar para o rosto um do outro.

Ele pode observar seu pênis entrando e saindo, e ainda pode ver sua parceira se masturbando, portanto é uma posição visualmente muito estimulante.

Pontos negativos: Todos os homens, em especial aqueles com pênis longos, não devem se empolgar, porque penetrações profundas em ritmo acelerado podem causar dor à mulher.

Homem Por Cima 4

O homem coloca cada uma de suas pernas de um lado da mulher e ela junta suas pernas e coloca as mãos na cabeça ou em torno do pescoço dele.

Essa é uma posição maravilhosa para contato total dos corpos e para sexo lento com torrentes de beijos e carícias. Se a mulher mantiver as coxas unidas depois de o parceiro ter penetrado, sua vagina estará mais apertada e será um estímulo maior ao redor do pênis. Para o homem há apenas uma penetração superficial e o pênis pode escapar para fora se ele não for cuidadoso. Mas é uma posição muito excitante e provocante, portanto ele deve tomar cuidado para não gozar rápido demais.

Homem por cima 4. É justamente por essa posição ser difícil de manter e pela penetração ser superficial que as sensações são poderosas e intensas.

Pontos positivos: Como essa posição exige concentração para o pênis não escapar, o sexo se prolonga; ele é gentil e lento, e inexoravelmente constrói um clímax espetacular.

É ideal para mulheres que estão preocupadas com a largura de suas vaginas depois de terem dado à luz, pois a pressão entre as coxas resulta no aperto em volta do pênis do parceiro – algo que ele certamente achará irresistível.

Pontos negativos: O erotismo dessa posição pode ser surpreendente e pode fazer com que o homem goze muito mais rápido do que o desejado.

Uma mulher pequena e leve pode se sentir esmagada pelo parceiro.

Homem Por Cima 5

A mulher solta as pernas na beira da cama, com a parte de trás do joelho na beirada, e joga os braços para trás, acima da cabeça. Ela pode precisar de apoio sob as costas para conseguir um melhor ângulo de penetração. O homem deita sobre ela, equilibrando o próprio peso em seus braços, com seus pés no chão (um homem mais baixo pode colocar alguns objetos no chão e ir para cima). A mulher pode chupar os próprios dedos e se masturbar – algo muito excitante para ambos. Essa posição é boa para o homem, pois ele pode ver tudo. Embora fique longe demais para beijar, ele pode umedecer e chupar os mamilos dela e os dois parceiros podem observar as expressões um do outro.

Pontos positivos: Assistir à excitação de sua parceira e observar como ela sucumbe à paixão é algo muito estimulante para o homem.

Ele deverá ser especialmente imaginativo quanto às maneiras de excitá-la, já que suas mãos estão ocupadas segurando o peso de seu corpo.

Pontos negativos: Como o controle da mulher nessa posição é muito limitado, pode ser que ela se sinta dominada, mas se ela conseguir se deixar levar pelo momento, irá se sentir maravilhosamente rendida.

Homem por cima 5. Essa posição permite à mulher acariciar a cabeça e o rosto de seu parceiro enquanto ele tem acesso aos seios e ao pescoço dela com sua boca.

Homem por cima 5. Com os braços jogados por cima de sua cabeça, a mulher pode esquecer completamente de si mesma e entregar-se às carícias de seu parceiro.

Ficar por cima é uma posição poderosa para as mulheres, o que pode ser extremamente excitante para ele, em especial quando está acostumado a ser o parceiro dominante.

Mulher Por Cima

COM ESSA POSIÇÃO A MULHER domina, e algumas das poses mais eróticas nascem aqui. Nessas variações, a mulher pode regular a profundidade da penetração do pênis de seu parceiro e decidir o ritmo do sexo, e, portanto, a estimulação necessária para alcançar o orgasmo. O homem pode ver o movimento de seu pênis entrando e saindo e admirar os seios ou os glúteos de sua parceira. Para aqueles homens que tendem a gozar rapidamente, sua parceira pode diminuir o ritmo e ajudá-lo a controlar seu orgasmo.

O Básico da Mulher Por Cima

A mulher monta sobre o homem, olhando para ele, com suas pernas levemente levantadas para ter liberdade de movimento. Quando ele estiver excitado – e ele provavelmente já estará –, ela coloca o pênis dentro dela antes de se abaixar e deitar sobre o peitoral dele. O homem pode acariciar os glúteos dela e ajudar com a movimentação puxando-a para cima e para baixo. Nessa posição, há muito contato íntimo de pele.

> **Pontos positivos:** Não há pressão para o homem "fazer o papel dele" e ele pode se sentir especialmente amado.
> Ela tem controle da própria excitação e da dele também.
> **Pontos negativos:** Alguns homens não gostam de não estar no controle, mas geralmente podem ser persuadidos.

Mulher Por Cima 1

A mulher cavalga o homem, olhando para ele, mas permanece levantada. Ambos os parceiros ficam com as mãos livres para fazer bom uso delas. A mulher pode massagear o peito dele, inclinar-se para lamber os mamilos e a parte superior do corpo dele, movimentar-se para a frente e para trás, e desenhar círculos com seus lábios. Se ela contrair os músculos vaginais em torno do pênis, ele alçará um voo ao céu. Ela pode parar no topo do pênis quando ele estiver para sair e acariciar o topo do membro na entrada de sua vagina. Ela pode tocar seu clitóris, ao mesmo tempo, se conseguir se equilibrar e se suas pernas forem fortes o suficiente. Também pode inclinar-se para trás e segurar os tornozelos dele para manter-se estável.

Mulher por cima 1. Essa posição permite à mulher mover-se com liberdade, de modo que ela pode estimular qualquer parte de seu do corpo da maneira que desejar e no ritmo que quiser, enquanto leva o parceiro à um frenesi de puro prazer sexual.

O homem pode acariciar os seios e o corpo de sua parceira conforme ela sobe e desce. Ele pode segurá-la pelo quadril ou pelos glúteos para ajudar com o ritmo. E assistir ao orgasmo dela.

Pontos positivos: Essa posição é igualmente tátil e visualmente estimulante.

A penetração é bastante profunda, o que faz com que seja incrível para todos os homens e mulheres que gostam disso.

É uma maneira maravilhosa da mulher ceder aos seus instintos básicos e demonstrar seus sentimentos ao seu parceiro.

Pontos negativos: É um desafio para os músculos da coxa e para o equilíbrio da mulher.

Mulheres mais inibidas ou aquelas mais sensíveis quanto a seus corpos provavelmente não aproveitarão essa posição.

Mulher por cima 2. Quando ela estiver por cima acocorada, o homem pode dividir um pouco do peso segurando as mãos dela, o que dará mais liberdade à movimentação dela.

Mulher Por Cima 2

Nessa posição, a mulher se agacha de cócoras sobre seu parceiro, olhando para ele, e o homem mantém suas pernas esticadas para ela não cair. A mulher então insere o pênis dentro da vagina. O homem ajuda com o movimento rítmico colocando sua mão nos glúteos dela, embora ele não vá conseguir fazer muita coisa. Cabe à mulher ditar o ritmo e abrangência do movimento. Essa é uma boa posição para penetração profunda. Entretanto, a mulher tem controle absoluto sobre a profundidade e pode variar o quanto ela quiser.

Para melhorar a experiência, a mulher pode parar no topo por alguns segundos para dar ao homem uma sensação provocante de antecipação. Ela também pode abrir as duas pernas para que seu parceiro consiga ver seu pênis entrando e saindo. Ele pode fazer a festa com os seios dela, acariciar o corpo dela inteiro e observar tudo o que está acontecendo.

Existem numerosas variações para essa posição: ela pode girar vagarosamente, ajoelhar e sentar sobre a virilha dele com as pernas cruzadas. Os homens precisam ter cuidado, porque é mais difícil para eles controlar o orgasmo nessa posição. Manter uma ereção firme é essencial para um resultado satisfatório, pois um pênis amolecido irá escapar facilmente.

Pontos positivos: Essa é uma posição muito versátil, e, portanto, muito boa para casais criativos e com imaginação.

A mulher tem controle absoluto sobre todos os aspectos da transa – isso é satisfatório para ela e extremamente excitante para ele.

Pontos negativos: Por ser uma posição um pouco cansativa, ela precisa estar em forma. É um grande esforço também para os joelhos dela.

Mulher Por Cima 3

O homem deita na cama e dobra os joelhos, a mulher senta em cima com as pernas dobradas e a planta do pé na cama, ou atrás dela, e olhando para ele. Uma vez que ela tenha guiado o pênis dele para dentro da vagina, ela pode então inclinar-se para trás para apoiar-se nos joelhos. Essa posição dá um pouco de trabalho para os dois e pode demorar algum tempo até que ambos estabeleçam o ritmo.

Mulher por cima 3. Essa é adorável se você estiver com vontade de desacelerar o ritmo.

Pontos positivos: Ele pode ver seu pênis entrar e sair, o que é excitante.

Ao se inclinar para trás e tencionar os músculos, ela está em uma ótima posição para estimular seu ponto G.

Pontos negativos: A mulher não consegue ver a excitação do parceiro e/ou olhar para seu rosto quando ele goza sem que precise deixar de se inclinar.

Mulher Por Cima 4

A mulher senta-se sobre o homem, olhando para os pés dele e com seus glúteos diretamente no campo de visão dele, algo que todos os homens adoram. Ela pode inclinar-se para a frente ou levemente para trás. Além de assistir aos glúteos da sua parceira indo para cima e para baixo, o homem pode ver seu pênis entrando e saindo. Para muitos homens, isso compensa completamente o fato de eles não conseguirem ver o rosto de sua parceira, e algumas mulheres adoram exibir essa parte do corpo que geralmente fica escondida, ou até ignorada.

Mulher por cima 4. Algumas mulheres adoram ter seus cabelos puxados ou provocados durante o sexo.

Se a mulher se inclinar para trás, ela pode estimular o próprio clitóris com uma mão enquanto se apoia na outra. Entretanto, ela precisa tomar cuidado para não machucar o pênis de seu parceiro, sentando-se bruscamente em cima dele ou inclinando-se de maneira errada. Se ela deixar apenas o topo do pênis penetrar, o homem pode ajudar com a movimentação, usando seus quadris e ela pode ficar imóvel. Se ela se inclinar para a frente, então o homem pode massagear as costas dela e os glúteos e, se ela gostar, brincar com o dedo ao redor do ânus (lembre-se de ter lubrificante ao alcance antes de começar). Há muitas terminações nervosas nessa região que podem melhorar a sensação intensa na vagina.

> **Tempero da Vida**
>
> A última coisa em que o sexo deve se tornar é uma série de etapas mecânicas que seguem um manual de instruções – mesmo que sejam deste livro. Só porque você começa a fazer amor em uma posição, isso não quer dizer que deve permanecer lá até que os dois gozem. Vocês podem se mexer e mudar completamente de posição, de mulher por cima para homem por cima, conforme quiserem. Você talvez goste de começar de uma maneira gentil, mais relaxada, como a mulher por cima 3, e depois, quando as sensações ficarem mais fortes, mudar para uma posição que facilite a penetração mais profunda. Igualmente, você optar por sair da mulher por cima 4 e mudar para uma posição que tenha mais contato de pele e que permita que vejam o rosto um do outro. Siga seus instintos e divirta-se, mas deixe seu parceiro em sincronia e avise-o qual será a próxima posição.

Em troca, a mulher pode acariciar os testículos de seu parceiro, ou, se for bastante maleável, ela pode curvar-se e lambê-los. Ela vai precisar inclinar-se para a frente para alcançar o ângulo adequado, mas novamente deve tomar cuidado com o ângulo do pênis, pois inclina-lo em demasia para fora do corpo pode causar desconforto.

Pontos positivos: Os homens geralmente consideram muito excitante essa visão diferente de suas parceiras.

A mulher pode adaptar sua postura para estimular diferentes partes tanto do corpo dela como do de seu parceiro, alterando constantemente os níveis de excitação e prazer.

Pontos negativos: Algumas mulheres não gostam de não conseguir ver o rosto de seus parceiros.

Essa posição pode ser inibidora para algumas mulheres, porque elas devem tomar cuidado para não machucar o parceiro enquanto se movimentam.

Mulher Por Cima 5

Nessa posição, a mulher monta o pênis ereto do homem, olhando para ele. Ela então gira um pouco com o pênis dentro dela, até que esteja deitada de costas em cima dele. O homem pode então segurar os glúteos de sua parceira, ou o quadril, para mexê-la para a frente e para trás. Girar pode ser difícil, já que é fácil de o pênis escapar, mas quando completada, essa é uma grande posição. O homem pode brincar com os seios de sua parceira entre os movimentos de entrada e saída e ela pode estimular a si mesma a qualquer momento.

Pontos positivos: Essa posição tem grande valor em inovação por ser um pouco diferente das posições mais comuns com a mulher por cima. Há muito contato de pele e o homem pode acariciar os seios de sua parceira, e ambos podem brincar com o clitóris. Com um pouco de imaginação, há muitas oportunidades para variações excitantes dessa posição.

Pontos negativos: O ângulo pode tornar difícil ao homem manter seu pênis no lugar correto.

Até mesmo uma mulher leve pode ficar bastante pesada nessa posição, e alguns homens podem achar isso um pouco sufocante.

Mulher por cima 5. Essa posição é perfeita para casais que têm um teto espelhado para assistirem a si mesmos em ação.

Mulher por cima 5. Girar pode ser uma tarefa difícil, então a mulher pode parar no meio do caminho. Em uma posição que poderia ser chamada de "sela lateral", o homem pode estimular os seios dela e ambos podem estimular o clitóris dela.

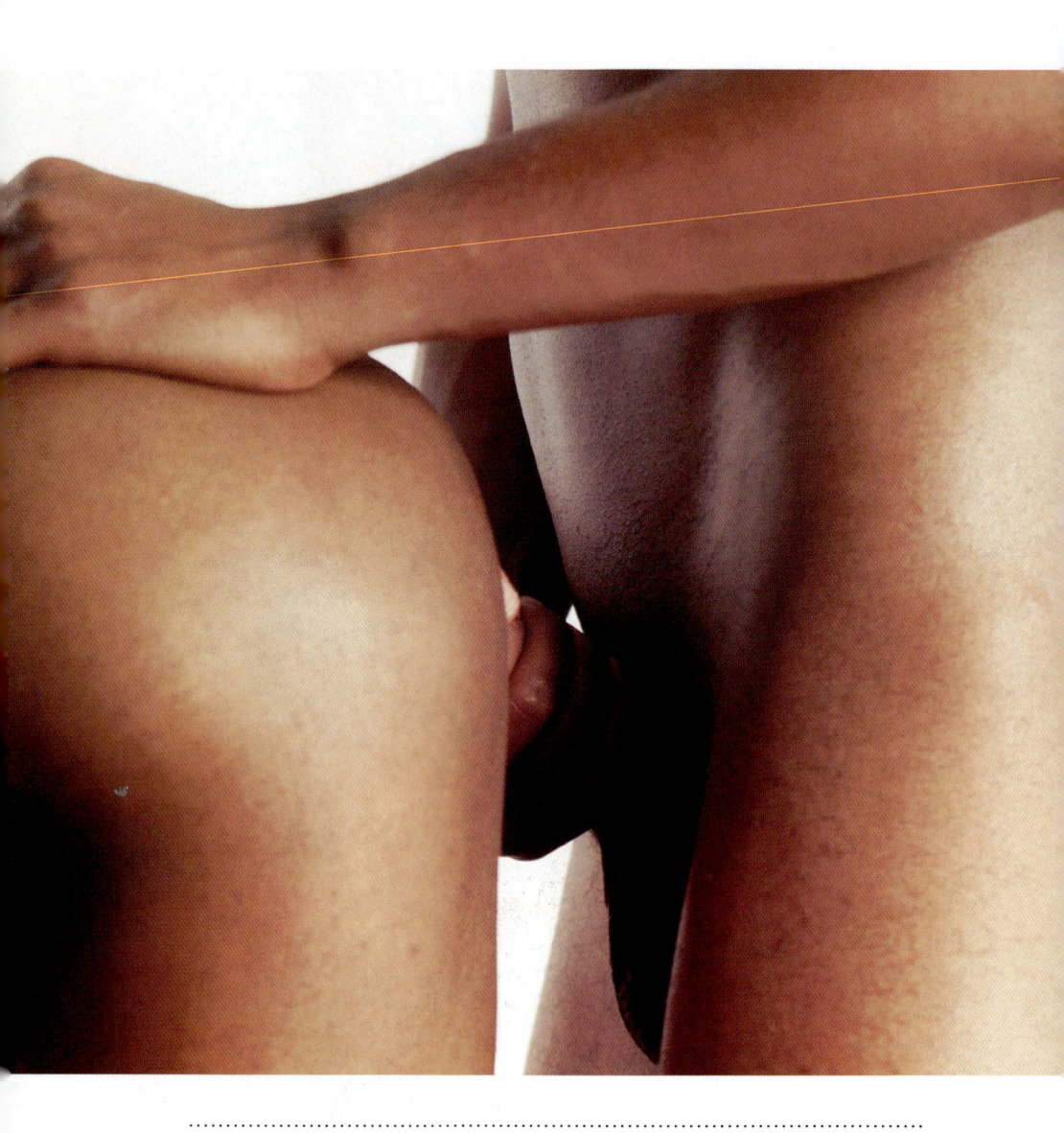

Para uma rapidinha, o sexo por trás pode ser uma deliciosa escolha,
mas seja gentil, pois a penetração é profunda.

Entrada Por Trás

SEXO POR TRÁS é maravilhoso quando se quer uma penetração mais profunda. O pênis fica naturalmente no ângulo que possibilita o maior impacto possível para a estimulação do clitóris, apesar de a mulher poder ainda precisar de alguma ajuda manual, e os testículos se esfregam e batem na vulva a cada movimento de entrada e saída, o que gera uma sensibilidade sensual para ambos os parceiros.

Algumas mulheres podem ter ressalvas psicológicas com essa posição, já que ela detém pouco controle sobre a profundidade da penetração e sobre o ritmo da transa. Algumas veem essa posição com particular desinteresse, pois se sentem quase como um objeto sexual sem personalidade. As posições de sexo por trás podem ser desconfortáveis também, pois com a penetração profunda e o ritmo mais acelerado o pênis pode chegar a bater no cérvix. Os homens precisam ser cuidadosos e testar com calma para ver o que pode ser feito sem causar desconforto.

A despeito dessas ressalvas, essas posições podem ser de tirar o fôlego de qualquer pessoa, pois, para compensar a estimulação visual limitada, elas concentram intensamente a sensação física. Consequentemente, o aumento da excitação anda a passos largos e o orgasmo tende a ser mais avassalador do que o comum.

O Básico do Sexo Por Trás

Muitas vezes conhecidas como "de quatro", essas posições podem ser extremamente eróticas. Se vocês dois estiverem no chão, certifique-se de que o carpete é macio, ou acolchoe o piso sob os joelhos.

A mulher se ajoelha no chão ou na cama, de quatro, com os braços esticados ou apoiada nos antebraços. O homem se ajoelha atrás dela, segurando-a pelo quadril ou pela cintura. Ele então a penetra. Homens que são mais baixos que suas parceiras provavelmente vão precisar ajoelhar em almofadas. Apoiar-se apenas sobre um joelho ajudará a elevar a altura do pênis.

Enquanto a mulher estiver sendo penetrada, ela pode estimular o seu próprio clitóris ou alcançar os testículos do homem. Ele vai adorar isso. Ele pode inclinar-se para a frente e acariciar os seios dela ou estimular o ânus aplicando uma pressão firme com os dedos (muitas mulheres gostam da sensação de pressão nas proximidades do ânus). Quando fizer

A posição "de quatro" pode ajustar-se bem à sua conformação interna, e dá a oportunidade de usarem as mãos, além de uma penetração profunda. Certifique-se de utilizar camisinhas mais resistentes, porque os movimentos podem ser mais fortes do que as camisinhas comuns costumam aguentar.

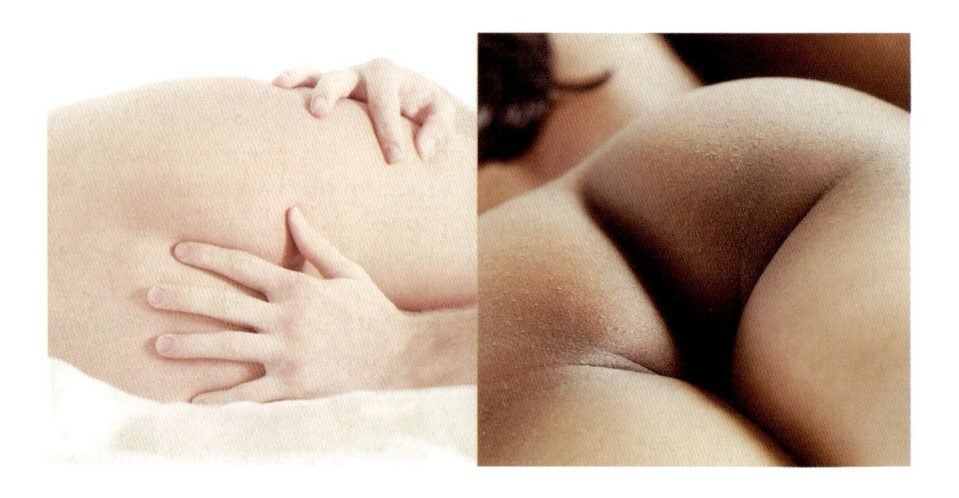

A maioria dos homens considera a visão dos glúteos de suas parceiras uma inspiração para o sexo imaginativo e para posições excitantes.

isso, ele poderá sentir o próprio pênis entre a parede da vagina e do ânus. Se você preferir, pode fazer isso usando um pequeno vibrador em vez de um dedo, mas não coloque o vibrador de volta na vagina sem tê-lo lavado.

Prolongue o contato do topo do pênis com a entrada da vagina, e encurte o comprimento do movimento de entrada e saída antes de começar a penetração mais profunda e forte. Caso haja autocontrole para repetir isso algumas vezes, ela ficará quase que insuportavelmente excitada e vai perder o fôlego. A curva da vagina combina com a curva do pênis e isso torna possível a penetração profunda e forte.

Essa é a posição predileta durante a gravidez, pois a barriga não fica no caminho. Tome cuidado para não causar desconforto com a penetração profunda, mesmo que o sexo durante a gravidez não seja considerado algo perigoso.

> **Pontos positivos:** Muitas mulheres adoram a sensação leve de safadeza quando são "dominadas" nessa posição.
>
> Essa posição é perfeita para uma transa intensa e passional, pois os dois parceiros ficam excitados muito rapidamente.
>
> Se o homem se ajoelhar e endireitar as costas, ele pode ver o pênis entrando e saindo, e tem uma visão provocante do corpo de sua parceira.
>
> **Pontos negativos:** A penetração é profunda, e por isso pode causar desconforto na mulher.
>
> A mulher não consegue ver o rosto de seu parceiro.

Sexo Por Trás 1

Essa posição é como a posição "de quatro", porém a mulher apoia a cabeça na cama enquanto mantém seus glúteos levantados. O homem está por trás dela apoiado apenas sobre um joelho, segurando-a pelos ombros ou pelo quadril. Isso permite uma penetração ainda mais profunda que a posição tradicional "de quatro". Ela pode enganchar as próprias pernas nas pernas dele e trazê-lo ainda mais para dentro de si e, com um pouco de prática, o casal poderá movimentar-se junto.

> **Pontos positivos:** Nessa posição não há peso nos braços da mulher, e ela fica mais relaxada.
>
> **Pontos negativos:** Pode causar dores de cabeça e torcicolo, se a mulher ficar mal posicionada.

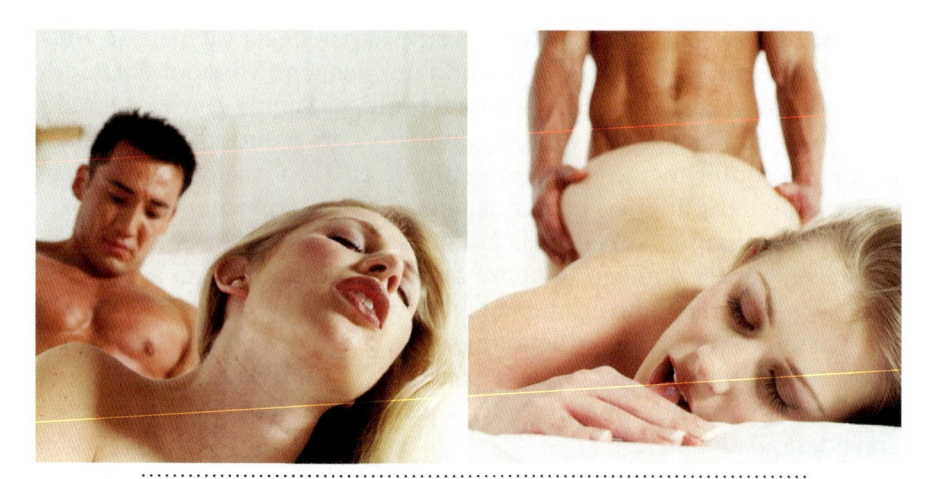

Emita sons para que ele saiba como você está se sentindo, já que ele não consegue ver o seu rosto.

Sexo por trás 1. Com um dos joelhos levantados, o homem conseguirá fazer a penetração ainda mais profundamente, portanto ele deve ir devagar e guiar-se pelas indicações verbais e físicas de sua parceira.

Entrada Por Trás 171

Sexo por trás 2. Use travesseiros para levantar-se o suficiente para ficar no ângulo correto.

Sexo Por Trás 2

Nessa posição, a mulher deita na cama, com as pernas abertas, e o homem se ajoelha atrás dela e depois se deita sobre ela. É preciso que ela levante os glúteos o suficiente, talvez até mesmo com um travesseiro embaixo dela. A penetração será superficial. Entretanto, essa posição é muito confortável e íntima, tem bastante contato entre os corpos e dá a oportunidade para o homem beijar e fazer carinho no pescoço da mulher, assim como de lamber o lóbulo das orelhas dela.

Pontos positivos: Ele pode sussurrar coisas safadas no ouvido dela. A fricção nos glúteos pode ser muito excitante para a mulher.

Pontos negativos: Como a penetração é superficial, existe a chance de o pênis escapar.

Sexo Por Trás 3

A mulher ajoelha no chão e inclina-se para cima da cama, com as mãos na cama ou contra ela, e com o homem ajoelhado atrás dela. (Posicione almofadas quando for fazer essa posição, a não ser que queira ganhar queimaduras do seu carpete.) É uma posição um tanto incômoda para penetração da vagina, portanto façam experiências.

Pontos positivos: Ótima para variar um pouco – o sofá, a cadeira, a mesa de centro, um banquinho ou até mesmo as escadas são possibilidades.

Sexo por trás 3. O homem pode precisar de ajuda para penetrar.

Pontos negativos: O homem precisa ser bastante habilidoso e evitar cenas desajeitadas.

Sexo Por Trás 4

Essa posição é apenas para os que estão em forma. O homem fica em pé atrás da parceira e segura as pernas dela enquanto esta se curva para a frente e se apoia na cama ou no chão. Vocês ganharão estabilidade se fizerem isso no chão.

Entrada Por Trás

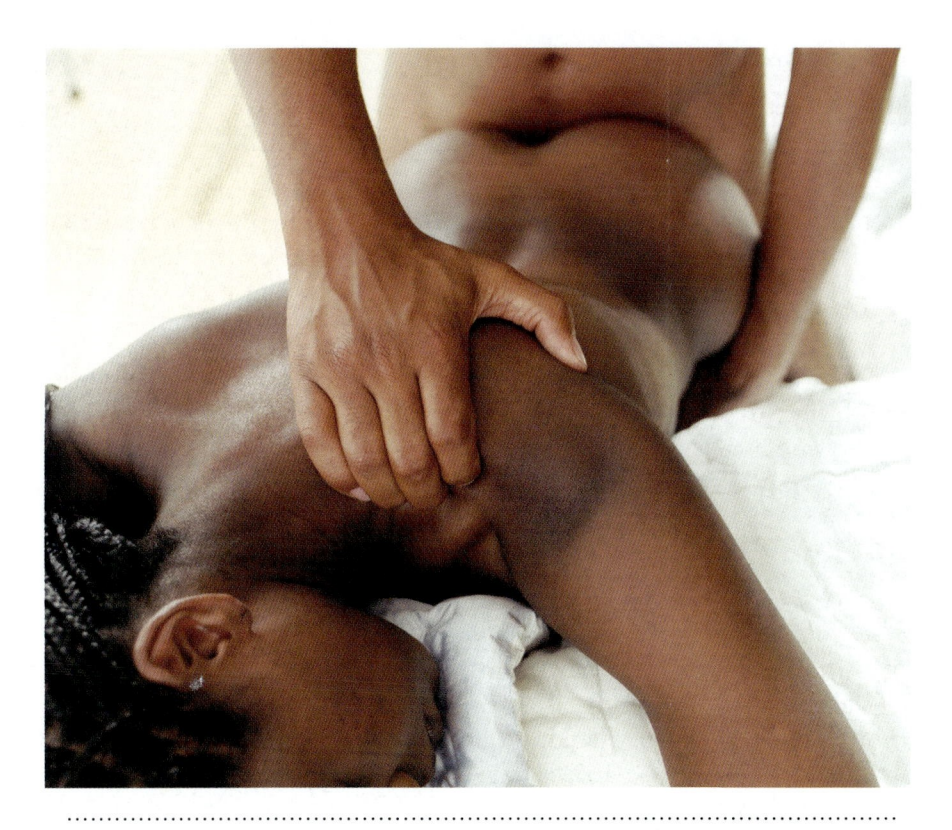

Sexo por trás 3. Você pode querer manter um controle firme da situação, já que essa é uma posição difícil de ser executada – mas vale a pena.

Sexo por trás 4. Essa posição é uma variação do "carrinho de mão", com o homem apoiado nos joelhos para que grande parte do peso da mulher fique sobre a cama.

A Questão da Penetração

A penetração profunda pode ser igualmente prazerosa para os homens e para as mulheres. Quando o ângulo correto é alcançado, o ponto G feminino pode ser estimulado e os homens gostam da sensação da ponta do pênis entrando em contato com o cérvix de suas parceiras. Psicologicamente ela também é positiva. A penetração profunda faz com que o homem se sinta um garanhão bem dotado e faz com que ela se sinta tão irresistível que ele não consegue controlar o desejo que tem por ela.

Entretanto, a penetração superficial pode também ser igualmente satisfatória para ambas as partes. Para a mulher, a abertura da vagina é rica em terminações nervosas, e para o homem, a penetração superficial fornece estimulação contínua do frênulo até a cabeça do pênis, que pode ser apertada e estimulada pelos músculos da abertura da vagina. Muitos casais gostam da penetração superficial quando esta envolve sincronia no movimento de ir para a frente e para trás: é algo altamente estimulante ao mesmo tempo em que é muito relaxante, que traz proximidade e afeição.

Os casais logo percebem qual o tipo de penetração e ritmo de transa que mais gostam, e consequentemente fazem com maior frequência as posições que melhor se adaptam ao gosto deles. Igualmente, eles irão escolher uma posição que permite penetração profunda, ou uma limitada à penetração superficial, de acordo com o humor e a necessidade sexual deles naquele momento. Se você prefere penetração profunda, saiba que uma quantidade elevada de lubrificante irá melhorar a experiência, em especial porque muitas mulheres não produzem lubrificante o suficiente.

Essa posição assemelha-se à brincadeira de "carrinho de mão" das crianças – com algumas diferenças bastante óbvias. Você não precisa correr pela sala segurando a sua parceira –, a menos que vocês queiram isso, claro –, mas você precisa de braços fortes e ela precisa ser um pouco leve.

Uma vez que a levantou pelas coxas, puxe-a para seu pênis enquanto ela mesma se segura. Nenhum de vocês conseguirá fazer mais nada com os braços. A menos que você seja um atleta, vocês ficarão por pouco tempo nessa posição, mas com uma penetração vigorosa. Se você encontrar dificuldade, a mulher poderá repousar as pernas na cama ou no chão. Você terá uma vista maravilhosa dos glúteos e das costas de sua parceira. Não há muito que a mulher possa fazer além de aproveitar. Garantia de muitas risadas.

> **Pontos positivos:** Essa posição é ótima quando vocês estiverem se sentindo um pouco mais atrevidos e quiserem se sentir como atores pornôs. Aperfeiçoar os detalhes é difícil, mas essa posição garante risadas e muita diversão para casais que gostam de dar risadas juntos.
>
> **Pontos negativos:** Essa posição precisa ser rápida, pois o sangue fluirá para a cabeça dela e os braços dela se cansarão bem rápido.

Entrada Por Trás

Sexo por trás 4. O "carrinho de mão" pode ser esforço demais para ser mantido por muito tempo. Descansem um pouco e mudem o ângulo ficando de joelhos, se vocês conseguirem fazer isso sem cair e sem ter um ataque de riso.

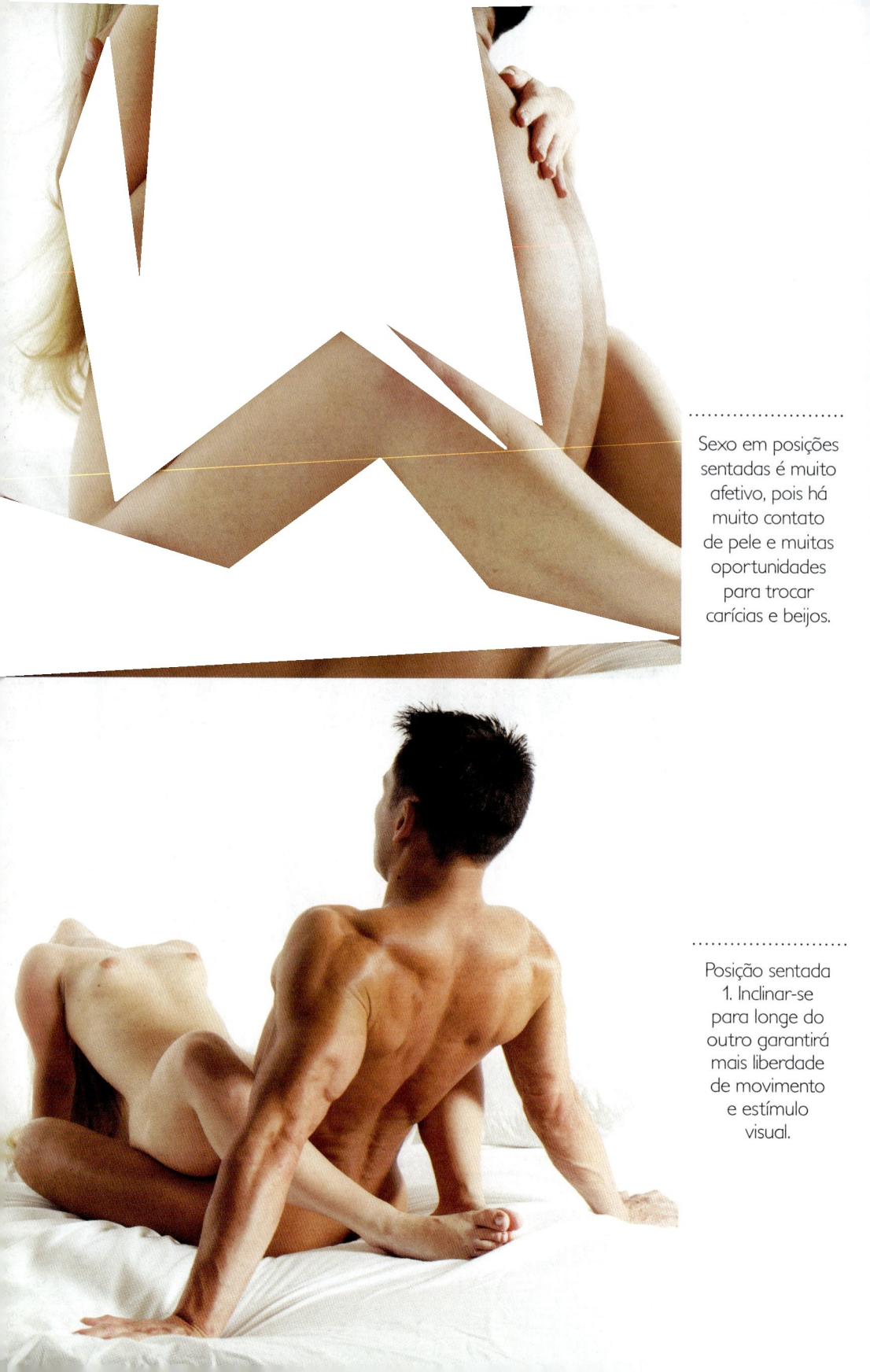

Sexo em posições sentadas é muito afetivo, pois há muito contato de pele e muitas oportunidades para trocar carícias e beijos.

Posição sentada 1. Inclinar-se para longe do outro garantirá mais liberdade de movimento e estímulo visual.

Posições Sentadas

ESTA SELEÇÃO É FEITA DE POSIÇÕES muita íntimas, que permitem muita troca de beijos e carícias. A movimentação fica limitada, mas não é motivo para pressa, então vocês podem tomar algum tempo para aperfeiçoá-las. Elas permitem que a mulher balance para a frente e para trás, estimulando o próprio clitóris. Por que não posicionar a cadeira na frente de um espelho, para que vocês consigam observar a si mesmos? Algumas pessoas acham isso extremamente erótico.

O Básico das Posições Sentadas

O homem está sentado com a mulher em cima dele – as pernas dela o abraçam. De início, se a mulher sentar um pouco longe do homem, ela pode acariciar o pênis dele e ele pode estimular o clitóris dela e acariciar os seios. Quando ele penetrá-la, eles podem movimentar-se juntos para atingir o orgasmo.

> **Pontos positivos:** Essa é uma maneira muito simples de introduzir alguma variação. Movimentos circulares funcionam muito bem. É uma posição realmente muito íntima, um pouco como se darem abraços especiais.
>
> **Pontos negativos:** Com tanto contato corporal assim, a menos que vocês estejam ao ar livre, se o dia estiver quente, vocês logo ficarão suados.

Posição Sentada 1

A mulher senta sobre as coxas do homem, e ele se inclina para trás. Ela põe os braços para trás e se inclina para trás, sustentando o próprio peso. Sincronia é a alma do negócio nessa posição, pois a mulher irá levantar e abaixar o próprio corpo e seu parceiro deve complementar o movimento. Vocês podem se provocar um pouco com olhares, pois não conseguem se tocar – a menos que sentem um pouco mais eretos e segurem as mãos um do outro. E os dois poderão ver o pênis entrando e saindo.

> **Pontos positivos:** A estimulação visual é elevada nessa posição para os dois parceiros.
> Não poder encostar a mão um no outro é algo muito provocativo.
>
> **Pontos negativos:** Talvez exija alguma prática – não exatamente um trabalho árduo – para vocês sincronizarem o movimento.

Posição sentada 2. Aproveitem para sentar no jardim em uma tarde refrescante, mas certifiquem-se de que não serão observados.

Posição sentada 2. Se você tiver algum assento firme no chuveiro, use-o.

Posição sentada 2. Cadeiras são ótimas para essa posição. Movimente-se para frente e para trás, mas tome cuidado para não tombar a cadeira para trás.

Posição Sentada 2

Nessa posição, a mulher tem um controle maior. Se ela colocar a planta do pé no chão para se apoiar, poderá facilmente movimentar-se para cima e para baixo. Rodar o quadril e fazer movimentos circulares é excelente para estimular o clitóris. Se estiver no chão, levante-se um pouco apoiando-se nas pernas e pare por um momento, então desça até a ponta do pênis e suba novamente antes que ele penetre em você.

O homem pode mover-se para cima e para baixo junto com a mulher, mas pode ser que leve algum tempo até sincronizarem a movimentação. Como a penetração será superficial, tente diversos ângulos. Ele também pode explorar com a língua a parte superior do corpo dela. Essa posição é perfeita para vocês se abraçarem, beijarem-se e terem contato corporal completo.

Pontos positivos: Perfeita para mulheres que gostam de ficar no controle. Essa é uma ótima posição para variar os lugares – do jardim para o escritório, da cadeira para o chão.

Pontos negativos: Essa posição é um pouco difícil para mulheres mais baixas, mas apoiar os pés na cadeira pode resolver o problema.

O homem controla tanto o ritmo quanto a profundidade da penetração. A mulher pode aumentar o prazer dele ainda mais se contrair os músculos dos glúteos e da vagina para apertar o pênis – a sensação será deliciosa para ambos.

Posições de Joelhos

ESSAS POSIÇÕES PERMITEM AO HOMEM controlar o ritmo da movimentação de entrada e saída do pênis em sua parceira. Se por um lado elas são íntimas e inspiram proximidade porque vocês estão frente a frente, por outro exigem muito dos dois em termos físicos e é preciso ter determinação e um conhecimento maior acerca dos movimentos de seu parceiro. Vocês precisam ser relativamente ágeis para essas posições e ter bons joelhos, portanto tenham certeza de dispor de alguns travesseiros nos arredores.

O Básico das Posições de Joelhos

O homem ajoelha na cama e se inclina sobre a mulher, enquanto ela está deitada. Ele posiciona as mãos nos glúteos dela e levanta-a em direção a ele. As pernas dela estão dobradas, com a planta dos pés na cama e as costas arqueadas. Ele tem uma visão completa do corpo dela e, com bastante contato entre os olhares, essa é a oportunidade perfeita para falar sacanagem e conversar sobre fantasias.

> **Pontos positivos:** A penetração pode ser profunda ou superficial o quanto você queira, pois é fácil variar esses aspectos.
>
> **Pontos negativos:** O homem pode achar difícil aguentar o peso de sua parceira e penetrá-la sem empurrá-la pela cama.

Posição de Joelhos 1

O homem senta sobre seus calcanhares na cama. Ele levanta a mulher em sua direção enquanto que com uma das mãos ela empurra a cama atrás de si e com a outra segura-o pelo pescoço. Ele segura os glúteos dela com uma mão e as costas com a outra, dando apoio para ela. Essa posição é bastante cansativa e atlética, e provavelmente será melhor para transas rápidas. Mais uma vez, há muita oportunidade para contato visual.

> **Pontos positivos:** Penetração profunda e estimulação do clitóris resulta em excitação rápida para os dois, o que faz dessa uma ótima posição para aqueles momentos em que não é possível esperar. Você pode experimentar essa posição em quase qualquer lugar que ofereça privacidade, e não apenas no quarto – um piso confortável oferece suporte adicional.
>
> **Pontos negativos:** Ele precisa ser um pouco forte, mas ajuda se ela suportar um pouco do próprio peso.

Posição de joelhos 2. As pernas dela podem envolver o corpo dele ou ficarem firmes no chão, se a cadeira não for muito estável.

Posição de Joelhos 2

A mulher senta em uma cadeira. O homem se ajoelha de frente para ela, segurando seu quadril, e as pernas da mulher estão envolvendo o quadril dele (pode ser que haja algum problema para ajustar a altura adequadamente para fazerem essa posição, portanto escolha uma cadeira ou banco que seja da altura adequada e sente-se na parte dianteira da cadeira).

Essa é uma pose extremamente *sexy* se você a fizer corretamente. A mulher pode se inclinar para trás para facilitar a penetração segurando-se no pescoço do homem. O homem pode colocar suas mãos na cadeira para estabilizar sua parceira e também consegue alcançar os seios e o clitóris dela para estimulá-lo.

> **Pontos positivos:** Essa é uma posição perfeita para fazer amor rapidamente, sem tirar a roupa.
>
> A penetração é profunda – mais profunda ainda se ela levantar uma de suas pernas sobre os ombros dele.
>
> **Pontos negativos:** difícil para os joelhos dele, mas excelente para ela.

Posição de Joelhos 3

O homem ajoelha sobre os calcanhares na cama com a mulher se ajoelhando por cima dele, com um joelho de cada lado. Pode ser mais fácil se ela levantar uma das pernas e colocar a planta dos pés sobre a cama. Ela coloca os braços ao redor do pescoço dele e os braços dele ficam ao redor do quadril dela. O homem deve se movimentar para cima e para baixo. Essa posição é muito íntima e erótica e vocês podem ficar nela por muito tempo. É ótima para acariciar os seios dela, para esfregar as costas do homem e acariciar o pescoço dele, e para brincar com a boca, beijando o ouvido um do outro.

> **Pontos positivos:** Diferentemente da maioria das posições de joelhos, essa é uma boa posição para sexo prolongado, embora também seja boa para uma rapidinha, pois a penetração é profunda.
>
> **Pontos negativos:** Câimbras nos músculos das pernas podem interromper a brincadeira abruptamente.

Misture e Varie

Posições de joelhos são maravilhosamente adaptáveis e você pode sair de uma e entrar em outra com muita facilidade – de uma posição mais amena e relaxada, como a posição de joelhos 3, para uma posição mais exigente em termos físicos, como a posição de joelhos 1. Mudar de alguma posição de joelhos para posições de sexo por trás ou para uma posição com alguém no topo são outras ótimas opções.

Posição de joelhos 4. Basta ela mover os pés da parte detrás da cabeça dele para o peito, para criar uma variedade de deliciosas sensações interiores.

Posições de Joelhos 185

Posição de joelhos 5. Ela fica no limiar da cama, e ele precisa conseguir segurar, caso contrário os dois levarão um tombo.

Posição de Joelhos 4

O homem ajoelha sobre os calcanhares com as pernas da mulher envolvidas em seu pescoço ou seu peito. Ela deita sobre alguns travesseiros. O homem pode se inclinar para a frente e acariciar os seios e mamilos dela. Se a mulher estiver envolvendo o pescoço do homem com suas pernas, a situação fica perfeita para uma penetração mais profunda, pois as pernas dela estarão abertas e seu parceiro terá uma vista plena da penetração e poderá também brincar com o clitóris. Se os pés estiverem repousando sobre o peito dele, a vagina ficará um pouco mais apertada, como se ela estivesse se agarrando ao pênis.

> **Pontos positivos:** Se vocês dois estão em forma e com músculos bem torneados, essa posição será estupenda. Ela é excelente para mulheres que realmente gostam da sensação de abandono que o sexo proporciona.
>
> **Pontos negativos:** Essa posição exige força muscular do homem e pode machucar as costas da mulher.

Posição de Joelhos 5

O homem ajoelha no chão e a mulher deita sobre a cama, ou sobre um sofá ou um colchão. Ela coloca a perna contra o peito dele para ter certeza de que ele está perto da cama. O homem segura os glúteos da mulher e puxa-a em direção a ele enquanto a penetra. É essencial que tenha um carpete ou uma colcha para proteger os joelhos do homem.

Nessa posição, o homem tem a oportunidade da penetração profunda, e ambos podem ver o pênis entrando e saindo. Ele também terá uma ótima vista dos seios dela, e se for ágil, conseguirá se inclinar para brincar e massageá-los. Tudo o que ela tem que fazer é ficar deitada e observar a expressão que ele faz enquanto se aproxima do orgasmo, e aproveitar.

> **Pontos positivos:** Essa posição é ótima para os que gostam que a penetração seja mais forte e profunda.

Sexo nessa posição pode ser rápido e acelerado ou íntimo e prolongado, dependendo do seu humor.

A vista é muito excitante.

Pontos negativos: Não é ideal para as mulheres que gostam de ter um controle ao menos parcial da situação.

Assim como em todas as outras posições de penetração profunda, o homem precisa ficar atento e ser sensível para que não seja a causa de desconforto em sua parceira.

Cama *versus* Chão

Seja qual for a posição, você não precisa se limitar sempre ao quarto, mas as posições de joelhos são as preferidas quando se faz sexo no chão, em outros cômodos. Isso provavelmente se dá pelo motivo prático de o chão oferecer maior resistência que as camas maleáveis mais macias, e vocês ficam mais estáveis e com menos chance de caírem – o que pode ser um verdadeiro risco, com algumas das posições que exigem mais vigor.

A desvantagem está no mesmo quesito de resistência da superfície. Nem sempre você vai perceber no momento, mas algumas vezes, depois, pode ser que você note estar com o joelho dolorido ou com as costas inflamadas, o que é um preço alto.

Até mesmo carpetes mais grossos oferecem proteção apenas parcial, e ainda podem deixar você com queimaduras em decorrência da fricção. Leva apenas alguns segundos para alcançar alguns travesseiros ou almofadas. É ainda melhor se você buscar uma manta no quarto. Ela não só fornece acolchoamento e conforto, como vocês ainda podem se enrolar nela depois, no momento íntimo de pós-coito.

A posição básica para o sexo lado a lado é a mais confortável, e tão relaxante que fica fácil cair no sono depois, e nem precisa mudar de posição.

Lado a Lado

ESSA É CONSIDERADA A MENOS ativa de todas as posições sexuais. É perfeita para ser feita logo no começo da manhã, quando você quer fazer sexo meditativo e relaxante, ou em uma tarde quente e de preguiça, quando está se sentindo mais romântico e mesmo assim com um pouco de sono. Essa posição, muito aconchegante e extremamente íntima, é boa para pessoas cansadas e para aqueles que não são muito ágeis. É difícil para mulheres em estágios avançados de gravidez encontrar uma posição com penetração profunda que não seja dolorosa, portanto essa é uma boa posição para elas. Funciona por horas e depois vocês podem simplesmente cair no sono, na mesma posição em que estavam, e ainda conectados, se tiverem sorte.

O Básico do Lado a Lado

Nenhum de vocês vai ter muito trabalho nessa posição, mas haverá infinitas possibilidades para toques e carícias, já que suas mãos estarão livres. O homem se aconchega atrás de sua parceira enquanto ela dobra os joelhos em direção ao próprio quadril e ele fica por trás dela. Essa posição permite muito contato de pele. Ele pode beijar os ombros e o pescoço da mulher, assim como brincar com o ouvido dela, enquanto estende os braços para brincar com os seios dela. Ele também pode se estender para baixo e alcançar o clitóris dela ou, como alternativa, se houver lubrificante ao alcance, posicionar o dedo ao redor ou dentro do ânus dela.

A mulher pode se esticar para massagear os testículos do homem ou para masturbá-lo lentamente entre uma investida e outra. Ela também pode chupar ou brincar com os dedos dele. Se ela levantar sua perna por cima da dele, poderá massagear a coxa dele com a parte interna de sua própria coxa – é uma sensação surpreendentemente sensual.

> **Pontos positivos:** Ótima posição para ser a primeira coisa a se fazer pela manhã. E o mau hálito matinal pode ser evitado.
> Essa posição ainda dá certo mesmo que ele tenha apenas uma ereção parcial.
> É ótima para vocês sussurrarem no ouvido um do outro.
> **Pontos negativos:** Essa posição pode apresentar dificuldades para parceiros com alturas muito diferentes. A mulher precisará dobrar os joelhos e arquear as costas para o homem conseguir penetrar. Não é uma boa posição para aqueles que gostam de olhar para o rosto do parceiro.

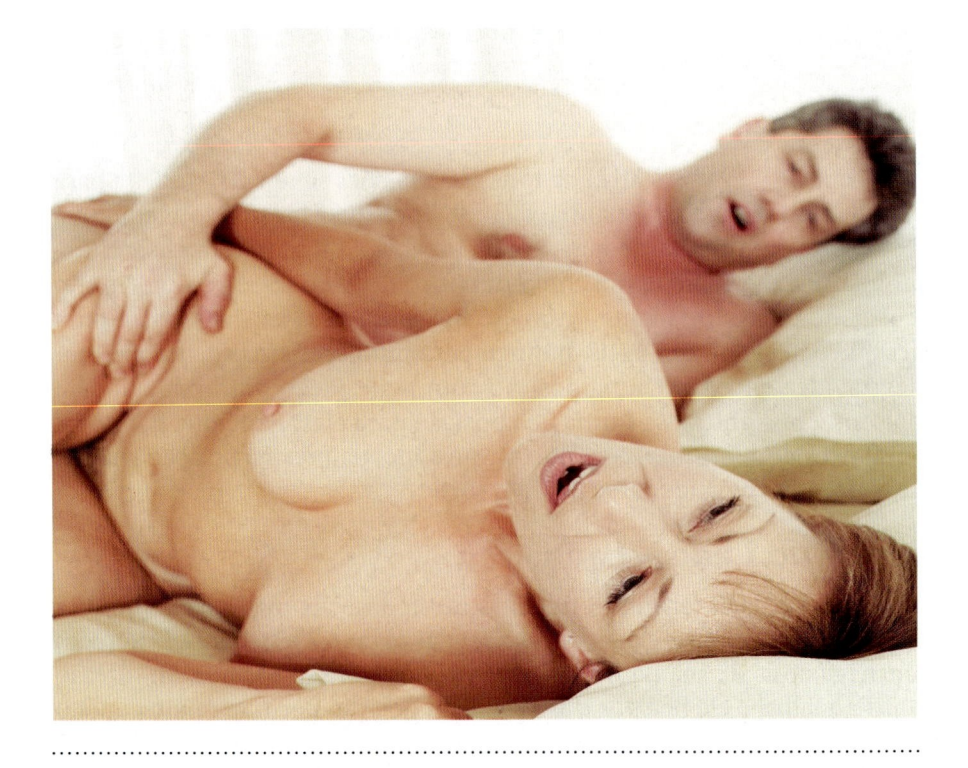

Lado a lado 1. Inclinem-se para longe um do outro e para variar os ângulos.

Lado a Lado 1

Da posição básica para sexo lado a lado, o homem se inclina para trás. A mulher posiciona sua perna sobre a perna dele e se inclina para formar um ângulo diferente. O homem deve segurar o quadril da mulher quando penetrá-la. Isso permite uma penetração mais profunda do que a penetração possível na posição básica, e envolve um pouco mais de energia. Como não existe muita área de contato entre vocês, pode ser que sintam que é uma posição um pouco impessoal.

Pontos positivos: As mulheres costumam achar muito erótica esta sensação de serem agarradas enquanto a penetração se torna mais profunda. Os homens costumam achar muito estimulante a sensação dos glúteos da mulher pressionados contra eles.

Pontos negativos: Como vocês estão mais distante um do outro do que da maneira que ficam na posição básica, fica mais difícil sussurrar algo no ouvido de seu parceiro.

Lado a lado 2. Essa posição também é conhecida como posição X, por causa de seu formato.

Lado a Lado 2

Essa é uma excelente opção para sexo lento, mas requer agilidade e há algumas coreografias que precisam ser aprendidas. A mulher deita na frente do homem em posição de "concha", com o pênis dentro dela. Vagarosamente, ambos os parceiros devem se inclinar para longe um do outro, com as pernas esticadas, até que suas cabeças estejam em extremidades opostas da cama. Então eles devem segurar a mão ou o ombro do outro para evitar que se separem. Essa posição requer comunicação tanto verbal quanto não verbal, além de coordenação em movimentos lentos.

> **Pontos positivos:** Ela é bem diferente da maioria das outras posições, o que é bom quando se quer variar um pouco.
> O homem pode observar e brincar com os glúteos de sua parceira, o que é erótico tanto para ele quanto para ela.
> **Pontos negativos:** Não é uma boa para pessoas sem muita coordenação ou com baixa elasticidade, mas ainda vale a pena tentar, se vocês tiverem um bom senso de humor.

Posição de pé 3. Infelizmente, posições em pé costumam ser negligenciadas na cama em troca de posições mais insossas, mas elas oferecem consideráveis possibilidades de variação.

Posições em Pé

AS POSIÇÕES EM PÉ FUNCIONAM melhor quando se é da mesma altura que seu parceiro, mas você sempre pode usar os primeiros degraus da escada para se ajustar. Essas posições propiciam muitos abraços íntimos, pois vocês terão contato corporal completo e poderão se beijar e trocar carícias o tempo todo. A penetração, entretanto, não é muito profunda.

O Básico das Posições em Pé

Essa posição é vista com regularidade em filmes, seja no chuveiro, contra a parede de um jardim ou contra uma porta. Ela é fantástica para sexo apaixonado, feito por impulso em um lugar em que você jamais esperava que fosse acontecer. Se você está no chuveiro, antes mesmo de começar a penetração, faça bastante espuma de sabão em suas mãos e lavem um ao outro, deixando a área púbica para ser lavada por último, e depois se enxaguem com cuidado, pois o sabão pode causar ardência quando usado como lubrificante. O homem deve então colocar gentilmente sua parceira contra a parede e penetrá-la segurando-a pelos glúteos. Ela pode colocar os braços contra a parede, para se equilibrar, ou ao

Até mesmo na posição em pé básica, é mais fácil o homem penetrar sua parceira – e ficar lá – se ele levantar uma das coxas dela, apoiando-a com uma de suas mãos.

redor do pescoço dele. Ele pode chupar os mamilos e os seios dela enquanto ela massageia as costas dele.

> **Pontos positivos:** Sexo espontâneo é algo incrivelmente erótico, sobretudo porque, por algum motivo, parece ser safadeza. Há muito espaço para troca de carícias, beijos, mordidas, carinhos, lambidas e tudo mais que se pode fazer quando se tem contato corporal completo.
>
> **Pontos negativos:** Escorregar e cair, em especial se vocês estiverem em um chuveiro molhado, é um risco.

Certifique-se de que a estrutura do chuveiro em que você está é estável e confiável.

Posição em Pé 1

A mulher fica em pé com uma de suas pernas posicionada acima do antebraço ou dos ombros de seu parceiro, se conseguir. Ela precisará se agarrar com força para manter o equilíbrio, portanto será melhor se estiver com as costas contra a parede. Essa posição proporciona muito espaço para beijos, lambidas, troca de carícias em geral e uma penetração mais profunda do que a posição anterior.

> **Pontos positivos:** Essa é uma grande oportunidade de qualquer mulher que pratica yoga ou que teve aulas de balé quando criança surpreender seu parceiro.
>
> **Pontos negativos:** Apenas para os mais maleáveis, caso contrário poderá ocorrer algumas distensões musculares e/ou quedas.

Posição em Pé 2

Fiquem na frente de um espelho para vocês dois terem visão de tudo. O homem penetra sua parceira por trás, segurando-a pelo quadril. A penetração será superficial, então é possível que vocês tenham que se inclinar um pouco para a frente para manter o pênis no interior. O homem pode apoiar o rosto no pescoço de sua parceira e haverá bastante contato corporal.

> **Pontos positivos:** Essa posição gera uma irresistível tentação para falar sacanagem e observar-se mutuamente.
>
> **Pontos negativos:** É difícil para o homem fazer com que o pênis não saia, portanto não haverá condições para movimentação muito vigorosa.

Posição em pé 1. Somente para os mais flexíveis.

Espaço apenas para a posição em pé 2.

Posição em Pé 3

Essa é outra posição com penetração por trás. Ambos ficam de pé perto da cama (para o caso de vocês caírem). O homem deve segurar as coxas de sua parceira, de modo que a perna dela fique levantada e os pés estejam repousando sobre a cama – o joelho dobrado dela irá permitir uma penetração mais profunda. Ele se abaixa um pouco e penetra em sua parceira por trás. Com uma mão livre, ele vai poder estimular o clitóris dela.

> **Pontos positivos:** Como essa é uma posição mais estável do que as outras, a mulher tem mais liberdade para se movimentar em sincronia com os movimentos de seu parceiro.
> Ele tem uma mão livre para fazer mais carinho.
> **Pontos negativos:** Enquanto ele acaricia o corpo dela, ela não conseguirá alcançar muito do corpo dele.

Ligações Perigosas

Surpreendentemente, milhares de pessoas por ano são atendidas em unidades de saúde, enfrentando condições contraídas enquanto experimentavam posições sexuais incomuns. Quando você tentar posições novas com seu parceiro, não se esqueça de suas limitações, e lembre-se de que o álcool, embora deixe você mais desinibido, não torna você mais flexível, saudável ou jovem.

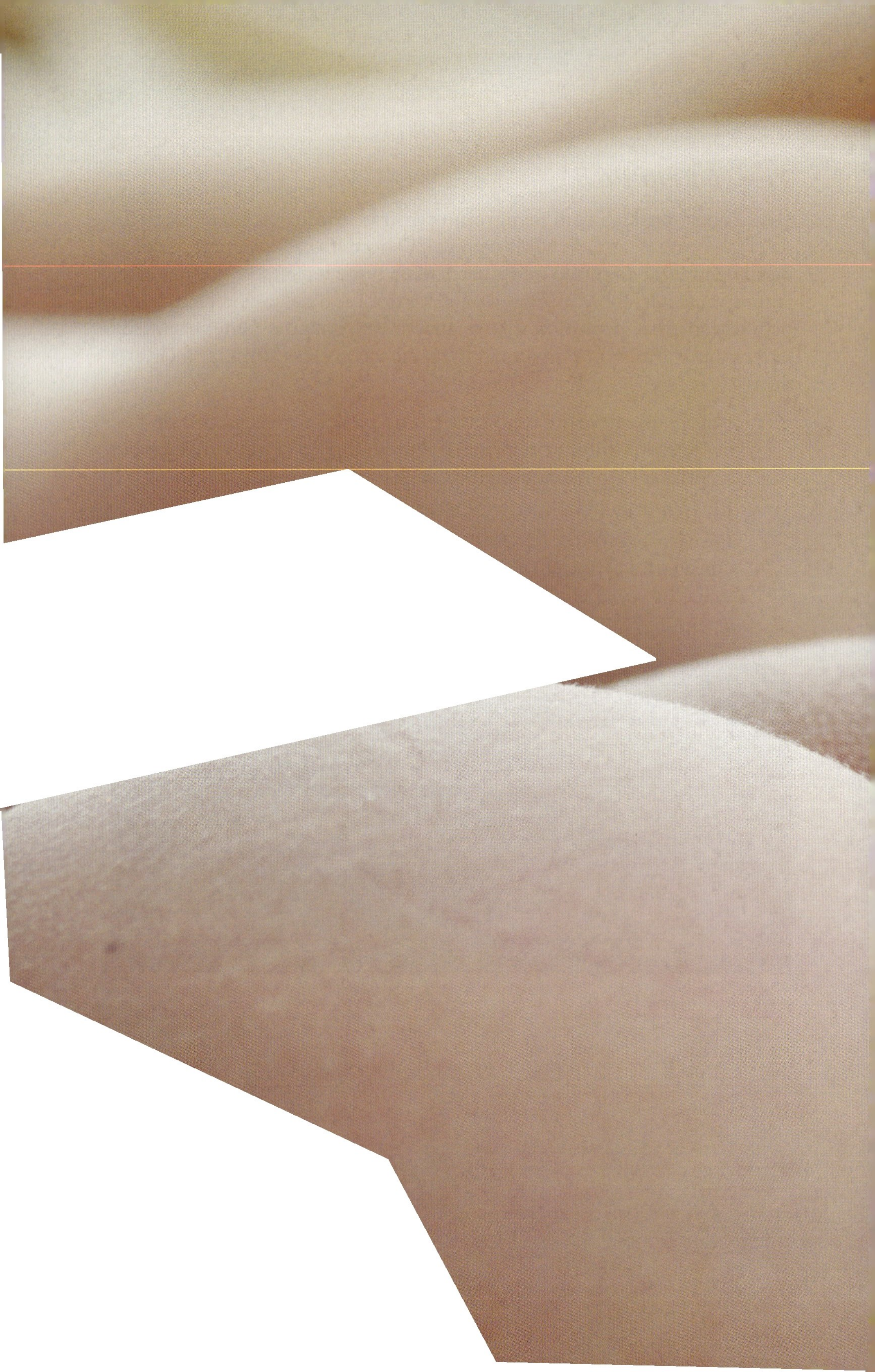

Fatores X

O sexo vaginal, por mais delicioso e importante que s[eja], [não é sufi]ciente para gerar uma vida sexual sensacional. [O sexo oral e] o anal podem temperar uma relação, criar sensaç[ões de prazer] extremo – tanto dando quanto recebendo.

O momento correto para conversar sobre práticas sexuais mais inusitadas chega com a sensação de proximidade, que permite que vocês explorem conjuntamente as ideias sem que nenhum dos dois sinta que está sendo humilhantemente criticado ou colocado para baixo.

Dê Prazer ao Seu Parceiro

NAS ÚLTIMAS DÉCADAS nós temos presenciado uma clara tendência de se desmitificar o sexo e derrubar tabus sexuais; muitas barreiras ruíram diante do crescimento das informações e da liberdade maior. Masturbação hoje em dia é considerada uma prática comum, mesmo que algumas mulheres estejam apenas começando a se sentir confortáveis em admitir que gostam de dar prazer a si mesmas. É a mesma coisa com o sexo anal e o oral. Dar prazer ao seu parceiro com sua boca – ou vice-versa – é tão natural quanto fazê-lo de outras maneiras. Na verdade, quando acrescentado o bônus do órgão de maior mobilidade, a língua, o potencial erótico tende a crescer.

O importante no sexo é o prazer e a intimidade. Se você sente prazer com penetração anal ou sexo oral, então onde está o problema? E na mesma medida, se você não é adepto, não há razão para se sentir pressionado a incluí-los em seu repertório sexual.

Conversando Sobre o Assunto

Ler opiniões e artigos que lidam de maneira positiva com assuntos que no passado recente eram considerados tabus sexuais pode criar uma pontinha de desejo em experimentar por você mesmo. Mas, mesmo as pessoas mais liberais, de vez em quando encontram dificuldades em discutir suas fantasias sexuais mais íntimas com seus parceiros. Como, então, ir ainda mais adiante e começar conversas a respeito de felação, cunilíngua e penetração anal?

Talvez você e seu parceiro já tenham uma grande vida sexual, mas você pensa que sempre cabe a experiência de se tentar algo novo. Sejam quais forem os seus motivos, pode ser difícil para você verbalizar, por pensar que pode ofender seu parceiro e fazê-lo sentir-se inadequado ou ameaçado. Talvez você também se preocupe que ele pense em você como uma pessoa um pouco pervertida, por ter levantado esta ou aquela possibilidade de práticas sexuais mais picantes. A probabilidade maior é que ele não sinta nada além de excitação diante da ideia de tornar as coisas um pouco mais interessantes.

Então, por onde começar? Um pedido direto provavelmente será muito brusco e pode ser recebido com uma negação igualmente direta, que encerrará a discussão de vez. Em vez disso, seja um pouco mais sutil e sensível. Se você quer experimentar sexo anal, por exemplo, pode segurar a mão dele/dela durante as preliminares e gentilmente guiá-la ao seu ânus. Se ele ou ela retirar a mão um pouco horrorizado, apenas sorria e diga que você nunca fez isso antes e que acredita que pode ser divertido tentar. Não crie um grande caso disso e eles provavelmente não criarão também. Na verdadel, é bem provável que seu parceiro fique satisfeito em lhe dar prazer e esteja tão curioso quanto você em tentar coisas novas, então por que não pensam juntos no assunto?

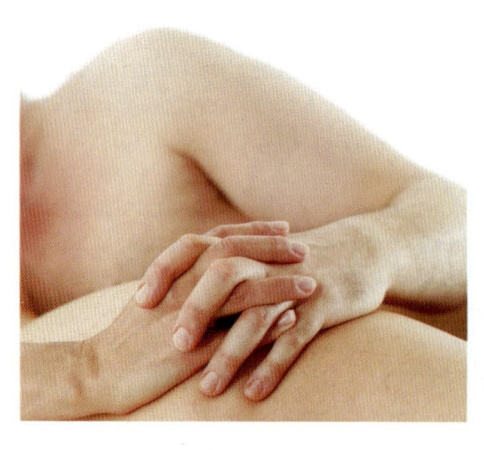

....
Quando você discute de antemão temas como sexo oral e anal, você diminui a chance de magoar o outro e de passar por cima dos limites de seu parceiro.

Dê Prazer ao Seu Parceiro

Seja qual for a posição de sua escolha, a língua é um órgão extraordinariamente flexível que pode se tornar macia ou rígida. Tente algumas vezes em sua própria mão, para variar sua técnica, e depois pratique em seu parceiro.

Sexo Oral

O ATO DO SEXO ORAL é um momento de extrema confiança e intimidade, em que invariavelmente você se abre ao seu parceiro e permite a ele o acesso às suas partes mais sensíveis e particulares. Quando você reflete subjetivamente sobre o assunto, o ato pode ser visto como um ritual bizarro. Lamber, chupar, provar o gosto e dar prazer ao seu parceiro é uma experiência emocional que requer compromisso não apenas com seu parceiro, mas também com o ato em si. Muitas pessoas enxergam o sexo oral apenas como prelúdio ao sexo penetrativo quando, na verdade, é um ato completamente diverso. As técnicas empregadas para o sexo oral fantástico são completamente diferentes daquelas usadas durante a penetração. Ao refinar essa arte, você alcança um nível elevado de compreensão sobre as preferências sexuais de seu parceiro. É uma excursão excitante pelos pontos erógenos do corpo de seu parceiro – uma excursão no mínimo igualmente excitante para eles.

Para muitas pessoas, a diferença entre um parceiro comum e um amante excepcional está nesse terreno. A felação e a cunilíngua feitas com habilidade – fazer um bom sexo oral, lamber excepcionalmente bem – seja lá como você gosta de se referir à técnica, fazê-la bem feita é algo digno de um prêmio. Não há nada mais sensual e prazeroso do que se inclinar para trás e ser estimulado oralmente por um artista da genitália.

Você precisa ter em mente que as preferências – no sentido literal e metafórico – variam muito nessa prática. O que para uma pessoa é uma técnica fundamental durante o sexo oral, para outra pode ser algo totalmente inapropriado. O segredo para se tornar um especialista em sexo oral está no *timing*, em prestar atenção às reações de seu parceiro e nas respostas que ele dará. Mais uma vez, a chave é a comunicação. Sexo oral deve ser feito sem pressa, e de vez em quando faça sem pensar na penetração. Ouça os gemidos de seu parceiro, perceba os movimentos de seu corpo para descobrir o que dá certo e o que não dá. Baseie seus passos naquilo que dá certo e siga em frente.

Deixe claro ao seu parceiro que você também está gostando. Sexo oral não é algo que se deve fazer apenas para a outra pessoa; na verdade, você está envolvido, partilhando a experiência e saboreando a intimidade, os efeitos e tudo o que vocês estiverem fazendo (se não for o caso, talvez você não deva nem pensar em fazer). Durante o sexo oral, algumas pessoas se preocupam se o parceiro ativo pode não estar recebendo "o que seria justo". Prazer sexual e orgasmo não são como uma conta de banco – você não precisa se preocupar o tempo todo em manter crédito.

Meia e Nove

O 69 têm suas armadilhas. Muitas pessoas têm dificuldade para se concentrar em dar prazer enquanto são estimuladas. Para o homem pode ser complicado encontrar o ponto certo da mulher nessa posição, já que é o queixo dele que estimula o clitóris da mulher. Da mesma maneira, é o lado de cima do pênis, o menos sensível, que recebe grande parte da atenção nessa posição. Diferenças de altura podem trazer dificuldades também e obrigar que um parceiro se curve enquanto o outro se estica.

Então por que fazê-la? Além do fato de ser muito divertida, ela pode ser muito eficaz. A visão tão aproximada das partes mais íntimas de seu parceiro é uma experiência estonteantemente erótica. Se a mulher fica no topo, ela tem maior controle e seu parceiro pode estimular seus seios. O homem pode massagear os glúteos da mulher – a maioria dos homens considera os glúteos de suas parceiras uma parte muito excitante de seus corpos – ou simplesmente concentrar-se em sua área genital.

Anilingus é o termo usado para descrever o intercurso da língua ao redor do ânus. É uma experiência muito prazerosa, mas, como sempre, essa região precisa estar absolutamente limpa. Se for praticá-la com um parceiro casual, um filme plástico é uma boa barreira para evitar o contágio de doenças sexualmente transmissíveis.

A posição 69 (meia e nove) é a expressão da união definitiva
e da confiança completa no outro.

A felação funciona em qualquer posição. Monte no peito de seu parceiro, por exemplo. Ele não conseguirá ver o que você está fazendo, mas poderá aproveitar a visão.

Felação

COLOCAR EM SUA BOCA o pênis de um homem requer confiança de ambos os lados – você presume que ele está lavado e que não sufocará você, e ele presume que você não o morderá, algo que costuma assombrar a maioria dos homens. O segredo de um bom sexo oral no homem é, sem dúvida, entusiasmo, mas a maioria dos homens concorda que a simples ideia de um sexo oral já é algo extremamente excitante. Se você não quer fazer, simplesmente não faça – fazer sem vontade vai desapontar seu parceiro e deixar você arrependida, e há outras coisas igualmente deliciosas a se fazer. Entretanto, se você estiver disposta, não é justo que ele não esteja de prontidão para retribuir o favor de vez em quando.

Por Onde Começar

O melhor sexo oral no homem é aquele feito como parte de um extenso pacote de luxo. Em vez de ir direto ao pênis, incorpore o elemento de antecipação. Deite-o sobre a cama e comece ou pelos pés e vá subindo, ou pelo peito e vá descendo. Aqui o segredo é ignorar o passar do tempo e mergulhar tanto no corpo quanto nas necessidades dele. Chupar os dedos dos pés, lamber os mamilos, massagear a parte interna das coxas e passar a língua em volta do umbigo dele são alguns dos pequenos prazeres que você pode dar ao seu parceiro, mas no início fique longe da região genital dele. Ele vai conseguir prever o caminho que você irá seguir, portanto, no momento em que você começar a se dirigir à virilha, ele começará a explodir de excitação. Uma vez lá embaixo, você pode provocá-lo lambendo o contorno do pênis de encontro à barriga dele e fazendo sua respiração ser sentida no corpo do pênis, ou esfregando seus lábios sugestivamente na cabeça do pênis – antes de começar a estimulação direta.

Técnica

Desse ponto em diante há uma grande variedade de técnicas que podem ser usadas. Cada homem gosta de ser estimulado de uma maneira diferente, então por que não tentar todas e observar qual delas o seu parceiro gosta mais? Vocês podem conversar sobre as preferências dele ou você pode simplesmente prestar atenção às reações dele. Se ele

Não negligencie os testículos e o períneo dele enquanto estiver fazendo sexo oral. Acariciar essas áreas com a sua mão livre vai melhorar a experiência dele.

Seja sentada ou deitada, certifique-se de estar em uma posição confortável antes de começar.

estiver gemendo, então você está no caminho certo. Se ele estiver mais quieto ou se afastando, tente algo diferente.

Posicione-se de modo a ficar confortável. A maioria das mulheres gosta de ficar entre as pernas de seu parceiro enquanto ele fica deitado de barriga para cima. Nessa posição, a língua fica mais próxima da parte de baixo do pênis, a região mais sensível, e também permite ao seu parceiro olhar para baixo e observar o que você faz, algo que o excitará ainda mais.

Use muita saliva para lubrificar a parte do corpo do pênis mais próxima da base, que você estimulará com suas mãos. Cubra seus dentes com seus lábios. O menor sinal de que algo afiado chegará perto de seu pênis fará qualquer homem pular de medo para longe de você.

Faça sua língua trabalhar. Movimentos breves de sua língua ao redor da glande e do frênulo são muito estimulantes. Passe sua língua rápido e devagar ao redor da cabeça e, se puder, use a fina camada de pele que conecta sua língua à sua boca para estimular o frênulo.

Não é à toa que o sexo oral no homem é conhecido como "chupada", pois grande parte do que é necessário fazer é, justamente, chupar.

Enquanto vai de cima abaixo no pênis, você pode criar uma bolsa de ar em sua boca, com os lábios. Isso quer dizer que, enquanto você vai de cima abaixo, o vácuo naturalmente irá chupar o pênis, e você não vai precisar fazê-lo. Pressione seus lábios com firmeza e gire sua cabeça para estimular mais. Use também sua língua, aplicando pressão adicional ou movimentando-a rapidamente.

A cabeça do pênis geralmente é mais sensível em homens não circuncidados. Você pode colocar sua língua debaixo do prepúcio e fazer movimentos circulares em volta da cabeça do pênis, ou envolver o corpo do pênis com suas mãos, acima da base, e puxá-las em direção à base do pênis para puxar o prepúcio. Essa exposição aumenta a sensibilidade da glande e intensificará a experiência.

Um bom sexo oral no homem é feito com harmonia de movimento das mãos e da boca. Enquanto sua boca se concentra no topo do pênis, suas mãos podem trabalhar a parte mais próxima da base. A técnica mais eficaz é sincronizar seus movimentos, fazendo com que sua mão acompanhe o ritmo e o padrão da sua boca.

Apimentando

Fazer experiências com diferentes sabores e texturas pode temperar ainda mais o sexo oral no homem. Chupe uma pastilha antes. A mistura do sabor de menta na sua saliva criará uma sensação nova para seu parceiro. Chupar cubos de gelo ou sorvete e depois tomar bebidas quentes também adicionará variedade por meio do contraste entre quente e frio, mas tome cuidado com os extremos. Use os seus doces preferidos, como chocolate ou geleia, eles tornam a experiência um pouco mais saborosa e são divertidos de espalhar.

Alguns homens gostam que estimulem suas próstatas ou ânus durante o sexo oral e muitos deles dizem que o orgasmo é intensificado quando a próstata é estimulada ao mesmo tempo em que recebem prazer oral. Usando um pouco de lubrificante, massageie as proximidades da região por um tempo, para seu parceiro relaxar, e comece a deslizar um dedo gradualmente. Uma vez lá dentro, massageie com muita delicadeza a parte que fica atrás do umbigo, e tome cuidado para não arranhá-lo com suas unhas. Lamber em volta do ânus, algo conhecido como *anilingus*, também é fonte de prazer para os homens.

Outra técnica que vale a pena tentar é a chamada "batida". Não se assuste – apesar do nome, será uma experiência prazerosa para ele se feita corretamente. Durante o sexo oral, deslize o pênis para fora de sua boca e então bata-o contra sua bochecha ou seu pescoço com delicadeza algumas vezes; você ganha uma pausa para respirar e ele ganha uma brincadeira nova.

Felação

Na cadeira – ele senta na poltrona e ela se ajoelha no chão de frente para ele. Essa posição é garantia de fazer o homem se sentir um imperador.

O Básico do Sexo Oral no Homem

Amolando Essa é uma ótima técnica para quando você estiver precisando parar para respirar um pouco. Segure o pênis dele em uma mão e coloque seus lábios na base do lado de cima do corpo do pênis. Use seus lábios como se você estivesse beijando e crie uma leve sucção, e então mova sua boca e cabeça para cima e para baixo ao longo do corpo do pênis, aumentando e diminuindo o ritmo. Você pode usar sua outra mão para acariciar a glande do pênis.

Circulando Essa técnica produz uma sensação incrível, já que se concentra na glande, a área mais sensível do pênis. Posicione sua boca sobre a cabeça do pênis, para colocá-la completamente dentro de sua boca. Use sua língua para acariciar a beirada da glande em movimentos circulares, apertando e diminuindo o ritmo e mudando de direção de vez em quando. Quando sua língua passar pelo frênulo na frente da cabeça (de frente para você), use a pele que conecta sua língua ao fundo da sua boca para estimulá-lo. Você também pode usar sua língua para massagear a ponta do pênis, como se estivesse lambendo um pirulito.

Jogando bola As bolas do homem são muito sensíveis e você pode dar muito prazer quando brincar com elas. Logo antes de um homem ter um orgasmo, seus testículos se contraem e se movem em direção ao corpo para preparar a ejaculação. Se você segurá-las por cima e puxá-las para baixo (com muita, muita delicadeza), poderá postergar o orgasmo dele. Colocar as duas bolas em sua boca para chupá-las e massageá-las com sua língua criará uma sensação incrível.

Bombeando Posicione sua boca sobre o pênis dele, forme um vácuo com seus lábios, certificando-se de que eles cubram seus dentes. Então, usando uma leve sucção, mova a cabeça para cima e para baixo pelo corpo do pênis. Manter o pescoço relaxado, fazer pausas para respirar quando chegar ao topo do pênis e expirar pelo nariz quando estiver movendo a cabeça para baixo ajudarão você a colocar mais do pênis em sua boca sem engasgar. Use qualquer uma de suas mãos para acompanhar sua boca para cima e para baixo, segure o pênis como se segurasse uma raquete de tênis. Você pode segurar com firmeza, e quanto mais firme, melhor.

Cantarolando Enquanto estiver chupando o pênis de seu parceiro, experimente emitir zumbidos ou gemer. As vibrações da sua voz serão sentidas pelo pênis dele e o estimularão mais ainda.

Quando for fazer sexo oral nele, decida de antemão se vai querer engolir ou não. Se não quiser engolir o sêmen, tente não dar muita bandeira; cuspir demais e fazer careta pode acabar estragando toda a experiência dele.

A Questão de Engolir ou Não

Os prós e os contras de engolir sêmen variam de mulher para mulher. Algumas mulheres não gostam da ideia de fazer isso, enquanto outras não cogitam a possibilidade de cuspirem e consideram que engolir é o *grand finale*. As preferências dos homens são igualmente variáveis.

Saber quando um homem está prestes a ejacular pode ser um problema. Coisas a se observar – além de um aviso claro feito entre gemidos – são o enrijecimento dos músculos e um aumento no ritmo da respiração. A expressão facial, se você conseguir vê-la, também evidencia o estágio da excitação.

Se você não quiser engolir, você pode ou tirar o pênis da sua boca e finalizar com sua mão, ou cuspir, mas faça-o discretamente, ou deixará os dois um pouco desconcertados. Uma alternativa é pedir para ele gozar em seus seios, o que é conhecido como "colar de pérolas", ou em seu rosto. Sêmen é, afinal de contas, algo muito bom para a pele.

ESTA PÁGINA E A SEGUINTE| Seja qual for a posição para o sexo oral na mulher, é importante que vocês dois estejam confortáveis. Depois disso o homem pode esbanjar tempo e atenção para ela, enquanto ela se entrega à pura sensação.

Cunilíngua

A QUESTÃO DO SEXO ORAL em mulheres cria ondas de medo na maioria dos homens. A maneira pela qual uma mulher gosta de ser estimulada é tão particular que é preciso muito tempo e conversa para entender corretamente. É difícil descobrir a maneira correta de estimular o clitóris sem a ajuda de sua parceira, e mesmo assim pode ser um pouco problemático, já que muitas mulheres sabem como dar prazer a si mesmas, mas acham difícil passar esse conhecimento para outros. Ao longo da evolução do relacionamento, quando você começa a ler o corpo do outro, a cunilíngua fica melhor e mais fácil; a prática, afinal de contas, leva à perfeição.

Por Onde Começar

Fazer a cunilíngua, assim como a felação, é um ato que deve ser feito sem preocupação com o tempo. Tenha em mente que você talvez passe bastante tempo fazendo-a, portanto certifique-se de que vocês estejam em posições confortáveis. As melhores posições são aquelas em que seus corpos ficam posicionados na mesma direção, mas, contanto que sua língua consiga alcançar a vagina dela, qualquer posição servirá.

Comece beijando e chupando toda a vulva, deleitando-se com tudo, exceto o clitóris. O clitóris é extremamente sensível e precisa estar pronto antes de ser tocado. Ir direto ao clitóris pode causar desconforto e, às vezes, dor. Afaste com delicadeza os grandes lábios de sua parceira com seus dedos e beije e chupe os pequenos lábios da mesma maneira que faria se estivesse beijando apaixonadamente sua parceira na boca. Quando perceber que ela começou a responder, deslize sua língua pelas dobras dos pequenos lábios. Se ela responder com um empurrão ou se afastar de você, fique longe dali por algum tempo, e concentre-se nas partes externas e massageie o monte de Vênus com suas mãos.

Uma vez que sua parceira esteja suficientemente relaxada e excitada, você pode expor o corpo do clitóris, que corre do topo do lábio até a cabeça do clitóris, por baixo dos pequenos lábios. Você pode facilitar abrindo os lábios com ambas as mãos para esticar a pele e expor o corpo. Essa área é densamente rica em terminações nervosas e a melhor abordagem costuma ser variar a força com que sua língua massageia a área. Tente estimular primeiro com sua língua relaxada e de toque macio, e se sua parceira começar a gemer, você pode aumentar a pressão tencionando e contraindo a musculatura da língua. Lembre-se de manter sua língua bem lubrificada com saliva.

Para muitos homens, a cunilíngua com a parceira sentada em suas faces é a realização de um sonho.

A estimulação do clitóris é outra questão muito particular para as mulheres. Algumas gostam de ser chupadas com delicadeza e de receber carinhos, enquanto outras preferem toques mais fortes, para cima e para baixo ou lateralmente.

Se o clitóris aumentar de tamanho, então ela gostou do que você está fazendo; se ele encolher, pare. Entretanto, lembre-se de que logo antes do orgasmo o clitóris se retrai e quase desaparece, então é importante que você leia outros sinais dela.

Apimentando

Da mesma maneira que funciona com a felação, beber líquidos quentes e frios antes do sexo oral pode criar diferentes sensações para sua parceira, mas tenha em mente e fique sempre atento ao fato de a cabeça do clitóris ser hipersensível e não responder sempre positivamente a extremos. Pode ser que a cabeça fique irritada, o que esfriará toda a brincadeira.

Incorporar um vibrador pode somar algo à experiência; coloque-o debaixo de sua língua, para que as vibrações sejam transmitidas através de você.

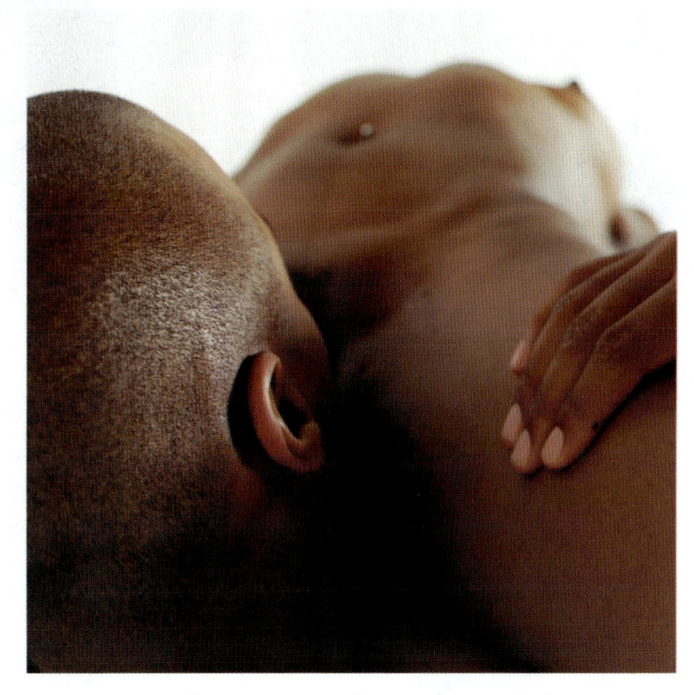

> Você precisa ser sensível às respostas de sua parceira. Enquanto ela se torna mais excitada, você pode aumentar a pressão aplicada pela sua língua e movê-la mais rapidamente – mas não exagere forçando o ritmo.

Para realmente estender o tempo da brincadeira, faça-a chegar à beira do orgasmo e então pare de estimulá-la por meio minuto, e depois faça o mesmo mas por menos tempo, seguindo essa lógica. Algumas mulheres talvez não gostem que você faça isso, então é melhor sondar com antecedência.

Mantenha o Ritmo

Quando sua parceira estiver à beira do orgasmo, não faça nada diferente. Seja lá o que você está fazendo, está funcionando, então fique como está e prepare-se para o tsunami. Quando ela gozar, não precisa parar, a não ser que ela peça, mas alivie a pressão do toque e tire a ênfase do clitóris. Estimulação contínua pode aumentar o orgasmo e algumas mulheres têm orgasmos múltiplos com sexo oral.

Lambendo o Clitóris

Imagine que você está desenhando círculos com a sua língua no clitóris e ao redor dele. Os círculos menores se concentrarão na ponta do clitóris e os maiores terão a base como foco. Alterne a velocidade e a direção dos círculos, já que algumas mulheres respondem melhor quando o círculo é desenhado em determinada direção.

Desenhe oitos sobre o clitóris dela com sua língua. Pode ser que isso seja estímulo demais para algumas mulheres, mas para outras funcionará maravilhosamente bem. Faça experimentos com a velocidade e a frequência.

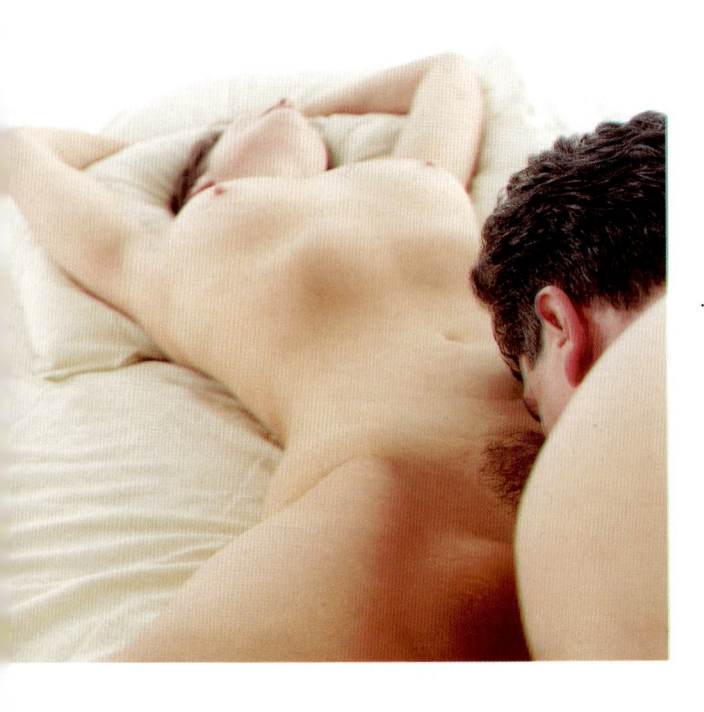

Não há regras absolutas para o sexo oral na mulher. Tente ficar em sintonia com sua parceira para que vocês dois aproveitem a experiência ao máximo.

Use sua língua para estimular o clitóris com movimentos rápidos ou para cima e para baixo, com pequenos intervalos entre cada movimento, ou da direita para a esquerda, mirando abaixo da base da cabeça. Varie a pressão de cada movimento, assim como sua frequência.

A Ponte

Lembra quando você fazia ponte na academia, arqueando seu corpo e suportando seu peso somente com seus pés e mãos? Bem, essa é uma variação para os amantes mais flexíveis. Ele está sentado enquanto a mulher se posiciona com o rosto voltado para cima, com os joelhos sobre os ombros dele e a cabeça entre as pernas ou entre os joelhos dele. Então ela arqueia as costas e se apoia sobre as próprias mãos, levantando as genitais para mais perto do rosto dele.

O Abismo

Ela se deita sobre a cama, de frente ou de costas, com os glúteos na beira da cama. Ele se ajoelha no chão entre as pernas dela e usa suas mãos para segurar o peso dela pelos glúteos ou pela pélvis. Ela coloca suas pernas sobre os ombros dele e ele pode levantá-la ou abaixá-la com o braço.

O Triângulo

Ela deita na cama ou no chão, com o rosto para baixo, os glúteos para cima e as pernas esticadas e abertas, à semelhança de um triângulo. Ele então senta com as pernas esticadas, uma de cada lado da cabeça dela, de maneira que o topo das coxas dela fique apoiado nos ombros dele.

Sentando no rosto

O homem deita de barriga para cima enquanto a mulher fica de cócoras ou se ajoelha sobre o rosto dele, virada para qualquer direção. Essa posição é ótima para a mulher, pois ela pode controlar a pressão sentando com mais força ou levantando-se um pouco, mas ela deve ter cuidado para não sufocá-lo com seus espasmos de paixão.

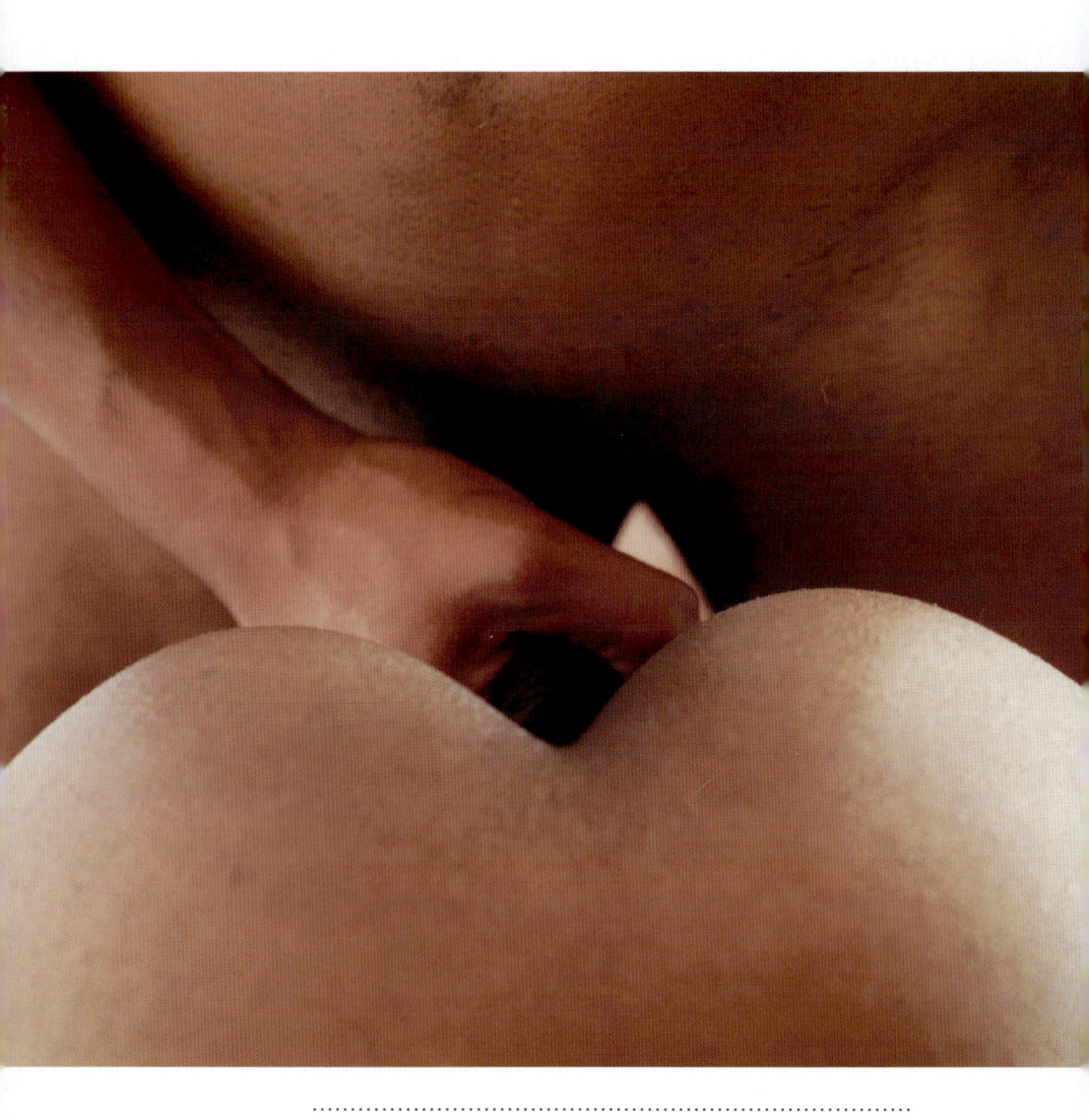

Confiança absoluta em seu parceiro é a chave para relaxar – algo essencial para se praticar sexo anal.

Sexo Anal

AQUELES QUE PRATICAM SEXO ANAL insistem em dizer que essa pode ser uma das práticas sexuais mais prazerosas do repertório sexual. Eles alegam que pelo fato de essa região ser recheada de terminações nervosas, quando estimulados ali, podem ter orgasmos mais intensos e empolgantes. Algumas pessoas tentaram e consideraram uma experiência dolorosa que não vale a pena repetir. Outros veem o ânus como um lugar de passagem de uma única direção e acham a ideia de incorporá-lo em suas práticas sexuais nojenta e não natural. O fato é que o ânus é composto por dois esfíncteres anais – anéis musculares –, que são desenhados para controlar apenas a saída de matéria. Com o treinamento adequado, entretanto, eles podem aprender a administrar e facilitar o tráfico de duas mãos.

Casais adeptos do sexo anal concordam que a prática deu novas dimensões ao prazer de suas vidas sexuais.

Desmitificando o Sexo Anal

Embora ninguém devesse ser forçado a participar de práticas sexuais com as quais não estão confortáveis, vale a pena mencionar que muitas pessoas, homens e mulheres, acham o sexo anal uma experiência muito prazerosa.

Então, por que o tabu? Há vários motivos, o mais óbvio é que, de maneira similar à masturbação, as pessoas raramente admitem terem praticado. Em segundo lugar, nos anos 1980, quando o vírus da AIDS se disseminou mais no ocidente, o sexo anal passou a ser visto como uma prática de sexo gay que aumentava o risco de contrair HIV e AIDS.

Entretanto, hoje em dia as pessoas têm uma compreensão maior desse vírus e em consequência têm menos preocupações com o sexo anal. Mesmo que seja verdade que sexo anal desprotegido pode aumentar o risco de infecção por HIV ou AIDS – a fina membrana do reto pode ser rasgada facilmente – com as devidas precauções de segurança (que devem ser usadas em todas as aventuras sexuais com novos parceiros, sejam elas anais ou vaginais), o risco de contrair esses vírus é mínimo. A palavra de ordem aqui é tomar as mais simples precauções. É possível comprar camisinhas mais resistentes, criadas especificamente para sexo anal e penetrações com maior tensão.

O Fator Gay

Sexo anal não é uma prática exclusivamente homossexual. Na verdade, apenas metade da população gay o pratica. Nós já sabemos que a glândula prostática masculina é uma área de grande potencial erótico que, quando estimulada por um homem ou uma mulher, aumenta a sensação sexual e melhora o orgasmo. A glândula prostática, todavia, pode ser acessada somente através do ânus. Será então que ela deve ser deixada de lado apenas por inibição? Sendo assim, podemos estar perdendo todo um leque de experiências sexuais somente por causa das conotações implícitas.

É fato que, para os homens, praticar sexo anal em uma mulher é uma experiência mais tensa e intensa. Para as mulheres, quando for feito corretamente e com cuidado, as paredes da vagina e do reto podem suar durante a excitação, estimulando o ponto G e causando sensações que elas não experimentariam somente com penetração vaginal. Homens recebendo sexo anal de uma mulher com o auxílio de um *strap-on* (cinta peniana), do dedo ou de um vibrador podem ter suas próstatas estimuladas conjuntamente com seus pênis.

O Fator Higiene

Esse é outro motivo para o tabu. Sempre haverá a possibilidade de existir um pouco de fezes no reto quando ele for penetrado, embora na maior parte do tempo elas fiquem armazenadas no cólon até serem defecadas. Para combater esse problema, você deve esvaziar o intestino antes do sexo anal, e não somente quando precisar. Se isso ainda não for suficiente, você pode comprar um kit enema em uma farmácia e limpar seu sistema no banheiro com antecedência. Isso pode parecer um exagero, mas praticar sexo anal requer um pouco de preparação.

> Homens gostam da sensibilidade mais estreita de quando praticam penetração anal. Para a mulher, a estimulação do ponto G é excitante.

Indo às Vias de Fato

O segredo para fazer sexo anal com sucesso e satisfatoriamente é confiança e comunicação. Antes mesmo de considerar fazer pela primeira vez, você deve ter certeza absoluta de que seu parceiro é alguém que merece confiança. Discutir isso de antemão também é importante, e se você não conseguir fazer isto, esqueça. Sem esses dois ingredientes essenciais você acabará machucando e ferindo, ou a si mesmo ou a seu parceiro.

Relaxe e Faça

A diferença entre a dor e o prazer anal está em relaxar. Quando você estiver tenso, sua reação natural é contrair as nádegas, portanto é importante que o ambiente e o clima anteriores à prática sejam complementares a esta, e relaxantes. Uma massagem, luz fraca, um banho quente e música suave podem ajudar a montar o cenário adequado.

Uma massagem gentil e bem lubrificada é a maneira correta de se começar.

Quando estiver praticando sexo anal pela primeira vez, a chave é usar bastante lubrificante e ir bem devagar. No começo é provável que você sinta o esfíncter se contrair, fazendo a entrada parecer impossível. Faça seu parceiro usar mais lubrificante e massageie gentilmente a área por algum tempo antes de considerar colocar algo dentro. Estimulem os genitais um do outro ao mesmo tempo, pois o nervosismo pode levar à perda da excitação. Se isso acontecer, é melhor parar e tentar de novo mais tarde.

Nas primeiras vezes, é aconselhável inserir um dedo limpo, vagarosa e carinhosamente. Ao fazer isso o reto aprende a relaxar e a não se fechar toda vez que algo chega perto. Massagear gentilmente com o dedo inserido, inclinando-o levemente em direção ao cóccix, seguindo a curva natural do reto, também pode ajudar a relaxar. Também é uma boa ideia que o parceiro passivo insira seu próprio dedo no ânus para ter uma compreensão maior de como tudo funciona.

A entrada é geralmente a parte mais difícil e deve sempre ser feita com cuidado e devagar. Geralmente é melhor se o parceiro passivo se agachar sobre o pênis ou vibrador bem lubrificado com seu parceiro continuamente aplicando pressão e guiando com sua mão (ao contrário da vagina, não há lubrificação natural no ânus). Lembre-se de que tanto as entradas como as saídas devem ser feitas com cuidado. Uma saída rápida pode machucar e causar dor. Lembre-se, ir devagar é igual a ir com segurança.

Uma vez lá dentro, o ritmo de entrada e saída deve ser lento no início. Continue aplicando lubrificante e verifique constantemente se seu parceiro está bem. Se houver algum desconforto, pare por algum tempo, com o pênis ou vibrador ainda lá dentro, e acalme as coisas estimulando os genitais ou fazendo uma massagem carinhosa. Se o

Uma vez que o sexo anal se tornou parte do repertório sexual de um casal, eles podem experimentar com maior confiança e explorar um novo leque de posições sexuais.

desconforto continuar, é melhor parar de vez e tentar em outro momento. Lembre-se de que, antes de penetrar na vagina depois de sair do ânus, você deve lavar seu pênis para evitar uma eventual infecção.

Diversão com **Strap-On**

Alguns homens gostam que suas parceiras vistam um *strap-on* para estimular suas próstatas. Outros pensam que há estigmas por trás disso. Uma vez que tentam, muitos casais heterossexuais aproveitam os prazeres do sexo anal e o incorporam de maneira definitiva às suas vidas sexuais.

Sexo Anal e a Lei

O termo sodomia refere-se não apenas ao sexo anal, mas ao "comportamento lascivo e libidinoso". Muitos países e estados americanos usam as leis sobre sodomia para prevenir comportamento homossexual, independentemente de haver penetração envolvida. Entretanto, as leis de sodomia afetam tanto os heterossexuais quanto os gays.

Em Massachusetts, por exemplo, a sodomia é ilegal. Qualquer pessoa condenada pode encarar até 20 anos de prisão e mais oito, por "comportamento lascivo e libidinoso".

Alguns países com leis sobre sodomia: Jamaica, Estados Unidos, Marrocos, Arábia Saudita, Índia, Maurícia, Trinidad e Tobago, Malásia, Tunísia e Seychelles. Países onde a sodomia é punida com morte: Afeganistão, Paquistão, Iêmen, Irã, Arábia Saudita, Mauritânia e Sudão. No Reino Unido não há nenhuma lei de sodomia atualmente, e, na Holanda, todos os direitos matrimoniais são garantidos aos casais homossexuais, e eles gozam de uma vida relativamente livre.

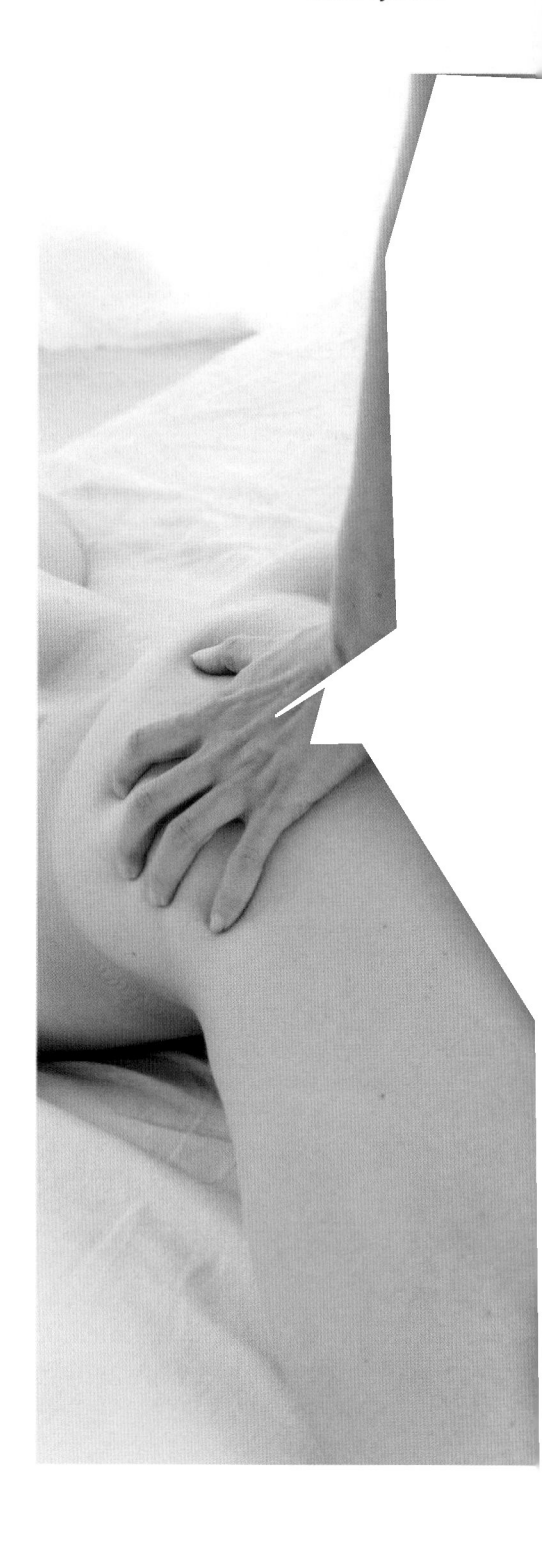

ACIMA E À ESQUERDA| Ser penetrado por uma mulher pode ser desconcertante no início, mas muitos homens consideram altamente erótico ver suas parceiras com um *strap-on*.

TOPO| Há tantas posições para sexo anal quanto existem para penetração vaginal por trás.

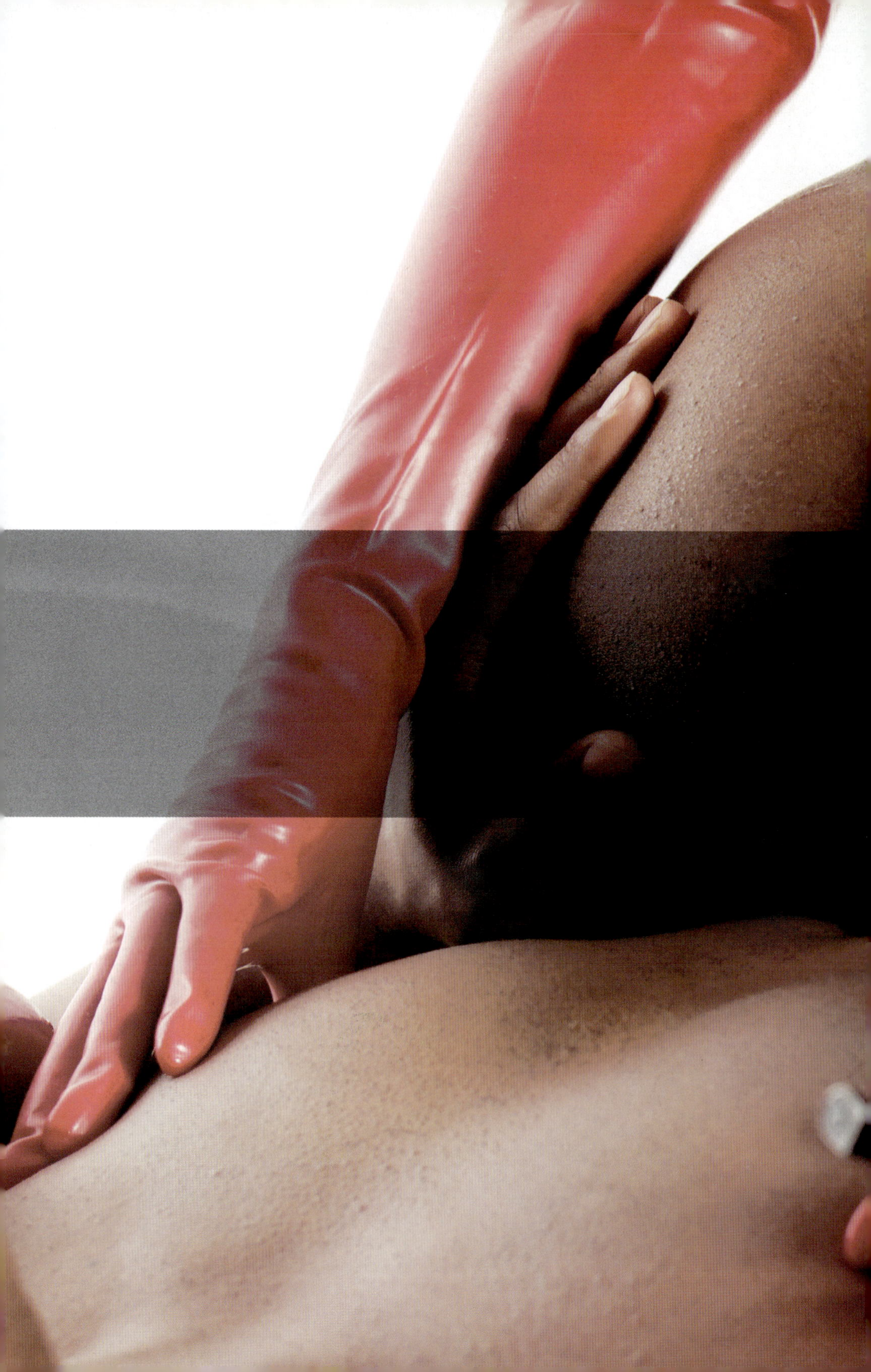

Erotismo

Chega um momento na vida de muitos casais quando o sexo se torna rotineiro e ocasionalmente você precisa de um pouco de estímulo exterior. Incorporar pornografia, ler juntos um pouco de literatura erótica ou comprar brinquedos sexuais pode criar um pequeno chacoalho ao seu jeito de fazer amor, em especial quando você dois têm um bom senso de humor.

O que era chamado de "ajuda sexual" agora vem em todos os tamanhos e formatos. Artistas e *designers* estão voltando suas habilidades para fazer brinquedos sexuais mais abordáveis e esteticamente agradáveis.

Os Sentidos e a Sensualidade

ESTE CAPÍTULO SERÁ UMA JORNADA através das mais avançadas e esotéricas práticas sexuais. Ele cobrirá atos sexuais que forçam a barreira até o limite. Você não precisa usar máscaras de couro, roupas de látex e ser uma dominatrix com chicote para aproveitar este capítulo. Erotismo tem mais a ver com técnica, com estimular os sentidos, todos os cinco, e remover a ênfase da penetração. Por esses motivos, este capítulo pode ser encarado como o mais sensual de todos – uma exploração magnífica do lado mais obscuro do sexo.

Embora o sadomasoquismo (S&M), manipulação corporal e chicotes sejam mencionados nestas páginas, este capítulo é mais sobre a sensualidade advinda da utilização de outros meios em seus jogos sexuais. Usar couro na cama pode ser muito excitante, por exemplo, puramente pela sua conotação sexual e pela textura desse material contra sua pele. Não quer dizer que você está prestes a embarcar em um jogo estranho de interpretação de papéis com seu parceiro, envolvendo grampos de mamilos, chicotes e correntes. Pode ser justamente o oposto.

Sensualidade

Há muitas maneiras de introduzir um toque mais sensual em sua vida sexual. Por exemplo, lenços de seda, com sua textura macia e fugidia, são muito *sexy* quando usados para amarrar seu parceiro. A ênfase não está em amarrar, mas na sensação sensual do material sobre sua pele. Essa forma de amarrar permite que você luxurie-se em seu parceiro enquanto ele ou ela permanece deitado aproveitando a sensação.

Tente incorporar mais sensualidade em sua vida sexual concentrando-se em seus cinco sentidos:

Tato Fique atento à pressão que você usa quando acaricia seu parceiro; use a ponta de seus dedos e depois a almofada dos dedos quando estiverem trocando carícias. Use texturas diferentes em sua pele: penas, seda, cetim, veludo, borracha, um pincel macio.

Sexo Definitivo

Salto alto e meia calça podem até ser clichê, mas continuam excitantes

Audição Escolha uma música que esteja em sintonia com o momento. Jazz costuma ser adocicado e ajuda você a relaxar, ou você talvez seja uma pessoa mais ligada à Beethoven ou Mozart e curta um bom *crescendo*. Música brasileira, cubana ou outro tipo de *world music* são muito sensuais e podem influenciar a maneira que vocês irão se mover e curtir.

Visão Crie seu próprio espaço com luzes, velas ou lanternas. Use luzinhas em volta de um espelho e pequenas velas em prateleiras. Luzes fracas conduzem ao relaxamento e as chamas dançando por vezes são hipnóticas.

Olfato Hidrate-se com óleos aromáticos, espalhe pétalas de rosas em sua cama, use velas aromáticas, acenda um incenso, ou tenha as suas flores prediletas em sua fase de maior floração.

Paladar O melhor sabor é o sabor de sexo – aquele perfume denso e natural que nos atrai uns aos outros. Entretanto, talvez você também goste de tentar o outro com alguns petiscos. Escolha diferentes sabores e sensações: a textura acetinada de chocolate derretido, o suco de mangas cortadas, o sabor salgado de caviar, a maciez de iogurte ou creme, o frio do sorvete.

Acessórios sexuais são abundantes. Existe uma imensa variedade de lugares que o ajudarão a montar o seu estoque.

Meia calça, para alguns homens é uma questão de fetiche – para as mulheres é uma questão de conforto.

Erotismo geralmente é mais excitante que pornografia direta, mas a gama de literatura e de revistas *sexy* cobre todo o leque de opções. Ler esse material juntos – ou ler um para o outro – pode ser extremamente excitante.

Erotismo e Pornografia

EU ME AJOELHEI *na frente dele. Seu pau, já espessamente preenchido, saltou. Movi minhas mãos por baixo de seus testículos, próximo ao ânus. O pau dele levantou novamente, com mais violência. Eu o segurei em minha outra mão, apertei-o, comecei a movimentá-lo lentamente para cima e para baixo. A água ensaboada com que eu estava banhada fez a lubrificação perfeita. Minhas mãos estavam preenchidas com uma substância mágica, morna e viva. Eu o senti pulsante como o coração de um pássaro, então o guiei para seu lugar de destino. Acima, abaixo, sempre o mesmo movimento, sempre o mesmo ritmo, e os gemidos por sobre a minha cabeça. E eu gemia também, com a água do chuveiro colando-se ao meu vestido como uma apertada luva de seda, com o mundo resumido ao que meus olhos viam, à sua barriga, ao som da água caindo sobre nós, ao pau dele deslizando por meus dedos, àquilo quente e tenro e duro entre minhas mãos, ao cheiro do sabonete, à carne úmida e ao esperma grudado em minha mão.*

Retirado da obra *The Butcher*, de autoria de Alina Reyes, esse é um exemplo perfeito do erotismo contemporâneo. Lê-la é como beber uma dose de uísque puro malte ou de um vinho fino – faz com que você se sinta muito bem. Adicionalmente, estimula a zona erógena que a pornografia crua não consegue – o cérebro.

Literatura erótica pode ser de grande ajuda ao sexo. Pode fornecer o aquecimento necessário antes que seu parceiro chegue ao palco, ou pode ser parte do programa a dois na cama. As opções são vastas, sejam por livros, poesia, filmes ou revistas. Você terá acesso às suas fantasias e frequentemente elas lhe fornecerão materiais brilhantes para serem trabalhados na realidade e privacidade de seu quarto.

A maioria das pessoas pensa em filmes pornôs e revistas de sacanagem quando pensa em literatura associada ao sexo. Caminhando no sentido contrário às coisas pesadas, há uma grande variedade de filmes sensuais e eróticos que com certeza deixarão você com vontade. Você pode se inspirar por uma cena atrevida em um elevador, ou pela ideia de ter seus olhos vendados, ser amarrado com carinho no chão da cozinha e alimentado com deliciosos pedaços de comida.

Compartilhar a leitura de um livro erótico pode levar a um bem-humorado exercício compartilhado ou pode inspirar algumas ideias novas e interessantes.

Do outro lado da moeda, o filme pornô enérgico e as revistas de sacanagem podem ter seu apelo por serem explícitos e pela falta de sutileza. Muitas pessoas assistem a pornôs e leem revistas de sacanagem como ferramentas para se masturbarem ou como estimulação extra em jogos sexuais. Tanto as mulheres como os homens acham excitante ver algo que parece tão safado. Ajuda a refrescar as fantasias que estão na mente das pessoas e que provavelmente nunca teriam sido trazidas à realidade. Não há nada errado ou pervertido em utilizar pornografia, desde que, claro, o material seja legal.

Faça Seu Próprio Filme

Muitas pessoas pensam que os filmes pornográficos são filmes sujos, com péssimas atuações e que poderiam ter sido mais bem dirigidos, então por que não tentar você mesmo fazer um? Tudo de que você precisa é uma filmadora e um pouco de imaginação.

Comece sentando-se com seu parceiro e converse sobre o "tema" do filme. Não escreva um roteiro, já que a imensa maioria dos filmes pornôs nunca tem um roteiro mesmo, então basta escrever uma ideia geral de como as coisas vão se desenvolver. Aqui vão alguns cenários: uma consulta médica; a visita da prostituta ou do garoto de programa para seu ou sua cliente; um extraterrestre enviado à Terra para aprender mais a respeito da procriação humana; o eletricista que chegou para consertar a televisão.

Arme tudo o que for preciso, providencie os acessórios que você pode vir a querer e vista-se de acordo com seu papel. Posicione a câmera de modo que ela tenha uma boa visão do quarto e, é claro, da cama. Por último, aperte a tecla GRAVAR e comece.

Fazer seu próprio filme pornô não é apenas hilariante e divertido – assisti-lo depois pode ser uma experiência de extremo erotismo. Ver a si mesmos fazendo amor de um ângulo diferente lhe dará uma perspectiva completamente nova. Como alternativa, no caso de não ter uma filmadora, vocês podem criar seu próprio álbum de fotos sacanas – mas tome muito cuidado com o lugar em que irá revelá-las.

Poesia Erótica

As opções de leitura em poesia erótica são vastas, mas por vezes os melhores são mesmo os clássicos, como o poema *Women in Love*, de DH. Lawrence. A seguir você terá uma degustação dos primeiros versos, melhores aproveitados se você estiver descansando debaixo de uma figueira, com seu parceiro, uma boa garrafa de vinho e o sol em sua pele...

A maneira adequada para se comer figos, em sociedade,
É dividi-lo em quatro, segurando-o pelo cabo,
E abri-lo, para tornar-lhe uma reluzente, rosada, úmida, adocicada e desabrochada flor de quatro pétalas carnudas.
E então você se desfaz da pele,
Que é a imagem de um cálice de quatro sépalas,
Depois de arrancada a flor pelos seus lábios.

Mas, à maneira vulgar,
É só levar sua boca à fenda,
E tirar-lhe a carne de uma só mordida.
Cada fruta tem seu mistério.

O figo é uma fruta que muito se reserva.
Logo que você a vê crescendo, você logo sente
se tratar de algo simbólico:
E ela parece masculina.
Mas quando a conhece melhor, irá concordar com os romanos, ela é feminina.

Você não precisa levar o figurino tão a sério — geralmente é mais divertido se você não o fizer —, mas pode se revelar uma ótima maneira de descobrir toda a sorte de sentimentos e desejos que você sequer imaginava ter.

Jogos Sexuais

VAMOS SER SINCEROS, sexo repetido com a mesma pessoa pode se tornar um pouco, digamos, repetitivo. Uma reclamação muito comum é "nossa vida sexual se tornou chata. O que nós podemos fazer para apimentar um pouco mais as coisas?".

Hora da Brincadeira

Sexo deve ser algo feito com divertimento. Quando você reconhece aquele brilho nos olhos de seu parceiro, você sabe que é chegado o momento de se recolher para poderem fazer a brincadeira que adultos fazem. Há muitos jogos que você e seu parceiro podem tentar com o intuito de melhorar a média de vocês no quarto, e nem todos exigem que ele use suas calcinhas. Vocês podem ficar nus e fazer palavras cruzadas, brincar de esconde-esconde no jardim, jantar nus quando as crianças estiverem viajando – e cozinhar usando nada além do avental. A lista é infinita, e o objetivo? Dar risadas e aproveitar a companhia um do outro.

Vestindo-se

Enfermeira, médico, copeira e *dominatrix*: esses são papéis conhecidos que muitas pessoas gostam de interpretar. Personagens menos óbvios vão desde donas de casa entediadas que conhecem um encanador, estrelas de filmes pornô, uma visita de uma garota de programa de luxo e até mesmo fingir que são completos desconhecidos.

Usar figurinos e interpretar personagens não é algo que somente estudantes de teatro fazem; você

Jogos para Festas

Jogos de Dados Pegue dois dados. Escreva uma posição sexual para cada número de um dado. E depois escreva seis lugares diferentes para o segundo dado (o carro, o armário das vassouras, as escadas e por aí em diante). Role os dados e obedeça respeitosamente.

Verdade ou Desafio Revezem entre si os turnos de responder a uma pergunta pessoal (verdade) ou de fazer algo safado (desafio) – ótimo depois de algumas taças de vinho.

Gire a Garrafa Esse é um jogo para uma festa adulta. Cada um de vocês deve escrever uma lista de penalizações. Gire uma garrafa vazia de vinho, e a pessoa para quem a garrafa apontar deve protagonizar a próxima penalização.

Se você estiver dividindo um croissant, então provavelmente transou até de manhã.

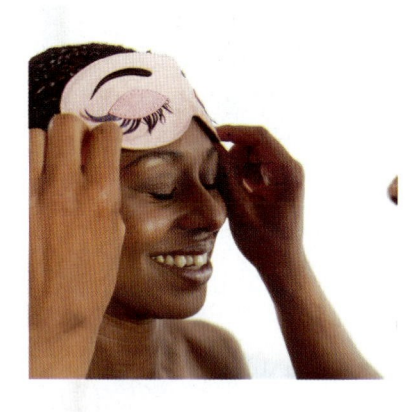

Ser privado de sua visão e ficar de olhos vendados pode aguçar seus outros sentidos.

pode remodelar seu quarto para torná-lo um calabouço de depravação, um hospital de hedonismo ou até mesmo um cenário de Lara Croft. É uma oportunidade de fazer as fantasias se tornarem realidade. Você pode comprar fantasias ou fazê-las você mesmo. Seu namorado é um bombeiro? Use o uniforme dele; o sorriso dele durante o trabalho no dia seguinte é garantido. Sua namorada é médica? Foi para isso que criaram os jalecos.

Jogos de Tabuleiro

Tire a poeira daqueles jogos de tabuleiro que você só usa em reuniões familiares. Embora consiga encontrar jogos que envolvam elementos de *strip-tease* e jogos sexuais, você pode simplesmente reinventar as regras dos seus antigos jogos favoritos. Em vez de pagar a fiança quando for "diretamente para a cadeia", mude as cartas originais pelas de seu próprio jogo, com quaisquer coisas que você quiser definir como penalidades.

Desconhecidos

As ideias que estão expostas a seguir permitem que você se comporte de acordo com seus desejos. Surpreenda seu parceiro no aniversário de vocês com uma reserva em um hotel. Diga a ele ou ela para encontrar você em determinada hora em um restaurante nas proximidades, mas certifique-se de que ele ou ela entendeu que vai se tratar de um encontro às escuras e que vocês nunca se encontraram antes.

Chegue ao restaurante e apresente-se. Peça vinho e um suntuoso prato de comida, e flerte da maneira que você fazia antes de se conhecerem. Enquanto a tarde avança, torne-se mais provocante. Diga a ele ou ela que você não está usando roupa de baixo ou que você tem um parceiro ou parceira, mas está interessado em brincadeiras fora de casa para essa ocasião. Quando vocês terminarem a refeição, pergunte se há interesse em um caso de apenas uma noite de sexo sem compromisso.

Quando vocês saírem, não diga o lugar para onde está indo, mas chegue ao hotel e peça a sua reserva feita sob algum pseudônimo, como sr. e sra. Smith. Então, continuando no personagem, aja como o anfitrião sexual e pergunte o que ele ou ela quer que você faça. Se vocês conseguirem permanecer no personagem, isso vai liberar o lado selvagem de ambos e resultará em uma bela noite de sexo quente e excitante.

Banquete da Meia-Noite

Separe algumas ostras e champanhe e esconda na geladeira para seu parceiro não ver quando chegar a casa. Tenha uma noite normal, com uma refeição leve, e diga que está com uma dor de cabeça leve e por isso gostaria de ir para cama cedo. Não esqueça de programar o alarme ou de ficar desperto enquanto seu parceiro dorme, para que à meia-noite você possa levantar e fazer do quarto um cenário, com velas e uma música suave de fundo. Busque o champanhe e as ostras e leve ao quarto. Toque a música e aproveite a noite de paixão. É melhor fazer isso em uma sexta-feira ou um sábado, para vocês poderem dormir até mais tarde sem prejuízo algum.

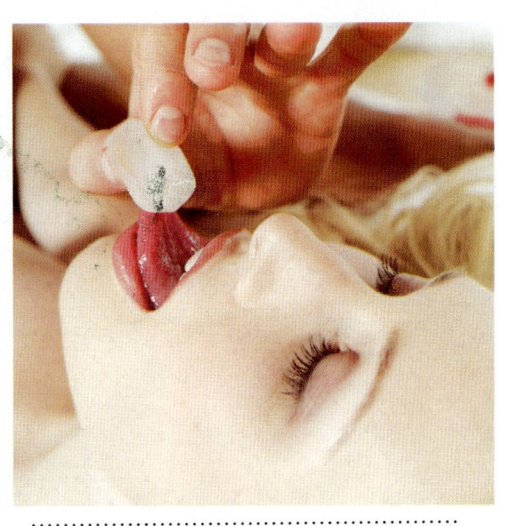

A sensação de um cubo de gelo em contato com sua pele excita as terminações nervosas de uma maneira que os dedos não conseguem.

Provocante

Esse é um ótimo jogo de sexo oral para deixar você e seu parceiro literalmente explodindo de energia sexual e antecipação. Comece deitando ele ou ela de barriga para cima na cama e diga para não se mover, caso contrário haverá alguma punição. Massageie o corpo inteiro dele ou dela desde o peito, braços e pernas até os dedos do pé, evitando os genitais. Então comece a beijar e acariciar o peito, chupar os mamilos e massageá-los com suas mãos. Desça vagarosa e gradualmente, prestando atenção em qualquer barulho e movimento do corpo dele, e comece a dirigir-se rumo à região genital.

Se ele se mover, puna-o começando tudo outra vez. Dê prazer oral a ele, começando preguiçosamente, interrompendo de vez em quando para estimular outra parte do corpo dele. Faça os intervalos com frequência cada vez menor, mas toda vez que ele se mover ou reclamar, recomece a brincadeira. Isso vai gerar tanta tensão sexual que ele cedo entenderá a brincadeira e ficará parado. O orgasmo final será monumental e deixará seu parceiro comendo direto da sua mão pelos próximos dias.

Quando vocês forem se amarrar, vale a pena investir em algemas ou outros materiais, como nessa fita autoadesiva. Isso vai evitar a batalha com nós apertados que não querem ser desfeitos.

BDSM, Sadomasoquismo e Palmadas

Tecido de papel é uma alternativa de material macio que não oferece riscos.

MENCIONE A PALAVRA SADOMASOQUISMO e a maioria das pessoas vai imaginar máscaras pretas, correntes, chicotes compridos e roupas de tiras de couro. Embora realmente exista uma cultura de pessoas que gostam disso, existe também uma faceta mais leve dessas práticas, e muitas pessoas se aventuram nela.

Submissão pode ser descrita como qualquer ato sexual que inclua a privação, humilhação ou dor de seu parceiro. Afora o fato de que pode causar danos em potencial, é importante ressaltar que a submissão deve ser um ato consensual, em que ambas as partes concordam com o que estão prestes a fazer uma com a outra. Tire do aviso acima a palavra "consensual" e o ato se tornará crime. É uma linha tênue, mas muito bem definida.

BDSM Leve

Essa prática pode incluir algumas palmadas nos glúteos ou ter seus braços e pés amarrados à cama, à cabeceira ou até aos pés da cama, usando algemas (geralmente cobertas com penas falsas), meia-calça, tiras de qualquer tecido, lenços de seda ou sua gravata de trabalho. Para se prevenir de uma posterior situação desconfortável, tenha certeza de onde você guardou as chaves da algema. Seja qual for o material escolhido, você pode apertá-lo firme para amarrar, ou mais solto de modo que apenas simule a restrição de movimento.

A pessoa que está sendo submetida às restrições geralmente é chamada de "submissa", e a pessoa em controle é chamada de "dominadora". Há quem goste dos dois papéis e que são conhecidos como *switches* (alternantes). Para o dominador, o prazer da submissão está no sentimento de poder e controle. Para o submisso, tudo se resume a sujeição e vitimização. Na submissão leve, o êxtase é mais psicológico e soma-se ao fato de que, quando restringido, você não precisa retribuir o prazer. Você pode concentrar-se exclusivamente em suas sensações, sem qualquer sentimento de culpa por não estar revezando com seu parceiro. Algumas mulheres que têm problemas para alcançar o orgasmo com a penetração conseguem resolver isso com um pouco de submissão.

Se você quiser algo mais safado do que a palma de uma mão, opte pela palmatória, pois produz mais um ruído surdo do que um estalar, como o chicote.

Dominação Intensa

Essa prática tem muitos seguidores e as pessoas que se envolvem com isso formam estreitas relações de grupo. O orgasmo vira secundário ante a causa e o recebimento de dor. Muitas pessoas dizem que quando recebem uma intensidade muito grande de dor, elas são transportadas a um estado meditativo.

Praticantes de submissão levam sua arte muito a sério e os peritos no assunto não costumam ir devagar. Existem códigos específicos, etiqueta e senhas que são utilizadas para evitar acidentes e danos graves. Qualquer pessoa que esteja considerando entrar nesse mundo deve ler a respeito com cuidado e aprender como funciona. Existe muita coisa escrita e orientações a respeito do assunto.

Sadomasoquismo

Como todas as formas de submissão, o sadomasoquismo é um jogo de interpretação onde o "sádico" causa dor e o "masoquista" recebe-a. Geralmente envolve chicotes ou *piercings*, mas os sadomasoquistas mais radicais chegam a marcar a ferro quente os seus submissos para reforçar a lealdade.

Pesquisas demonstram que, antes do clímax, o corpo libera hormônios de bem-estar chamados endorfina, que ajudam o corpo a tolerar a dor. Após o clímax o dominador deve parar, já que o corpo fica menos tolerante à dor. Sadomasoquistas costumam combinar senhas para acenarem o risco de danos sérios. "Pare" e "Você está me machucando", aparentemente, não funcionam, pois o submisso vai gritar essas palavras mesmo não querendo que o dominador pare ou vá mais devagar, e elas são usadas como parte do jogo. Em vez disso, a palavra "vermelho" costuma dizer pare, e "amarelo" é um pedido para o dominador ir mais devagar.

Submissão e Dominação

S&D, como é conhecida, é similar à prática do sadomasoquismo. Entretanto, enquanto os praticantes de sadomasoquismo têm seu foco na dor, os submissos e dominadores gostam mais da questão de controle. É um jogo mais mental, que envolve muita confiança e conversas de ambas as partes para ser satisfatório e proveitoso. O dominador privará o submisso de todo e qualquer controle e dirá onde este deve se sentar, quando falar e como se comportar.

A maioria das pessoas gosta de ser ou um pouco dominadoras ou um pouco submissas durante o sexo, e costuma trocar os papéis de acordo com o humor. Se você está desempenhando o papel de dominador, você diz ao seu parceiro onde ele deve lamber, em qual posição ele deve ficar, como tocar em você, onde tocar e por quanto tempo tocar. Experimente inverter os papéis para que vocês dois tenham a oportunidade de ser um o "professor" da brincadeira e o outro o "aluno obediente".

Palmatórias e Palmadas

As palmadas são usadas em BDSM, mas também por praticantes menos desenvoltos, pessoas que simplesmente gostam de dar ou levar algumas palmadas.

A maioria das pessoas que dão palmadas em outras não se considera real praticante de BSDM, e por isso não vê necessidade de combinar senhas antes de começar. Mas lembre-se de manter todas as práticas dentro dos limites de vocês dois, individualmente, para evitar que qualquer um se machuque. No calor do momento, você pode acabar esquecendo de sua própria força. Comece vagarosa e gentilmente com um pequeno tapa e depois, caso queira, aumente o ritmo de acordo com a reação de seu parceiro. Mantenha o clima de brincadeira, e não deixe de dar na mesma medida em que levou.

Um pouco de BDSM levada na brincadeira pode ser divertido. Estes acessórios rosas são macios e delicados com a pele.

A sensação da borracha ou de PVC contra a pele pode ser muito excitante, e algumas pessoas afirmam que aumenta a segurança sexual de si mesmas. Vestir adereços de borracha e de PVC pode ser ligeiramente menos atraente – use muito talco para amaciar sua pele antes de tentar.

Diversão e Fetiche

A MAIORIA DAS PESSOAS GOSTA de se divertir com fetiches – por exemplo, pedem à parceira (ou parceiro) que fique com o salto alto enquanto fazem sexo. É mais uma brincadeira que estimula do que uma necessidade. A definição de fetiche, entretanto, é a de objeto ou ação tangível que precisa ser repetida diversas vezes para que se alcance a gratificação sexual. Por exemplo, nós já tratamos do assunto de falar sacanagem, que algumas pessoas gostam de vez em quando. O fetiche de falar sacanagem, todavia, faria a pessoa não conseguir se excitar a menos que esse tipo de conversa seja usado em todos os atos sexuais.

Não há nada de errado com os fetiches desde que os dois parceiros compartilhem deles, mas, quando isso não acontece, pode ser que a relação quebre e necessite de ajuda externa. Entretanto, vale lembrar que uma pessoa com fetiche geralmente ama o seu fetiche e não está disposta a se separar dele. Costuma ser melhor quando o parceiro de alguém com fetiche decide aceitar esse lado da natureza sexual de seu amante do que quando ele tenta reprimi-lo. Com isso, presume-se, é claro, que o fetiche em questão é moralmente direito e legal. Por exemplo, não se pode permitir que um exibicionista que sente prazer sexual somente ou principalmente com a exposição de suas genitálias para desconhecidos continue com esse fetiche. Além disso, ele deve encarar as consequências morais e legais de seus feitos.

Fetiches comuns incluem couro, látex, corpetes, algemas e pés, mas alguns vão mais longe, como os que incluem escapamentos de carro ou banhos de lama. *Cross-dressing* é um fetiche popular. Algumas mulheres chegam ao ponto de usar pênis artificiais. Há diversas teorias sobre o porquê de as pessoas se sentirem estimuladas por *cross-dressing*. Uma delas é que homens e mulheres sentem-se mais relaxados quando estão à vontade para expressar o lado de suas personalidades que corresponde à identidade com o outro gênero. Alguns homens acham o travestismo algo erótico. Na maioria dos casos, esses homens são héteros, mas sentem erotismo em usar roupas femininas. Muitos deles têm medo de compartilhar esse fetiche com suas parceiras pelo medo da rejeição e de serem julgados como menos másculos.

Modificação Corporal

Tatuagens e *piercings* são muito comuns hoje em dia, e há um número enorme de pessoas com os corpos decorados de alguma forma. Fazer isso em troca de gratificação sexual ressalta a diferença entre a tendência de rua e o fetiche sexual.

Piercings, tatuagens, esculturas corporais, escarificações, queimaduras e inclusão de corpos estranhos debaixo da pele são formas de modificação corporal. Para alguns, ter um completo desconhecido manejando uma agulha perto de suas partes baixas não é problema algum. Pode ser uma maneira de intensificar a sensação sexual e um modo de aumentar a sensibilidade de determinada região do corpo.

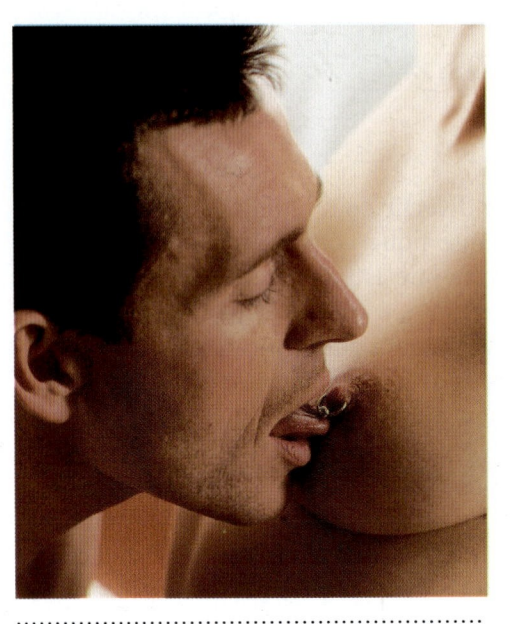

Piercings podem ser algo muito erótico.

Escarificação, *piercing* ou queimaduras podem ser permanentes ou temporárias. Fetiches sadomasoquistas mais elaborados podem incluir a inserção superficial de diversas agulhas através da pele com diversas correntes amarradas a elas, de modo que as correntes possam ser puxadas ou que pesos possam ser pendurados por elas. Essa técnica é de sadomasoquismo avançado e não está no escopo deste livro. Para isso, é preciso confiança e conhecimento. Há muita literatura sobre esse tipo de jogo sexual e qualquer um que queira experimentar precisa informar-se de antemão.

Esportes Aquáticos

Fetiches que incluem fluidos corporais formam uma grande área de "brincadeiras sacanas" em que fluídos corporais são trocados. Essa troca pode ser simplesmente de suor, saliva ou outras secreções, ou às vezes inclui urinar em seu parceiro.

Alguns jogos envolvem a troca de sangue, ou a união por fluido corporal. Casais que experimentam isso costumam tomar a precaução de fazer testes de doenças antes de começarem – precauções devem ser tomadas para que você não se coloque em situação de risco.

Diversão e Fetiche

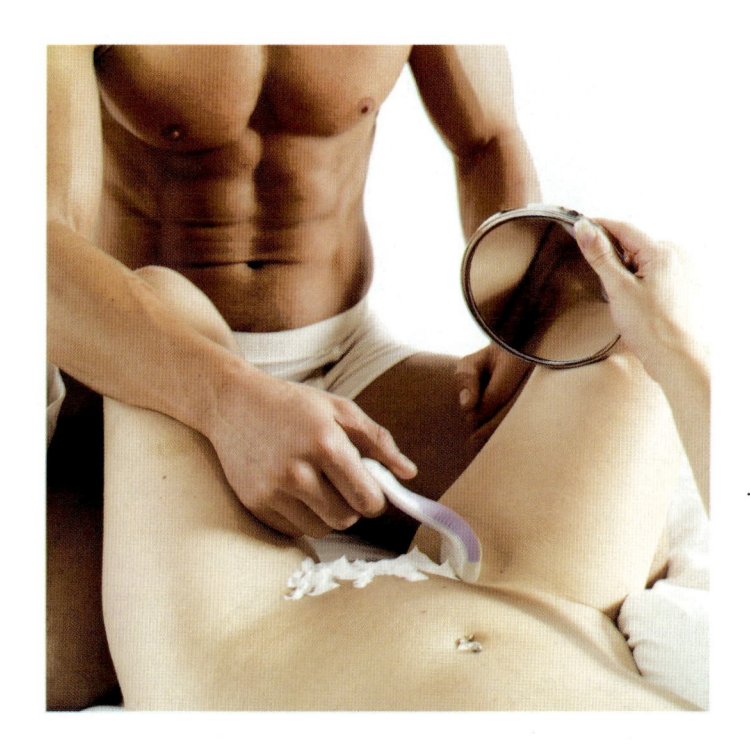

Tente a terrível "Brazilian wax" (depilação à base de cera) ou peça a seu parceiro que a depile.

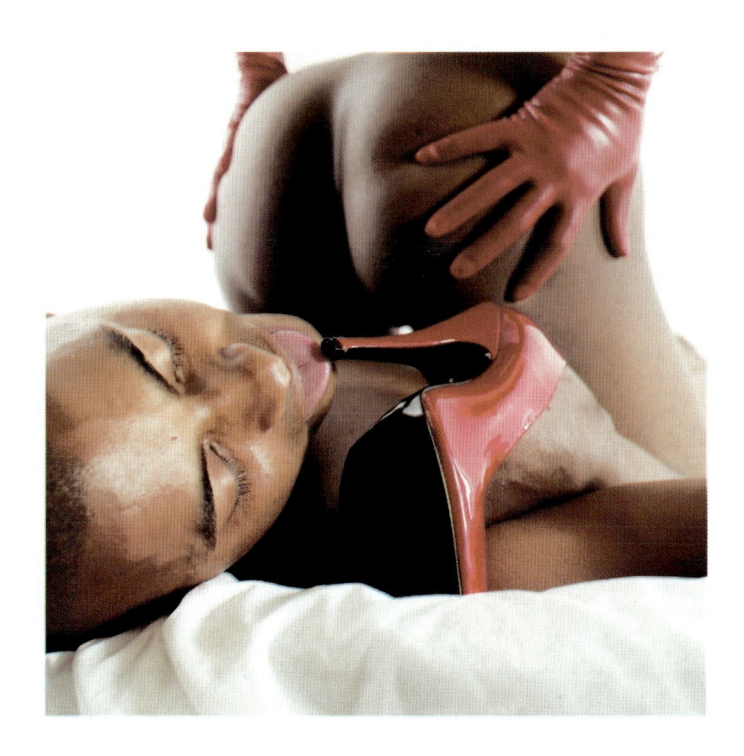

Provoque-o com um par de saltos-altos e acessórios de borracha.

Ser dominada é uma das cinco fantasias femininas mais populares, e muitos homens fantasiam sobre ser objeto sexual de uma mulher que os domine.

Fantasias

POUCA COISA JÁ FOI registrada sobre as fantasias masculinas e femininas, provavelmente porque as pessoas são muito reservadas em relação às suas fantasias. Independentemente de quão liberais e abertas elas sejam ou quão próximos sejam seus amigos, as pessoas raramente discutem suas fantasias como o fazem com, digamos, sexo oral.

Nancy Friday foi uma das primeiras autoras a trazer as fantasias femininas para a mesa em seu *best-seller My Secret Garden* (de 1973). Até então, era amplamente aceita a teoria de que as mulheres não fantasiavam, embora a maioria delas talvez soubesse que sim. Sempre se aceitou que os homens fantasiam, e indústrias inteiras ergueram-se para permitir aos homens que as concretizassem com fantasias e acessórios.

Muitas pessoas sentem vergonha do conteúdo de suas fantasias. Estas podem ser extremamente depravadas e subversivas; podem envolver atos ilegais que deixam a maioria das pessoas nervosas ou perturbadas quando escutam relatos desses fatos acontecendo na vida real. Essa é a razão porque muitas pessoas ficam desconfortáveis e um pouco enojadas com o que lhes vem à mente enquanto se masturbam ou fazem amor. Muitas pessoas também se preocupam por fantasiarem com coisas estranhas e fantásticas enquanto transam com seus parceiros. Isso pode levar a sentimentos intensos de culpa e dúvida. Vale a pena lembrar que é do instinto humano ser atraído justamente àquelas coisas que são proibidas.

Pouco surpreendente é o fato de homens e mulheres fantasiarem sobre coisas diferentes. Em geral, as fantasias masculinas tendem a ser impessoais e geralmente envolvem diversos parceiros e totais desconhecidos. Outros motes bem comuns incluem observar outros, em especial duas mulheres fazerem amor, e olhar sua parceira ou outra mulher enquanto ela se masturba. As fantasias femininas tendem a ser mais íntimas, com relações entre apenas duas pessoas. Motes comuns incluem ou com uma celebridade, fazer sexo com outra mulher e ser ou dominada ou dominante. Tanto homens quanto mulheres fantasiam sobre fazer sexo em público.

Estimulação Cerebral

A fantasia é um dos elementos mais importantes do sexo. Enquanto humanos, nós dispomos de um cérebro e capacidades mentais muito complexas, o que faz com que frequentemente não seja suficiente estimular nossa genitália. Nós precisamos estar no humor e no estado de mente corretos para relaxarmos o suficiente e deixarmos nosso corpo solto. Às vezes suas fantasias podem ser realizadas por serem simples: fazer sexo em um belo hotel; ser cortejada em uma romântica sala à luz de velas. As fantasias que envolvem milhares de pessoas podem ser um pouco mais difíceis de concretizar.

Muitas pessoas fantasiam sobre fazer sexo com um astro de cinema. Experimente imaginar o personagem de sua fantasia enquanto faz sexo com seu parceiro. O que os olhos não veem o coração não sente. Mas tome cuidado para não gritar o nome errado durante um momento de excitação elevada. Mantenha suas fantasias como um estoque pessoal de filmes eróticos que você pode assistir quando quiser. Lembre-se de que seu cérebro é o maior e mais sensível órgão sexual de seu corpo e que, para onde quer que vá a sua mente, o corpo vai atrás.

À DIREITA E PÁGINA SEGUINTE| Pode-se vestir uma fantasia e interpretar um personagem, ou fazer sexo com mais de um parceiro – seja o que for que o excite, seu parceiro deve estar de acordo.

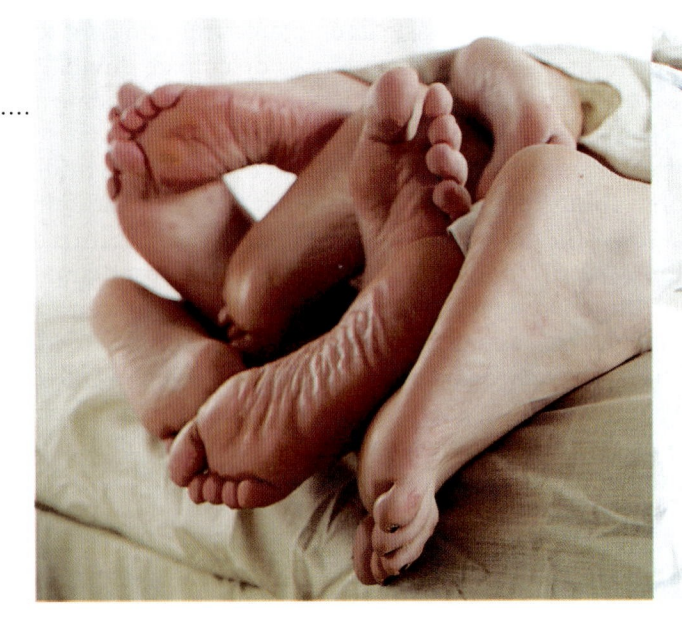

Fantasias

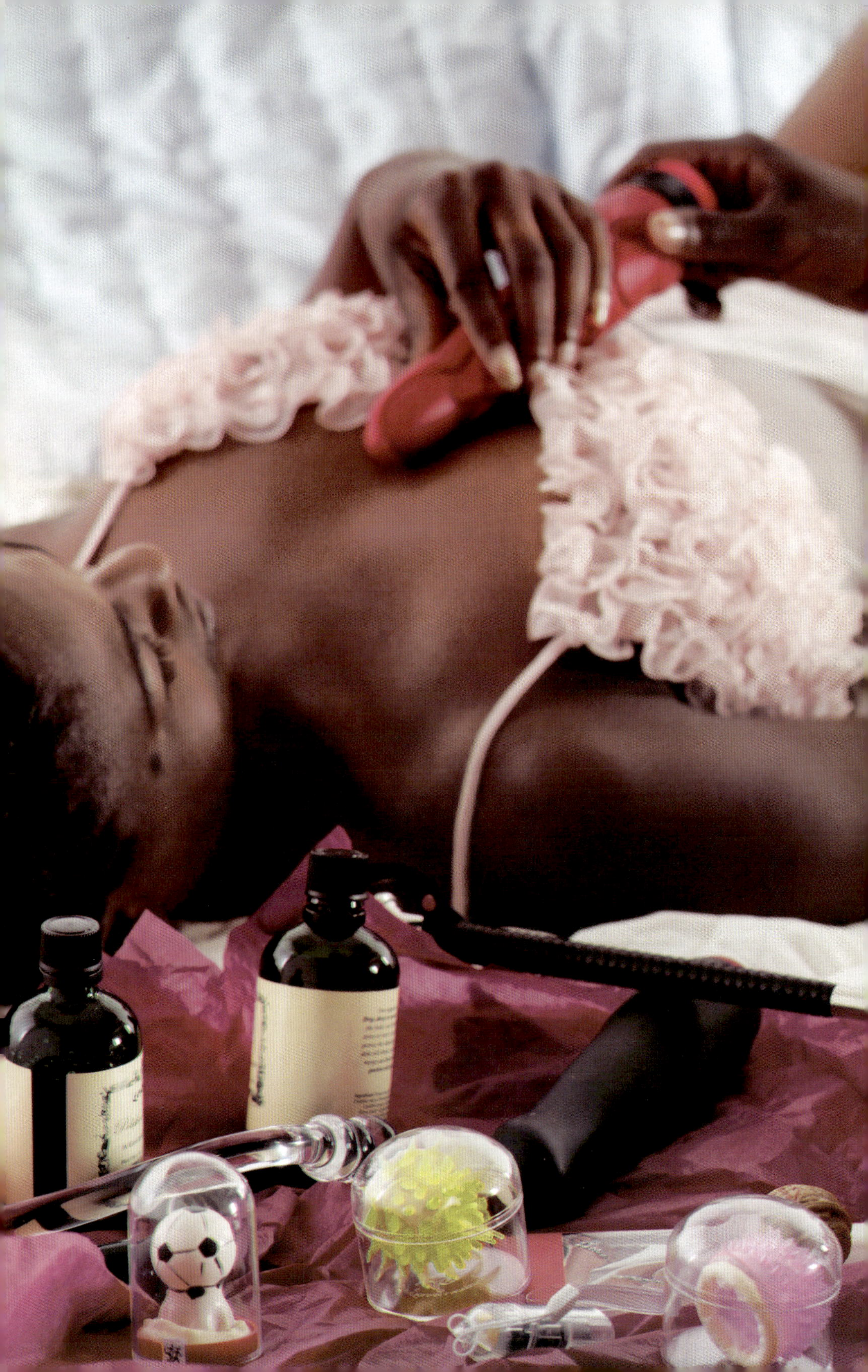

Brinquedos, Brinquedos, Brinquedos

ACIMA E NA PÁGINA ANTERIOR| Há uma grande variedade disponível de brinquedos sexuais e um novo estilo de *sex shop* que serve mulheres, e é menos obsceno do que o estereótipo desse tipo de lojas.

BRINQUEDOS SEXUAIS ESTÃO saindo do criado-mudo e se mudando para a mesa de centro. Vibradores e outros brinquedos se tornaram de praxe com as mudanças no campo da sexualidade. Há muitos brinquedos como opção de escolha, de todos os formatos, cores e tamanhos. *Design* e estética são tão importantes quanto a funcionalidade, e hoje em dia os brinquedos sexuais têm se tornado cobiçados itens de *design*.

E eles não são apenas para mulheres. Existem muitas geringonças e bugigangas para os homens, de anéis penianos a cordões tailandeses. Estamos nos tornando mais abertos à ideia de incorporar brinquedos nas brincadeiras sexuais. Brinquedos sexuais oferecem a intensificação do que acontece debaixo dos lençóis, seja você mulher ou homem, juntos ou em brincadeira solo.

O propósito dos brinquedos sexuais é unicamente a diversão, mas você pode precisar tomar cuidado quando for introduzir a ideia ao seu parceiro. Muitos homens sentem que estão sendo criticados e julgados como amantes ineficazes quando suas parceiras compram um vibrador. Igualmente, a mulher pode se perguntar sobre a sexualidade de seu parceiro se ele de repente começa a usar cordões tailandeses.

Brinquedos sexuais são ótimos quando incorporados às preliminares. Eles são excitantes para serem usados um no outro e muitos podem ser utilizados para excitar os homens e as mulheres. Um vibrador pequeno e flexível, com textura em borracha, por exemplo, é perfeito para estimular a próstata e para atingir o ponto G. A maioria dos vibradores é melhor para estimulação externa do que para penetração, e são ótimos em qualquer zona erógena, tanto no lado interior das coxas ou nos mamilos, como na genitália.

Assegure seu parceiro de que você não prefere os brinquedos a ele. Tudo isso se limita a uma nova divertida variação. Por vezes você gosta de sexo oral, outras vezes apenas penetração e de vez em quando você gosta de brinquedos.

Que Venham os Brinquedos

É fácil confundir um vibrador com um consolo, então, qual a diferença? Bem, o vibrador vibra e o consolo não. Vibradores são usados para massagem genital e não necessariamente possuem formatos fálicos. Consolos são feitos no formato de um pênis e são desenhados para penetração vaginal ou anal.

Vibradores

Não somente mulheres, mas muitos homens usam vibradores para estimular seus pênis e relatam sensações similares àquelas experimentadas por mulheres. A vantagem do vibrador para as mulheres é que aquelas que necessitam de estimulação contínua do clitóris para alcançar o orgasmo podem incorporá-lo às transas ou masturbação. Algumas mulheres acham o vibrador mais eficaz do que a mão, a língua e o pênis.

Quando usar um vibrador, aproveite para descobrir as sensações que ele pode proporcionar. Pode parecer estranho no início, mas persista. Ele pode ser utilizado para massagear o clitóris, o pênis, os testículos ou o ânus, e não necessariamente para penetração.

Vibradores podem ser feitos de plástico ou, mais recentemente, de elastômeros macios, resina e silicone, e o tamanho mais popular é de 10 centímetros. Os mais macios são mais adequados para penetração e são mais silenciosos, já que a maciez absorve o ruído. Os que são feitos de materiais plásticos mais rígidos são melhores para estimulação direta. Assim como tudo relacionado a sexo, é bom mantê-los sempre limpos. Sempre lave e seque o seu vibrador depois do uso. Lembre-se de manter um conjunto de pilhas reserva à mão, pois poucas coisas são piores na vida do que uma queda de energia logo antes do orgasmo.

O Coelho

Um dos vibradores mais populares e mais caros, o *rabbit* [coelho], alçou fama depois de a personagem Charlotte, do seriado *Sex and the City*, cair de amores pelo seu vibrador *rabbit*. Ele possui o corpo vibratório padrão e o bônus das "orelhas", que fornecem uma massagem do clitóris pela frente. Alguns também têm uma sonda anal na parte de trás. É garantido que ele levará você à loucura.

Um vibrador rabbit clássico possui um estimulador de clitóris.

O Mojo

Desenhado em silicone por Marc Newson, esse brinquedo em formato de mamilo, com cinco velocidades, se concentra menos na penetração e mais na estimulação do clitóris. É bom para acertar no alvo, mas algumas mulheres sentem falta da penetração vaginal.

Consolos

Como os vibradores, os consolos são feitos em uma grande variedade de formatos, tamanhos, cores e texturas, e estão associados à penetração. Eles geralmente são de formato fálico, mas varia entre uma imitação de pênis (geralmente até com testículos) e uma estrutura cilíndrica. A história dos consolos começa há mais de 30 mil anos, então se você estiver se sentindo envergonhada de comprar um, lembre-se de que de maneira alguma você é a primeira.

Além de serem divertidos, os consolos também trazem benefícios à saúde da mulher. O uso regular de consolos pode ajudar a fortalecer a parede vaginal por meio do exercício da musculatura. Eles podem também colaborar com o controle das consequências do vaginismo, uma condição que faz com que a musculatura da vagina se torne tensa e espasmódica, dificultando a penetração.

Consolos geralmente são feitos de material poroso que pode acumular sêmen infectado ou sangue ou fluidos vaginais. Se o consolo for compartilhado, a infecção também ocorre. Se você quiser compartilhar um consolo, proteja-o com uma camisinha.

Quando comprar um consolo pensando em penetração anal, certifique-se de que ele possui um fundo alargado, o que evita que ele desapareça no reto. Você irá assim se prevenir de uma vergonhosa ida de emergência ao hospital. Se você usa um consolo para penetração anal, certifique-se de utilizar uma camisinha e descarte-a quando terminar, pois o ânus abriga muitas bactérias que podem causar infecção se o consolo for utilizado posteriormente para penetração vaginal.

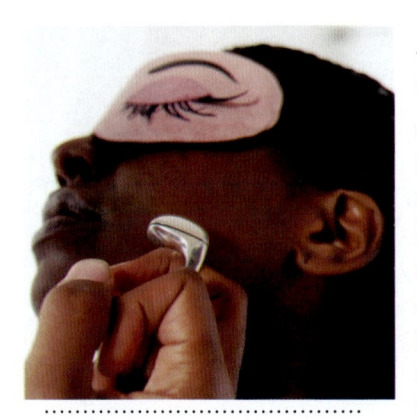

Vibradores vêm em todos os formatos e tamanhos – aqueles em formato de anel talvez sejam os mais discretos.

Arreios

Usado com consolos ou com cintas penianas, os arreios permitem que seu usuário ignore as barreiras de gênero e torna possível que a mulher faça penetração anal em seu parceiro ou que o homem ofereça penetração dupla em sua parceira (penetração anal e vaginal ao mesmo tempo). Se o homem sofre de problemas de ereção, ele pode optar pela saída sintética para dar conta do recado. Também existe uma opção que permite à mulher usar um consolo enquanto mantém outro dentro dela ao mesmo tempo. As cintas penianas fazem com que as mulheres saibam como é penetrar alguém, e que os homens saibam como é ser penetrado. Seu uso tem infinitas possibilidades e permite que casais brinquem de interpretar personagens. Podem ser utilizados por qualquer um – gay, hetero, homem ou mulher.

Ben-Wa

Consiste de duas bolinhas pesadas com cerca de 3 centímetros de diâmetro que são colocadas dentro da vagina. Os pesos se mexem e fazem carinho conforme você se movimenta. A vantagem é que podem ajudá-la em seus exercícios para o assoalho pélvico. Elas também são bastante discretas e podem ser usadas em qualquer lugar. Algumas mulheres adoram, e outras não sentem absolutamente nada.

Lubrificantes

A produção de lubrificação não está necessariamente relacionada de maneira direta com o quão excitada você está. Na verdade, isso é controlado por hormônios, e a presença ou falta pode depender de diversos fatores, desde determinados períodos de seu ciclo menstrual, efeitos do pós-parto e da histerectomia aos efeitos desidratantes do álcool e da maconha. Não há nada pior do que interromper uma transa ardente por falta de lubrificação.

Algumas das propriedades de lubrificantes comerciais matam os espermatozoides, então evite-os caso estejam tentando ter um filho. Lubrificação é um componente essencial na penetração anal, já que o ânus e sua área próxima não produzem lubrificação natural. Certifique-se de utilizar lubrificantes à base de água se você estiver usando brinquedos sexuais ou camisinhas.

Brinquedos sexuais desenvolvidos por *designers* quase não parecem com seus parentes de plástico. Este "casulo de semente" vibrante é feito de um material elastômero macio e úmido ao toque.

Este cordão tailandês é feito de um elo de bolinhas revestidas que podem ser inseridas na vagina. Ótimas para exercitar sua musculatura pélvica, elas variam em formato e tamanho.

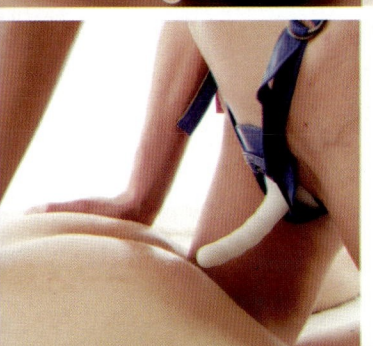

Cintas penianas podem ser feitas em qualquer cor e formato em que forem encomendadas, para sexo anal ou para penetração vaginal entre mulheres.

Trazendo Novidades

Muitos relacionamentos com longo tempo de duração passam por ocasionais períodos de previsibilidade e familiaridade excessivas. Acrescente um pouco de fogo e tempero ao seu relacionamento, com um pouco mais de diversão e ideias novas e empolgantes, e permita que você redescubra seu próprio desejo e também o de seu parceiro.

O calor do ambiente e os efeitos sensuais da água quente sobre a pele aumentam o prazer de fazer amor no chuveiro.

Saindo do Quarto

QUANDO VOCÊ ESTÁ HÁ MUITO tempo com alguma pessoa, pode ser difícil manter acesa a chama da paixão, especialmente quando – seja por hábito ou por vocês terem filhos – o único lugar em que vocês fazem sexo é no quarto. Além do local, reserve algum tempo para relembrar aqueles tempos em que vocês se conheceram e simplesmente não conseguiam ficar com as mãos longe do outro. Se você pensar a respeito, fazer amor depois de um dia cansativo no trabalho, de fazer o jantar e lavar a louça, e depois ajudar os filhos na lição de casa, certamente será menos excitante e, francamente, será mais como um dever de ambos do que sexo desenfreado no jardim, no meio de uma tarde de casamento.

Uma das alternativas mais populares ao quarto é o banheiro. Como as portas em geral têm chave, sempre há como trancá-las, pois, se as crianças estiverem em casa, você consegue garantir privacidade. Sexo no chuveiro ou durante o banho é extremamente sensual, pois a água toca todos os seus receptores táteis e deixa a sua pele mais sensível. Também é muito refrescante e revigorante. Não vá direto ao evento principal – aproveite o erotismo de ensaboar e acariciar cada parte do corpo de seu parceiro. Concentrar-se em dar um banho revigorante em seu parceiro gera suas próprias recompensas e também faz lembrar por que ele é tão especial.

Lugares Alternativos

Cadeiras e sofás também são ótimos lugares para fazer amor e sexo oral. Experimente sentar em sua cadeira predileta na sala de visitas com as cortinas e janelas abertas para adicionar uma dose de excitação e perigo. Cadeiras de balanço e inclináveis são fantásticas, e a movimentação sutil delas colabora para sua própria movimentação e permite uma penetração mais profunda.

Porões e sótãos são divertidos por sua atmosfera secreta, embora um pouco de planejamento acerca de colchões e cobertores seja uma boa ideia. Esses lugares podem se tornar sua toca de erotismo e, se você gosta de interpretar personagens, há uma infinidade de possibilidades, desde calabouços de dominação até habitações de homens das cavernas.

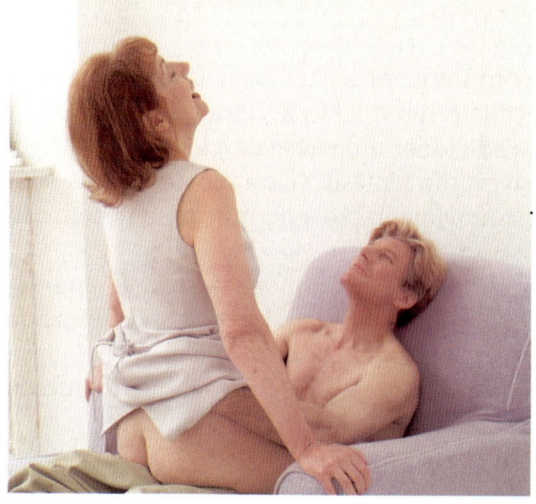

ACIMA E À ESQUERDA| Cadeiras e sofás oferecem conforto e possibilidades para posições interessantes. "Colocar seu pé para cima durante meia hora" nunca mais terá o mesmo significado.

> **Mudança de Cenário**
>
> Tente alguns dos itens abaixo para apimentar um pouco a sua vida sexual:
> - Reserve um quarto de hotel para a tarde – como Sr. e Sra. Smith se você não for pagar com cartão de crédito.
> - Compre uma cabine em um cruzeiro para um final de semana e aproveite a sensação de transar ao balanço das águas.
> - Fuja de tudo e vá acampar, com uma barraca ou um trailer, e faça amor sob as estrelas.
> - Deleite-se em uma limusine, mas certifique-se de que ela tenha vidros escuros entre você e o motorista.

Escadas são lugares incríveis para o sexo porque os níveis diferentes permitem que você explore diversas posições que talvez não fossem possíveis em outros lugares. O 69 vertical é um desafio para quem estiver em boa forma. A mulher senta no segundo ou no terceiro degrau enquanto seu parceiro ajoelha um degrau acima, de modo que a cabeça dela fique entre as pernas dele. Então – com muito cuidado –, ele posiciona seu corpo de forma que a própria cabeça fique no final da escada, apoiando o peso de seu corpo com as mãos no chão, com seus joelhos alguns degraus acima. Por baixo dele, a mulher pode precisar se mover um pouco ou mudar o degrau em que está sentada. A boca de ambos os parceiros fica em contato com as genitais de seu amante.

Uma posição mais fácil é com o homem ajoelhado na escada e a mulher sentada um degrau acima, de frente para ele. Ela pode apoiar as costas atrás e se segurar no corrimão enquanto ele a segura pelo quadril. Para um pouco mais de tempero, ele pode amarrá-la ao corrimão com um lenço de seda e enlouquecê-la com as mãos, língua e pênis.

A cozinha também oferece saborosas possibilidades. Se a mulher se deitar sobre a mesa e o homem ficar de pé perto da beirada, segurando as pernas dela para cima, o ângulo da penetração será intenso. Se ela mantiver as pernas juntas, o aperto da vagina será imensamente excitante para os dois. E, já que vocês estão ali, podem explorar as possibilidades de comidas sensuais – seja como aperitivo ou sobremesa.

Existem casais que afirmam que fazer amor com a mulher encostada contra ou sentada em cima de uma máquina de lavar roupa é uma das experiências mais eróticas da vida. A vibração é tida como extraordinária, em especial se você conseguir ajustar seu "ciclo" para a última batida da máquina.

Por vezes, quanto menos glamoroso o lugar, mais excitante será o sexo.

A Rapidinha

AS RAPIDINHAS SÃO MANEIRAS INCRIVELMENTE eróticas e luxuriosas de adicionar diversidade à sua vida amorosa. Embora não possam e não devam substituir as longas horas de preliminares e transa, que são essenciais em todo relacionamento amoroso, elas têm seu lugar, reafirmando a sexualidade de cada um e provando a seu parceiro que você ainda o considera a pessoa mais *sexy* e atraente do mundo. Não é à toa que a variedade é conhecida como o tempero da vida.

A Mãe das Invenções

Uma rapidinha geralmente é criativa e espontânea, duas características que não podem faltar em sua vida amorosa. Chegar por trás de sua parceira enquanto ela lava a louça na cozinha pelo motivo de estar simplesmente pleno de luxúria é algo ao mesmo tempo delicioso e lisonjeiro. Não existem momentos certos que limitem quando você pode fazê-lo, seja saindo mais cedo de uma festa ou em uma sessão frenética antes de ir trabalhar. Cabe a você e ao seu desejo.

O quarto costuma ser o lugar onde acontecem as transas mais íntimas e demoradas, portanto fazer rapidinhas ali pode minar a importância emocional do cômodo. O banheiro, por outro lado, é perfeito. Aproxime-se quando seu parceiro estiver tomando banho e mostre seu desejo sem dizer uma única palavra.

Às vezes os melhores lugares são aqueles que parecem os mais comuns e menos *sexy*, como contra um aquecedor no *hall* de entrada. É quase certo que darão boas risadas toda vez que passarem por aquele lugar. Simplesmente agarrar seu parceiro sem pudor algum assim que ele ou ela entra em sua casa e fazer amor na sala é uma demonstração inconfundível de seus sentimentos – e quem vai se importar se o jantar atrasar um pouco?

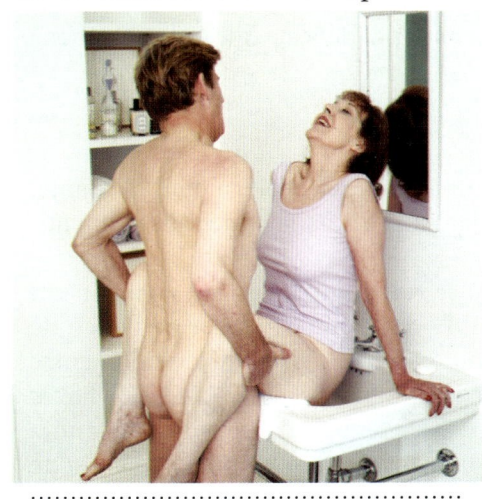

Surpreender seu parceiro no banheiro pode resultar em, bem, algo incrível.

A sala é um ótimo lugar para uma transa rápida e espontânea. Enquanto sua parceira estiver assistindo à televisão, por que não surpreendê-la com um *strip-tease* para distraí-la? Repentinamente, ligue o rádio e tire suas roupas ao ritmo da música. Com certeza ela vai se divertir com o show, e a risada é um grande afrodisíaco. Por outro lado, enquanto ele estiver relaxando em sua cadeira predileta, por que não levantar sua saia e sentar no colo dele, seja de frente ou de costas, movendo seu quadril devagar, até ele ficar excitado? Certamente é melhor do que fazer café durante os comerciais.

Timing

Se o que você tem em mente é uma rapidinha, precisará escolher sabiamente o momento adequado, ou tudo sairá pela culatra. Você também deve ficar aberto e respeitoso à resposta de seu parceiro. Escolher os cinco minutos finais de uma partida eletrizante de futebol para fazer sexo oral ou sugerir sexo no banheiro enquanto ela se depila são coisas inapropriadas. Ou seu parceiro se "submeterá" e se sentirá explorado e ficará irritado, ou ele vai deixar você de lado e você vai se sentir rejeitado, pouco amado e sem importância. Nenhuma dessas coisas é conhecida por trazer proximidade e harmonia a uma relação. A rapidinha é, afinal de contas, para o prazer mútuo, tanto quanto a sessão de sexo mais longa – elas são apenas diferentes. Embora cair numa emboscada para uma rapidinha seja excitante, pode ser que em alguma oportunidade seu parceiro simplesmente não esteja com vontade e, se ele continuar reticente mesmo depois de alguma tentativa de persuasão, então talvez seja melhor postergar a ideia até que outro momento. Um em que dê certo, apareça.

O céu é o limite

A rapidinha adiciona o elemento surpresa e sua relação fica mais excitante, divertida e leve. A quebra do padrão da vida cotidiana pode causar um aumento de libido nos dias seguintes.

A rapidinha também não precisa se restringir à casa. Se você for um pouco imprudente – e realmente rápido –, por que não fazer no banco de trás do carro em um lava-rápido? Tente parar um elevador de hotel entre dois andares – mas tome cuidado com as câmeras de vigilância, pode haver penalidade caso você seja descoberto. Se a segurança de sua companhia aérea permitir, você pode se oferecer para entrar no programa *Premium* de milhas aéreas. A varanda de um hotel oferece o prazer exibicionista sem nenhum dos perigos, quando somente a metade superior pode ser vista. A lista é limitada pela sua imaginação – apenas tome cuidado para não ser pego em flagrante.

A Rapidinha

ACIMA E À ESQUERDA | Uma rapidinha ocasional ajuda a manter a chama acesa e pode servir de tempos em tempos como lembrete de quanto você ama e deseja seu parceiro.

Ar fresco e luz do sol são afrodisíacos naturais. Esteja caminhando por um bosque ou sentado em seu próprio jardim, por que não seguir seus instintos e deixar a natureza seguir seu curso?

Ao Ar Livre

LIBERTAR SUAS ATIVIDADES SEXUAIS da limitação das quatro paredes da sua casa e trazê-las para o ar livre pode ser uma experiência libertadora. Aproveitar a companhia um do outro ao ar livre coloca vocês em contato com a natureza e torna a experiência mais absoluta, com algum propósito e natural.

Jogos Perigosos

Aqui vai um pequeno aviso: fazer sexo em áreas públicas é ilegal por motivos de decência, e é importante não ofender ninguém. Isso é ainda mais importante se você estiver viajando por outro país, pois alguns lugares podem ter penas muito rígidas. Da mesma forma, enquanto algumas pessoas acham excitante o risco – mesmo que pequeno – de serem observadas, isso pode ter um efeito exatamente oposto em outros. Assim como todas as práticas sexuais, insistir para um parceiro reticente fazer sexo ao ar livre com você irá sacrificar a realização de longo prazo em troca de satisfação de curto prazo.

Existe algo no cheiro e na sensação do ar livre que inspira paixão em todos nós. Uma longa caminhada em um dia de inverno, com o vento literalmente arrancando o ar de seus pulmões, incute a sensação de vitalidade, um dos ingredientes mais importantes para o bom sexo. A proximidade com a vegetação, das árvores e dos arbustos e plantas que a natureza escolheu evoca desejos animais fundamentais e mexe com nossa energia. Até mesmo simplesmente caminhar com seu parceiro por um prado, por uma floresta, pela praia ou até mesmo pelo parque é um prelúdio ótimo para deixar vocês dois no clima, para ter sexo ao ar livre ou não.

Instintos Básicos

A chave para fazer um grande sexo ao ar livre é deixar a natureza ser sua guia e fazer o que você sentir que é correto. Se a vontade é de repentinamente levantar a saia de sua parceira enquanto você se ajoelha diante dela para lhe dar prazer, é difícil imaginar que ela reclame. Sexo ao ar livre intensifica os sentidos e aprofunda o sentimento, de modo que muitas pessoas se sentem mais próximas e unidas. Estar ao ar livre

Uma simples xícara de chá no jardim pode se
tornar uma experiência romântica e intensa.

certamente expande a dimensão às posições já testadas e comprovadas que vocês tanto gostam de fazer no quarto. Até mesmo a sóbria posição papai-mamãe fica picante quando vocês estão ao ar livre. Sentados, entrelaçados um no outro também é ótimo, já que é possível fazer isso com facilidade. Se vocês precisam ser rápidos, não há necessidade de tirar toda a roupa, em especial se a mulher estiver usando saia.

O melhor lugar para fazer sexo ao ar livre é no seu próprio jardim, desde que ele tenha paredes ou vegetação alta o suficiente para evitar que alguém veja vocês. Você pode espalhar alguns cobertores e travesseiros e, talvez, se estiver escuro, luzes e velas, ou simplesmente deixe-se levar e suje-se. Fazer sexo na rede do jardim é um desafio com ótima

Ao Ar Livre

Sexo ao ar livre intensifica os sentidos – o tato acima de todos – e cria um poderoso sentimento de união.

recompensa. Isso requer muita coordenação, mas é possível. Um balanço de jardim oferece a mesma possibilidade de movimentação, mas com muito menos risco de vocês caírem.

 Alternativamente, caso você viva no campo, pesquise por quais lugares as pessoas costumam caminhar e, mais importante, onde elas não andam. Florestas são muito adequadas, pois dispõem de muitas clareiras e arbustos onde vocês podem se esconder. Lugares de acesso mais difícil geralmente são os melhores. Algumas coisas a considerar são a distância a que vocês estarão de uma trilha pública, onde fica a estrada mais próxima e se há alguma casa por perto. Você não quer terminar fazendo amor no quintal de alguém.

O toque macio de uma pena contra nossa pele
é quase insuportavelmente erótico.

Compartilhando Sensualidade

DIVIDIR O ESPAÇO EM UM BANHO QUENTE é uma maneira perfeita de começar uma massagem e uma tarde de indulgência e cuidados. Muitas pessoas associam água com relaxamento e conforto, e é um incrível estimulante sensual. Um banho aromático quente é extremamente erótico, já que vocês se regalam no corpo macio, de textura lisa, um do outro. A resposta ao toque da pele é intensificada e a propriedade envolvente da água faz vocês dois se sentirem mais unidos.

Sem Toque

Para adicionar erotismo, dê a seu parceiro uma massagem "sem as mãos". Diga a seu parceiro para fechar os olhos. A única regra é que vocês não podem se tocar com parte nenhuma do corpo. Se vocês têm cabelos compridos, podem usá-los para fazer carinho um no outro. Certifique-se de que ele está limpo e cheirando bem.

Comece jogando seu cabelo sobre seu rosto e vagarosa e carinhosamente arraste-o pelo corpo de seu parceiro, começando pela cabeça. Você pode incrementar a brincadeira se assoprar a pele dele ao mesmo tempo. Quando você alcançar áreas mais sensíveis, como os mamilos, a virilha ou as axilas, deixe seu cabelo e sopro demorarem, e faça movimentos circulares e carinhos para gerar antecipação.

Para entrarem no clima juntos, dividam um banho aromático quente antes da sessão erótica.

Um toque gelado é uma sensação provocativa e de dar arrepios.

Agora experimente usar uma pena para acariciar seu parceiro. Penas são muito sensuais, pois sua textura macia e leve pode ser usada de muitas maneiras diferentes. Você pode arrastá-la devagar sobre a pele, seguindo um caminho de sua escolha, ou tentar um movimento mais forte e direcionado, concentrado em áreas específicas. Ser acariciado com uma pena é uma sensação maravilhosa, seja você homem ou mulher. Certifique-se de que os olhos de seu parceiro estejam fechados ou vendados antes de começar o carinho – perder um dos sentidos aguça todos os outros. Peça que ele adivinhe o que você está usando. Se ele acertar, recompense-o com carinho prolongado na área genital. Se não acertar, puna-o com cócegas nas axilas ou no nariz.

Plumagem

Se você estiver acariciando seu parceiro e ele ficar excitado, peça que ele deite de barriga para cima e coloque a pena entre o pênis e o estômago dele. Esfregue-a para cima e para baixo ou da direita para a esquerda. Então peça que ele abra as pernas e, com você sentada entre as pernas dele, passe a pena pelo períneo dele, pelos testículos e pelo corpo do pênis antes de fazer o caminho de volta, para baixo. Varie a sensação, de modo que em uma corrida da pena você a mantenha bem leve, quase não encostando nele; em outra, use movimentos circulares mais firmes, e em uma terceira, desenhe com traços mais rápidos e furtivos, da esquerda para a direita e de baixo para cima.

Use sua imaginação para descobrir novas texturas. Experimente os contrastes de sensação entre um colar de pérolas rolando por sua pele, a maciez de uma luva de couro, a leveza de uma meia calça ou de uma *lingerie* de cetim, a dureza de uma renda e a sensação tátil de alguma peça de pele animal.

Outra sensação deliciosamente erótica é a de gelo contra a pele. Passe um cubo de gelo pelo corpo de seu amante e veja os mamilos dele ou dela endurecerem quando você fizer movimentos circulares em volta deles. Deslize com carinho o gelo em torno das genitais, segurando-o em sua boca, para que sinta o calor de seu hálito e o frio do gelo. Tome cuidado quando estiver próximo ao clitóris, pois um cubo de gelo pode ser demais para algumas mulheres. Opte por passá-lo pelos pequenos lábios para evitar contrastes grandes.

Outra maneira de despertar os sentidos é espalhar pétalas da flor favorita de seu amante pelo corpo dele, para que ele possa se deliciar com o cheiro e com o carinho da textura aveludada.

NO TOPO, ACIMA|
Se você tem cabelo comprido e liso, esfregue-o pelo corpo de seu amante e faça a incrível massagem "sem mãos".

ACIMA, NO CENTRO|
Passe a pena pelas genitais excitadas para o resultado completo.

ACIMA, ABAIXO|
Dar um banho de pétalas cheirosas em seu parceiro é algo romântico e sensual.

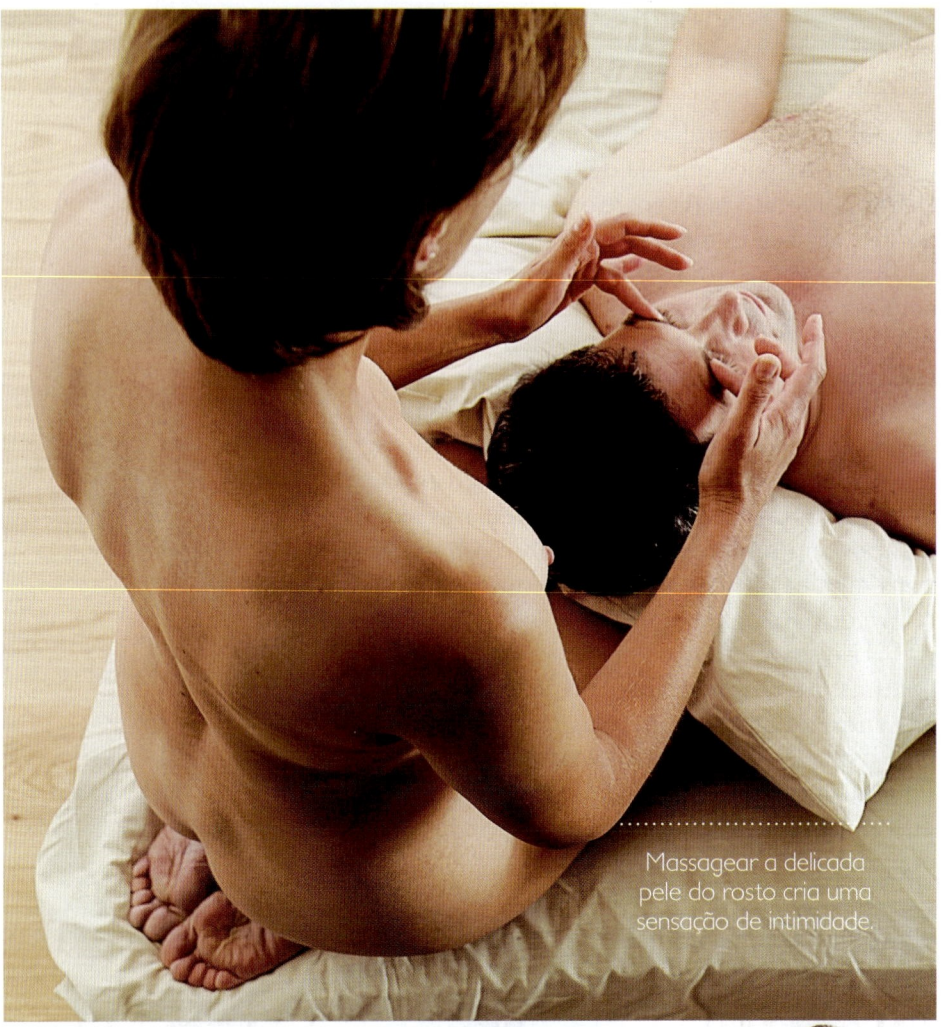

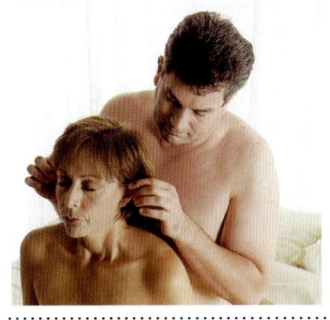

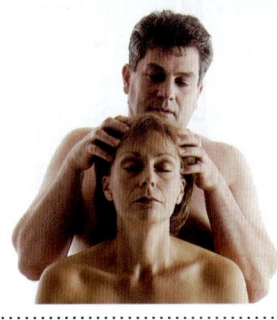

Massagear a delicada pele do rosto cria uma sensação de intimidade.

As orelhas são poderosas zonas erógenas – massageá-las pode ser erótico.

Uma massagem na cabeça é soberbamente relaxante e ajuda a aliviar todo o estresse e tensão do seu dia.

Você pode massagear os seios de sua parceira, ajoelhando-se atrás dela.

Massagem Erótica

UMA MASSAGEM NA CABEÇA pode ser um dos melhores presentes que você pode dar a seu parceiro, em especial se ele teve um dia difícil e precisa aliviar as tensões.

Peça a ele que sente confortavelmente, enquanto você se senta ou fica em pé atrás dele. Tire quaisquer joias que possam arranhar a pele, e pouse seus dedos no couro cabeludo dele. Corra seus dedos gentilmente pelo cabelo. Com certa firmeza, faça movimentos circulares, gire seus dedos pelo couro cabeludo, alternando o tamanho dos círculos e aumentando gradualmente a pressão. Concentre-se em áreas como atrás das orelhas, ao longo da linha do corte de cabelo e na base da cabeça.

Agora, concentre-se na testa, deslizando seus polegares do topo do nariz, em arco, para as laterais e costas da cabeça. Repita seguindo a linha da sobrancelha e adapte fazendo pequenos carinhos circulares com a parte macia dos seus polegares. Depois, passe gentilmente os polegares pelas laterais do nariz e ao longo dos seios da face, passando para as bochechas antes de repetir o movimento.

Arqueie suas mãos em formato de concha e apoie a base das orelhas com a lateral de seu primeiro dedo, e use os polegares para fazer pequenos movimentos circulares pelas beiras. Então mova para baixo e alcance o lóbulo entre as pontas de seu polegar e do dedo indicador e puxe-o para baixo, com delicadeza, deixando-o escapar por entre seus dedos antes de recomeçar.

Ombros

Um bom lugar para começar uma massagem completa são os ombros e as costas, já que estes geralmente concentram grande parte de nós devido à tensão muscular. Ao aliviar a tensão nesses lugares, você pavimenta o caminho para uma massagem de corpo inteiro muito sensual e relaxante – um grandioso ato de amor.

Peça a seu parceiro que deite de barriga para baixo. Coloque um pouco de óleo de massagem em suas mãos e esfregue-as para que esquentem. Comece no topo dos ombros com ambas as mãos estendidas sobre a pele, com o pescoço entre elas. Corra suas mãos pela base do pescoço, depois um pouco mais abaixo sobre o topo dos ombros, em movimentos compridos até as laterais. Repita com mais pressão e firmeza usando seus polegares. Comece a focar em áreas específicas, aumentando a pressão gradualmente, apertando

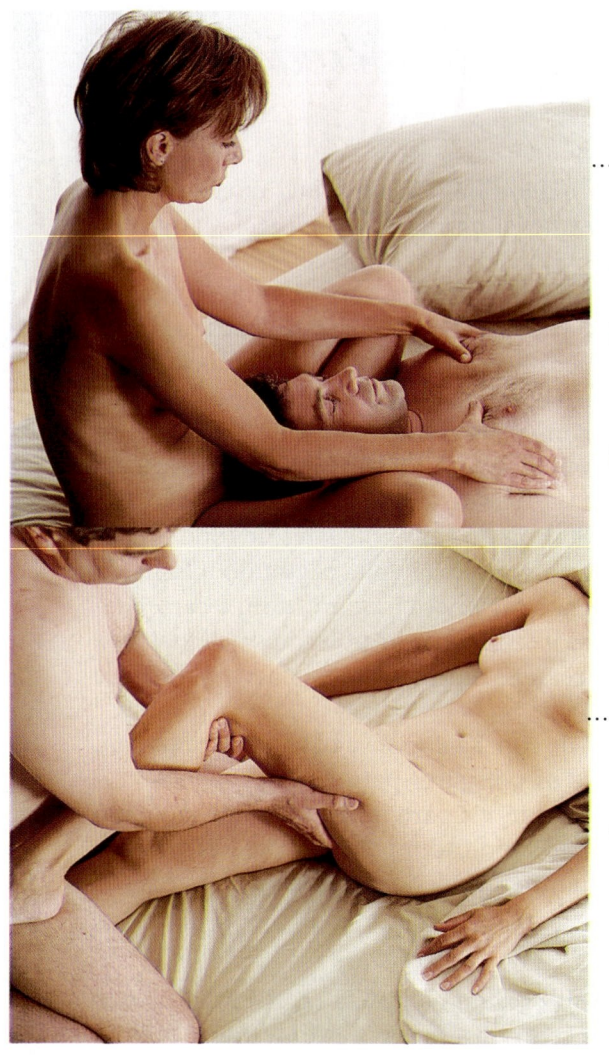

Os homens também gostam que seus peitorais sejam massageados, usando uma técnica similar à da massagem nos seios. Como o peitoral não é muito sensível, você pode aplicar uma pressão maior. Use a almofada de seus dedos para desenhar pequenos círculos por toda a região, em especial nas laterais e próximo às axilas.

Você pode provocar seu parceiro quando massagear as coxas dele, deixando suas mãos escorregarem "acidentalmente" para entrar em contato com as genitais. Faça-o durante o movimento de subida, e aumente a frequência e pressão desses "acidentes".

Seios e glúteos geralmente são as regiões mais carnudas do corpo, mas precisam de tratamento diferenciado. A vibração de suas mãos correrá até as genitais dela e a preencherão de desejo.

os polegares contra as áreas musculares, desenhando círculos até sentir a musculatura mais relaxada. Misture os movimentos circulares mais intensos com os movimentos longos, para adicionar variedade e encorajar o relaxamento.

Estenda sua massagem para as costas de seu parceiro. Coloque suas mãos estendidas nos dois lados do topo da espinha dorsal e arraste-as até a base das costas. Em um movimento de subida, aplique mais pressão usando o peso de seu corpo. Diversifique esse movimento levando suas mãos à lateral, dando batidinhas ou aplicando maior pressão circular com a base de suas mãos. Evite massagear diretamente a espinha.

Seios

Massagear os seios de uma mulher é sensual e erótico para ambas as partes. Fica ainda melhor se a mulher estiver deitada de costas. Você pode ficar mais confortável se sentar em cima de sua parceira, mas não deixe seu peso sobre ela. Comece colocando as palmas de suas mãos embaixo dos dois seios com seu polegar aberto de modo que sua mão forme um "L", com o seio acomodado na curva do "L". Usando uma pressão bem firme, circule suas mãos para dentro e para fora e, enquanto elas giram para dentro, junte o polegar e o dedo indicador de maneira que eles terminem por beliscar gentilmente os mamilos, e comece de novo. Se você quiser, pode se concentrar em um seio, com a mesma técnica, mas usando a outra mão para complementar o movimento circular.

Outra técnica é usar dedos e polegares para beliscar a região do mamilo gentilmente antes de abrir seus dedos ao longo dos seios. Use pressão leve em torno do mamilo e aumente a pressão enquanto seus dedos se expandem para fora.

Coxas

É mais fácil massagear as coxas de seu parceiro se ele estiver deitado, pois assim ele consegue dobrar os joelhos. Arqueie uma de suas mãos na parte de baixo da coxa e a outra na parte de cima, logo acima do joelho. Aumente a pressão na ponta de seus polegares e dedos enquanto desliza suas mãos ao longo da coxa, para cima e depois para baixo também. A parte interna da coxa é extremamente sensível, então varie o movimento, usando a base da palma da mão para fazer pressão nos movimentos contínuos ao longo da coxa.

Glúteos

Sente ao lado de seu parceiro e massageie seus glúteos com delicadeza, aumentando gradualmente a pressão. Depois, deixe sua mão sobre uma das nádegas, mantendo-a estendida, plana, paralela à nádega e dê uma palmada rápida. Alterne as mãos e corra os glúteos inteiros. Em seguida, repita na outra nádega antes de voltar à massagem.

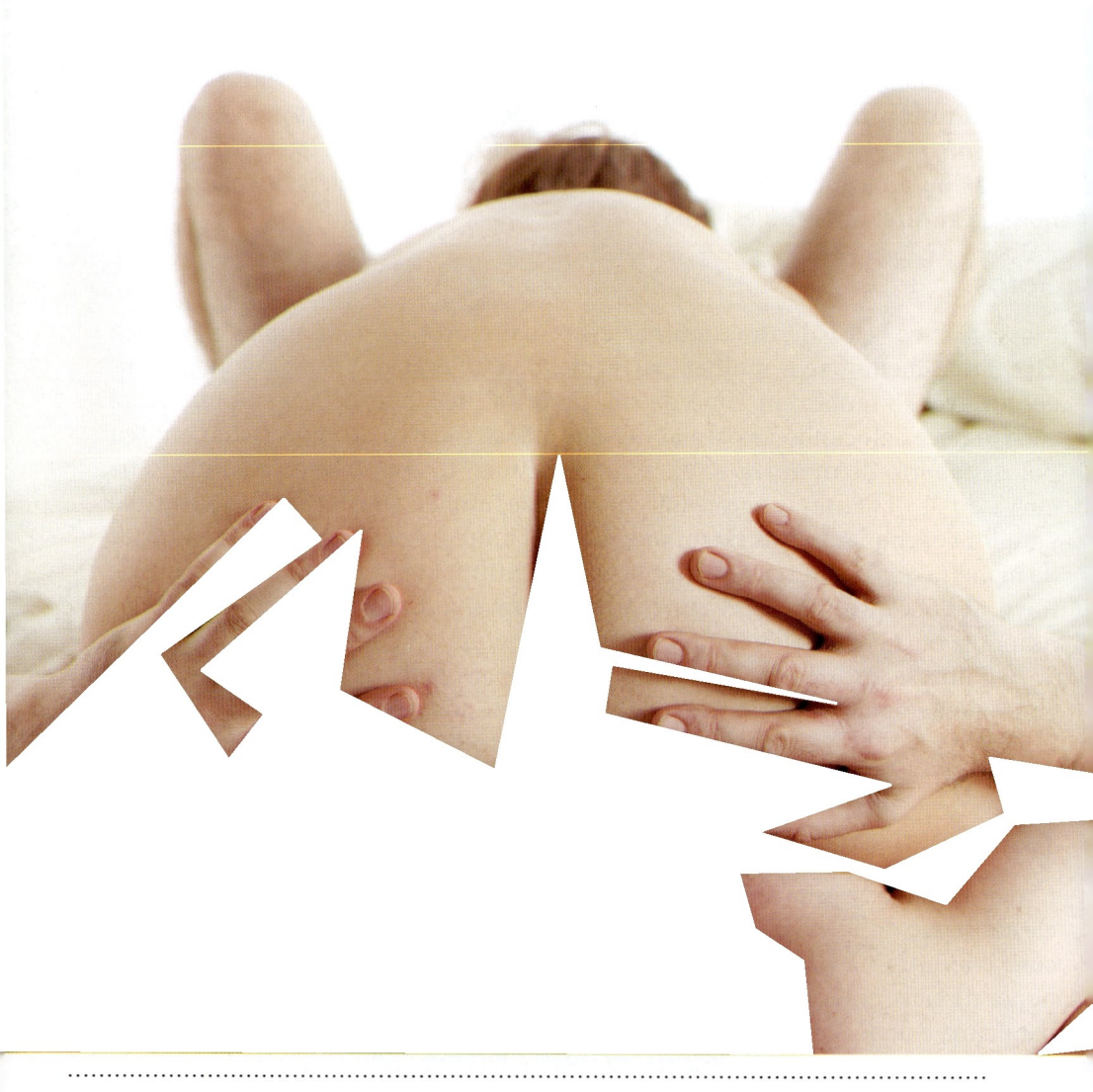

Quem não arrisca, não petisca. Se o sexo está se tornando mais uma tarefa rotineira do que um momento de êxtase, a solução está quase que literalmente em suas mãos. Tente algo em que você tem pensado, mas nunca tenha feito, seja experimentar anilingus ou usar um vibrador. Sugira algo que tenha gostado de fazer com um parceiro anterior, mas nunca tenha feito com o atual – não é preciso mencionar de onde você tirou a ideia. Pense nas coisas que vocês costumavam fazer juntos, mas hoje em dia parecem não dispor mais de tempo para fazer. Prepare sua imaginação e force as barreiras.

Experimentando Algo Novo

O SEXO REALMENTE MARAVILHOSO costuma ser aquele em que não há inibição, quando não existem barreiras e ambos se sentem completamente à vontade com seu parceiro amado. Para muitos casais, talvez a maioria, não seja esse o caso, embora eles possivelmente conheçam seus parceiros há anos, tenham acompanhado a mudança no corpo deles e se sintam confortáveis e seguros na sua presença. Enquanto o tempo passa, fica mais difícil mudar, e casais chegam a um beco sem saída sexual onde estão presos aos seus limites. Para que possam progredir, é preciso alçar um novo degrau de intimidade.

Masturbando-se Juntos

Muitas pessoas veem a masturbação como uma prática despudorada para dar prazer a si mesmas, algo que fazem há muitos anos, de forma privada. A ideia de se masturbar na frente de alguém, independentemente de quanto você ame e confie na pessoa, pode ser assustadora.

Um bom lugar para começar é deitado entre as pernas de seu parceiro, para que ele consiga envolver você, mas você não tem a sensação de estar sendo observado. Acostume-se à ideia de se masturbar na frente dele sem se preocupar se você vai alcançar o orgasmo ou não, apenas para que veja como você gosta de ser tocado. Quando você estiver completamente confortável com isso ambos podem se masturbar ao mesmo tempo na frente um do outro e tentar chegar ao orgasmo simultaneamente. Vale a pena notar que observar a parceira se masturbar é uma das cinco fantasias sexuais masculinas mais populares.

Forçando as Barreiras

É precisamente porque casais se sentem seguros e confortáveis juntos que o sexo pode vir a se tornar chato. Para alguns casais, abrir mão de algumas inibições – e quase todos nós temos alguma – pode ser suficiente para reacender a chama. Tente posições e atividades que vocês não haviam tentado antes, até mesmo um pouco de dominação ou estimulação anal.

Não confronte seu parceiro como se isso fosse um desafio ou devessem estudar sistematicamente o *Kama Sutra* inteiro. Entretanto, se você quiser tentar, digamos, anilingus – lamber e beijar o ânus – vocês podem ter uma ideia de como é se beijarem e lamberem a genital um do outro enquanto

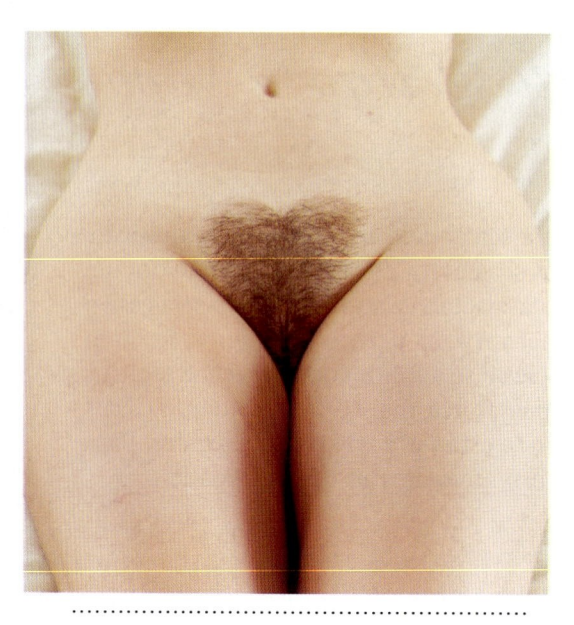

Pelo pubiano em formato de coração –
a piada interna perfeita.

massageiam a região anal com suas mãos. Espelhem-se um no outro, de modo que um copie o outro. Se algum decidir liderar, então deve massagear o ânus de seu parceiro da maneira que gostaria de ter o seu ânus massageado. O outro parceiro pode retribuir seguindo o caminho indicado – ou não, se não gostar. Esse é um grande meio de comunicarem um ao outro a maneira que gostam de ser tocados em áreas sensíveis recentemente incorporadas à brincadeira.

Ultrapassando a Linha

Tentar posições diferentes pode não ser suficiente para casais altamente aventureiros que sentem precisar de estímulos mais extremos para animar a vida sexual enfadonha e que querem forçar um pouco mais os limites. Um bom lugar para começar é a internet, já que há muitos sites dedicados aos mais diferentes gostos sexuais, desde casas de *swing* até *voyeurismo*. Isso lhes dará a oportunidade de descobrirem as opções, discuti-las, formarem uma opinião e decidirem se realmente querem tentar aquilo que, talvez até hoje, tenha sido apenas uma fantasia. Uma ida juntos ao *sex shop* pode ser uma maneira de explorar outras possibilidades, tais como dominação ou fetiches.

É importante discutir qualquer atividade que possa ser interpretada como extraordinária, em especial quando envolve outras pessoas. A realidade de ver seu parceiro dar prazer a outra pessoa talvez seja muito diferente do que você pensa e pode ferir ou até mesmo arruinar um relacionamento de longo prazo. Se vocês dois concordam – e devem ser os dois – em continuar com algumas aventuras sexuais que fogem do comum, estabeleçam limites entre vocês a respeito do que é permitido e do que não é, e façam mais pesquisa para ter certeza de que vocês estarão o mais seguro possível. Se um de vocês é entusiasmado, mas o outro um pouco menos animado, mantenha a ideia no patamar da fantasia e assista a alguns filmes adultos ou leia revistas pornográficas ou livros que excitem esse aspecto de sua libido.

Um Pouco de Diversão

Nunca se esqueça de que a risada é um grande afrodisíaco, e que um dos motivos que levam os casais ao beco sem

Experimentando Algo Novo

Um merkin em formato de folha de figo para brincar de Adão e Eva – tome cuidado com a serpente.

namorados. Outros formatos possíveis incluem estrelas ou cruzes, ou um tabuleiro de xadrez. Um barbeador elétrico é a ferramenta ideal para qualquer artista da genitália, pois em geral é mais precisa e fina do que o barbeador comum.

Os chamados *merkin* são tapa-sexos que funcionam como perucas púbicas, feitos de material capilar e colados ao corpo utilizando-se cola especial. Eles foram usados durante a história pelas mais diferentes razões, incluindo problemas de saúde e "decência púbica", mas hoje as pessoas usam-no puramente por diversão. Existem de todos os formatos e cores, desde folhas de figo e flores até bandeiras nacionais, e são garantia de levantar algo mais do que apenas um sorriso.

saída sexual é que a vida – e o sexo – se tornou enfadonhamente previsível e sem graça.

Você pode optar por fazer uma surpresa ao seu parceiro na próxima vez que ele ou ela vir você sem roupa. Há uma variedade gigante de coisas que você pode fazer com seus pelos pubianos que deixarão ele ou ela tanto excitados quanto entretidos. Muitas mulheres depilam ou raspam seus pelos púbicos para mantê-los bem arrumados, mas pode-se depilá-los em formatos divertidos ou até mesmo tingi-los completamente. A quantidade de pelos que você tem determina a quantidade de coisas que você pode fazer, mas como eles praticamente já estão em formato de coração, não é preciso muito talento artístico ou habilidade para deixá-los naquele formato, perfeito para o dia dos

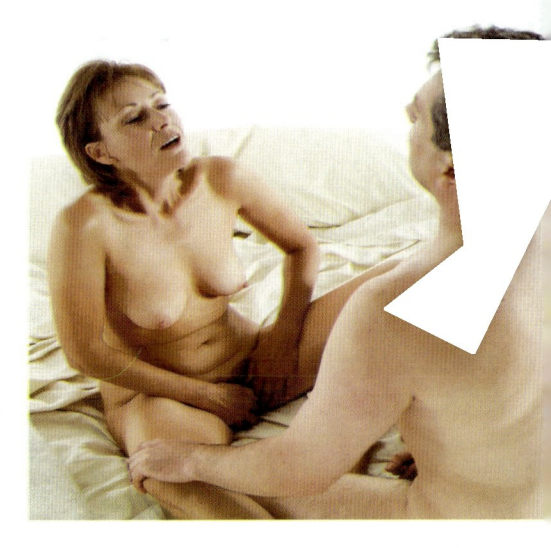

Masturbar-se com seu parceiro é algo extremamente íntimo.

A mulher pode deitar de barriga para baixo, para o homem montar sobre sua cintura, voltado para os glúteos dela e segurando as mãos da parceira contra as costas dela. Ele pode pedir que ela envolva firmemente seu pênis com as mãos, para que ele se movimente para dentro e para fora delas.

Segure as pernas dobradas de sua parceira e ela não conseguirá escapar.

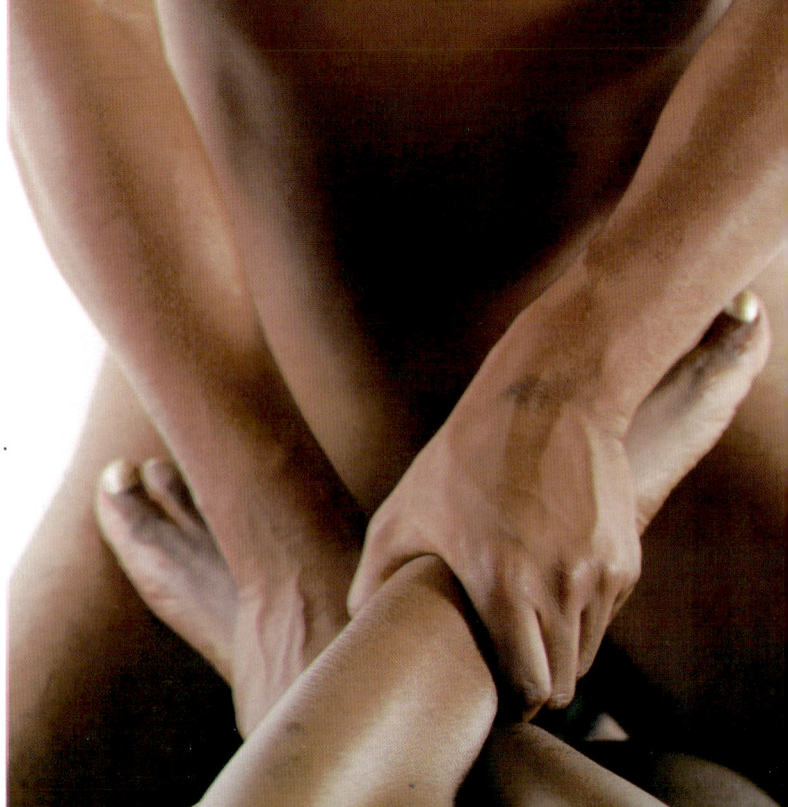

Jogos Mentais

EM RELACIONAMENTOS DE LONGA DURAÇÃO, as fantasias desempenham um papel importante para manter acesa a chama da paixão. A dificuldade geralmente reside em conseguir compartilhar essas fantasias com seu parceiro, pois muitas pessoas têm medo de serem julgadas. A maioria das fantasias sexuais oscila entre o estranho e o subversivo, e é muito comum as pessoas fantasiarem a respeito de algo, enquanto vivenciam um momento de paixão, e sentirem-se desconfortáveis quando pensam naquilo fora de um contexto sexual, mas desviar-se das regras é um desejo natural do homem. Gozar de um momento apaixonado de desinibição e "safadeza" com seu parceiro é uma expressão de seus mais íntimos desejos e um ato de confiança emocional e física que pode melhorar sua relação de longa duração.

Suas fantasias são pessoais e privadas, e não é preciso divulgá-las, mas pode ser que existam elementos dela que você possa trazer à luz para conversar com seu parceiro. Por exemplo, uma mulher que fantasia sobre fazer sexo com dois homens ao mesmo tempo pode pedir a seu parceiro que use um vibrador ou um consolo para ele mesmo fazer dupla penetração durante o sexo.

Restrição de Movimentos

Outra fantasia comum que os casais podem explorar para apimentar seus relacionamentos de longa duração envolve a imposição de restrição de movimentos ao parceiro. Essas imposições variam desde segurar as mãos ou as pernas enquanto vocês estimulam um ao outro até ser efetivamente amarrado. Uma vantagem de restringir o outro é que isso ajuda vocês a se comunicarem sem precisar conversar. Ao segurar seu parceiro, o que você está dizendo é que ele ou ela não precisa se preocupar em lhe dar prazer, pois agora você está concentrado nele ou nela. Tudo o que você precisa fazer é deitar e aproveitar. É divertido alternar quem desempenha o papel de dominante, no qual você toma o controle de tudo o que acontece, com o papel de submisso, em que não existe pressão para agradar e permite que você entregue o controle às mãos e aos beijos amorosos de seu parceiro.

A grande coisa a respeito das brincadeiras restritivas durante o sexo é que elas geram um pequeno *frisson* de ansiedade – que é imensamente excitante –, mas sem incluir dor ou medo. Esqueça a história da *dominatrix* com chicote ou máscara de couro presentes na "Dominação Intensa" (a menos que você goste disso) e concentre-se em provocar e excitar. Amarre, sem apertar muito, os pés e as mãos de seu parceiro à cama com um lenço de seda, meia-calça ou gravatas, de modo que eles fiquem de braços abertos, ou invista em uma algema. Então, plante o caos no sistema nervoso dele, estimulando cada centímetro do seu corpo com suas mãos, língua, genitais, um vibrador, uma pena – tudo o que você quiser –, recuando toda vez que o fim da brincadeira parecer perto do inevitável. Lembre-se, quem está no controle é você.

Essa ideia de restrição pode ser intimidante, pois, independentemente do amor e da confiança que você nutra por seu parceiro, a ideia e sensação de estar preso e não conseguir fazer nada a respeito nem sempre é positiva. Para superar esse medo, talvez seja uma boa ideia começar com posições básicas que possibilitam a restrição, tais como segurar as mãos de sua parceira ou parceiro enquanto você cobre o corpo dele ou dela de beijos, ou experimentar amarrá-lo à cama enquanto você faz sexo oral nele ou nela. Uma vez familiarizados com os limites um do outro e com até onde você pode impor suas restrições, existem muitas coisas que vocês podem fazer.

A restrição também pode ser usada quando vocês estiverem brincando de interpretar personagens. Sejam quais forem suas fantasias, médico e enfermeira ou empregada e patrão, segurar ou amarrar o outro pode aumentar a excitação.

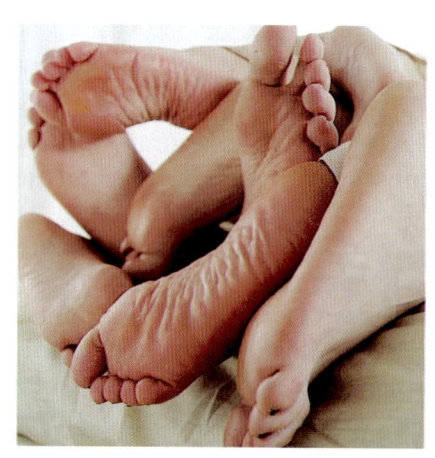

Fazendo Swing

Sexo grupal não é do gosto de todos, mas para algumas pessoas é uma grande fantasia.

Anteriormente conhecido como troca de casais por volta dos anos 1950, o *swing* eclodiu como uma alternativa lucrativa dentro do sexo heterossexual. Agora existem clubes de *swing*, festivais de *swing* e feriados de *swing* para que as pessoas que compartilham disso possam realizar suas fantasias e desejos em um ambiente relativamente seguro com outras pessoas que têm as mesmas preferências. O *swing* geralmente culmina em sexo grupal, pois muitos praticantes sentem prazer em ver seus parceiros fazendo sexo com pessoas diferentes. Existem códigos

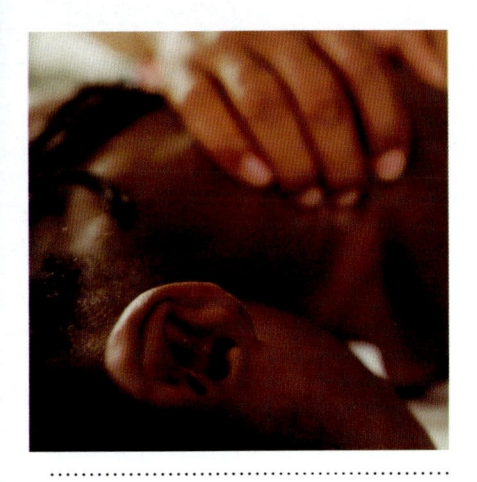

Algumas posições precisam que você segure firme.

Tente incorporar as restrições em posições diferentes. Por exemplo, ele pode deitar de barriga para cima e ela pode sentar sobre ele e forçá-lo com os joelhos a se render.

de prática e a maioria dos casais também tem seus próprios limites, acordados entre eles dentro de seu relacionamento. Por exemplo, em geral se um dos parceiros não quer fazer sexo com determinado casal, eles optam, como casal, por não ir adiante, indiferentemente do que um dos parceiros possa sentir. Quase sempre é uma decisão tomada em conjunto. Participantes de *swing* costumam ser pessoas muito abertas, que não estão interessadas em fazer algo contra a vontade de alguém. Qualquer casal interessado em fazer *swing* deve considerar visitar um dos eventos organizados por outros *swingers* e conversar com eles para se informar antes de decidir se querem ou não se envolver.

Ver e Ser Visto

Voyeurismo e exibicionismo são outras atividades sexuais que excitam algumas pessoas. É importante ressaltar que observar alguém sem o consentimento dela é tão ilegal quanto imoral. Existe uma moda de fazer festa de carros, quando as pessoas estacionam seus carros e permitem que outras pessoas as observem, e de vez em quando se juntem, enquanto fazem sexo. Esse tipo de festa é dirigida aos *voyeurs* e exibicionistas, já que é considerado aceitável que outros integrantes da festa caminhem entre os carros e parem nas janelas, observando o que está acontecendo dentro de cada carro. Existem sites *voyeurs*, e alguns clubes de sexo dispõem de salas *voyeurs* para observação.

Obviamente existe um elemento de risco nessa atividade e ao tomar parte nesse tipo de ação, você está se deixando ser passível de abuso. Nem todo mundo que participa desse tipo de atividade será consciente como você é.

A geografia das genitais pode fazer o orgasmo durante a penetração ser algo impreciso para algumas mulheres. A CAT é divertida para ambos os parceiros e pode resolver este problema.

Orgasmos Múltiplos

MUITAS MULHERES TÊM POUCOS ORGASMOS, ou nenhum orgasmo, e, com o passar do tempo, isso pode sair caro em um relacionamento. Isso não quer dizer necessariamente que o casal não goza de uma boa vida sexual, mas a dinâmica da excitação feminina é bastante complexa e o formato e posição do clitóris não ajudam, de maneira que a estimulação ou é correta ou é nula. A técnica de Alinhamento no Coito (CAT) e a técnica de Orgasmo Sexual Extenso (ESO) são dois métodos que se desenvolveram para superar essas dificuldades.

Técnica de Alinhamento no Coito

O CAT é uma posição que foi adaptada a partir da posição papai-mamãe para aumentar as possibilidades de a mulher alcançar o orgasmo durante a penetração, entretanto, essa técnica ajuda apenas em casos em que a deficiência é de ordem técnica, e não psicológica.

O clitóris da maioria das mulheres fica a aproximadamente dois a três centímetros da abertura vaginal, o que faz com que a estimulação do clitóris durante a penetração seja esporádica, indireta ou absolutamente inexistente. A diferença com a CAT é que o homem penetra sua parceira com um ângulo mais adequado, de maneira que a movimentação dele estimule o clitóris.

Comece na posição comum de papai-mamãe, com o homem por cima entre as pernas dobradas de sua parceira. Ao penetrar a parceira, ele deve se levantar para a frente, afastar o corpo dela, de modo que seus movimentos façam contato com o clitóris, mantendo a parte superior de seu corpo relaxada, inclinando-se para a esquerda ou para a direita, para deixar parte de seu peso sobre a cama. A mulher pode envolver o corpo de seu parceiro com suas pernas, mantendo sua pélvis esticada para que seus calcanhares fiquem próximos às panturrilhas dele.

Outra opção é a mulher manter suas pernas fechadas enquanto seu parceiro posiciona as pernas dele do lado de fora das dela. Experimente ambas as formas para ver a qual vocês se adaptam melhor. A última pode trazer benefícios para mulheres que sofrem de hipersensibilidade no clitóris e que por isso não respondem bem ao contato direto nessa região. Desse ponto em diante, o casal deve começar um movimento leve de balanço para a frente e para trás, igualando-se um ao ritmo do outro. Ele deve se esfregar e esporadicamente fazer movimentos rotacionais e a imagem do número oito com sua pélvis, pois muitas mulheres respondem bem à estimulação do movimento circular em torno de seus clitóris.

Orgasmo Sexual Extenso

O ESO foi desenvolvido pelo psiquiatra Alan Brauer e pela psicoterapeuta Donna Brauer e foi criado para ajudar as mulheres a aumentarem seu orgasmo para que eles tenham até 30 minutos de duração. A mulher deve começar treinando sua mente e seu corpo, livrando-se de qualquer barreira negativa e medos relativos a sexo, focando seu pensamento no prazer que é fazer amor com seu parceiro. Isso quer dizer que a mulher deve começar com duas semanas de exercícios diários para o assoalho pélvico e uma programação regular de masturbação voltada ao aprendizado dos tipos de estimulação que ela considera mais eficazes.

A ESO é feita com a mulher deitada de barriga para cima e seu parceiro entre suas pernas, ajoelhado ou sentado. Como ele talvez fique nessa posição por até meia hora, ele deve escolher uma postura que seja confortável. O homem começa aplicando lubrificante por toda a região genital da mulher, massageando tudo, exceto o clitóris. Quando a mulher começar a mover o corpo acompanhando o ritmo da massagem, ele deve começar uma lenta e rítmica estimulação do clitóris, enquanto ela flexiona a musculatura do assoalho pélvico e respira fundo. Quando começar a primeira onda de contrações de orgasmo, ele deve inserir dois dedos e migrar a estimulação do clitóris para as paredes vaginais, mantendo, porém, em ritmo lento e regular. Quando ela chegar ao primeiro orgasmo, ele deve esperar que o orgasmo diminua um pouco, mas não o bastante para cessar as contrações. Ele então deve continuar a massagear as paredes vaginais vagarosamente e com o mesmo ritmo, e se a mulher sentir as contrações cessando, ele deve voltar ao clitóris para manter a excitação. Isso deve engatilhar novas contrações e ele deve voltar a massagear as paredes vaginais e dar continuidade ao seu movimento para a frente e para trás até que as contrações se tornem contínuas. Finalmente, ele deve estimular ambas as áreas ao mesmo tempo, o que resultará em onda de orgasmo seguida de outras ondas de orgasmo.

Vá de Novo, e de Novo...

Para algumas mulheres é possível ter mais do que um orgasmo. Algumas alegam que o segundo ou terceiro é menos intenso, enquanto outras dizem que a intensidade independe da ordem em que o orgasmo é alcançado. As técnicas para alcançar orgasmos múltiplos são semelhantes àquelas descritas pela ESO,

Orgasmos Múltiplos

em que a estimulação depois do primeiro orgasmo deve continuar. Muitas mulheres acham seus clitóris muito sensíveis para serem tocados nos momentos pós-orgasmo, portanto em vez de estimular diretamente o clitóris, seu parceiro deve estimular as regiões próximas até a excitação retornar.

Para os homens, orgasmos múltiplos são mais difíceis de alcançar, já que logo após a ejaculação muitos deles entram em uma fase refratária, o que significa uma soneca leve. Acredita-se que homens que conseguem separar orgasmo da ejaculação podem experimentar a sensação de orgasmos múltiplos. Esse é um dos princípios do sexo tântrico e taoista.

Para alcançar essa separação, o homem precisa desenvolver uma forte musculatura do assoalho pélvico com os exercícios Kegel. Quando o homem chega ao ponto do orgasmo, ele deve cessar toda a estimulação e contrair a musculatura do assoalho pélvico, e relaxar os músculos da região pélvica e dos glúteos. Ele deve então retornar à estimulação e repetir integralmente o processo antes de finalmente contrair a musculatura do assoalho pélvico ao ponto do orgasmo. O homem então experimentará a prazerosa sensação de orgasmo sem liberar sêmen. Qualquer pessoa com problemas na próstata deve consultar um médico antes de tentar isso.

Praticar o que é conhecido como retenção do sêmen, com contrações do músculo do assoalho pélvico, permite a um homem não apenas prolongar o tempo de sexo e a estimulação que levará sua parceira ao orgasmo, mas também levará ele próprio aos orgasmos múltiplos.

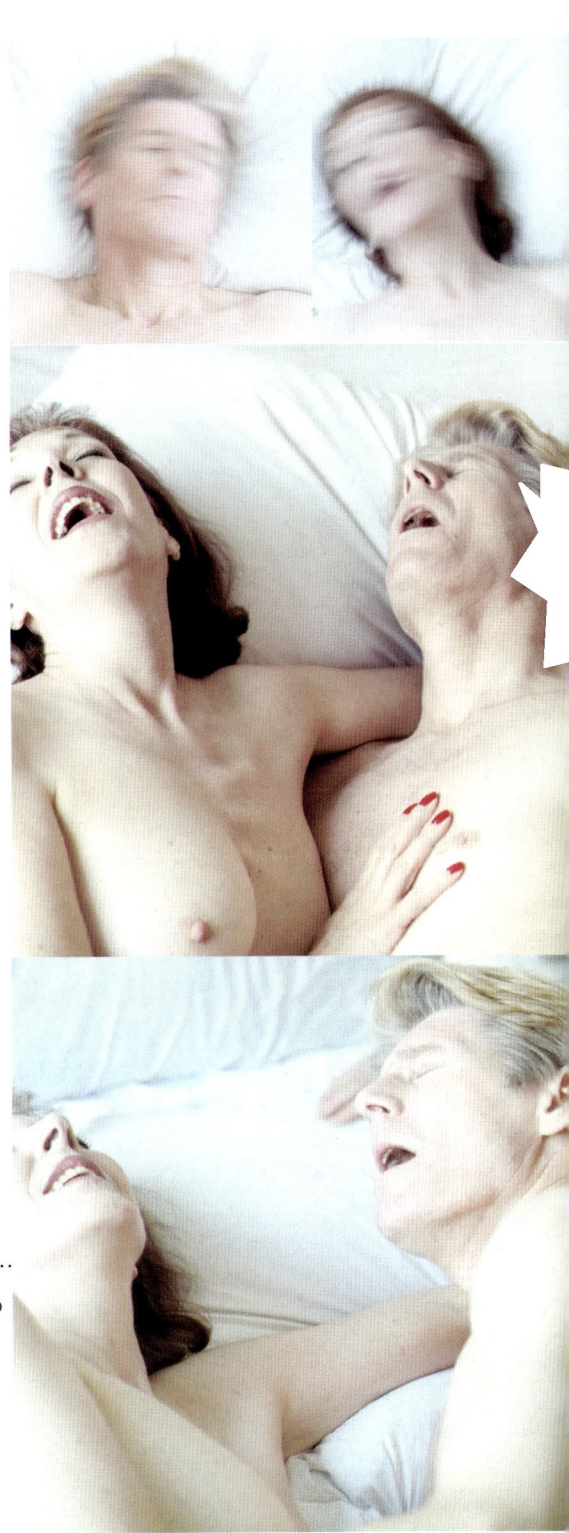

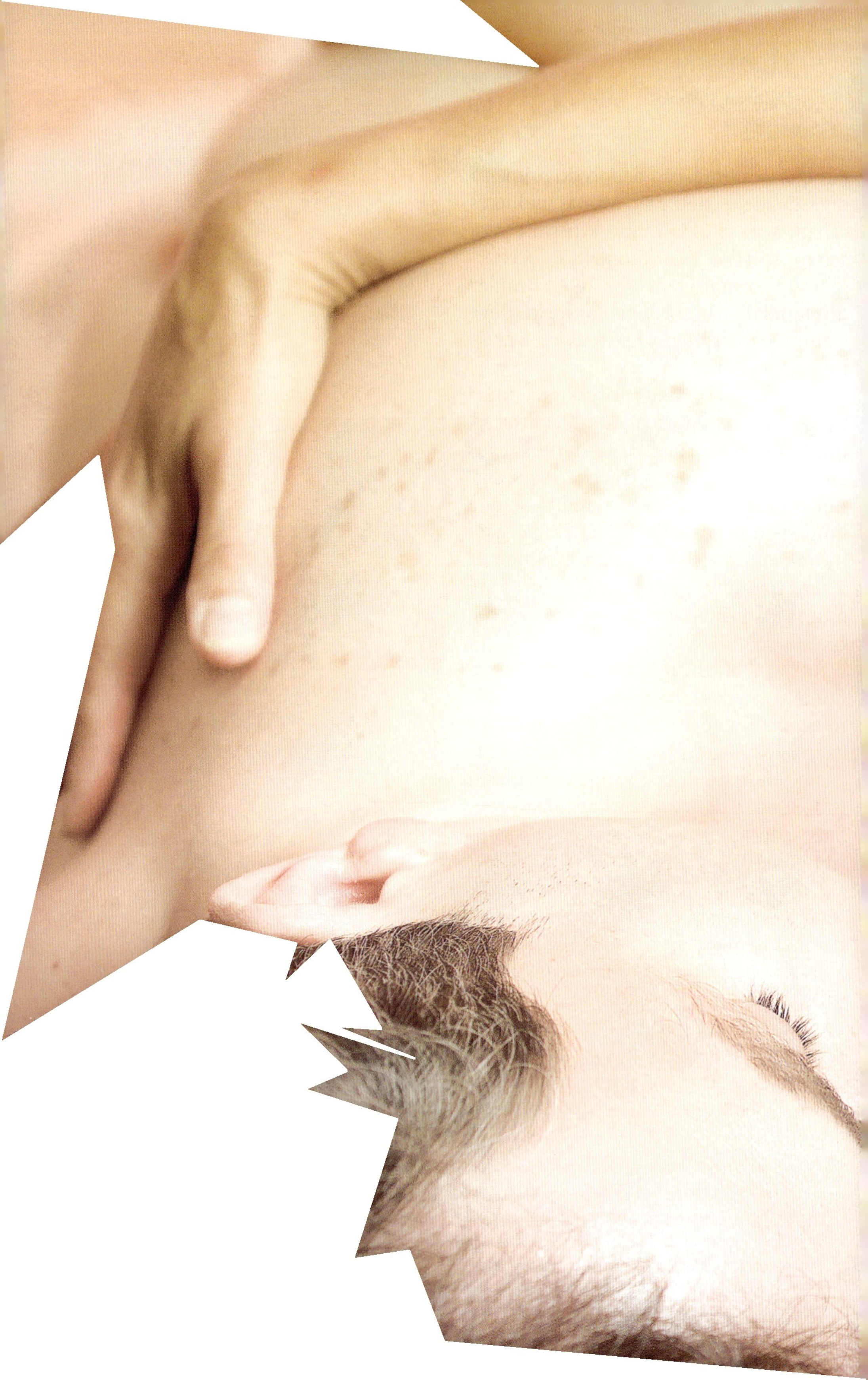

Sexo Divino

As doutrinas sagradas e filosóficas do Oriente ocupam um lugar importante na sexualidade ocidental entre os amantes de hoje. Muitos desses trabalhos antigos combinam ensinamentos práticos e teóricos com espiritualidade e iluminação. Aprender e praticar esses ensinamentos não apenas traz benefícios à sua vida sexual, mas oferece um novo ponto de vista sobre como se deve lidar com os estresses e restrições da vida cotidiana.

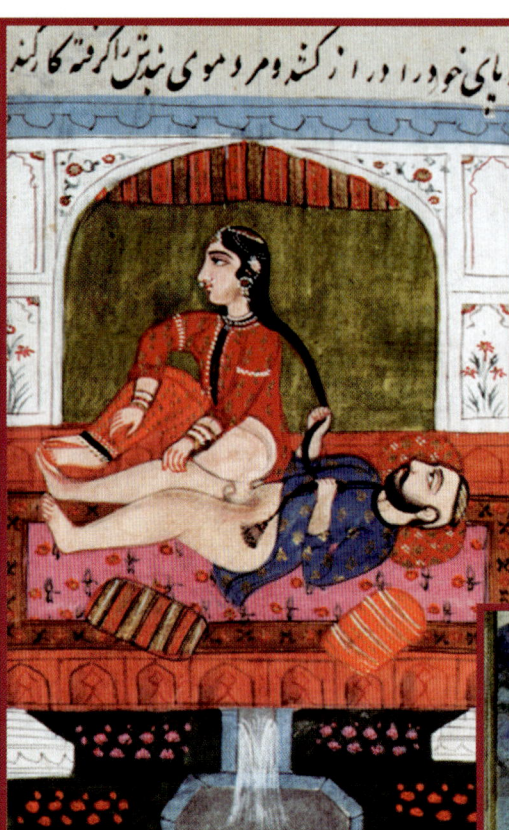

Uma imagem do século XVIII do *Kama Sutra* mostra uma mulher por cima enquanto o homem puxa seu cabelo.

Posições em pé eram mais exaltadas.

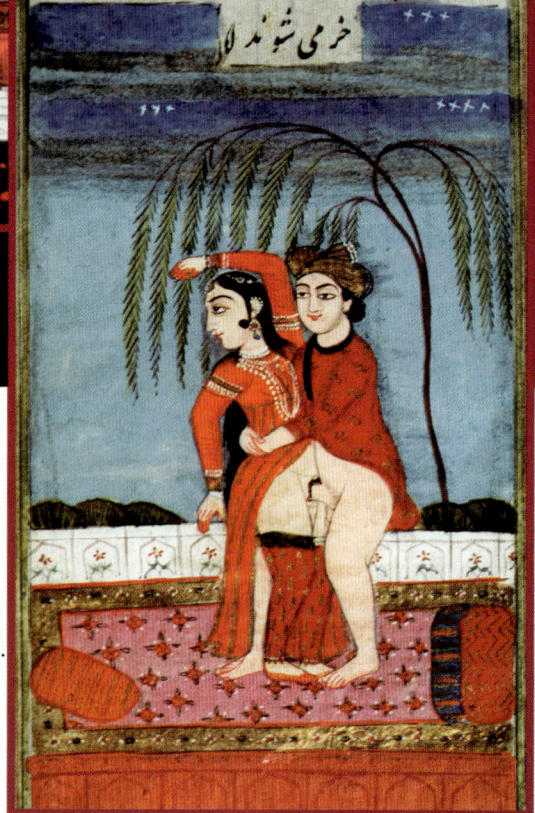

Sexo e Filosofia

ALGUNS DOS MANUAIS MAIS FAMOSOS a respeito de sexo foram criados na Índia há muitas centenas de anos. O primeiro, o *Kama Sutra*, é uma coletânea de antigos escritos hindus sobre sexo – conhecidos como *Vedas* –, que foram, eles próprios, baseados em histórias de tradição oral bem anteriores. Ele foi seguido pelo *Ananga Ranga* e depois pela filosofia tântrica, que usaram, ambos, o *Kama Sutra* como um mapa para seus ensinamentos, adaptando posições e práticas.

O *Kama Sutra* foi estruturado por um estudioso de religião e do divino, chamado Mallanga Vatsayana, em alguma época entre o primeiro e o quarto século a.C. O *Kama Sutra* é mais esclarecedor com sua abordagem desinibida e sem medos a respeito do sexo do que são muitas teorias modernas escritas por sexologistas. Devido ao seu conteúdo explícito e descrições vívidas de posições e poções, cujo propósito é melhorar a vida sexual, ele já foi muito confundido com pornografia no Ocidente. Na verdade, ele foi criado para servir de guia ao amor, detalhando práticas de cortejo, maneiras de tratar parceiros conjugais e companheiras e muito mais.

Mais de um século depois do *Kama Sutra*, surgiu o *Ananga Ranga*, de Kalyana Malla. Embora Malla tenha usado muitas das posições sexuais, das técnicas de abraço e ainda outras mais, do *Kama Sutra*, o *Ananga Ranga* possui um objetivo e um conteúdo diferente daquele do *Kama Sutra*. Enquanto o *Kama Sutra* estava associado com amor e união, o *Ananga Ranga* é mais orientado à prevenção de divórcios entre esposos e esposas, e ao aumento da longevidade matrimonial. Seguindo esse objetivo, Kalyana Malla descreve os diferentes tipos de homens e mulheres e categoriza seus diferentes tipos de paixão, temperamentos e características.

A origem do Tantra é mais difícil de ser definida. O texto tântrico mais antigo parece ser os *Tantras Budistas*, que datam de cerca de 600 d.C., mas há elementos tântricos nos *Vedas*. Mais do que uma prática ou um guia passo a passo, o Tantra é uma filosofia, preocupada com espiritualidade e energia divina, mesclando sexualidade divina, filosofia oriental e os ensinamentos do *Kama Sutra*. Envolve a prática de meditação e yoga para a conquista do objetivo máximo, que é a dissipação do ego e criação de união com a energia divina que existe em cada um de nós.

No decorrer dos últimos 3 mil anos, as culturas orientais respeitaram e adoraram o poder e força vital da natureza sexual dos homens, e reconheceram a importância de ensinar isso às próximas gerações. No Ocidente, nosso desenvolvimento sexual foi muito diferente. Embora a sociedade contemporânea seja mais liberal e aberta do que no passado, as artes da sedução, sensualidade e abandono à lassidão desenvolveram-se menos do que em relação ao Oriente. Voltando a vista para o Oriente, podemos coletar sabedoria e conhecimentos de uma longa lista de revolucionárias iluminações sexuais.

Kama Sutra

Embora se conheça muito pouco sobre Mallanga Vatsayana, o organizador do *Kama Sutra*, alega-se que ele foi um estudante Brahmin, envolvido com a contemplação do divino. Provavelmente morou na cidade de Pataliputra durante um período de prosperidade econômica e liberalismo social.

O *Kama Sutra* é focado em três conceitos fundamentais do Hinduísmo: *dharma* (o ganho de mérito religioso ou de responsabilidade e integridade), *artha* (conquista de objetivos, inclusive materiais) e *kama* (amor e os outros prazeres sensuais). A teoria era de que quando alguém conquistasse esses três objetivos, combinando o moral, o material e o erótico, ele poderia aspirar a conquista de *moksha*, ou libertação espiritual.

Nesta ilustração do século XVIII, a mulher está manipulando o *lingham*, ou pênis, de seu parceiro.

O *Kama Sutra*, portanto, não possui um foco exclusivamente sexual, e apenas uma pequena parte do texto é focada no ato sexual. Na Índia ele se tornou um guia para relações e interações humanas. Ele contém conselhos sobre outros aspectos da relação homem-mulher, tais como o cortejar e o matrimônio, os deveres de uma esposa e de um marido, intensificação da beleza da atratividade, e ainda fornece uma grande variedade de receitas e encantamentos para a resolução de problemas e dificuldades sexuais.

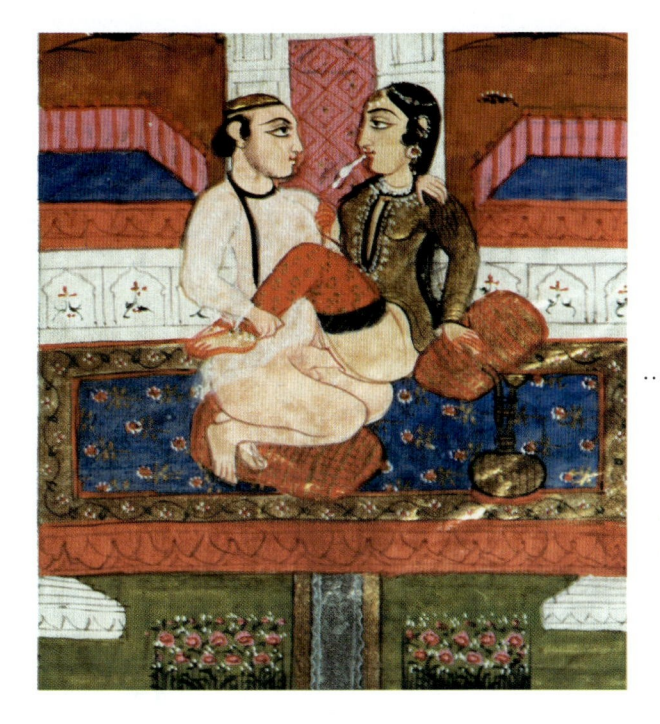

Ilustrações do *Kama Sutra* geralmente são encenadas em belos palácios, neste caso recheados de flores, com um tapete manufaturado e narguilés.

O tom do registro de Vatsayana é marcadamente livre de preconceitos e bastante liberal, se considerarmos a época em que foi escrito. A ênfase é oposta à tirania e ressalta com frequência que o casal deve fazer qualquer coisa que seja correta para eles naquele momento. É um guia para amantes, e não uma legislação para amantes.

O Ocidente tomou conhecimento do *Kama Sutra* na era vitoriana, quando não se esperava que as mulheres aproveitassem o sexo e, portanto, não se esperava do homem nenhuma habilidade especial para agradá-las. Os tradutores vitorianos, F. F. Arbuthnot e *Sir* Richard Burton, publicaram o livro em inglês em 1883 para circulação restrita. Foi apenas em 1963 que a primeira edição se tornou acessível ao público geral, um hiato que colaborou muito para o aumento da expectativa acerca da áurea mística que envolvia o *Kama Sutra*.

O *Kama Sutra* é de muitas maneiras um portal direto à época e cultura em que foi escrito. Embora muito dele esteja desatualizado, há muitos elementos do *Kama Sutra* que podem ensinar algo ao Ocidente. Destes, o ponto mais importante é a sensação de pertencer a uma sociedade civilizada que leva os prazeres do corpo e da alma muito a sério.

Sexo Definitivo

A mulher pode agarrar o homem e demonstrar seu prazer físico, puxando-o para perto de seu corpo.

Um Kama Sutra Moderno

O *KAMA SUTRA* NÃO é apenas uma lista de posições exóticas para a hora do sexo. Ele descreve de maneira muito detalhada a delicadeza das preliminares e a importância de ambas as partes serem sexualmente satisfeitas e também de que elas devem desfrutar algum tempo juntos depois do ato.

O Trabalho do Homem

No *Kama Sutra*, o "trabalho do homem" denota qualquer ação que o homem deva fazer para dar prazer à mulher. Vatsayana sugere que quando um homem e uma mulher ficam juntos pela primeira vez, eles começam sentados na cama conversando sobre tópicos não sexuais e encorajando um ao outro a tomarem vinho. Enquanto a mulher está absorta pela conversa dele, o homem deve livrá-la de suas roupas íntimas e cobri-la de beijos, caso ela proteste.

Quando estiver em ereção, sugere-se que ele a toque gentilmente com suas mãos. Se ela for tímida ou caso seja a primeira vez que eles fazem sexo juntos, ele deve começar colocando suas mãos entre as coxas dela. Ele também deve acariciar os seios, o pescoço e as axilas dela com as mãos.

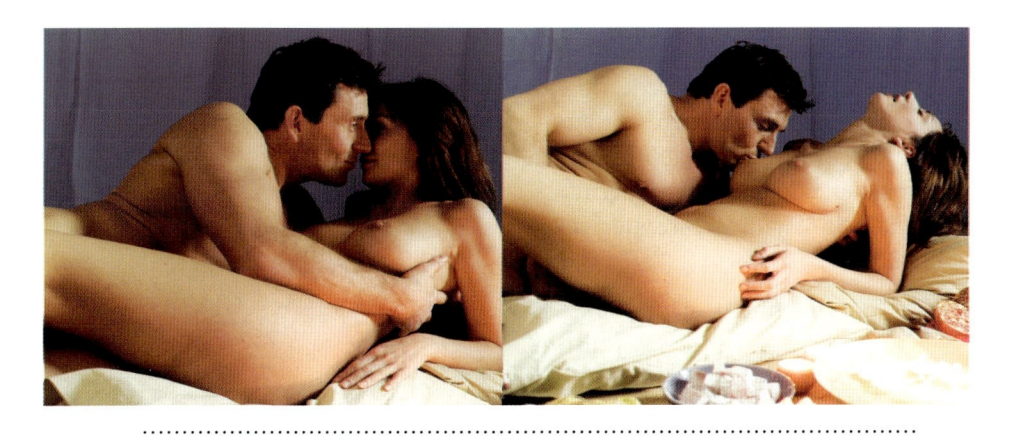

O *Kama Sutra* é iluminado em sua fé nas preliminares e recomenda que o homem comece o ato sexual esfregando a *yoni* de sua parceira com os dedos até que ela fique excitada.

Interpretação Moderna: A mensagem contemporânea do conceito de "trabalho do homem" é a respeito da importância das preliminares. Gastem tempo para seduzirem-se na cama com palavras e ações e um bom vinho. A mulher não precisa ser passiva; ambos devem luxuriar-se na sensualidade do corpo do outro antes de fazerem sexo.

Satisfazendo uma Mulher

Durante o sexo, o homem deve se concentrar em pressionar as partes do corpo feminino que fazem com que ela "altere seu olhar". Alguns sinais de que a mulher está sentindo prazer são a mudança do olhar (elas podem virar ou fechar os olhos) e o fato de se tornarem menos tímidas e de se apertarem contra eles, para que os órgãos genitais fiquem o mais próximo possível. Quando a mulher balança as mãos, não permite que o homem se levante, morde ou ou cutuca seu companheiro, ou continua se contorcendo depois de já haver alcançado o orgasmo, significa que ela está excitada e requer mais atenção.

Interpretação Moderna: É interessante que a cultura indiana estivesse tão atenta às necessidades sexuais da mulher em um tempo que o Ocidente havia renegado isso por completo. A interpretação

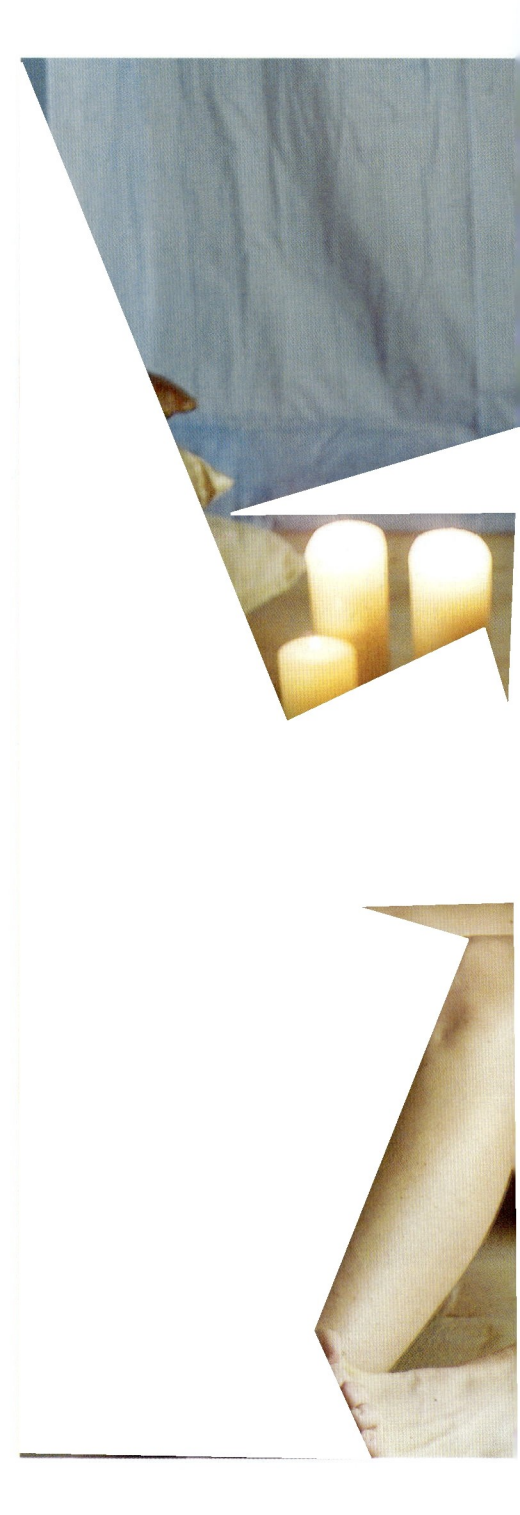

Um *Kama Sutra* Moderno

Ao fim do ato, dividir um pouco de chá de jasmim e menta com um pouco de comida doce é uma maneira maravilhosa de aproveitar os momentos posteriores ao sexo.

Manjar turco pode ser um equivalente moderno aos "doces" a que se referiu Vatsayana.

do homem com relação à movimentação corporal da mulher durante o sexo permite que ambos vivenciem o mesmo momento. Se o homem ejacula antes de sua parceira e ignora as necessidades dela por satisfação sexual, ele irá inevitavelmente deixá-la frustrada.

O Fim do Ato

Depois do sexo, os dois amantes devem mostrar modéstia não olhando um para o outro e indo separadamente ao banheiro. Eles devem comer folhas de bétel e o homem deve ungir o corpo da mulher com sândalo. Ele então deve abraçá-la com seu braço esquerdo e segurar uma taça em sua mão direita, e encorajá-la a beber daquela taça.

Juntos, eles devem comer doces, sopa, suco de manga ou de limão com açúcar, qualquer coisa que seja doce e pura. O casal deve então sentar-se ao ar livre em uma varanda e aproveitar a luz da lua, com ela deitada sobre o colo dele enquanto eles conversam. Já que observam o céu noturno, ele deve mostrar a ela as diferentes constelações de estrelas e planetas.

Interpretação Moderna: Não entre em pânico, a maioria das mulheres não vê uma aula de astronomia como uma atividade pós-coito essencial, embora possa ser romântico se você conhecer algo sobre planetas e estrelas e compartilhar isso com ela. Seguir o conselho acima na verdade pode ser a maneira ideal de passar algum tempo juntos depois de fazerem sexo. Aproveitem esses momentos – dividam uma bebida, façam massagem um no outro, deem doces um ao outro, ou frutas, ou façam uma refeição leve, antes de se aconchegarem para conversar um pouco. Observar as estrelas é opcional.

A Mulher Elefante

Uma *hastini*, ou mulher elefante, é a mulher com vagina grande. De acordo com Vatsayana, se um homem é incapaz de satisfazer uma *hastini*, algumas ações conjuntas para a mulher, como apertar suas coxas uma contra a outra, são recomendadas para intensificar a sensação de ambos.

Uma alternativa é adotar o uso de um *apadravyas*, um instrumento que se coloca em torno do pênis para deixá-lo mais comprido ou mais grosso. Os *apadravyas* devem ser feitos de ouro, prata, cobre, ferro, marfim, chifre de búfalo, diversos tipos de madeira, estanho ou couro, e devem ser frios e de bom ajuste.

> **Interpretação Moderna:** Embora não seja a coisa mais educada do mundo referir-se à uma mulher de vagina grande como mulher elefante, é verdade que, com o passar da idade e após o parto, a vagina pode perder um pouco do tônus muscular. Exercícios de Kegel e da musculatura do assoalho pélvico ajudam a manter a vagina apertada, mas, para algumas mulheres, isso é simplesmente o jeito que elas são. A sorte dos amantes modernos é que os homens já não precisam amarrar um chifre de búfalo à sua genitália para satisfazer uma mulher que perdeu esse tônus. Hoje em dia existe uma ampla gama de bugigangas que irão satisfazer todos os formatos e tamanhos, e incorporá-las à sua vida sexual pode ser extremamente divertido.

Sânscrito

O *Kama Sutra* foi escrito em sânscrito, a língua antiga e sacra da Índia, na qual foi composta a literatura hindu dos *Vedas*.
Yoni é a palavra em sânscrito para a genitália feminina, ou vulva. A *yoni* é um objeto de veneração entre os hindus e é vista como um símbolo sagrado da deusa Shakti.
Lingham é a palavra em sânscrito para o órgão genital masculino, que é adorado entre os hindus como um símbolo do deus Shiva.

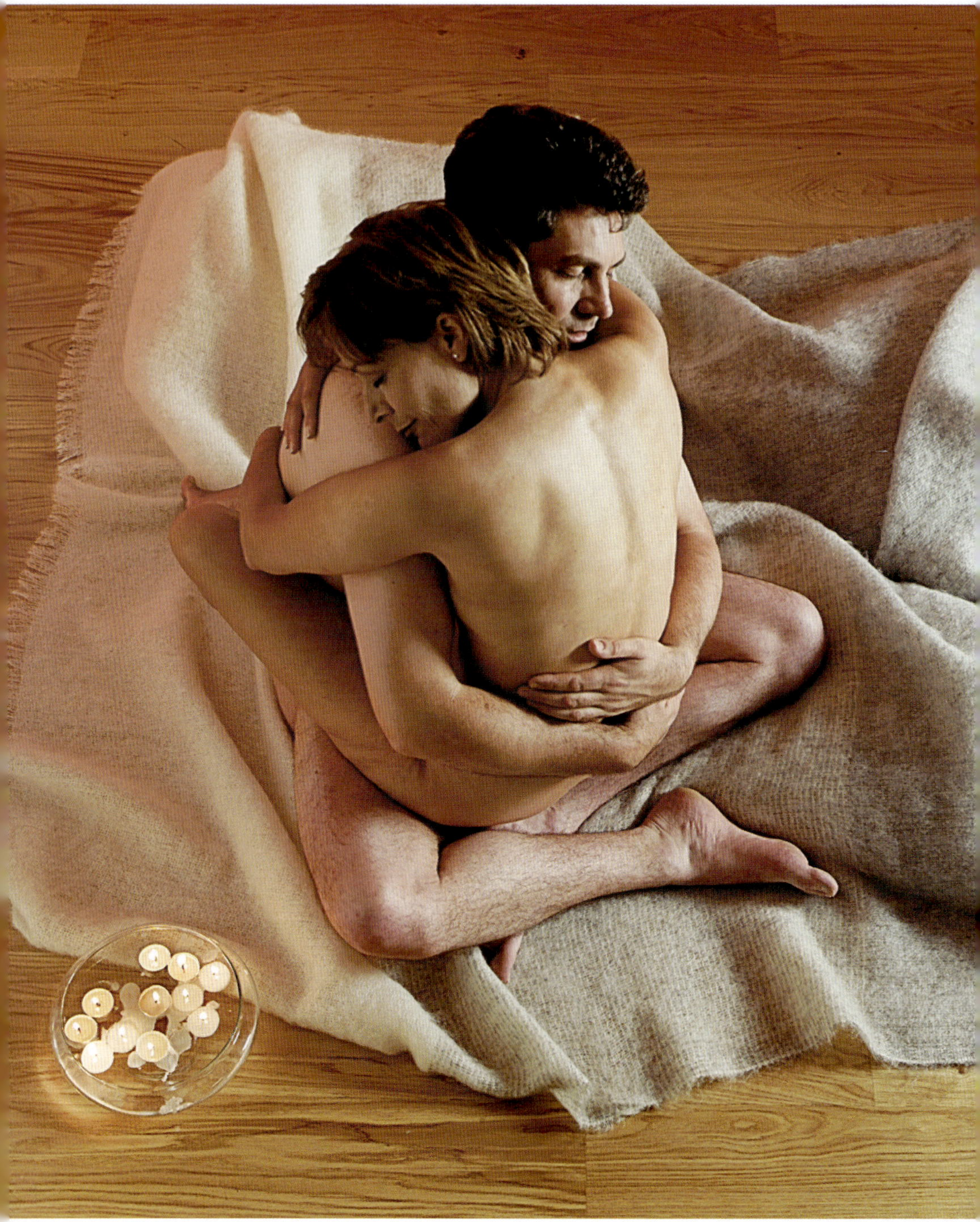

Ananga Ranga

Trinta e Dois Amantes

O *Ananga Ranga* difere do *Kama Sutra* ao reconhecer que a habilidade de manter interesse erótico em um relacionamento exclusivamente monógamo não é simples. O livro delineia a diferença entre familiaridade e intimidade e encoraja os casais a quebrarem os padrões de preguiça que nascem da familiaridade e a reinventarem e renovarem as possibilidades eróticas que podem nascer da intimidade verdadeira. Ele ensina casais a usarem suas mentes e imaginação para alcançar um nível de erotismo mais sofisticado e ambiciona ensinar amantes a experimentarem seus parceiros como se estes fossem 32 amantes diferentes.

O GUARDIÃO INDIANO DO AMOR, KALYANA MALLA, escreveu o livro *Ananga Ranga* durante o século XVI. Ele tinha como objetivo evitar que maridos e esposas se divorciassem quando algo saísse errado em seus relacionamentos. Assim como o *Kama Sutra*, o livro foi traduzido para inglês no final do século XIX, mas tornou-se amplamente acessível apenas nos anos 1960, por ser considerado muito picante.

O *Ananga Ranga* intencionava definir mais claramente a distinção entre monogamia e monotonia, desconectando um do outro e fazendo o mesmo com o tédio e o casamento. Malla acreditava que a principal razão que leva homens a saírem com outras mulheres, e mulheres a saírem com outros homens, é que o sexo se tornava chato e mundano: "A monotonia segue à posse". Ele escreveu um grande tratado de trabalhos eróticos, que incorporou aspectos do *Kama Sutra*, e descrevia múltiplas maneiras de se beijar, abraçar e posições sexuais.

"Ao compreender completamente a maneira como as brigas surgem, eu mostrei neste livro como um marido, desde que varie seus momentos de prazer com a esposa, pode viver com ela da mesma maneira que viveria com 32 mulheres distintas, sempre variando o prazer que tira dela, tornando a saciedade impossível." O *Ananga Ranga* busca ajudar os casais a renovarem seu desejo por sexo, o que por sua vez ajuda a fazê-los restabelecer os laços mais fortes, tanto de amizade quanto de amor. Embora o sexo seja claramente importante para todos os relacionamentos afetivos, Malla retira a ênfase do sexo e argumenta que ele deve ser o resultado de todos os outros ensinamentos e técnicas que podem ser apresentados à relação por meio do *Ananga Ranga*. Ele define três tipos de homens e de mulheres e suas respectivas necessidades, que formas de sexo esses tipos gostam mais e o que fazer para manter o outro mental, psicológica e emocionalmente próximo.

A importância contemporânea do *Ananga Ranga* repousa sobre a insistência dele acerca da importância de se manter a paixão acesa em um relacionamento de longo prazo e em suas sugestões práticas que visam ao rejuvenescimento de padrões estagnados. A despeito de serem antiquados, os conceitos e práticas descritos no *Ananga Ranga* são relativamente novos para o Ocidente. Ao combinar elementos de magia e mistério oriental com aquilo que já conhecemos, podemos começar a entender como e por que alguns problemas surgiram em nossos relacionamentos e, assim, começar a tomar atitudes positivas em direção à cura das feridas e fortalecimento dos laços.

PÁGINA 308 E À DIREITA|
Proximidade continua sendo algo importante em um relacionamento de longo prazo. O *Ananga Ranga* busca o aumento da intimidade e livra o casamento de qualquer estagnação.

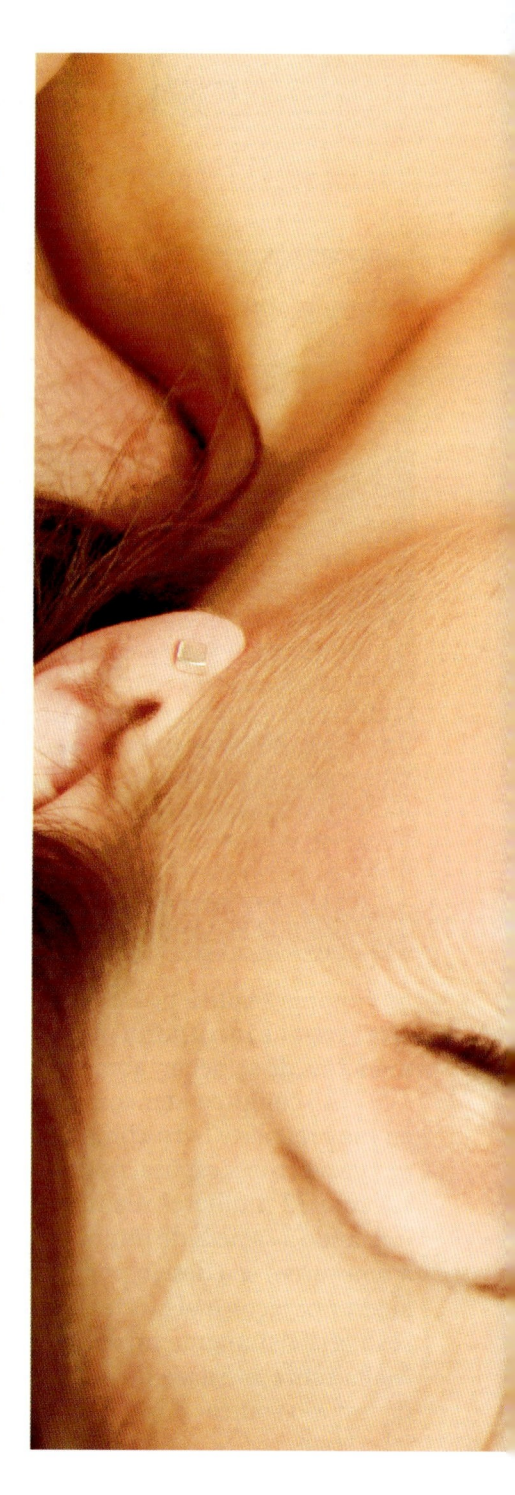

Ananga Ranga

Subindo em uma árvore – é como se a mulher estivesse
tentando subir para alcançar um beijo.

Técnicas de Abraço

O CAPÍTULO DO *ANANGA RANGA* intitulado "Tratado Sobre Prazeres Externos" se concentra na importância de diversas preliminares que devem anteceder o sexo e o prazer interno. Estes incluem os diversos tipos de beijo e abraços, mordidas, arranhões e como puxar o cabelo. Esses atos, de acordo com Malla, "afetam os sentidos e desviam a mente da timidez e da frieza". As preliminares são uma parte essencial de todos os encontros sexuais, pois ajudam a relaxar e apresentam a cada parceiro o corpo e as zonas erógenas do outro, permitindo que ambos alcancem o mesmo nível de excitação antes da penetração.

Malla recomenda essas técnicas para abraços em relacionamentos em que o aconchego tenha deixado de ser espontâneo. O toque é uma das maneiras satisfatórias para homens e mulheres demonstrarem a afeição um pelo outro – não apenas quando farão sexo, mas também em outros momentos. Os tipos de pressão a serem aplicados são descritos como apertar, tocar, penetrar e esfregar. Uma vez experimentadas, essas técnicas podem aumentar o interesse para contatos mais avançados ou simplesmente serem apreciadas por si mesmas.

Vrikshadhirudha

Geralmente se diz que esse abraço simula alguém que está subindo uma árvore. A mulher posiciona um pé sobre o pé do homem e levanta sua outra perna, repousando seu pé sobre a coxa dele. Ela coloca o braço em volta das costas dele e segura-o com firmeza.

> **Interpretação moderna:** Com as pernas da mulher separadas nessa posição, e o homem com suas mãos relativamente livres, esse abraço permite ao homem um bom acesso aos seios e à genitália da mulher para fazer carícias leves, enquanto ela o cobre de beijos apaixonados.

Tila-Tandula

O homem e a mulher ficam em pé, um diante do outro, e seguram um ao outro com proximidade, pela cintura. Então, com cuidado para permanecer parado, ele deve fazer seu pênis entrar em contato com a vagina dela, com apenas o véu da saia dela entre os dois. Eles devem permanecer assim por algum tempo.

> **Interpretação Moderna:** Esse abraço é mais bem-sucedido se a mulher estiver vestindo uma roupa leve, feita de material macio, pois a sensação do material contra as partes íntimas tanto do homem quanto da mulher irá melhorar a experiência. Pode ser difícil permanecer assim por bastante tempo, já que a sensação da genital do outro, tão próxima, é excitante, e para alguns chega a ser demais.

Urupaguha

O homem e a mulher ficam em pé um de frente para o outro e ele coloca as pernas fechadas dela entre suas próprias pernas, de modo que o interior das coxas dele esteja em contato com o lado exterior das coxas dela. Assim como em todos os abraços, o casal deve experimentar trocar beijos enquanto se abraçam.

> **Interpretação Moderna:** Esse é um abraço especialmente bom se o homem for mais alto do que a mulher. O ato de apertar as coxas dela gera um estímulo delicado no clitóris, e a genitália dele fica contra ela.

....
Os abraços não precisam seguir regras estritas – se você tiver sorte, eles acontecem espontaneamente.

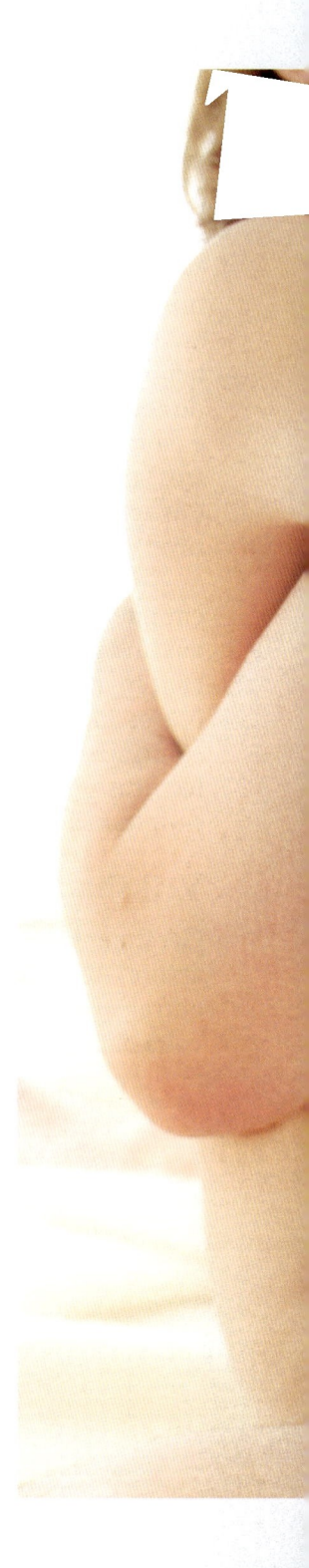

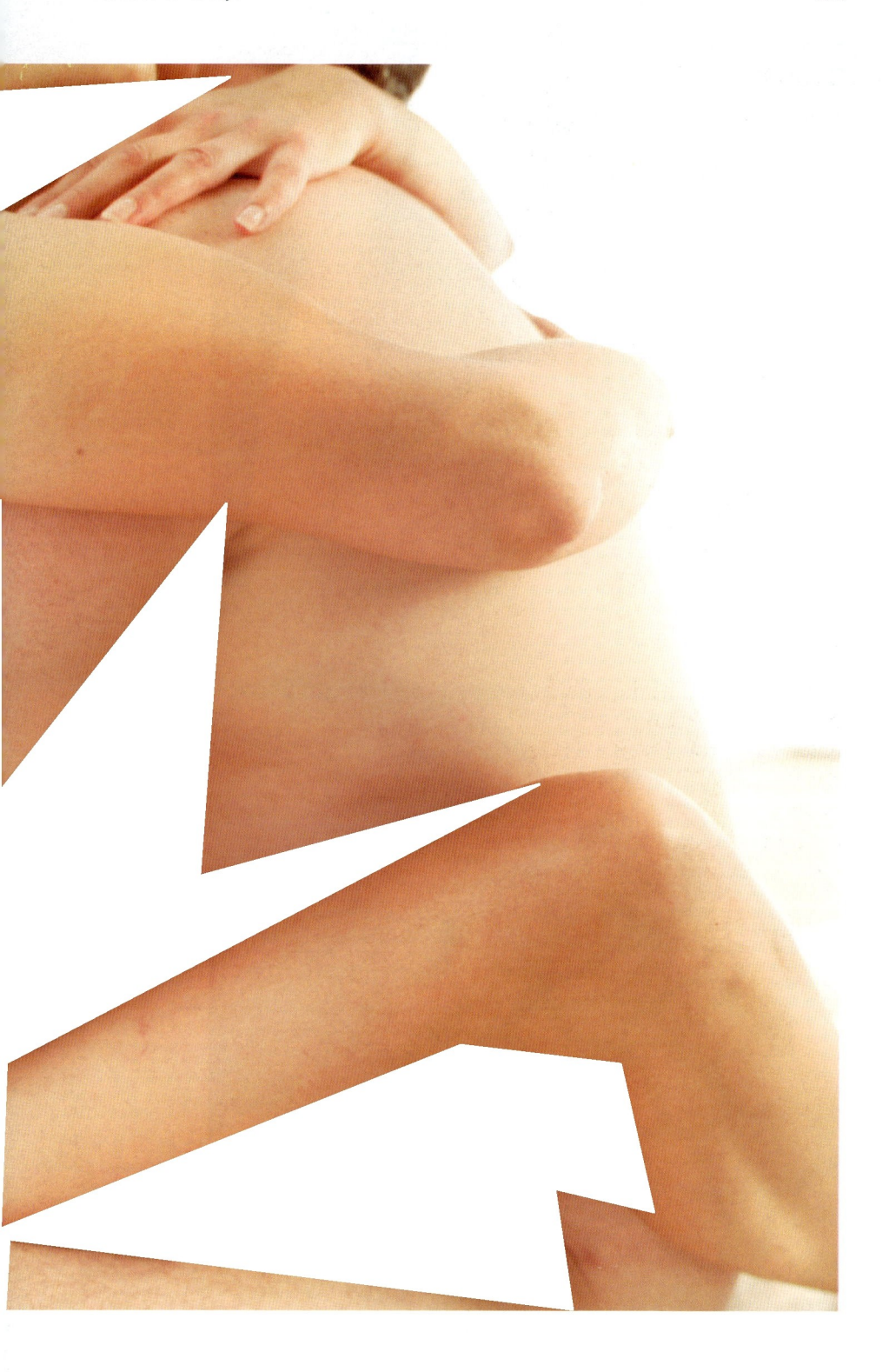

Técnicas de Abraço 315

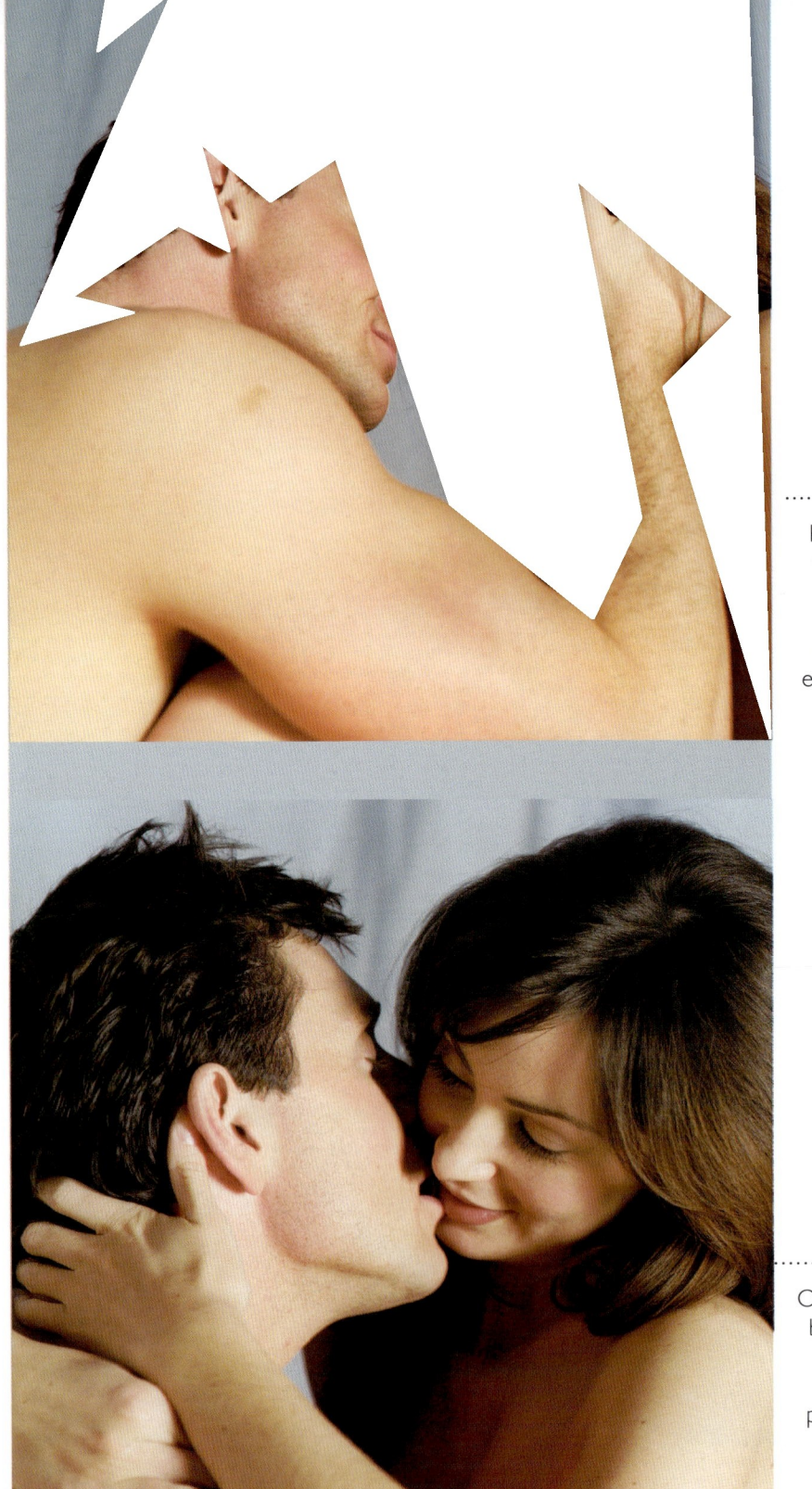

Beijo *nlita* – uma ótima maneira de pôr um ponto final em pequenas brigas.

O provocativo beijo *sphrita* pode ser iniciado por qualquer um dos parceiros.

Técnicas de Beijos

Aqui, mordidelas delicadas nos lábios são combinadas com puxões de cabelo.

O *ANANGA RANGA* DESCREVE osculações, ou beijos, como uma prática que deve ser estudada e que deve ser aplicada em conjunto com as técnicas de abraço. "Existem sete lugares incrivelmente próprios para serem beijados, que na verdade são onde todo o mundo beija." São eles: o lábio inferior, ambos os olhos, ambas as bochechas, a cabeça, a boca, os seios e, por último, os ombros. Claro que não existe motivo para você parar por aí.

Beijo Nlita

Quando a mulher está zangada, o homem deve forçadamente cobrir os lábios dela com os dele, continuamente, até que a raiva diminua.

Interpretação Moderna: Esse tipo de beijo pode ser uma maneira fantástica de pôr fim às discussões em que não há nada mais para ser dito. Casais que estão juntos há muito tempo muitas vezes discutem por causa de pequenos aborrecimentos. Essas discussões costumam voltar ao mesmo tema e podem ser difíceis de serem encerradas. Um beijo como esse torna desnecessário o uso de palavras. Ele diz, "vamos esquecer isso, nós estamos discutindo sobre besteiras triviais e eu amo você".

Beijo Sphrita

A mulher inclina-se para beijar seu parceiro, que beija o lábio inferior dela e a mulher retira a boca sem retribuir o beijo.

Interpretação moderna: Esse beijo é uma brincadeira e uma provocação. Quando você se mover para beijar seu parceiro, permita que ele ou ela sinta o sabor de seu lábio inferior antes de recuar e interromper o beijo. Esse beijo é ótimo quando feito em um cantinho quieto na companhia de outros. Ele comunica a seu parceiro que você está com vontade de brincar, mas que ele terá de esperar até que você esteja com vontade de realmente começar a brincadeira. Ele garante antecipação e excitação para seu parceiro e é uma maneira sedutora de comunicar-se sem o uso de palavras.

Beijo Ghatika

O homem deve cobrir com as mãos os olhos de sua parceira e fechar os seus próprios olhos antes de penetrar sua língua na boca dela, movendo-a para lá e para cá por meio de um movimento lento e agradável que sugira um novo modo de aproveitar esse momento.

Interpretação Moderna: Ao privar alguém de algum dos sentidos, neste caso a visão, os corpos dos parceiros se tornam mais atentos a outras sensações. Nesse beijo, simula-se sexo com a boca, criando-se antecipação sobre como um estimulará a genitália do outro. É uma técnica de beijo provocativa, porém romântica, ideal como precursor de um convite para uma noite de excepcional atividade sexual.

Uttaroshtha

O homem morde gentilmente o lábio inferior de sua parceira enquanto a mulher faz o mesmo no lábio superior dele, e então eles invertem excitando-se mutuamente com o aumento da paixão.

Interpretação Moderna: Essa técnica é como que uma preliminar ao beijo. Cada um com sua boca, os parceiros estimulam as terminações nervosas, de modo que quando derem início a beijos mais apaixonados, que incluam línguas, todos os órgãos sensíveis da região, estarão no limite e indescritivelmente excitados.

Pratibodha

Quando um parceiro estiver dormindo, o outro deverá encostar seus lábios nos lábios dele e aumentar a pressão gradualmente, até o sono se transformar em desejo.

Interpretação Moderna: Esse beijo acende a paixão logo de manhã, e não há, além de tudo, jeito melhor de se começar o dia. Comece beijando seu parceiro com carinho, aumentando a pressão gradualmente, sugando os lábios do outro, até que ele acorde.

Beijo Tiryak

O homem coloca a mão abaixo do queixo da mulher e levanta-o, até que o rosto dela esteja voltado para cima; ele então toma o lábio inferior dela entre seus dentes, mordiscando-o com cuidado.

Interpretação Moderna: É maravilhoso para uma mulher render-se a esse gentil beijo forçado de um homem.

Beijo *ghatika* – é uma maneira sugestiva de fazer crescer o desejo de seu parceiro.

Beijo *uttaroshtha* – ele morde o lábio dela, e ela morde o lábio dele; apenas tome cuidado para não morder forte demais...

Os escritos antigos são testemunhas dos efeitos que o cabelo de uma mulher podem exercer sobre um homem.

Arranhões, Mordidas e Puxões de Cabelo

ARRANHAR E MORDER DEVEM, tanto de acordo com o *Kama Sutra* quanto com o *Ananga Ranga*, ser empregados apenas quando o sexo fica intenso. Antes de iniciar as técnicas, descreva suas preferências, limpe unhas e dentes e veja se ambas as partes concordam com isso.

Arranhões

O *Ananga Ranga* determina momentos específicos em que esse tipo de brincadeira sexual é aconselhável. Alguns exemplos incluem: quando um dos parceiros for se ausentar por um longo período de tempo, ou quando ambos estão "excitados com o desejo de ficarem juntos". Isso parece ser uma forma de fazer com que, por meio das marcas no corpo, um se lembre do outro quando estiverem separados.

Churit-Nakhadana – *Arranhões Leves*

Essa técnica envolve alguns arranhões leves com as unhas em torno das bochechas, lábio inferior e seios. Os arranhões devem ser tão leves que não deixem marcas.

Interpretação Moderna: O arranhão descrito aqui é tão leve que se configura mais como um modo de fazer carinho. O uso leve das unhas, entretanto, indica maior paixão e energia do que um toque mais delicado.

O Pé do Pavão

Para essa marca de especialista, o polegar é colocado sobre o mamilo e os quatro dedos se espalham adjacentes a este, pelo peito. As unhas devem ser afundadas na pele para deixar uma marca semelhante à pegada de um pavão.

Interpretação Moderna: A maioria das mulheres adora ter seus peitos massageados e apertados durante o sexo. A preferência pela maneira e a pressão com que se faz sempre varia de mulher para mulher, pois algumas têm seios bastante sensíveis, em especial durante a menstruação. Antes de aprofundar as unhas em sua parceira, é aconselhável descobrir qual o nível de estímulo que ela prefere.

Arranhar com suavidade pode ser erótico, se ambos os parceiros estiverem dispostos.

Anvartha-Nakhadana – *para Recordar*

Marcas de arranhões com três linhas paralelas geralmente são feitas com os três primeiros dedos nas costas, nos seios ou nas genitais da mulher. Geralmente são feitas para servirem de lembrete antes de o homem sair para viajar.

> **Interpretação moderna:** Muitos homens e mulheres gostam muito de ser arranhados, pois, se feito corretamente, pode ser uma forma de massagem sensual, que nos ajuda a relaxar. Lembre-se de ser gentil e não fazer nada que possa causar dor. Assim como em todas estas técnicas, mantenha suas unhas limpas, bem feitas e razoavelmente curtas.

Mordidas

O *Ananga Ranga* sugere que as mordidas sejam feitas em lugares semelhantes aos arranhões, e que os amantes evitem os olhos, o lábio superior e a língua. Também sugere que a pressão da mordida deve ser aumentada até que o recebedor reclame, indicando que já foi suficiente. Nenhuma das partes ficará muito feliz se as mordidas forem fortes demais; mordidelas leves são mais aconselháveis. Procurem por pistas

Arranhões, Mordidas e Puxões de Cabelo

Churit-nakhadana, arranhões superficiais no rosto, não devem deixar marcas.

um no outro, ascendendo ao momento de paixão com a força que for adequada, e um toque mais leve quando for necessário.

Uchun-Dashana – *Mordendo*

Esse é o termo genérico que define qualquer mordida nos lábios ou nas bochechas de uma mulher.

> **Interpretação Moderna:** Mordidelas delicadas no rosto de ambos podem ser algo bastante sensual. Tome cuidado nas regiões mais ósseas, como as bochechas, pois elas ficam com hematomas muito facilmente. Os lábios devem ser abordados com cuidado também, já que são protegidos apenas por uma fina camada de pele.

Bindhu-Dashana – *Marcas de Dentes*

Essa é a marca deixada pelos dois dentes dianteiros no lábio inferior da mulher.

> **Interpretação Moderna:** O lábio inferior é muito elástico e maleável, e sugá-lo e mordê-lo com cuidado e carinho pode ser algo muito prazeroso. Nos dias em que o *Ananga Ranga* foi escrito provavelmente era bem aceito que uma mulher carregasse as marcas do desejo de seu marido. Qualquer marca de paixão hoje em dia é uma reminiscência dos ímpetos adolescentes, e não são particularmente desejadas, portanto qualquer marca no rosto deve ser evitada.

Kolacharcha – *Durante a Despedida*

Essas são as marcas profundas e duradouras deixadas no corpo da mulher durante o calor da paixão e na dor da despedida, quando o marido está partindo.

> **Interpretação Moderna:** As partes mais carnudas do corpo, tais como as coxas e as nádegas, podem suportar mais dor do que as regiões mais sensíveis espalhadas pelo rosto. Elas também têm a vantagem de serem escondidas pelas vestimentas. Morder um ao outro é um escape de energia sexual bastante comum durante um momento de paixão e muitas pessoas, homens e mulheres, alegam já terem se surpreendido posteriormente com a profundidade de uma mordida. Muitas pessoas gostam da dor afiada durante os momentos de paixão para intensificar as poderosas estremecidas de prazer que vivenciam durante o orgasmo.

Puxar o Cabelo

Puxar o cabelo de uma mulher com delicadeza, diz o *Ananga Ranga*, é um bom método de despertar um desejo duradouro.

Samahastakakeshagrahana – *Acariciando*

O homem acaricia o cabelo de sua parceira com a palma de suas duas mãos enquanto a beija com paixão.

>**Interpretação Moderna:** Puxar e brincar delicadamente com o cabelo de uma mulher é algo muito erótico e sensual. Quando puxar o cabelo, certifique-se de estar segurando bastante cabelo, pois puxar apenas um pouco pode ser doloroso. Por que não levar isso um passo adiante e puxar tufos de pelos pubianos um do outro? Isso certamente levará ambos a um estágio diferente de excitação.

Kamavatansakeshagrahana – *Puxando*

Isso é feito durante a relação sexual, quando cada parceiro agarra o cabelo do outro acima das orelhas enquanto eles se beijam apaixonadamente.

>**Interpretação Moderna:** Esse tipo de puxão de cabelo é ideal para ser feito durante os momentos intensos de paixão, quando os sensores de toque do corpo estão anulados por outras sensações eróticas que circulam. Acariciar e massagear essa área, inclusive as têmporas, pode ser muito sedutor, em especial quando vocês sussurram um no ouvido do outro ao mesmo tempo.

No *kamavatansakeshagrahana* ele segura o cabelo dela.

O abraço do caranguejo, deitado lado a lado,
permite muito contato físico pelo corpo inteiro.

Posições do Ananga Ranga

MUITAS DAS POSIÇÕES SEXUAIS presentes no *Ananga Ranga* foram adaptadas por Malla do trabalho original de Vatsayana, o *Kama Sutra*. Entretanto, o texto de Malla foi escrito em um ambiente social diferente, onde o sexo extraconjugal era desaprovado, portanto a ênfase é na variedade com o mesmo parceiro.

A Roda de Kama – esta é uma ótima posição de transição. Tente-a depois da posição ascendente ou do abraço plácido.

A posição ascendente – esta postura pode dar mais satisfação à mulher.

O Abraço do Caranguejo

O homem e a mulher deitam de lado olhando um para o outro. O homem penetra na mulher e deita entre as pernas dela. Uma das pernas dela passa por cima do corpo dele (aproximadamente na altura do umbigo) enquanto a outra permanece embaixo das pernas dele.

Interpretação moderna: Essa posição oferece penetração profunda e bastante fricção. O movimento do homem é limitado, mas a mulher tem mais liberdade. Essa posição pode ser boa quando um parceiro está cansado, mas ambos estão com desejo.

A Roda de Kama

O homem senta com suas pernas esticadas. A mulher se agacha sobre seu pênis, de frente para ele. Ela também estica as pernas. Ele então estica seus dois braços por ambos os lados dela para

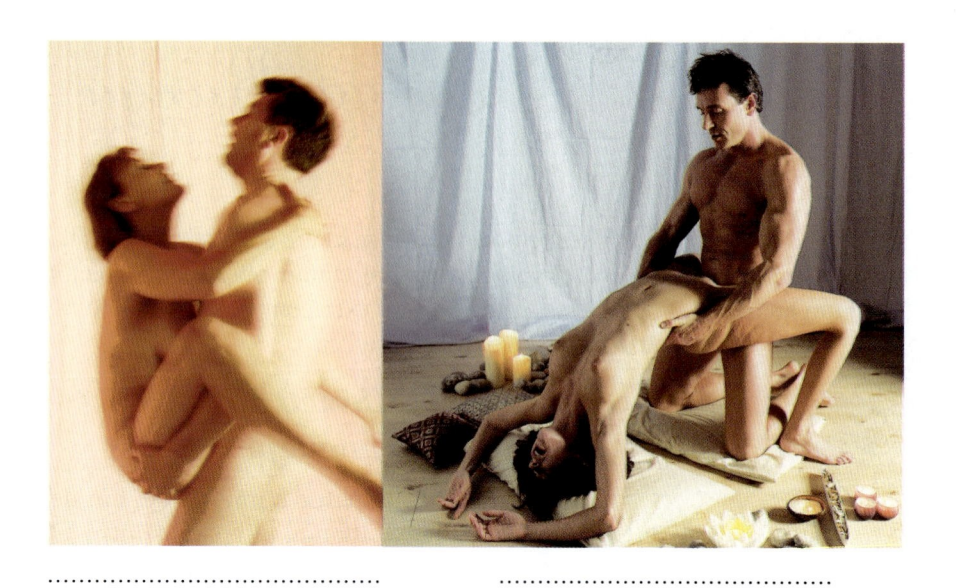

Encontro suspenso — esta posição não é para você que sofre de algum problema nas costas.

O abraço plácido permite que a mulher se esqueça de si mesma por completo.

sustentar o peso dela. Isso formará uma figura semelhante a uma roda, de onde é tirado o nome da posição.

Interpretação Moderna: É dito que essa posição combina sexo e meditação para criar um grau maior de consciência. Ela deve ajudar os parceiros a obter um equilíbrio mental inspirado por clareza, tranquilidade e felicidade.

A Posição Ascendente

O homem deita de barriga para cima e a mulher senta com as pernas cruzadas sobre as coxas dele. A mulher agarra o pênis dele e o insere nela, movendo o quadril para a frente e para trás, enquanto fazem amor.

Interpretação moderna: A mulher por cima pode controlar a movimentação e profundidade da penetração. Ao mover-se para a frente e para trás, o clitóris dela também recebe estimulação da fricção suave oriunda da proximidade entre os dois corpos. Essa posição é recomendada para mulheres que não alcançaram satisfação em outras posições.

Posições do Ananga Ranga

Encontro Suspenso

Ambos os parceiros ficam em pé, de frente para o outro. O homem passa seus dois braços pelos joelhos da mulher e a sustenta segurando-a pela face interna dos cotovelos ou pelos glúteos. Ele então a levanta pelo quadril e penetra-a enquanto ela envolve o pescoço dele com as mãos.

Interpretação Moderna: Essa posição pode ser um pouco difícil, já que a tentativa bem-sucedida depende de diversos fatores, tais como a força do homem, o peso da mulher e a altura de ambos. Pode ser fácil se a mulher subir em uma cadeira antes, para que o homem não precise levantá-la do chão e arrisque um futuro problema nas costas. Estar próximo a uma parede ou corrimão também pode ajudá-los a manter o equilíbrio.

Abraço Plácido

O homem se ajoelha e levanta sua parceira puxando-a pelo quadril em sua direção, de maneira que a cabeça dela fique caída em direção ao chão. Ela, por sua vez, envolve o homem com suas pernas em uma altura mediana e deixa a própria cabeça solta.

Interpretação Moderna: Essa posição permite à mulher reter certo controle – estendendo e flexionando o aperto de suas pernas ela pode trazer seu parceiro mais para perto. Deixar a cabeça dependurar-se pode contribuir para a sensação de êxtase e fuga da realidade. Experimentem essa posição depois de uma "Roda de Kama".

Você talvez já tenha experimentado o abraço do caranguejo sem saber.

Coloque sua mão sobre o coração de seu parceiro, para que vocês se fundam juntos.

A Arte do Sexo Tântrico

O FOCO DO TANTRA é o respeito ao seu parceiro como se fosse sua outra metade. Embora tantristas acreditem que o sexo é um presente divino que deve ser celebrado, o Tantra não é uma religião, e sim uma tradição, que pode ser praticada por pessoas de qualquer fé ou por pessoas não religiosas.

A palavra Tantra é derivada do sânscrito indiano, que significa "liberação por meio da expressão". Baseado em antigos ensinamentos hindus e budistas, ou tantras, o Tantra une elementos de meditação, yoga e adoração para possibilitar a seus participantes uma experiência sexual mais intensa e completa.

Crie um ambiente harmonioso para compartilhar.

O Tantra possui diversas dimensões que requerem anos de estudo para serem completamente compreendidos. Isso não significa, entretanto, que pessoas interessadas em sexo tântrico devem mergulhar em estudos. Pelo contrário, é perfeitamente válido tomar alguns elementos do Tantra e incorporá-los em sua vida sexual.

No sexo tântrico, a vagina se torna um lugar sagrado (*yoni*) e o pênis (ou *lingham*) é um "bastão de luz". *Kundalini* significa a força vital e energia sexual que flui entre parceiros sexuais enquanto eles fazem amor. Exercícios de respiração e visualização ajudam a harmonizar essa energia. O sexo tântrico tira a ênfase física do orgasmo e se concentra mais nos aspectos espirituais, na intimidade e na conexão. Homens geralmente são ensinados a suprimirem seus orgasmos, uma habilidade tântrica conhecida como *maithuna*, para devotarem sua atenção ao prazer sexual da mulher. Se isso tudo parece não ter propósito sob a perspectiva masculina, vale lembrar que, uma vez aprendido, o homem colhe suas recompensas, mantendo-se sexualmente ativo por uma hora com a garantia de um orgasmo mais intenso. As chances de orgasmos múltiplos para suas parceiras também aumentam e permitem ao homem "experimentar virtualmente" o orgasmo delas como fazem com os seus.

Medite com seu parceiro, concentrando-se em cada um dos chacras.

O Estilo Ocidental do Tantra

O Tantra não pode curar uma relação que está falhando, mas é uma boa prescrição para relacionamentos amorosos e respeitosos que se tornaram um pouco chatos. A maioria das pessoas preferiria enfrentar os problemas de tédio no quarto em vez de fugirem de uma relação. De acordo com o Tantra, o tédio se instala quando as pessoas começam a fazer amor apenas com suas genitálias, e não mais com seus corações e mentes.

Um casal deve começar a fazer amor tântrico com uma ideia do que querem alcançar e, mais importante, o desejo genuíno de dar ao seu parceiro o que ele ou ela deseja. O sexo tântrico não possui limite de tempo: ele pode durar minutos ou horas, e dá a você e ao seu parceiro a oportunidade de explorar seus corpos e zonas de prazer.

Crie um circuito de energia entre vocês – conectem-se durante 15 minutos, permitindo que suas respirações sincronizem-se naturalmente.

Muito do sexo tântrico envolve preliminares ritualísticas que excitam todos os sentidos. Massagens e uso de óleos aromáticos estimulam os sentidos de olfato e tato. Ao acariciar um ao outro languida e lentamente, o cenário está montado para uma sessão relaxada de amor, com tempo para que explorem o corpo um do outro e fiquem confortáveis com a nudez do outro.

Meditação e Respiração

No Tantra, a meditação é um princípio importante, pois permite que os casais escapem da paixão frenética e enfatizem a harmonia e a tranquilidade.

Dedique uma área para meditação e sexo tântrico, e reserve algum tempo em que não haja interrupções para meditar sozinha ou com seu parceiro. Certifique-se de que a área está tranquila e quente, feche as cortinas, retire as distrações, use fragrâncias aromáticas, tais como cedro ou incenso, e acenda algumas velas aromáticas para criar a atmosfera.

Comece sentando-se no chão com suas pernas cruzadas, costas retas e mãos repousando em seu colo. Certifique-se de estar confortável antes de fechar os olhos e se focar em sua respiração. Inspire pelo nariz e expire pela boca e torne-se consciente de cada movimento de seu diafragma. Tente se concentrar em sua respiração, e toda vez que sua mente se distanciar, faça-a voltar, com carinho, para sua respiração. Com prática, a meditação criará paz e tranquilidade e deixará você se sentindo calmo e renovado. Suas sessões de meditação irão se tornar mais longas, contanto que você se lembre de permanecer paciente e relaxado.

Tantra para Compartilhar

Sentem-se de frente um para o outro, olhem-se nos olhos e coloquem suas mãos um no coração do outro. Quando vocês expirarem, imaginem que estão expirando a energia de seus corações para o coração do outro. Enquanto inspiram, imaginem que estão inalando a energia deles em seus corações. A conexão física possibilita que a energia circule entre vocês por um circuito, para a energia fluir do seu coração, através do seu corpo para o coração de seu parceiro, e vice-versa. Quando estiver confortável, comece a alternar seu padrão de respiração com seu parceiro, de modo que enquanto ele inspira você expira, e assim por diante. Isso deve garantir que a energia circule entre vocês de forma equilibrada e de maneira harmoniosa.

Sentem-se novamente de frente para o outro, mas dessa vez misturem suas energias encostando suas palmas das mãos, criando um circuito elétrico. Você pode continuar com os mesmos padrões de respiração ou tentar a meditação chacra, em que você se concentra em cada chacra, respirando a energia para cada um deles durante dois ou três minutos. Comece pelo chacra da base e suba em direção à coroa, abrindo cada centro de energia enquanto passa por ele. Isso pode exigir prática, já que vocês podem precisar de uma quantidade diferente de tempo para cada chacra, mas seja paciente e, antes que você perceba, seus chacras estarão harmonizados com os de seu parceiro.

Não tenha medo de dar risadas! A razão disso não é se reinventar como um guru do Tantra, mas aproximar vocês dois. Cair em gargalhada não desviará vocês dois daquilo que estão buscando alcançar.

Um espaço calmo e privado para meditar permitirá que você se concentre sem ser interrompido por elementos externos.

A flor florescendo, desabrochando.

A caixa de joias.

Tantra Deitado

A UNIÃO TÂNTRICA É UM LAÇO SEXUAL que transcende o puramente físico. Os parceiros podem esquecer suas tarefas diárias e concentrar-se por meio da disciplina em se tornarem um com a outra pessoa, alcançando dessa maneira um estado elevado de êxtase.

As posições do Tantra são baseadas naquelas do *Kama Sutra*. Aqui temos alguns exemplos trazidos para o estilo contemporâneo, a começar pelas posições deitadas.

Flor Desabrochada

A mulher se deita, com os joelhos dobrados e as pernas abertas, trazendo os calcanhares o mais próximo possível do quadril. Então, colocando ambas as mãos nos glúteos, ela o levanta com a palma das mãos, oferecendo sua *yoni* como uma "flor desabrochada". O homem então a penetra entre as coxas e carinhosamente acaricia seus seios. Essa posição pode exigir um pouco de flexibilidade e resistência.

O Prazer de Afrodite

Essa posição também exige um pouco de flexibilidade por parte da mulher. Ela se deita e o homem junta os pés dela sobre os seios, levantando-os de maneira que as pernas dela formem um círculo. Ele então a penetra e usa o peso do próprio corpo para manter as pernas dela no mesmo lugar, e envolve o pescoço dela com suas mãos enquanto fazem amor.

Amada por Cupido

A mulher deita de barriga para cima, com os joelhos dobrados, e o homem se ajoelha diante dela. Ele posiciona as pernas dela ao redor de suas coxas e gentilmente acaricia seus seios enquanto fazem amor.

A Caixa de Joias

Essa posição é recomendada para homens com pênis menores. O homem se deita sobre a mulher com as pernas sobre as pernas dela, de modo que suas pernas se acariciem das coxas até os dedos dos pés. Essa

O prazer de Afrodite exige pernas flexíveis.

Amada por Cupido.

posição pode ser feita com a mulher deitada sob o homem, ou lado a lado; nesse caso, ela deve sempre se deitar à esquerda.

Laço do Amor

A mulher deita com as costas para baixo e o homem a penetra. Apertando suas coxas uma contra a outra, ele rodeia as pernas da mulher com as dele mesmo. Ele então deve apertar e segurar as coxas dela – excelente para estimulação adicional do clitóris.

O Botão

A mulher deita e levanta as pernas, juntando os joelhos aos seios. Essa pose expõe a *yoni* (vagina) dela para seu parceiro como um "botão se abrindo em flor".

O Truque da Égua

A mulher senta sobre o homem, voltada para qualquer lado, e durante a penetração, ritmicamente aperta o pênis dele, "tirando leite" dele com seu músculo do assoalho pélvico.

Partindo o Bambu

A mulher deita de barriga para cima e levanta uma perna sobre o ombro de seu parceiro quando ele a penetrar. Após algum tempo, ela abaixa essa perna e levanta a outra.

Vadavaka

A arte da *vadavaka*, ou de "tirar leite" do pênis do homem, é difícil de ser dominada sem que se pratique bastante. Ela pode ser exercitada em qualquer posição, embora em algumas, como no "truque da égua", seja mais fácil do que naquelas em que a mulher não detém controle algum. Contraia o músculo do assoalho pélvico (pubococcígeo) como se fosse interromper o fluxo de urina. Pulsá-lo dessa forma irá aumentar o prazer de ambas as partes. O encaixe pode ser melhor quando a glande do *lingham*, ou pênis, for pega atrás do osso púbico, com a vantagem de que ela será pressionada contra o ponto G também.

Partindo o bambu – essa posição pode se tornar desconfortável para a mulher depois de algum tempo, então varie a posição ou faça alguma outra.

Armadilha do amor – essa é uma versão avançada da caixa de joias e você perceberá como é fácil transitar entre essas posições.

O entrelaçamento dos pés – essa posição será muito divertida depois que você descobrir como fazer.

A lótus – a mulher pode achar difícil manter seus pés entrelaçados, mas isso não é algo essencial.

Tantra Sentado

MUITAS DESSAS POSIÇÕES SENTADAS são guiadas para o sexo prolongado, em que o casal se torna verdadeiramente entrelaçado, mental e fisicamente.

Entrelaçamento dos Pés

Para essa posição, vocês dois devem ter joelhos relativamente flexíveis para conseguir uma penetração mais profunda. A mulher se senta ereta, com uma perna dobrada e o joelho puxado em direção a ela, e com a outra perna esticada para frente. O homem deve fazer o mesmo, mas com pernas opostas, e penetrá-la. Se vocês não conseguirem se aproximar o suficiente, então escorreguem as pernas esticadas por baixo das pernas dobradas de seu parceiro, e puxem um ao outro para mais perto.

O Círculo

A mulher senta com sua perna esquerda estendida e envolve a cintura do homem com sua perna direita, repousando seu tornozelo direito sobre a coxa esquerda dele. Ele espelha essa posição, de modo que os dois formem um círculo enquanto fazem amor.

O balanço pode ficar divertido, uma vez que vocês acertem o ritmo.

Despertando os Chacras

A teoria dos chacras diz que eles são centros de energia do corpo que controlam o nosso bem-estar físico e psicológico. A energia *Kundalini* é ativada pelo chacra raiz e permite que a energia espiritual flua para o chacra coronário, ajudando o corpo a alcançar um plano extático de consciência. Existem sete chacras pelo corpo. Os três primeiros, relacionados à sobrevivência básica, são: chacra base, associado com a sexualidade, o prazer e a dor; chacra sacro, o núcleo central de equilíbrio relativo à sexualidade e reprodução, e chacra plexo solar, voltado para o poder, intelecto, vontade e ego. Os quatro chacras superiores são relativos a mente, intelecto e espiritualidade. O chacra cardíaco fica entre os mamilos, e por estar próximo ao coração é associado ao amor, empatia e prazer; o quinto, chacra laríngeo, é associado com pureza e expressividade; o sexto chacra, entre os olhos, geralmente é conhecido como o terceiro olho e é associado com a intuição, compaixão e intelecto; o sétimo chacra é o chacra coronário, localizado no topo da cabeça. Este se associa com a consciência cósmica, êxtase e unidade.

O Pavão

Essa posição requer muita mobilidade por parte da mulher! Ela senta e levanta um pé verticalmente de modo que aponte sobre sua cabeça. Nessa posição, ela oferece sua *yoni* a seu parceiro.

O Lótus

O homem e a mulher sentam-se um de frente para o outro, com as pernas dele envolvendo o quadril dela. Ele então segura os calcanhares da mulher próximo da base de seu próprio pescoço como o elo de uma corrente. Ela segura os dedos do pé ou o próprio pé dele para se estabilizar enquanto fazem amor.

O Balanço

Ela senta no colo dele, e eles seguram os braços um do outro e revezam inclinando-se para trás, até que alcancem um movimento rítmico de balanço ou de madeira sendo serrada. Essa posição restringe a movimentação de entrada e saída, portanto é boa para quando o homem estiver cansado, e também por fazer com que o homem e a mulher tenham o mesmo papel no ato de amor.

Batendo

A mulher monta sobre o homem, e enquanto eles fazem amor, ele bate no peito dela. Sugerir que o casal se bata pode causar estranhamento ao mundo moderno. No *Kama Sutra*, a relação sexual é comparada a uma briga "por conta das contrariedades do amor e de sua tendência pela disputa". Aqui, o ato de bater surge quase como um tipo formalizado de assumir um personagem em uma brincadeira sexual, em que um parceiro bateria no outro, com força crescente, até o orgasmo.

As batidas devem ser uma experiência apaixonada, e não dolorosa.

Yab-yum é uma das posições mais amorosas, e permite contato corporal máximo.

São descritos quatro tipos diferentes de batida: Desferida com as costas da mão; desferida com os dedos contraídos; desferida com o punho, e desferida com a palma da mão. Quem recebe as batidas deve fazer ruídos, como grunhidos ou assovios, e retornar o golpe na mesma proporção. Até mesmo Vatsayana desprezava a prática de utilizar instrumentos para abusar um dos outros, e referiu-se a isso como algo "doloroso, barbárie e baixeza, indigno de imitação". Bater era tido como outra forma de "prazer exterior" a ser utilizado no calor da paixão, de acordo com a força e predisposição das partes envolvidas. Obviamente, isso não deve ser feito sem o consentimento prévio de seu parceiro.

Yab-Yum

Yab-yum é, no ato do amor tântrico, a forma de união sexual por excelência. Traduz-se como "a união entre mãe e pai", alinhando todos os centros de energia (chacras) do corpo, permitindo que a energia *kundalini* suba e que um nível espiritual mais elevado seja alcançado. A mulher deve sentar-se no colo de seu parceiro, de frente para ele. As pernas dela devem envolver o quadril dele e os braços de um devem envolver o outro. O objetivo é que o casal fique parado e visualize, com o olho da mente, a energia ascendendo do chacra base ao chacra coronário, a despeito da tentação de, é claro, mover-se de acordo com a penetração.

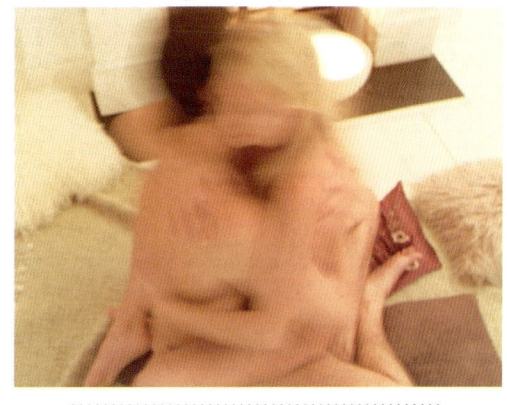

A tentação de se tornar ativo pode ser forte.

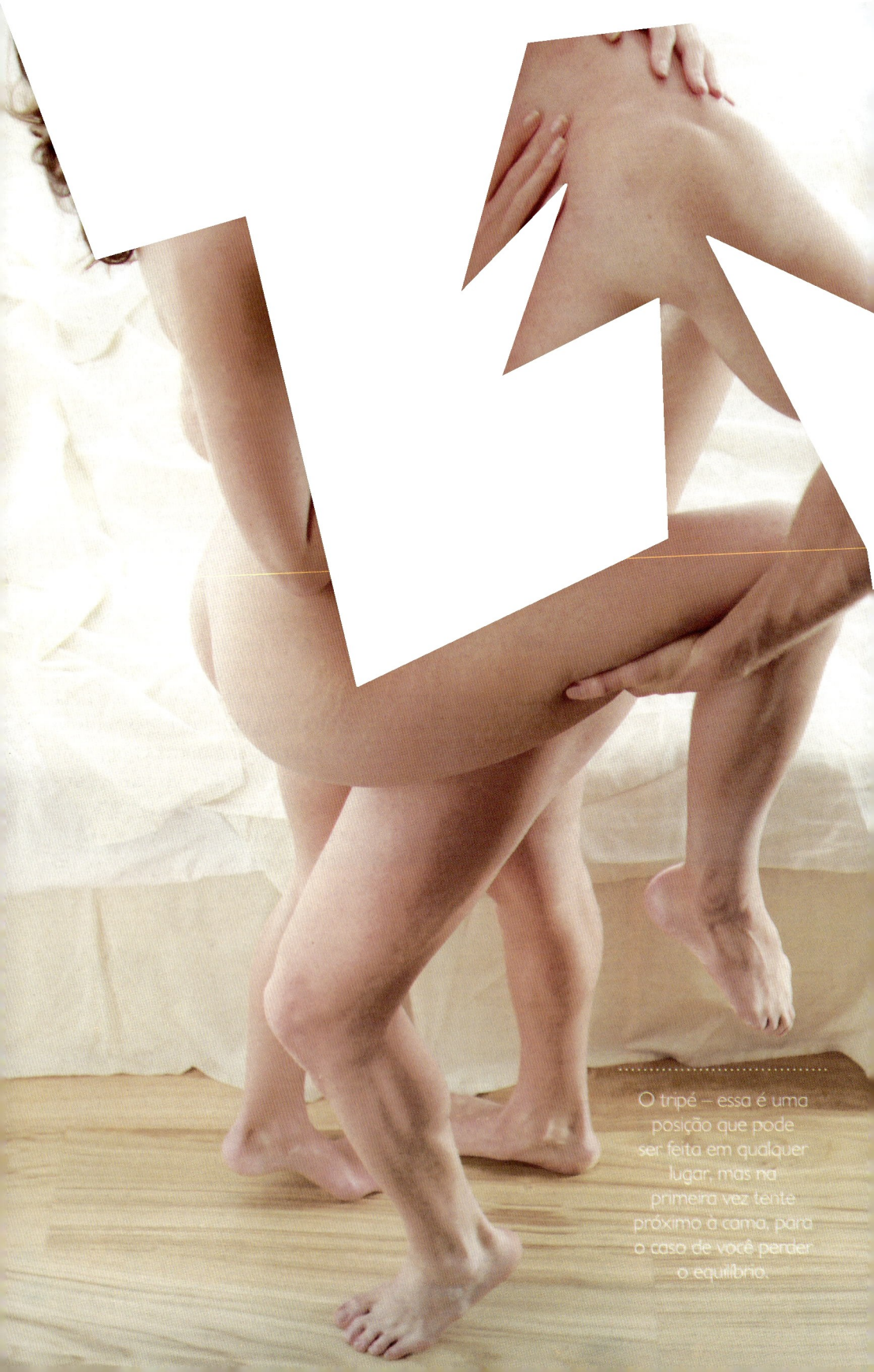

O tripé – essa é uma posição que pode ser feita em qualquer lugar, mas na primeira vez tente próximo à cama, para o caso de você perder o equilíbrio.

Tantra em Pé e Por Trás

POSIÇÕES EM PÉ eram consideradas, tanto por Brahmins como Vatsayana, uma forma elevada de relação sexual, e estão presentes em inúmeras obras de arte. Posições com penetração por trás também eram admiradas e tiveram sua inspiração retirada do reino animal.

Suspenso

Essa posição exige uma porção considerável de força por parte do homem. Ele começa ficando em pé com as costas contra a parede, mas não se inclinando contra ela. A mulher senta nos braços dele, com as coxas agarrando seu quadril, os pés chapados contra a parede e os braços em volta do pescoço dele. Enquanto fazem amor, ela se empurra para a frente e para trás na parede.

O Tripé

Essa posição requer uma boa noção de equilíbrio. Com uma das mãos ele segura firmemente e levanta um dos joelhos dela, permanecendo em pé. Enquanto eles fazem amor, ela pode acariciar e explorar o corpo dele com as mãos.

O Cachorro

Essa posição é semelhante à posição "de quatro", em que a mulher se apoia com as pernas e as mãos e o homem a penetra por trás. No Tantra, entretanto, a mulher deve virar a cabeça e olhar para os olhos de seu amante enquanto eles fazem amor.

O Jumento

A mulher fica em pé com as pernas ligeiramente abertas e inclina-se para a frente, segurando as próprias coxas com as mãos. Ou com as mãos no chão. O homem penetra-a por trás. Diferenças de altura podem ser compensadas com uma abertura maior ou menor das pernas da mulher. Para homens mais baixos, ela deve abrir mais as pernas.

O Tranco

Essa posição também é apenas para os casais mais aventureiros e ágeis. A mulher apoia as palmas das mãos no chão, assim como os pés, de maneira que seu corpo fique no formato de um triângulo. Por trás, ele deve levantar um dos pés dela até seu próprio ombro e levar o *lingham* para dentro da *yoni* com vigorosas investidas.

O Elefante

Essa posição é semelhante à "conchinha", em que a mulher deita de lado voltada para o lado oposto do homem. Ela entrega os glúteos a ele e ele a penetra por trás, usando as mãos para acariciar carinhosamente as outras partes do corpo dela.

Agrade a *Yoni* Dela

É dever do homem satisfazer sua parceira, e aqui estão algumas sugestões de técnicas.

Manthana – agitando: Uma vez dentro dela, mova seu pênis em círculos e evite movimentar-se para dentro e para fora.

Piditaka – pressionando: Pressione seu pênis com força em direção ao útero e mantenha a posição, depois recue e repita o movimento.

Varahaghata – o golpe do javali: Durante a penetração, sustente pressão contínua em um lado da vagina.

Vrishaghata – o golpe do touro: Quando penetrá-la, movimente-se selvagemente em todas as direções.

Chatakavilasa – brincadeira de pardal: Estremeça seu pênis enquanto estiver dentro dela.

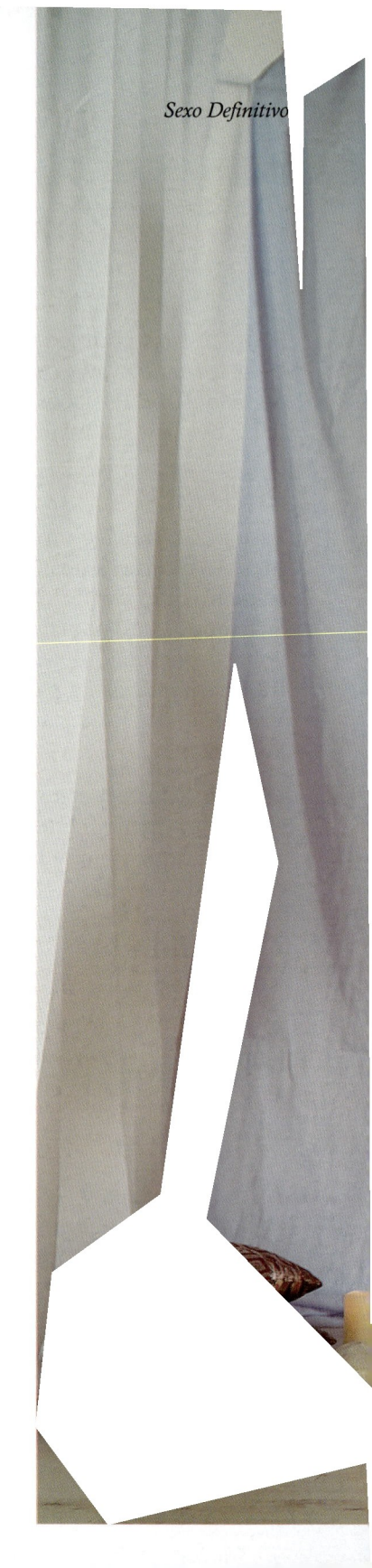

O jumento – se a mulher não for flexível o suficiente para alcançar o chão, ela pode apoiar as mãos sobre o assento de uma cadeira.

Acertando no topo – você não precisa colocar o pênis inteiro em sua boca. A glande é a parte mais sensível, portanto concentre-se nela.

Tantra Oral

CONHECIDO NO *KAMA SUTRA* COMO "CONGRESSO ORAL", o sexo oral era considerado uma atividade básica praticada por mulheres devassas e eunucos. Hoje em dia já é parte saudável de quase todas as relações amorosas, embora alguns amantes não tenham certeza de como devem fazê-lo.

Felação

Existem diferentes técnicas descritas por Vatsayana para realizar sexo oral em um homem. Você não precisa colocar o pênis inteiro em sua boca – a glande é a parte mais sensível.

Nimitta – **tocando:** Segurando o pênis em uma mão, a mulher deve fazer um "O" com sua boca e colocá-la sobre a ponta do pênis de seu parceiro. Ela deve mover a "cabeça" em pequenos círculos, mantendo o toque leve.

Parshvatoddashta – **mordendo as beiradas:** Segurando a cabeça do pênis em sua mão, a mulher repousa os dois lábios sobre o corpo do pênis, primeiro de um lado e depois sobre o outro, sendo cuidadosa para manter os dentes escondidos para não causar dor.

Antaha-samdansha – **as pinças interiores:** A mulher envolve a glande inteira com sua boca. Ela deve então pressioná-la com firmeza entre seus lábios e segurar por alguns segundos antes de tirar da boca.

Parimrshtaka – **acertando no topo:** A mulher deve começar passando a língua rígida, em movimentos rápidos, por toda a extensão do pênis. Ela deve então se concentrar na ponta sensível da glande, passando sua língua continuamente nessa região para intensificar a sensibilidade sexual.

Sangara – o todo engolido: Isso deve ser feito quando o homem estiver próximo do orgasmo. A mulher coloca o pênis por completo em sua boca e suga, usando sua língua e lábios até que o homem goze.

Cunilíngua

Sexo oral feito em uma mulher não foi um tema muito trabalhado em textos antigos – era considerado apenas mais uma forma de beijar.

***Jihva-bhramanaka* – a língua circular:** O homem usa seu nariz para abrir os lábios vaginais da mulher e sonda gentilmente a *yoni* com sua língua. Depois, com seu nariz, lábios e queixo, ele faz movimentos circulares por toda a região da vagina.

***Chusita* – sugando:** O homem prensa seus lábios contra os lábios vaginais da mulher e os mordisca antes de sugar o clitóris. Ele faz uso de diferentes graus de pressão enquanto suga o clitóris até encontrar um que seja agradável a ela e, mais importante, um que dê prazer.

***Uchchushita* – sugado:** O homem segura e levanta os glúteos de sua parceira, e usa a língua para massagear carinhosamente o umbigo dela, descendo até a genitália. Uma vez entre as pernas dela, ele deve usar sua língua para lamber a lubrificação natural dela.

Sugado – com sorte, a provocação será quase insuportável quando ele chegar ao destino.

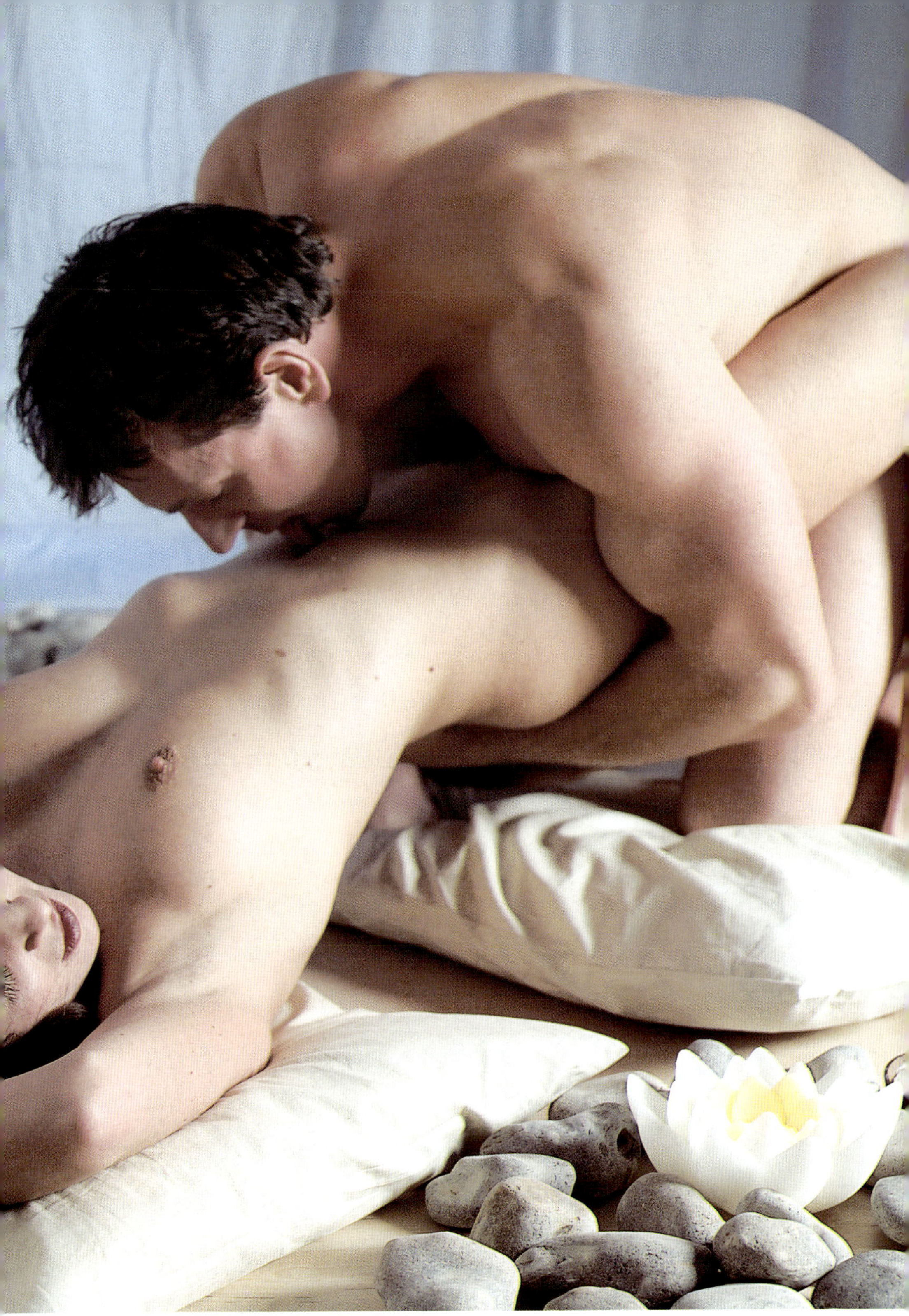

Sexo Definitivo

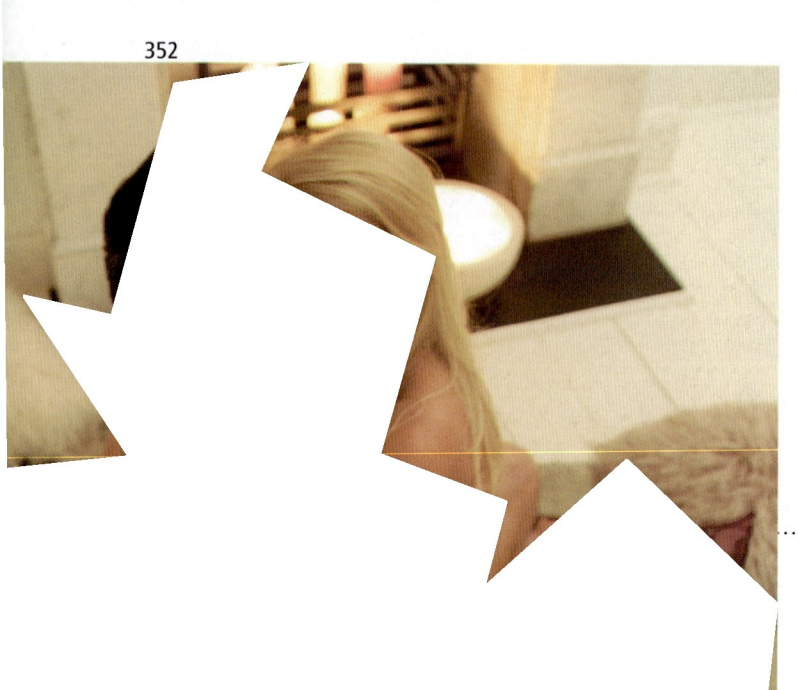

Suprimir seus orgasmos pode permitir que você encontre uma planície de êxtase.

Saudar um ao outro reconhece o corpo do outro como uma ponte ao mundo espiritual.

Suprimindo o Orgasmo

CHEGAR AO ORGASMO costuma ser visto como a condição *sine qua non* do sexo moderno. Retirando essa ênfase, o ato de amor pode se tornar mais relaxado e menos guiado por um objetivo. Portanto, sexo sem orgasmo pode ser, por si só, uma atividade sexual. Cada parceiro tentando não chegar ao orgasmo pelo tempo que conseguir.

A habilidade tântrica do *maithuna* é uma técnica para controle de resposta, desenvolvida para ajudar a intensificar o orgasmo e também para ajudar os homens a postergar seus orgasmos mantendo-se em harmonia com o ritmo sexual de suas parceiras. A técnica é guiada para auxiliar o fluxo de energia sexual e para garantir que após o sexo o homem se sinta com energia, e não exausto.

Controlar a sua respiração pode ajudá-lo a ter um orgasmo sem ejacular.

- Quando você sentir que está prestes a gozar, respire profundamente. Muitas pessoas seguram o ar, para forçar o orgasmo a sair. Ao continuar respirando de maneira regular, o orgasmo será mais intenso, pois você estará fluindo de acordo com ele, e não contra ele.
- Mantenha a ponta de sua língua no céu da boca ou enrole-a de modo a formar um "canudo" por onde respirar. Isso pode ajudar a circular energia e ajudar o homem a reter o próprio orgasmo.
- Quando você entrar em seu orgasmo, imagine a energia fluindo de suas genitais para sua coluna. Não se contorça para tentar ajudar fisicamente esse fluxo. Isso é somente uma visualização para prolongar o orgasmo. Quanto mais controle um homem possuir sobre suas resposta sexuais, tanto mais ele poderá oferecer à sua parceira.

Saudando um ao Outro

Ao final de seu momento de união, sentem-se próximos um do outro e saúdem-se dizendo palavras como "você é um deus/deusa". Isso dignifica o corpo do outro, exalta-o pelo despertar dos sentidos e agradece por ajudarem-se mutuamente na unidade do ato do amor tântrico.

Talvez seja interessante se fizer uma pesquisa aprofundada a respeito dos chacras para que conheça mais daquilo que está tentando visualizar. Cada chacra é definido por uma cor, e uma frequência vibracional tornar-se-ão familiares depois que iniciar a prática.

Orgasmos Tântricos de Energia

ORGASMOS DE ENERGIA LIMPAM O CORPO de repressão, dores emocionais, bloqueios e limites sexuais. É uma técnica de masturbação tântrica que requer concentração profunda, visualização e muita prática. Orgasmos de energia podem variar de potência – quanto mais tempo dedicado à construção do orgasmo, mais poderoso ele será. É algo para homens e mulheres, e é dito que é algo muito diferente do orgasmo comum, e que pode ou não ser vivido como uma experiência sexual.

Mova-se como uma Borboleta

Comece deitando em uma superfície plana e rígida e dobre seus joelhos para cima. Aprofunde a respiração, esvazie a mente e solte a tensão de seu pensamento e de seu corpo. Enquanto inspira, arqueie a parte inferior das costas para mexer sua pélvis, e enquanto você expira, contraia os músculos do assoalho pélvico (esses são os músculos que interrompem o fluxo de urina quando você está urinando). Ao contrair esses músculos, você estará estimulando o ponto G e o clitóris ou o pênis e os testículos, e ao mesmo tempo estará ajudando a bombear energia através de seu corpo. Permita que sua respiração e contrações sejam eróticas e, enquanto você repete a técnica de respiração circular, abra suas pernas quando inspirar e feche-as quando expirar, como asas de borboletas, para manter a energia fluindo e manter o seu ritmo.

Sua energia acompanhará seu processo de raciocínio, então visualize que está drenando energia da atmosfera para a região do seu períneo, entre a genitália e o ânus. Construa grandes centros incandescentes de energia em seus centros sexuais no primeiro e no segundo chacras e circule essa energia para a frente e para trás. Uma vez que a energia esteja poderosa e firme, mova-a para cima e continue circulando-a da região genital para a região da barriga, o primeiro e o segundo chacra. Mais uma vez, quando sentir que essa energia está forte, deixe-a circular da barriga para o coração, o quarto chacra, através do plexo solar, o terceiro chacra. Pode ser que ajude se você emitir sons conscientemente, abrindo sua garganta e permitindo que a energia circule da garganta para o terceiro olho, entre o quinto e o sexto chacras.

Finalmente, visualize a energia fluindo entre o terceiro olho e o topo da cabeça, o sétimo chacra, o coronário. Agora você deve começar a sentir a energia disparar do topo de sua cabeça, e com sorte um orgasmo despertará por todo o seu corpo. Siga o fluxo do orgasmo. Seu padrão de respiração talvez se altere, e com prática você aprenderá a pegar as ondas de seu orgasmo e permitir que elas continuem por períodos cada vez maiores de tempo.

Não se preocupe se não alcançar o orgasmo na primeira tentativa. Essa é uma técnica que requer muita prática. Os exercícios de respiração por si só já trarão benefícios para você, ao limpar sua mente de bloqueios mentais e lembranças dolorosas, clareando um caminho para experiências orgásticas mais positivas.

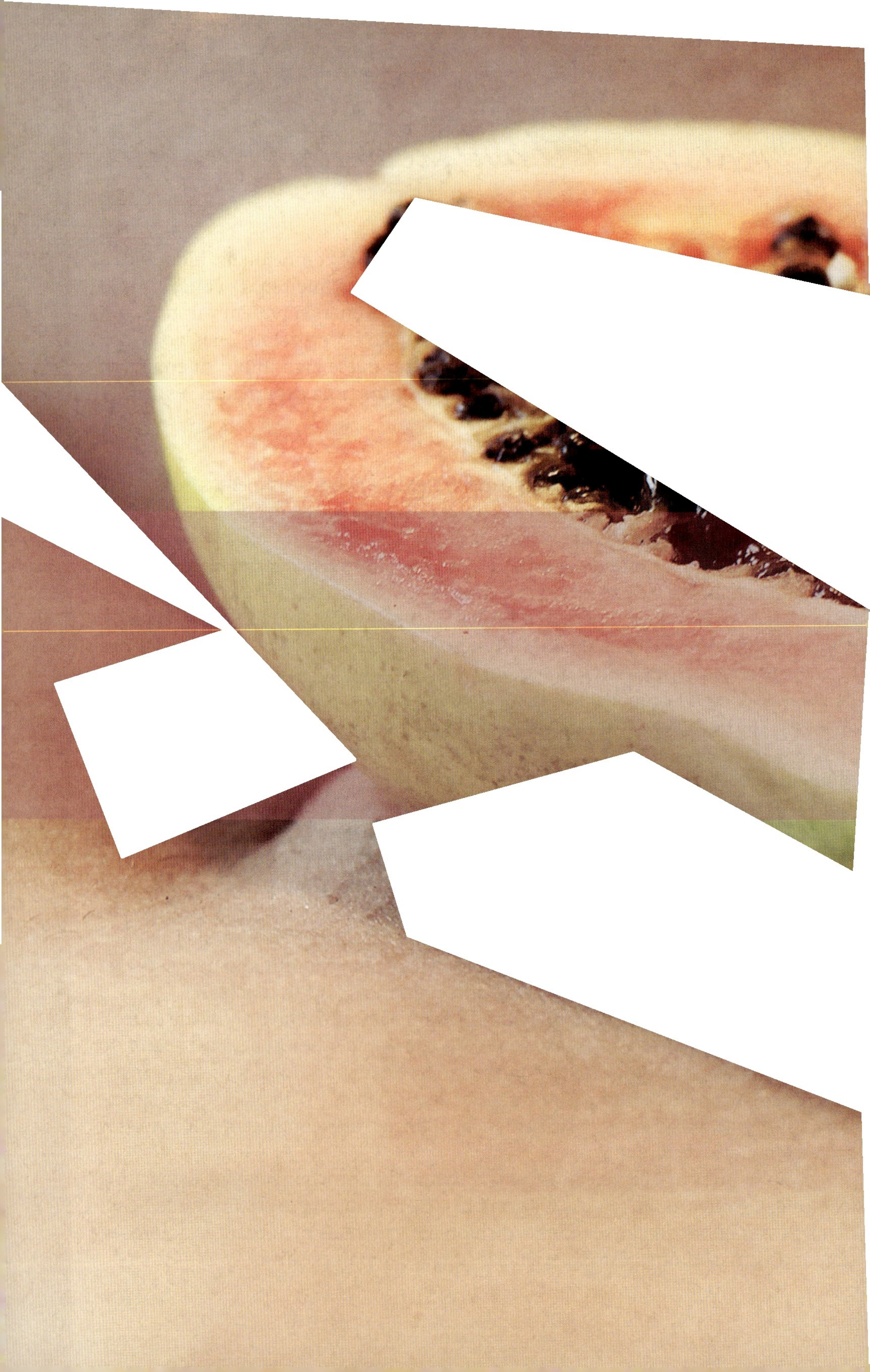

Comidas para o Amor

Comida, amor e sexo sempre foram coisas inextrincavelmente conectadas umas às outras. O apetite por comida é similar àquele associado ao sexo. Integrar comida ao sexo pode trazer resultados explosivos, já que estará nutrindo, ao mesmo tempo, suas duas necessidades

Comida e sexo estão inextrincavelmente conectados, e compartilhar comida com seu parceiro é uma das coisas mais íntimas que você pode fazer.

Comida e Sexo

ONDE ESTARIA O ROMANCE sem o elemento "comida"? Nós até fazemos uso de palavras "gastronômicas" para descrever pessoas que consideramos atraentes: ela é um pêssego, ou ele é um biscoito, ou delicioso. Docinho, bombom e chuchu são palavras de carinho. A razão pela qual a comida sempre desempenhou um papel em rituais de cortejo é que tanto o sexo quanto o ato de comer são dois de nossos instintos mais fortes, e a combinação dos dois pode se provar irresistível. Comida, como sexo, é outra maneira de estimular os sentidos. O sabor e o gosto, a textura e o toque, a aparência visual, os aromas e até mesmo o som da comida sendo preparada, tudo isso desempenha um papel no apelo sensual.

Parte da sensação excitante do cortejo é conhecer a outra pessoa. É possível dizer muita coisa sobre a pessoa com quem você está, se observar como e o que ela come, o que ela escolhe do cardápio e a forma como cozinha e apresenta a comida. Pessoas com grande apetite e que realmente saboreiam a comida geralmente têm um grande apetite sexual também.

Nós usamos nossas bocas para muitas coisas diferentes – conversar, beijar, sugar, sorrir, gargalhar, assim como para comer –, portanto, observar enquanto seu parceiro desliza a carne de uma ostra para dentro da boca e imaginar a textura sedosa e salgada escorregando para dentro da garganta dele pode ser algo muito excitante. Comer é algo que desvia a atenção para sua boca. A língua, os lábios e a genitália têm os mesmos receptores neurais, chamados bulbos terminais de Kraus, o que faz com que essas regiões sejam ultrassensíveis a estímulos. É por isso que beijar é uma parte tão importante do prólogo ao sexo.

O Cardápio de um Amante

Claro, nós comemos com nossos olhos da mesma maneira que comemos com nossas bocas. A forma de certos alimentos pode ser bastante erótica e invocar todo tipo de imagens sugestivas; a base de um pêssego se assemelha a um glúteo voluptuoso, ostras e figos são reminiscências da vulva de uma mulher, e bananas, aspargo e aipo são fálicos. Alguns alimentos são simplesmente irresistíveis aos olhos – pense em um sashimi ou em um bolo de chocolate.

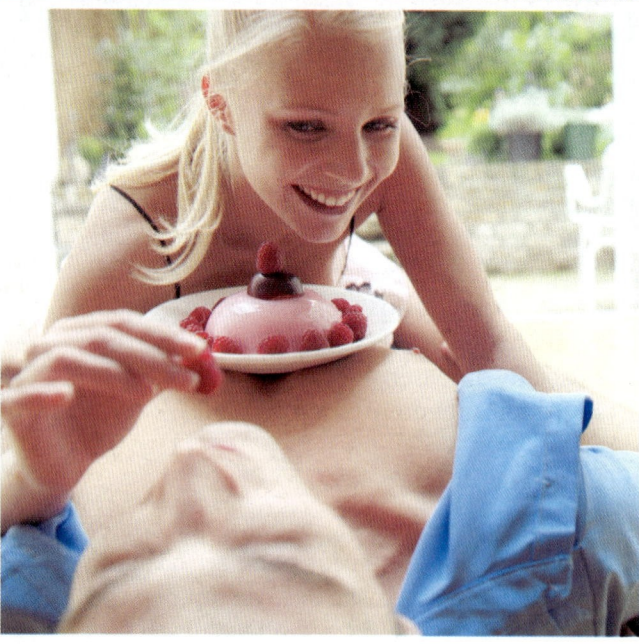

Quando não sutil, é provocativo: crie seu próprio prato sugestivo e descubra maneiras criativas de servi-lo e comê-lo.

Na verdade, todos esses sentidos participam do jogo. O aroma persuasivo de trufas é fabulosamente sensual, enquanto o cheiro doce de morangos ou mangas dão água na boca. A textura é tão importante quanto o sabor, e entre os alimentos intrinsecamente *sexy*, podemos encontrar: um caviar que simplesmente estoura em sua boca, qualquer coisa que você coma com as mãos, desde uma coxa de frango até um edamame; a maioria dos crustáceos, de vieiras a lagostas, mas nada que precise ser retirado com um espeto. O som da comida fritando desperta o apetite. Existe algo estranhamente erótico a respeito do barulho de seu amante mordendo uma maçã.

Não se esqueça de que o que você bebe também tem importância. Champanhe é algo que excita a maioria das pessoas, coquetéis são glamorosos e até mesmo uma caneca de chocolate quente depois de uma caminhada refrescante em um dia de vento pode despertar os sentidos. O brilho sutil de um copo de cristal colabora para o prazer sensual de um bom vinho, enquanto muitos homens consideram excitante a visão de suas parceiras bebendo cerveja artesanal direto da garrafa. Beber tequila da maneira tradicional é algo *sexy* e divertido: coloque um pouco de sal nas costas da mão entre os dedos indicador e polegar e segure um gomo de limão com a mesma mão, então lamba o sal, beba a dose de tequila e chupe o limão.

Petiscos Picantes

Sex shops contam com um acervo de quitutes safados, incluindo tinta corporal à base de chocolate e chocolates em formato de pênis, glúteos e seios, combinando o afrodisíaco favorito de todos com um elemento de diversão. Você pode até comprar roupas íntimas que são comestíveis.

Com um pouco de imaginação, você pode criar suas próprias combinações de pratos. Que tal montar um manjar rosa em um prato raso de 15 centímetros e, quando ele ficar pronto, cobri-lo com mamilos de açúcar? Tente servir isso sem um sorriso maroto no rosto.

Coquetéis que São *Sexy*

Por que não se vestir para o momento especial dos coquetéis? Um de vocês pode ser o *bartender*, e o outro a estrela de Hollywood. Cada uma destas receitas faz um coquetel:

- **slippery nipple** – Bata 1 medida de Bailey's com gelo. Coe a bebida direto no copo de coquetel e despeje uma colher de chá de Sambuca sobre a bebida.
- **sex on the beach** – Despeje 2 medidas de vodka, 1 medida de conhaque de pêssego, 2 medidas de suco de *cranberry* e 1 medida de suco de laranja e abacaxi na coqueteleira com gelo. Agite com vigor, e filtre a mistura em um copo alto e o decore com uma fatia de laranja.
- **slow comfortable screw up against the wall** – Encha um copo tipo *highball* com cubos de gelo, despeje 2 medidas de sloe gim e complete com suco de laranja fresco. Despeje uma colher de chá de licor Galliano sobre a bebida.
- **bosom caresser** – Despeje um pouco de Cointreau sobre pedras de gelo em uma caneca, adicione 1 medida de conhaque e 1 medida de vinho Madeira. Mexa e coe em um copo.

Por que não experimentar um *slow comfortable screw up against the wall?* E então você realmente precisará de uma bebida.

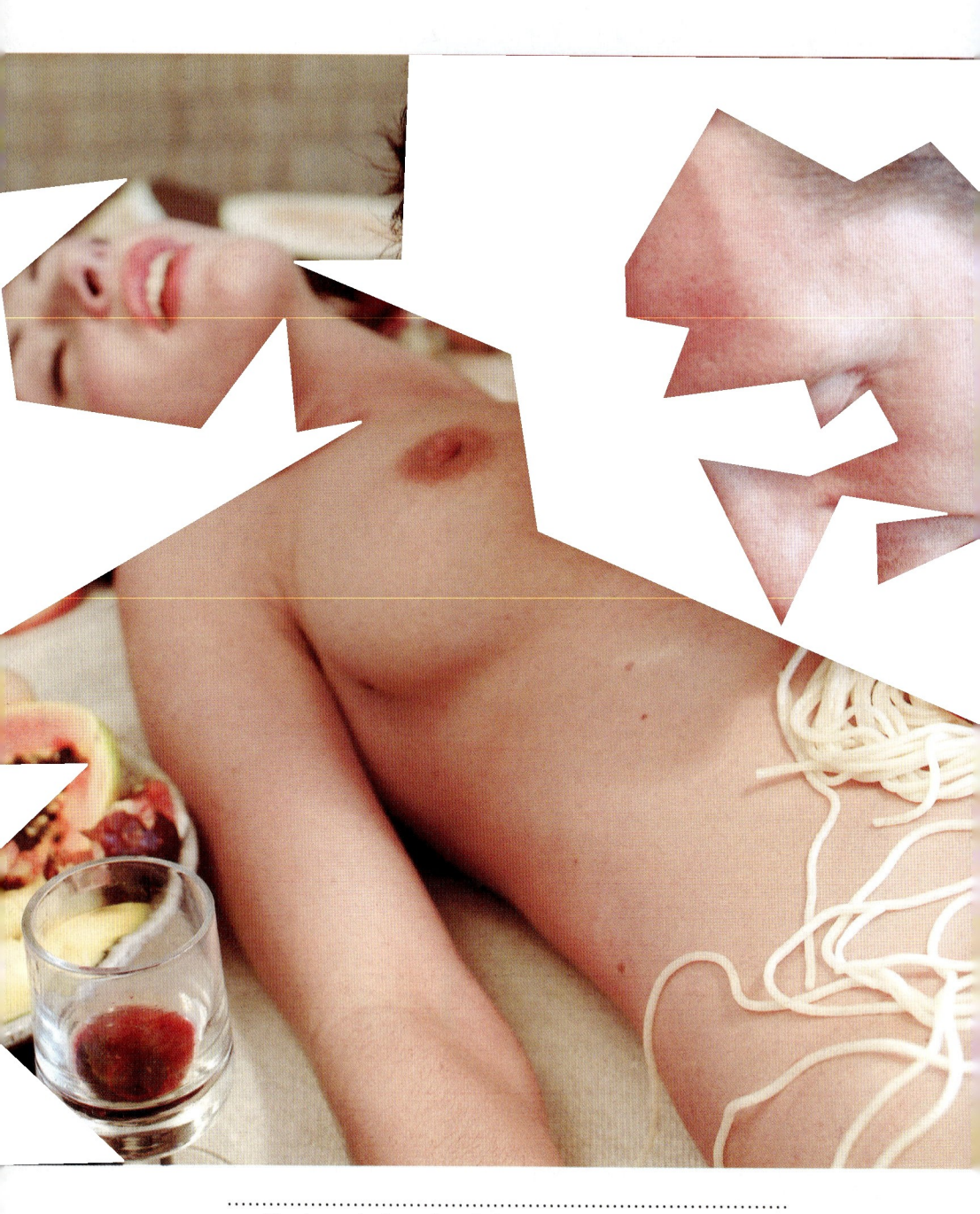

Qualquer italiano lhe dirá que espaguete é uma das comidas mais *sexy* que podemos encontrar, mesmo sendo das que mais faz sujeira.

Afrodisíacos

DESDE TEMPOS IMEMORIAIS, homens e mulheres buscam obsessivamente o afrodisíaco definitivo para ajudar a sinalizar a libido, melhorar o desempenho sexual e intensificar a vida sexual de maneira geral.

A medicina ayurvédica, que se originou na Índia antiga, valorizava tanto a importância do sexo, que dedicou a esse assunto uma linha inteira de medicamentos chamada *Vajikarama*, além de uma vasta gama de misturas feitas à base de insetos e animais, que são utilizadas ao redor do mundo para melhorar o desempenho sexual. Os romanos comiam os pênis, úteros e testículos de animais, como macacos, porcos, galos e cabras, e lagartos eram pulverizados e suas cinzas bebidas com vinho branco doce pelos árabes e povos do sul da Europa. Hoje em dia os chineses usam as genitais de animais e insetos para aumentar a força dos órgãos reprodutivos, acreditando que ingerir substâncias com propriedades sexuais transmitirá essas propriedades para a pessoa que as consumir. Sangue de cobra ainda é consumido em países do leste asiático, e cálculos renais de animais são vendidos em países asiáticos junto com *ginseng* e geleia real.

Comida pode ser algo mais do que apenas alimento.

Chocólatra

Claro que a eficiência de afrodisíacos é discutível – o certo é que há pouquíssima evidência científica –, mas a maioria das pessoas já acha exagero quando começamos a falar de lagartos pulverizados e folhas sem gosto. Felizmente, existe uma grande gama de outras opções mais saborosas.

Na escala Richter dos afrodisíacos, o chocolate está entre os três mais fortes, junto com champanhe e ostras. As pessoas são loucas por eles. Os astecas fabricavam-no como café, e diz-se que o líder asteca Montezuma bebia mais de 50 copos por dia para que pudesse dar conta de seu harém de 600 mulheres. O chocolate talvez tenha recebido a fama que tem pelo fato de os astecas acreditarem que a semente de cacau era um símbolo do coração humano. Diz-se que o notório Marquês de Sade, enquanto aprisionado, encomendava bolo de chocolate. Os chocólatras comeriam com satisfação chocolate antes, durante e depois do sexo, e alguns até trocariam o sexo pelo chocolate. Mas o que faz do chocolate uma iguaria tão especial? O fato de que exerce efeito sobre o desempenho sexual realmente é questionável, mas ele de fato possui algumas propriedades

Em diferentes culturas e através de diferentes épocas, acreditou-se que diversos alimentos pudessem aumentar a libido. Com certeza algumas comidas possuem sensualidade erótica, e dividi-las com seu amante pode ser muito excitante.

estimulantes. Quando você o engole, um elemento químico chamado feniletilamina e o neurotransmissor do bem-estar chamado serotonina são liberados no cérebro, gerando a sensação de tranquilidade. Então, a teobromina presente no chocolate cria a sensação de euforia de quando estamos apaixonados. O chocolate também contém outros estimulantes, tais como cafeína, que excita o sistema nervoso central, mas todos esses elementos estão presentes em quantidades ínfimas, o que significa que você precisaria consumir quantidades vastas de chocolate para que ele realmente tivesse algum efeito sexual. O que é certo é que o chocolate contém açúcar, que fornece energia, que, em combinação com textura e sabor agradáveis, pode explicar por que tantas pessoas o consideram viciante. Para muitas mulheres, o fato é que um "alimento proibido" também é excitante.

Ingredientes para o Sexo

O champanhe, claro, como qualquer bebida alcoólica, gera uma queda na inibição, mas quando em grandes quantidades terá efeito negativo em sua vida sexual. As ostras, por outro lado, gozam de uma longa reputação como estimuladoras de libido. Isso sem dúvida alguma está intimamente relacionado com sua textura e aparência, mas, interessantemente, elas são extremamente ricas em zinco, "o mineral do sexo" que é essencial para a produção de esperma saudável e para a fertilidade. Vieiras também contêm níveis elevados de zinco e detêm a reputação de aumentar o desejo sexual nas mulheres. Na verdade, propriedades afrodisíacas foram atribuídas a vários tipos de frutos do mar, incluindo lagostas e caviar, enquanto a medicina chinesa recomenda mexilhões e camarão para aumentar a libido.

Acredita-se que muitos alimentos, como o aspargo, morchella, figos e abacate, tenham elementos afrodisíacos somente com base em suas aparências. Outros, como salmão e pombo, aparentemente foram considerados alimentos afrodisíacos em decorrência dos rituais de cortejo desses animais quando vivos. O motivo para a reputação de alimentos mais extravagantes é ainda mais misteriosa. Os romanos acreditavam nas propriedades do pão, talvez de início, porque ingerir grandes quantidades tende a nos deixar com vontade de deitar. Entretanto, ingerir bastante pão também causa flatulência, algo distintamente não *sexy*. Quando tomates foram importados para a Europa pela primeira vez, os franceses o chamaram de maçãs do amor em razão do formato parecido com o de um coração. Não obstante, tomates contêm alto teor de licopeno, essencial para a saúde da próstata. Os chineses recomendam gengibre, e essa indicação também possui seu grau de verdade, já que o gengibre ajuda na circulação saudável, especialmente para as genitais.

Então os afrodisíacos realmente funcionam? Parece pouco provável, mas seus efeitos placebo podem criar maravilhas, e como sabemos, o afrodisíaco mais poderoso que existe é a imaginação.

Selecione os petiscos mais saborosos e as iguarias mais suculentas, e sirva-os ao seu parceiro com seus dedos ou lábios.

O Jogo da Comida

QUANDO ESTIVER PLANEJANDO UMA TARDE APAIXONADA para passar com seu parceiro, pense na refeição como parte das preliminares do sexo. Nunca subestime a importância da comida e do vinho para uma tarde romântica. Provocar um ao outro sentados à mesa sob luz de velas pode ser algo muito tentador. As regras principais para comer antes de fazer sexo é nunca escolher algo que seja muito pesado. Ninguém quer fazer sexo de barriga cheia – seja a dele ou a sua.

Compartilhar sua comida e alimentar o outro é uma forma eficiente de preliminares. Fazer uma refeição romântica na privacidade de sua casa é uma oportunidade perfeita para vocês flertarem e darem vazão a seus desejos de sedução. Vocês dois sabem o que está por vir, mas uma parte grande do prazer está no caminho que farão até chegar lá.

Monte o cenário com antecedência. Deixe a mesa atraente cobrindo-a com uma bela toalha, algumas flores e velas, mas evite usar sua melhor porcelana, já que pode acontecer de ela ser deixada de lado e cair no chão, no calor do momento.

Como não há mais ninguém além de vocês, você pode dar voz às suas fantasias românticas. Lembra-se daquelas cenas de filmes que você sempre teve vontade de experimentar? Bem, agora é sua chance. Pense na Jennifer Beals em *Flashdance* ou em Mickey Rourke e Kim Basinger em *9 ½ Semanas de Amor*, em vez de pensar em Meg Ryan em *Harry e Sally – feitos um para o outro*. Também é uma oportunidade perfeita para dizer coisas que vocês não costumam dizer durante o café da manhã. Nessas circunstâncias românticas vocês lembram um ao outro o quanto ainda se desejam. Não se esqueça da música. Ela deve ser romântica, *sexy* e o volume não muito alto, algo que seja significativo para os dois.

Sexo Gourmet

Todo o processo de comer pode ser incorporado à arte da sedução. Comece seu banquete sensual com drinques e pequenos canapés, leves como beijos de borboletas. Em seguida, a entrada deve ser uma pequena provocação que prometa muito mais e seduza com sua textura e sabor. O prato principal é o clímax da refeição, ele deve satisfazer, mas não saciar o seu apetite, e a sobremesa é uma pausa.

Brincar com a haste da sua taça, correr os dedos pelas bordas do copo e acariciar a haste tem suas próprias conotações. Trocar olhares com seu amante enquanto bebe da sua taça de vinho, acariciando as mãos dele ou dela por cima da mesa, enquanto solta pequenos gemidos e suspira, saboreando a ponta de um aspargo umedecido de manteiga, até mesmo a maneira com que você passa a manteiga em seu canapé pode criar uma imensa tensão sexual entre vocês dois. Enquanto a refeição progride e o vinho chega perto do fim, vocês podem ousar um pouco mais, comendo do prato um do outro e beijando os traços de comida dos lábios um do outro. Encerrem essa refeição maravilhosa alimentando-se de frutas frescas fatiadas, passando-as de boca para boca e deixando que o suco escorra. Muita coisa pode acontecer tanto por cima como por baixo da mesa. Livrem-se dos sapatos e façam carinho nos pés e pernas um do outro.

Uma refeição realmente sedutora pode facilmente se tornar mais do que uma preliminar metafórica, e talvez vocês não consigam ter paciência de liberar espaço na mesa.

Com Gostinho de Fruta

De todos os grupos de alimentos, as frutas são as mais proximamente associadas com os prazeres sensuais. Uvas, as frutinhas carnudas, são associadas com deuses da Antiguidade, como Dionísio, Priapo e Baco, os verdadeiros conhecedores do prazer e do sexo. Ao longo da África do Norte e do Oriente Médio, acredita-se que tâmaras aumentam a potência sexual no homem e o desejo na mulher. Na Índia, acredita-se que o coco aumenta a quantidade e a qualidade do sêmen. Morangos e framboesas simplesmente pedem para serem dadas ao seu parceiro, pedaço por pedaço. Mas são as frutas mais carnudas, como mamão, manga, pêssego e damasco que se desmancharão em verdadeira, grudenta e molhada sensualidade.

Petiscando com as Mãos

Existe algo de especialmente *sexy* em se comer com os dedos, talvez porque sempre nos disseram para não fazê-lo quando éramos crianças. Os únicos lugares onde isso é aceito são estabelecimentos de *fast food*, que devem estar entre os lugares menos sedutores do mundo.

Se você não estiver com vontade de uma refeição completa, com entrada, prato principal e sobremesa, então prepare um pequeno banquete de salgadinhos apetitosos que vocês possam comer com seus dedos – ou ainda melhor, alimentar um ao outro com seus dedos. Na verdade, por que não deixar preparado em sua geladeira um suprimento de atraentes aperitivos para esse tipo de ocasião? Inclua tanto os alimentos prediletos de seu parceiro como os seus. Pensando na alimentação erótica, você tem bastante liberdade para interpretar as palavras "comer com os dedos". Frutas são a escolha perfeita. Experimente fatias de melancia ou pedaços de manga e depois chupe o suco que escorrer pelas mãos e queixo de seu parceiro. Morda um morango ou uma lichia e depois ofereça sua boca ao seu parceiro.

Intervalo de Fim de Semana

No começo do dia, tratar-se com um café da manhã na cama é uma experiência deliciosamente indulgente. É preciso um pouco de planejamento adiantado, caso contrário a vontade já terá se extinguido quando tudo ficar finalmente pronto. Na noite anterior, prepare uma bandeja com copos, pires e pratos, facas, colheres, geleia e, quem sabe, uma pequena flor em um vaso pequeno. Deixe a máquina de café pronta para ser ligada e certifique-se de ter alguns *croissants* prontos para serem aquecidos pela manhã. Evite tigelas de sucrilhos, pois fazem sujeira e não são românticas, e torradas, que deixam cair migalhas que podem se tornar desconfortáveis.

Não leve o jornal com você para a cama e esqueça a televisão matutina, mas um pouco de música de fundo pode ajudar a criar a atmosfera adequada. Assim, quando vocês terminarem de comer, será preciso pensar em alguma outra coisa para fazer.

Quando o prato principal estiver cozinhando no forno e a
sobremesa estiver preparada, é chegado o momento
de aumentar o fogo.

Cozinhando Com Seu Amado

COZINHAR JUNTOS PODE CRIAR uma dimensão extra de romantismo e aumentar o sentimento de intimidade existente no processo da alimentação. Muitas pessoas não gostam muito do detalhismo necessário para preparação de comida, mas, quando for feito em conjunto, vocês podem tornar isso muito mais divertido. Coloque uma música, abra uma garrafa de vinho e misturem seus ingredientes.

Selecionar os ingredientes que combinam com seu humor contribui para a criação de um clima favorável à experiência de cozinhar junto. É divertido fazer as compras juntos, em especial em feiras, onde você pode manusear o produto e ponderar sobre qual item acha mais importante. Você pode se demorar sobre tomates vermelhos e rechonchudos e se deixar seduzir pelo aroma das fatias de melão ou pedaços de manga fresca.

Caso você seja aventureiro, tentar cozinhar algo completamente inusitado pode ser bastante excitante. Reservem bastante tempo para os preparativos e tenham uma aventura enquanto estiverem fatiando, cortando e mexendo.

Essa é uma excelente oportunidade também para um pouco de brincadeiras amorosas mais sérias, algo que adicione um pouco de sedução aos ingredientes. Enquanto o bolo de chocolate está assando no forno, você pode começar a tirar a roupa de baixo de seu parceiro. Para os verdadeiramente aventureiros, por que não se despir por completo e cozinhar vestindo nada além de um avental? Escute o conselho do livro *Afrodite*, de Isabel Allende: "Tudo aquilo que é cozinhado para um amante é sensual, mas o é ainda mais se ambos tomarem parte na preparação e aproveitarem a oportunidade para provocantemente deixarem cair uma ou duas peças de roupa enquanto descascam as cebolas ou tiram as folhas da alcachofra".

Nada pode ser comparado ao sabor e textura de chocolate derretido.

Homem em Casa

Pesquisas recentes revelaram que as mulheres se interessam muito por homens que cozinham, e basta pensar nas devotas telespectadoras de programas de *chefs* para presenciar uma manifestação clara disso. As mulheres sem dúvida alguma têm uma atitude mais emocional no que diz respeito à comida do que os homens, então quando um homem está empunhando um batedor ou cortando uma pimenta, ele não está apenas entrando no tradicional espaço físico feminino, mas também no território psicológico dela, o que é algo muito atraente.

Outro estudo, feito pelo Centro de Pesquisa de Tratamento de Aromas e Sabores, de Chicago, pode dar incentivo adicional a qualquer homem relutante em entrar na cozinha até que a refeição esteja sobre a

Cozinhando Com Seu Amado

Fazer um bolo para dividir com seu parceiro é tão divertido quanto comê-lo depois de pronto.

mesa. O aroma de diferentes comidas aparentemente exerce um grande efeito sobre a libido e, em particular, o cheiro de carne sendo cozinhada aumenta consideravelmente o fluxo de sangue para o pênis. Esse fato deve tornar o tradicional churrasco de domingo um pouco mais divertido.

Deleitando os Sentidos

Cozinhar não devia ser uma tarefa, mas frequentemente pode parecer ser, em particular quando é uma responsabilidade de rotina. Cozinhar com seu parceiro pode mudar isso, em especial se você encarar a tarefa com uma nova atitude, apreciando as texturas, cores, aromas e sabores de seus ingredientes. Preparar comida pode ser algo tão sensual quanto comê-la, em especial quando a experiência é compartilhada.

Tente algumas receitas novas e adicione o seu toque especial, inale os aromas e saboreie o gosto enquanto faz a comida. A mousse de chocolate precisa de mais suco de laranja? Mergulhe seu dedo e ofereça-o ao seu parceiro para ele decidir. Quando terminar de lamber, ele provavelmente já terá esquecido aquilo no que deveria ter prestado atenção. Assopre o aroma de seu molho recém-criado em direção às narinas de seu parceiro e provocantemente não deixe que ele experimente até que adivinhe ao menos três ingredientes que compõem seu sabor.

  Deleitem-se compartilhando as sensações de cozinhar juntos e encorajem-se para serem ousados na cozinha. Se você nunca tentou virar uma panqueca no ar, tente e veja quem consegue segurar. Confeitem um bolo juntos – literalmente, se você quiser, apertando as mãos de seu parceiro e o saco de cobertura ao mesmo tempo. Isso faz sujeira, mas é divertido. Libere o corante e veja quem consegue criar a obra de arte mais audaciosa com o purê de batata. Comida é uma das nossas necessidades mais básicas, e todos nós sabemos como é importante ter uma dieta balanceada, mas vocês ainda podem se divertir muito enquanto a preparam.

....

Fazer experiências juntos e provar um os frutos do trabalho do outro é algo que torna divertido o ato de cozinhar com seu parceiro.

Cozinhando Com Seu Amado 375

Aspargo é um antigo remédio de efeito sexual para os homens, e há evidências nutricionais apontando que ele auxilia a regulação hormonal. Cogumelos são uma boa fonte do complexo vitamínico B, enquanto trufas cheiram fantasticamente bem.

Comendo Sem Pratos

O JEITO MAIS ERÓTICO de compartilhar comida com seu parceiro é quando vocês dois estão nus, de modo que podem comer direto do corpo do outro. É uma experiência mútua. Quando um tira proveito da sensação de ter comida servida em cima de seu corpo, o outro tira proveito de colocar a comida sobre você e do subsequente prazer de se alimentar direto do seu corpo, sem usar as mãos.

Qual comida será usada na ocasião é algo que fica a critério de gosto pessoal. Muitas pessoas gostam da sensação fria e sedosa de creme ou iogurte sendo derramado sobre seus corpos antes de serem lentamente lambidos até o final. Mel é outro entre os favoritos, em especial quando massageado entre os seios antes de ser consumido. Manteiga de amendoim pode ser aquecida e aplicada sobre o pênis (evitando-se a abertura da uretra).

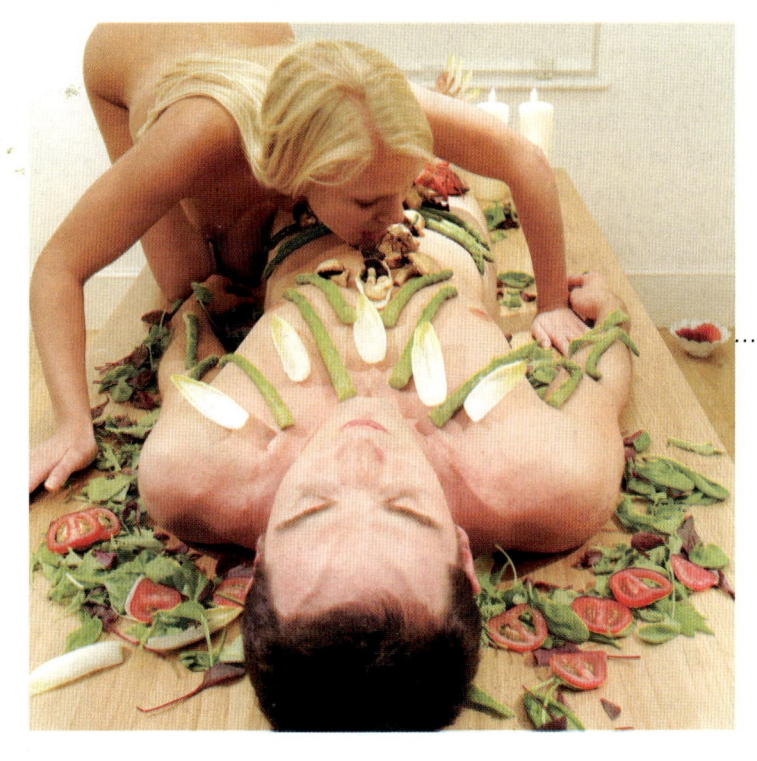

À ESQUERDA E PÁGINA SEGUINTE| Faça de seu parceiro uma mesa de banquete e deleite-se com o corpo dele antes de oferecer o seu próprio como sobremesa.

Não se preocupe com o tempo quando for chupar e lamber. Caso você tenha dentes sensíveis, talvez prefira usar sorvete de creme ou geleia de morango. (Esses dois podem causar respostas mais agudas e imediatas, já que pesquisas neurológicas apontam que o aroma de ambos faz aumentar em cerca de 40% o fluxo sanguíneo no pênis.) Seja criativo quando for espalhar comida pela pele. Utilize uma mistura de sabores, texturas, aromas, gostos e temperaturas. Cubra o corpo nu de seu parceiro com fatias de sua fruta ou vegetal favorito e desenhe padrões com chocolate derretido antes de comer tudo.

 Se você optar por cair de cabeça e fizer um banquete completo no corpo de seu amante, um de vocês pode ser o prato principal e o outro a sobremesa. Não coma muito no dia anterior, certifique-se de que tem tudo pronto e reserve muito tempo para vocês. Entre os pratos, vocês podem tomar um banho prazeroso juntos, para ficarem relaxados e abertos ao próximo prato. Seja especialmente cuidadoso quando estiver perto de regiões delicadas do corpo, como os olhos, a vagina e o pênis. Evite tudo que tenha componentes ácidos, muito irritantes, como vinagre, picles ou suco de limão, e nunca use nenhuma pimenta em lugares que podem arder.

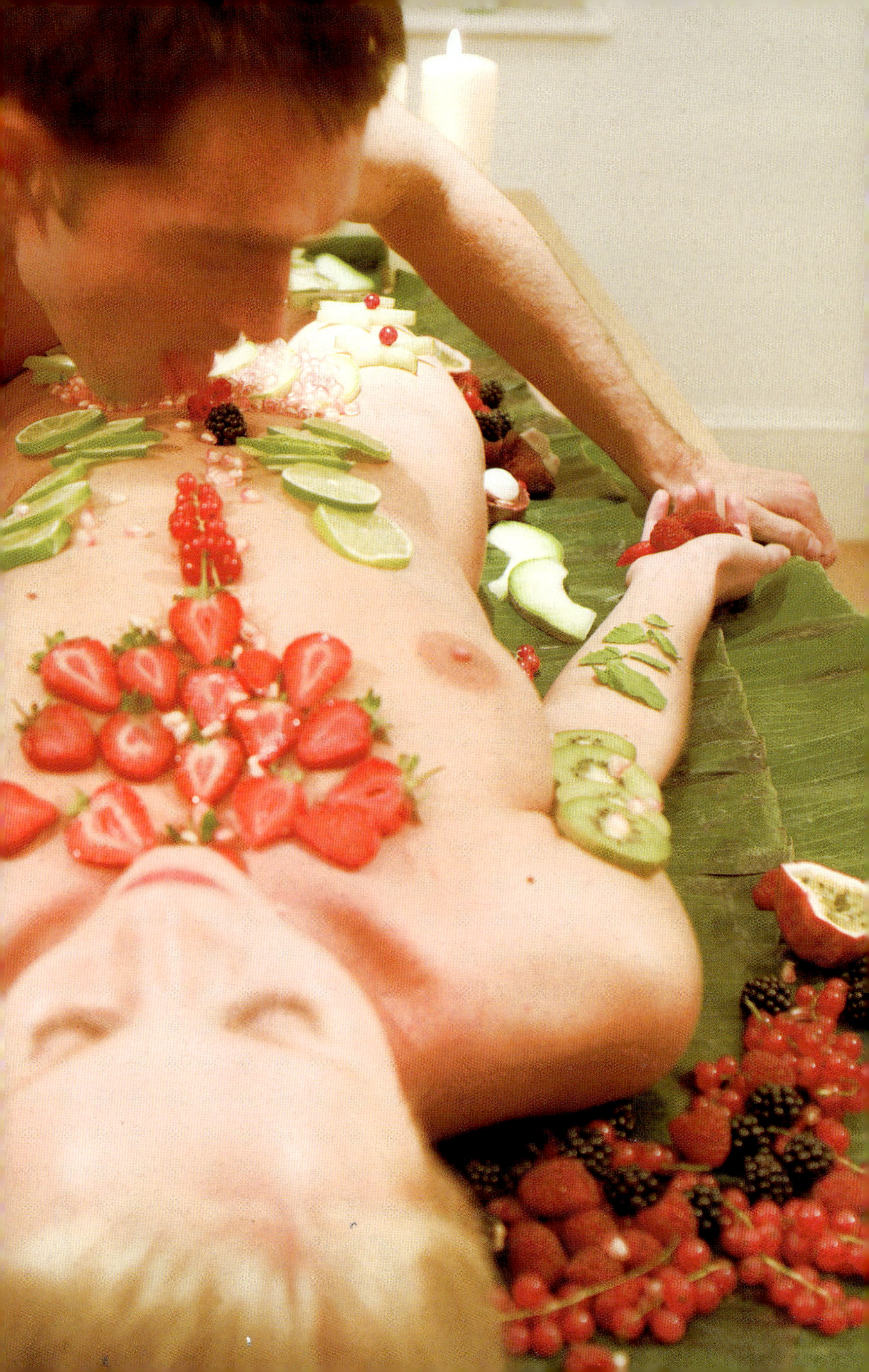

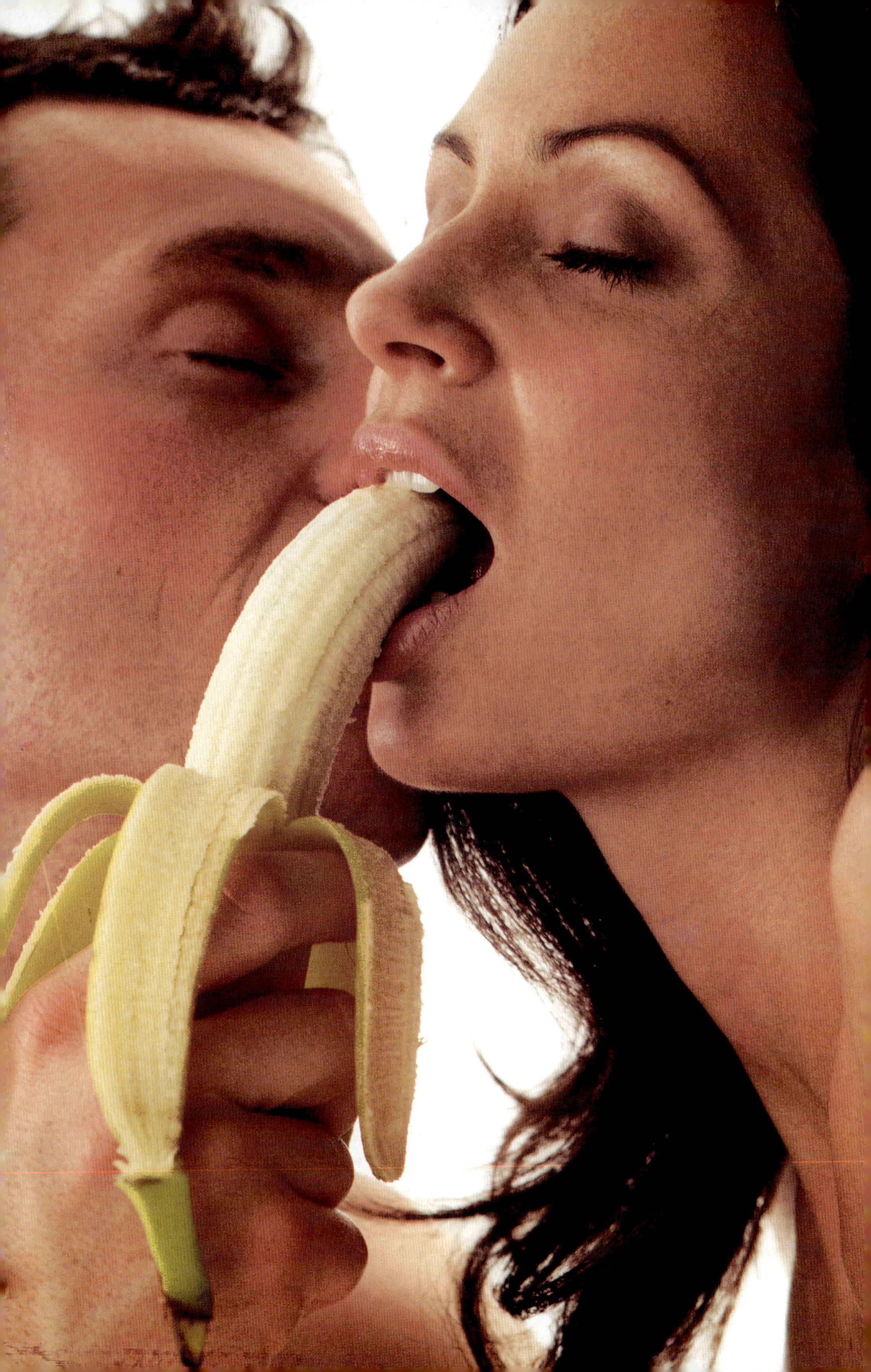

Comida Boa, Sexo Bom

COMIDA NÃO SERVE APENAS PARA DIVERSÃO E SEXO – ela ajuda seu corpo a se manter no controle das coisas. Alimentar-se bem é essencial para uma boa saúde e funcionalidade sexual. Existem muitas razões que levam à perda de libido e deficiências sexuais, mas a mais comum delas está relacionada com o equilíbrio de nossos hormônios. Entretanto, esse equilíbrio também está ligado aos nossos hormônios metabólicos, e estes se apoiam sobre o fornecimento constante de determinados nutrientes que são obtidos por meio da nossa dieta.

Minerais

Minerais importantes em nossa dieta incluem ferro, zinco, magnésio, cálcio, iodo, selênio, crômio, arginina, ubiquiona e alguns importantes ácidos graxos. Existem muitos alimentos que são ricas fontes desses minerais. Por exemplo, galinha e carne vermelha são ricos em ferro, que é necessário para a

IMAGEM ANTERIOR E À DIREITA| É a maneira como você come que faz a diferença.

produção de hemoglobina no sangue, essencial para a excitação, ereção e lubrificação. Nozes, arroz integral, ovos e queijo contêm zinco – que forma a cauda do espermatozoide – e ajudam, portanto, em questões como fertilidade e desempenho sexual. Mariscos, frutas secas e laticínios contêm cálcio, crucial para o crescimento ósseo e saúde cardiovascular, e também um ingrediente importante para a excitação, pois desempenha papel na transmissão de sinais aos nervos, permitindo a sensibilidade ao toque. Ele também é necessário nas contrações musculares, tanto do homem quanto da mulher, durante o orgasmo.

Vitaminas

Para ajudar a manter a saúde física e sexual, vitaminas como vitamina A, vitaminas do Complexo B (incluindo B_1, B_2, B_3, B_5, B_6, B_{12} e Colina) e vitaminas C e E desempenham cada uma um papel diferente.

Tanto o espinafre quanto o agrião, laticínios e óleo de peixe contêm vitamina A, que é vital para a saúde dos olhos, ossos e dentes. Também é um antioxidante necessário para uma boa saúde cardiovascular. Leguminosas, nozes, abacates e carne contêm vitaminas do Complexo B, como a B_3, que ajuda na circulação, enviando maior quantidade de sangue a determinadas áreas, como ao pênis, durante a ereção; B6, que desempenha um papel importante na regulação de hormônios sexuais, como a testosterona, nos homens; e Colina, que ajuda na transmissão de sinais nervosos necessários para o aumento da libido e da energia durante o sexo. Vitamina C ajuda a aumentar o desejo sexual e fortalece os órgãos genitais masculinos e femininos, e pode ser encontrada em alimentos como batatas, gengibre, beterraba, frutas cítricas e broto de feijão. Vitamina E é essencial para uma pele saudável, e sua natureza protetora a torna vital para a saúde e vitalidade sexuais. Pode ser encontrada em abacate, espinafre, gérmen de trigo e em todos os vegetais de folhas verdes.

Um bom princípio básico é sempre manter uma dieta balanceada e comer pequenas porções com regularidade. Sexo de barriga cheia nunca é uma boa ideia.

Existem alguns elementos que são cruciais para manter o corpo e a alma juntos, e cuja ausência tonaria impossível a existência de vida sexual. Em termos nutricionais, frutas e frutos do mar são alguns dos alimentos mais ricos.

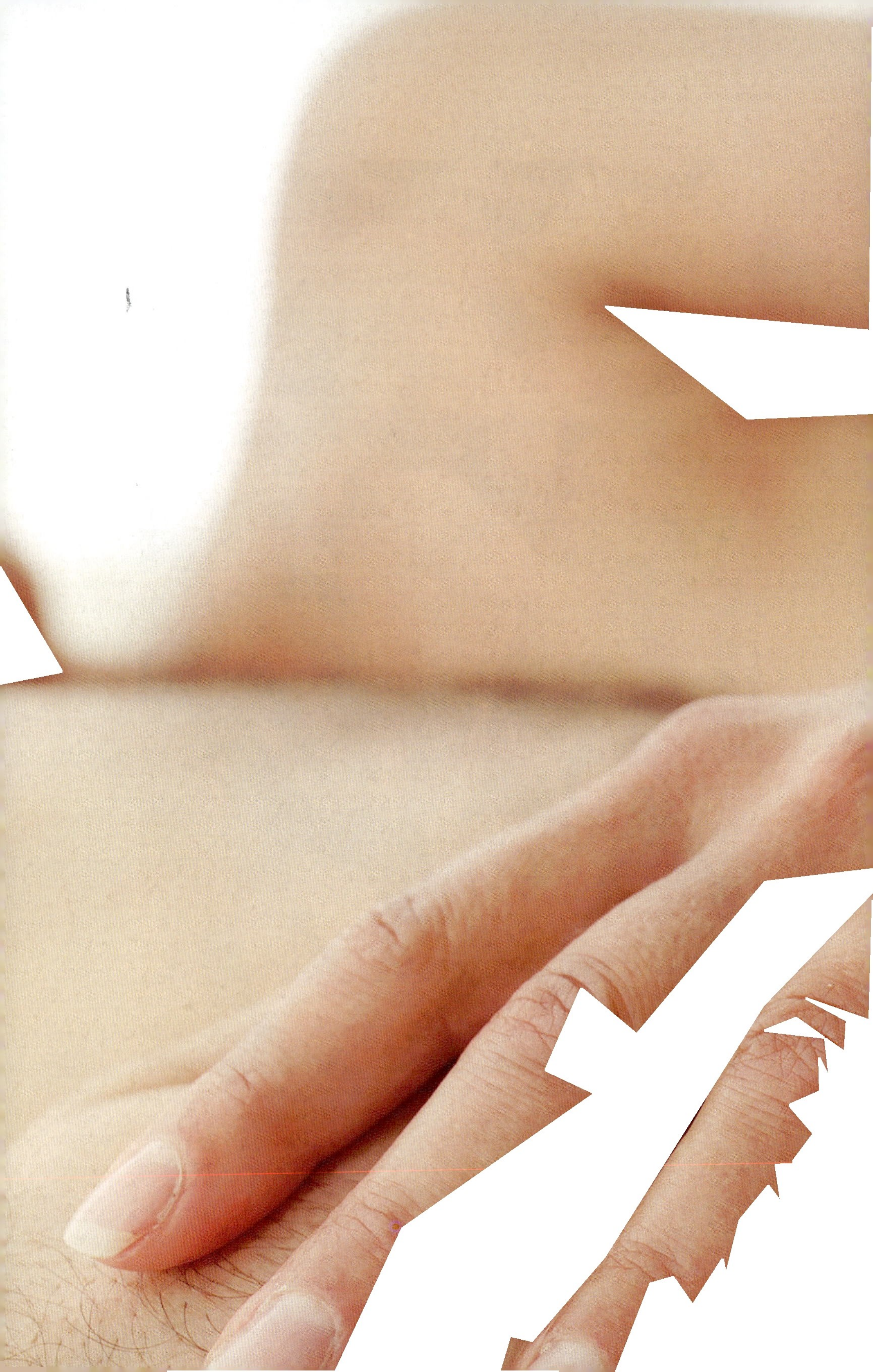

Estações

Um relacionamento de longa duração está sujeito a con
ções no decorrer do tempo, com idas e vindas, altos e b
vocês navegam pela vida compartilhada, o r
têm se altera e amadurece, assim como o faz
dos excitantes e despreocupados primeiros a
prostrados e resignados anos de ouro do ines e
desejos eguem esses fluxos e reflu a essência
que mrelacionamento jovem e o tempo.

Sexo Definitivo

Amantes de Longa Data

UM RELACIONAMENTO PODE SER LIGADO às estações do ano, com primavera, verão, outono e inverno trazendo suas próprias qualidades e mudanças climáticas. Até mesmo o mais forte dos relacionamentos tende a ser um ciclo, com altos e baixos, tempos bons e tempos ruins. Vale a pena lembrar-se disso enquanto seguem juntos em sua jornada, para que quando houver tempos ruins e de tormenta, vocês consigam vencê-los olhando para a frente, para tempos melhores, de céu ensolarado.

Primavera

A estação da primavera é o início de seu relacionamento com seu parceiro, os primeiros anos quando se conheceram, apaixonaram-se, antes de decidirem casar ou morar juntos. Essa costuma ser a fase mais despreocupada, em que vocês passam muito tempo conhecendo um ao outro e permitindo que suas raízes se entrelacem, construindo assim as fundações em que irão crescer como casal. Com pouca coisa que prenda você, essa costuma ser a estação romântica em que se sentem seguros e com a compreensão de que irão lidar com qualquer coisa que a vida atire em vocês, porque têm um ao outro.

PÁGINA ANTERIOR E À DIREITA| Durante a primavera de seu relacionamento, vocês dois estarão tão fascinados um pelo outro que vão desejar ficar o tempo todo juntos.

No verão e no outono de seu relacionamento, vocês poderão enfrentar qualquer coisa se conseguirem manter a comunicação.

A vida sexual da primavera é excitante e aventurosa. Vocês mal conseguem tirar a mão um do outro e aproveitam qualquer momento livre para fazer amor e serem românticos. Se as coisas ficarem mais duras no futuro, esse será o tempo ao qual irão se referir. Vocês poderão recordar quanto amor dividiram – estão construindo um livro de memórias de que se lembrarão no futuro.

Verão

O verão de um relacionamento equivale à fase em que vocês se assentam e começam a construir um ninho, encontram uma casa juntos, planejam o futuro e realizam seus sonhos. Decidir se terão filhos ou não exigirá que ambos reavaliem as prioridades em relação à carreira profissional, vida social e sexual. O sexo fica diferente durante essa fase, e a ênfase se foca em fazer amor e gerar mais um ser humano, em vez de fazer sexo por diversão. Fazer um filho é uma das coisas mais poderosas que duas pessoas podem fazer. Com um pouco de tempo vocês se adaptarão às mudanças e aproveitarão seus novos papéis de papai e mamãe, contanto que não esqueçam que ainda são amantes com vidas sexuais e desejos.

Outono

O outono é representado pela época em que as crianças voam de seus lares e os amantes voltam a ser apenas dois. Essa época pode ser difícil para os pais que devotaram as últimas décadas aos seus filhos. É difícil lembrar como era a vida antes das crianças aparecerem em cena, portanto é importante que os casais conversem com bastante antecedência sobre essas questões. Esse é um tempo de novamente planejarem juntos o futuro, de começarem a conversar sobre aposentadoria e fazerem planos para finalmente realizarem seus sonhos de longa data. Sexualmente, essa é uma fase de redescoberta, confirmando a sexualidade de cada um, usando a estabilidade que criaram juntos com o passar dos anos, para criar um sexo melhor.

O romantismo não precisa se apagar com o passar dos anos.

Inverno

O início do inverno significa o início de outra estação, dourada, já que vocês compartilham a aposentadoria e, muitos, também os netos. Vocês podem aproveitar a companhia um do outro deixando para trás o estresse, as tensões no trabalho e as preocupações com as crianças pequenas. A maioria das pessoas não associa cidadão de terceira idade com sexualidade, mas em muitos casos esse é um aspecto importante e precioso de um relacionamento de longa data. Pode ser que vocês não estejam mais pulando de um lustre para o outro, mas sexo e toque ainda são coisas importantes. Embora a libido não seja mais o que foi e existam mais desafios de saúde a serem enfrentados depois que você envelhece, o romance e a sedução nunca envelhecem. Quando continuam a enxergar o relacionamento como divertido e desafiador, vocês podem manter a excitação e saciar um ao outro com a frivolidade trazida pela liberdade da terceira idade, trabalhando juntos para deixar o relacionamento intemporal e sem envelhecer.

Para muitos casais, um relacionamento de longa data é um desvio da vida de solteiro que pode ser muito bem-vindo. Entretanto, quando vocês decidirem começar uma família, sua cama nunca mais será somente sua.

Começando uma Família

PARA A MAIORIA DOS CASAIS, os primeiros anos de casamento ou quando moram juntos são muito excitantes. Vocês finalmente saíram da área de flerte e estão confiantes de que encontraram a pessoa que os farão felizes. Esse pode ser um momento único para muitos relacionamentos, por você conseguir se concentrar nas necessidades sexuais um do outro sem nenhuma outra forma de distração, como crianças ou responsabilidades por pais mais velhos. O próximo estágio para muitos casais é começar uma família. Dito isto, a entrada de um terceiro par de pés na sua casa traz consigo um remanejamento completo de sua vida social, suas prioridades e, sim, sua vida sexual.

O sexo costuma ser a última coisa na mente de novos pais, até que o bebê entre na rotina de dormir pela noite toda. Existem diversos problemas emocionais que são comuns a quase todos os casais que atravessam essa fase. Novas mães podem se tornar emocional e fisicamente exaustas. Muitas sentem que seu papel de mulher sexual foi completamente substituído pelo papel de provedora infantil, que está constantemente limpando, alimentando, dando banho e cuidando de seu novo bebê, sem tempo nenhum para cuidar de si mesma. Muitos homens sentem-se negligenciados ou até mesmo deixados completamente de lado nesse novo cenário. Esses são problemas realmente muito comuns que novos pais costumam enfrentar enquanto suas vidas passam por essa que é uma das maiores mudanças que existem. É importante lembrar que tais mudanças estão acontecendo a vocês dois enquanto casal, e não a você enquanto indivíduo, e vocês precisam conversar juntos sobre isso.

Durante os primeiros anos de seu filho, ele irá precisar de muito do seu tempo e atenção, e é muito fácil colocar sua vida sexual de lado, ou negligenciar a necessidade de tempo para ser um casal. Tente reservar algum tempo por semana para ficarem juntos e marquem encontros. Contratem uma babá ou peçam aos avós que fiquem com as crianças uma vez por semana. Usem esse tempo para sair de casa e passar algum tempo romântico juntos, conversando sobre o que vocês têm em mente, mas evitem discutir constantemente sobre seus filhos. Essa é uma oportunidade perfeita para conversarem com liberdade a respeito de sexo e sobre como vocês podem se esforçar para tornarem as coisas um pouco melhores. Se as crianças puderem dormir fora vez ou outra, será ainda

Sexo Durante a Gravidez e Depois do Parto

Durante uma gravidez normal e saudável, não há absolutamente motivo algum para vocês não continuarem tendo uma vida sexual normal e saudável, a menos que o médico responsável aconselhe o contrário. Você não conseguiria machucar o bebê, que está aconchegado confortavelmente no líquido amniótico. No decorrer da gravidez, as posições com o homem por cima serão desconfortáveis e até impossíveis. Experimente posições que sirvam aos dois. "Conchinha" geralmente é a favorita, e algumas mulheres gostam da penetração por trás. É mito dizer que transar consequentemente causará parto prematuro, embora existam evidências que apontam para o fato de que algumas substâncias contidas no sêmen podem induzir ao trabalho de parto em gravidez de risco.

Por motivos de saúde, as mulheres geralmente são aconselhadas a não fazer sexo com penetração por até seis semanas depois do parto. Se a cicatriz da episiotomia dói ou se o parto foi muito doloroso, a mulher pode temer que o sexo também a machuque. Adaptar a técnica do Orgasmo Sexual Extenso, combinando-a com carinho e paciência, poderá ajudar a ultrapassar esse problema. Caso ela esteja amamentando, mamilos feridos ou rachados podem indicar que aquela definitivamente não é uma região erógena. Esse também é um tempo difícil para o homem, que pode ficar cansado depois de acordar durante a noite para checar o bebê, caso vocês estejam revezando. Esse é um período de grandes ajustes na vida para vocês dois — compartilhar unidos o fardo pode uni-los um pouco mais.

melhor, já que vocês podem se deleitar com a companhia um do outro de uma maneira mais desinibida.

As Famílias Hoje em Dia

Hoje em dia existem muitos relacionamentos e famílias diferentes entre si que funcionam igualmente bem à maneira do estereótipo do casal marido e mulher. Muitos casais preferem ficar juntos sem se casar, mesmo que formem juntos uma família, e alguns outros preferem até morar separadamente, pois conseguem ser uma unidade mais feliz quando estão juntos se mantiverem cada um o seu espaço. Cada vez mais, casais do mesmo sexo estão morando juntos e optando por adotar crianças ou encontrar barrigas de aluguel, ou pais substitutos, ou doadores de esperma, para ajudá-los a terem seus próprios filhos.

Os relacionamentos podem ser complicados seja qual for o caminho sexual que você trilhar. Nem todos os casais que decidem se aproximar mais ficam juntos até o fim da vida. É comum as pessoas se separarem ou se divorciarem e começarem uma vida com outra pessoa. Começar de novo com uma pessoa nova, quando você ou seu parceiro já têm filhos de relacionamentos passados, pode ser difícil, já que é preciso integrar você ou seu parceiro em uma família que já foi feita. As crianças compreensivelmente são ferozmente leais a seus pais e, sendo assim, um parceiro novo pode causar problemas.

Crianças de famílias diferentes (casais em que ambos têm filhos) e enteados irão invariavelmente precisar de muita compreensão e reafirmações quando um novo relacionamento começar. Qualquer estresse ou tensão em um relacionamento afetará a dinâmica sexual do casal. Mas, de modo geral, com tempo, pode-se encontrar muita alegria e felicidade nessas formas de relacionamento.

Um dos papéis mais importantes dos pais é certificar-se de que seus filhos se tornem confiantes e não tenham medo do sexo e de seu desenvolvimento sexual. Isso pode ser mais difícil do que parece e grande parte da atitude deles em relação a isso surgirá em função da maneira como você reage a essas questões.

É muito comum as crianças entrarem no quarto enquanto vocês estiverem fazendo amor, então você precisa prepará-las antes que isso aconteça, porque você pode reagir de uma maneira da qual pode vir a se arrepender mais tarde. Tente cobrir-se vagarosamente, sem fazer parecer que vocês faziam algo que não deviam. É comum as crianças pensarem que viram "o papai machucando a mamãe", e por isso é importante enfatizar que o que vocês faziam era positivo, e algo que duas pessoas fazem quando se amam.

A vida de família pode com frequência ser uma batalha, mas criar tempo para garantir uma vida sexual saudável ajudará a manter o equilíbrio na equação.

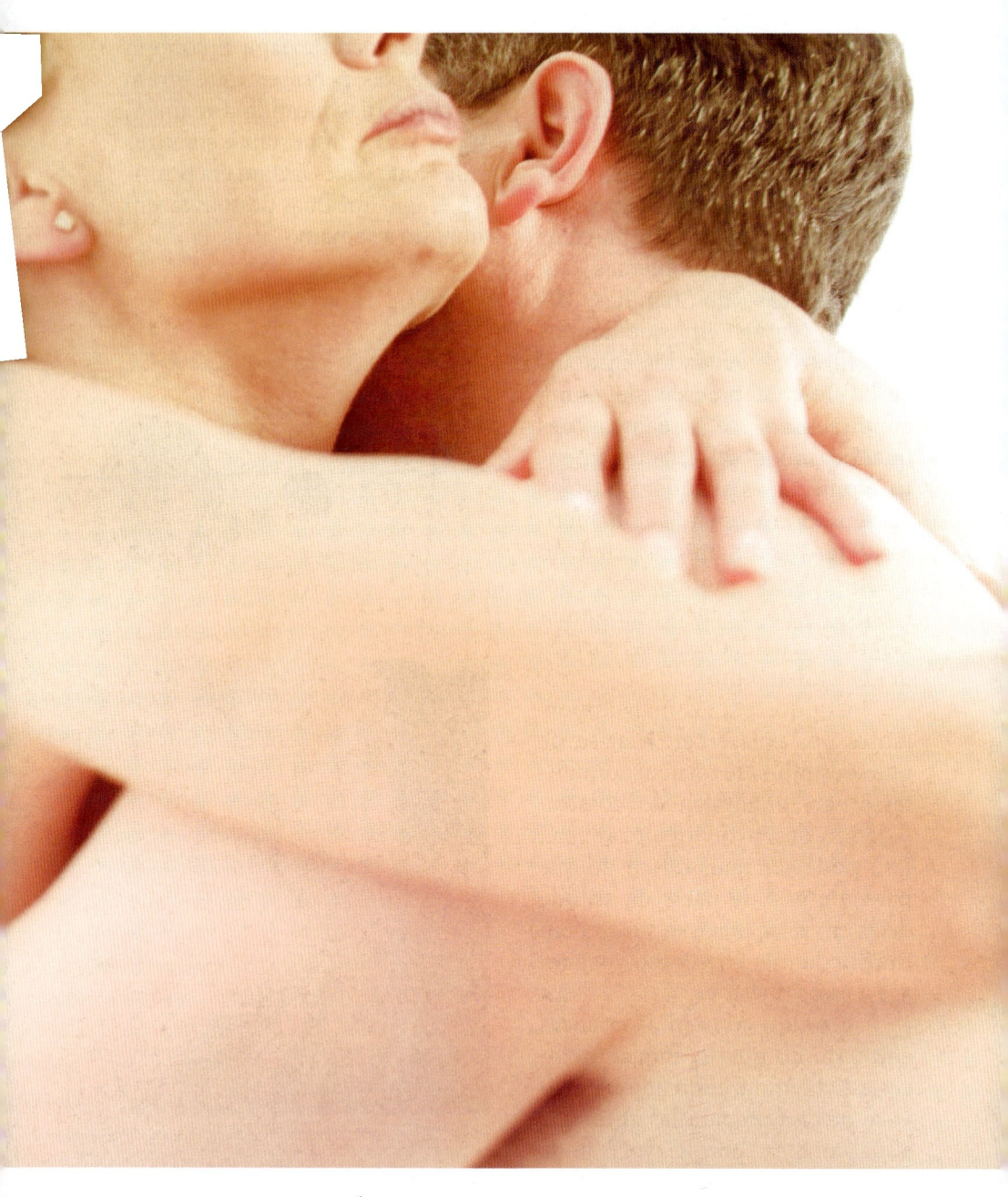

ACIMA E PÁGINA 397| Uma vez que as crianças tenham deixado o ninho, você terá mais tempo para ficar só, ou com seu parceiro.

Meia-Idade

SE VOCÊ TEM FILHOS, então mais cedo ou mais tarde terá de encarar a "Síndrome do Ninho Vazio". Um ou todos os seus filhos terão voado para longe – para a universidade, empregos ou para a vida conjugal – e você foi deixado sozinho em sua casa, com seu parceiro. Esse período de sua vida costuma se estruturar aos poucos, e você não percebe o impacto que terá, até que ele se concretiza. O que antes foi um aguardado sonho por mais tempo juntos pode se tornar em um período de incrível vazio emocional até você se acostumar com a ausência das crianças e começar a passar mais tempo com seu parceiro.

Quando você se acostumar com a ideia, essa fase pode se tornar extremamente excitante. Se sua vida sexual ficou relegada ao segundo plano durante alguns anos, agora é o momento de conhecer um ao outro mais uma vez e de se tornarem sexualmente íntimos novamente. Vocês dispõem de mais tempo e tendem a ficar mais relaxados e abertos à ideia de fazer sexo.

Outro aspecto de dispor de mais tempo de deleite é que haverá mais tempo para vocês se exercitarem. Ao passo que vocês estão se tornando fisicamente mais devagares, esse é um ótimo momento para tomarem o controle e ficarem mais em forma – comece indo àquelas aulas de yoga! Isso é crucial, pois, enquanto avançamos em idade, precisamos nos manter ativos, não somente para nossa saúde, mas também para uma vida sexual saudável.

Tempo da Vida

Esse é o período quando a mulher pode estar atravessando a menopausa, o fim de sua vida reprodutiva. Isso levanta desafios emocionais e físicos, então converse com seu parceiro sobre como isso faz você se sentir, para que ele compreenda o processo. Muitas mulheres acham que adotar a terapia de reposição hormonal pode ajudá-las durante esse período de mudanças – amenizando assim as ondas de calor, as ondulações de humor e esquecimento. O desejo sexual, ou libido variam muito entre as mulheres, seja antes ou depois da menopausa. Os níveis de hormônio determinam o desejo sexual e níveis hormonais reduzidos sem dúvida alguma interferem no desejo sexual. Embora o estrogênio tenha seu papel,

> **Parecendo Animada**
>
> É importante para homens e mulheres fazer um esforço para parecer atraente para o seu parceiro e para o seu próprio auto-respeito. Talvez você possa entrar na rotina de passar uma hora ou então ter um longo banho e mimar-se. Invista em algum vestuário glamoroso, que faça você se sentir sensual. Dê para si um momento para se sentir *sexy*, como adultos, e não apenas como pais ou trabalhadores.

o hormônio que tem se provado mais intimamente relacionado ao desejo sexual é a testosterona. O ovário, embora se mantenha capaz de produzir estrogênio depois de uma menopausa "natural", pode continuar a produzir quantidades significativas de testosterona por muitos anos. Essa é a razão de muitas mulheres manterem um bom apetite sexual por um período considerável de tempo. Esses níveis de testosterona fornecem benefícios adicionais à mulher em menopausa natural. Tecidos do corpo são capazes de converter parte dessa testosterona em estrogênio.

Quando uma mulher passa por uma histerectomia em que houve remoção dos ovários, esse benefício pode ser perdido. Algumas mulheres inclusive alegam que o desejo sexual aumenta após a menopausa (se os ovários permanecerem), já que estão livres de dores e sangramentos excessivos.

Crise da Meia-Idade

Os homens também podem passar por uma diminuição no tempo de resposta sexual, levando mais tempo para ficarem excitados conforme se aproximam da meia-idade. Na verdade, tanto o homem quanto a mulher podem precisar de mais estímulo para se excitar e chegar ao orgasmo. Mas, como vocês, com sorte, poderão passar mais tempo juntos, tirem vantagem disso. Conversem entre si sobre o que lhes dá prazer. Se vocês têm dificuldade para se comunicar, ou não conseguem dar esse passo juntos, então talvez precisem conversar com um terapeuta.

É nesse estágio que os homens podem ter uma "crise de meia-idade". Ela pode se manifestar na busca de reafirmação com uma namorada mais nova ou uma nova moto, quando até então ele dirigia um carro de família. Isso é apenas um flerte com a juventude passada, e as mulheres geralmente passam pelo mesmo. É preciso ter paciência durante essa fase, por parte de ambos. Pode ser aterrorizante desfazer-se do lado jovem de sua personalidade – entretanto, você estará trocando-o pela confiança e experiência que só vêm com a idade.

Transparecendo Vida

É importante que tanto a mulher quanto o homem esforcem-se para ficar atraentes para seus parceiros e também por motivo de amor-próprio. Talvez vocês consigam criar uma rotina de passar uma hora tomando um longo banho e cuidando de si mesmos. Invistam em pijamas que os façam sentirem-se sensuais. Deem a si mesmos o tempo para se sentirem *sexy* como adultos, e não apenas como pais, ou como trabalhadores.

Ter um *hobby* com seu parceiro, como dançar, pode ser uma das maneiras de reacender o romance.

Anos Dourados

O companheirismo traz benefícios mútuos.

É MITO QUE AS PESSOAS PARAM DE FAZER SEXO quando alcançam os "anos dourados". Apenas porque está mais velho, não quer dizer que você não precisa da mesma intimidade física e emocional de que precisava quando era jovem. Intimidade sempre é uma parte importante de sua vida, independente da idade que tenha.

Uma vida sexual ativa manterá você em boa forma mental, e dizem que ter uma boa companhia com quem se pode compartilhar a vida é o segredo para se viver uma vida mais longa. A ênfase das últimas décadas sobre a necessidade de exercícios regulares para os mais velhos resultou no fato de que os idosos estão em melhor forma do que jamais estiveram. Ter uma atitude positiva é crucial para uma boa vida sexual. Seu corpo pode estar envelhecendo, mas, para muitos, os desejos certamente não estão. Se você estiver passando por problemas de ereção há algum tempo, consulte um médico. Homens mais velhos costumam precisar de mais estímulo para chegar à ereção – um pouco de assistência manual pode ser necessária. Nesses casos, sexo oral e masturbação mútua podem se provar como um caminho prazeroso a ser explorado conjuntamente. A hora em que você faz amor também pode ser um fator importante quando se está mais velho. Costuma ser recomendado a adultos mais velhos que façam amor pela manhã, já que é mais provável que homens mais velhos tenham uma ereção firme depois de uma boa noite de sono. Existem também outras vantagens, inesperadas, para o homem quando ele envelhece: você consegue postergar a ejaculação por mais tempo, e sua parceira vai amar você ainda mais.

Anos de Liberdade

Até os anos dourados as mulheres já passaram pela menopausa e podem vivenciar uma nova sensação de liberação sexual. Existem algumas alterações fisiológicas que são de se esperar, como a lubrificação vaginal, que em vez de tomar de 15 a 30 segundos como na juventude, agora pode levar até cinco minutos. Existem muitos lubrificantes, e até alguns tratamentos hormonais que podem ajudar. Mulheres que continuam tendo uma vida sexualmente ativa depois do fim da menopausa ficarão mais em forma, e a vagina se manterá mais elástica do que naquelas mulheres que não continuam com uma vida sexualmente ativa.

O desejo sexual de uma mulher aos 65 anos é mais estável do que o de um homem. Na verdade, a mulher alcança seu pico ao final dos 20 ou 30 e continua no mesmo nível até os 60. Uma mulher de 80 anos tem o mesmo potencial para alcançar o orgasmo que uma mulher de 20.

Mesmo que o desejo sexual tenha sido abatido, a intimidade permanece sendo algo importante de qualquer relação amorosa, independentemente da idade. Trocar carícias, aconchegar-se e aprender como massagear um ao outro podem ser coisas extremamente sensuais. Reservar tempo para visitar exposições juntos ou ir para longas caminhadas – quem sabe fazer algumas aulas de dança – pode gerar o laço exterior à casa, que vocês podem estar precisando. Para permanecer jovem é preciso que você se sinta jovem, não importa o que o seu corpo esteja fazendo. Serem ativos juntos e manterem-se tangíveis ao outro ajudará a manter o relacionamento tão excitante como nos primeiros anos em que se conheceram.

Atravessando Sozinha

Como as mulheres tendem a viver mais do que os homens, o maior problema costuma ser dispor de um parceiro com quem compartilhar a sexualidade. Muitas pessoas mais idosas têm de reestruturar suas vidas depois da perda da pessoa amada, e uma das questões importantes é como se deve lidar com a perda de intimidade e sexo que foi parte de uma relação amorosa. O desejo sexual não morre junto com seu parceiro. A masturbação pode ser especialmente útil nessas circunstâncias e ajudará a conservar sua identidade sexual e a manter viva sua sexualidade.

Você nunca será idoso demais para se apaixonar, e muitas pessoas encontram novos amores e companheiros em seus anos dourados. Isso traz conforto a eles, a seus novos parceiros e também aos familiares de ambos.

Anos Dourados

Casais maduros dispõem de mais tempo juntos para reacender o erotismo de outros tempos.

A imagem que a sociedade faz dos idosos é de que eles são flácidos, enrugados e tão pouco atraentes que sequer pensam em ter vida sexual. Cabe a todos nós, não apenas aos mais velhos, mas também às gerações mais novas, resistir ou sucumbir a esse tipo de preconceito. Já que a geração *baby-boomer* está chegando à terceira idade, certamente muitas coisas vão mudar – haverá muitos pensionistas saudáveis por aí.

Nós devemos a reivindicação de nossa própria sexualidade às nossas crianças e aos que virão depois deles. Se nós não fizermos, como eles farão?

A vida é difícil, e muitas vezes a sua vida sexual sofre as consequências, tornando-se chata ou inexistente. Essa é a hora de tomar alguma atitude, ler um livro juntos sobre sexo e dar risadas juntos.

A Redescoberta

INEVITAVELMENTE CHEGA UM MOMENTO na vida da maioria dos casais quando a ênfase do relacionamento não recai mais sobre o sexo, e na verdade já não o vinham fazendo há algum tempo. É fácil isso acontecer com casais que estão juntos há algum tempo e que dedicaram a vida aos filhos, às carreiras profissionais, à construção de uma casa e a uma infinidade de outras coisas, independentemente de suas idades. Padrões e rotinas, de uma forma ou de outra, surgem com o passar dos anos, na maioria das vezes sem que você perceba. O sexo pode ser chato, e muitos sentem que já esgotaram qualquer possibilidade de terem uma vida sexual excitante e emocionante novamente.

Nunca será tarde demais para reanimar a sensualidade do outro. Sexo bom é o ingrediente mágico para um grande relacionamento. Existe uma surpresa guardada para cada um, sempre; talvez seja descobrir o orgasmo pela primeira vez depois de uma vida de frustração e decepção. Realizar suas fantasias sexuais durante um estágio avançado de um relacionamento pode ser encorajador. A lição é que nunca será tarde demais para começar.

Redescobrir sua sexualidade e a de seu parceiro é uma jornada através do território já conhecido, mas que inevitavelmente levará você a um novo destino. Lembre-se de algum lugar onde vocês dois se sentiram próximos – revisitem-no. Caso exista uma música em particular que invoque memórias especiais para vocês dois, coloque-a para tocar enquanto vocês deitam juntos ou massageiam um ao outro. Talvez haja um prato específico ou um tipo de vinho que lembre vocês de uma tarde maravilhosa em especial. Cada uma dessas maneiras reanima a espontaneidade que talvez vocês tenham deixado para trás com o passar dos anos, mas o foco principal deve recair sobre reservar tempo para conversarem e suprirem as necessidades e desejos do outro.

A maior zona erógena é o cérebro, o que faz dele o lugar ideal por onde começar a estimular a sensualidade do outro. Conversem entre vocês, evitando assuntos exteriores, tais como seus filhos. Visitem museus ou vão ao cinema juntos, leiam trechos interessantes de um livro em voz alta, ou criem refeições juntos, de uma nova maneira.

Mantendo as Coisas Quentes Dentro do Quarto

Dicas para manter o tempero:
- Use alguma música suave e *sexy*, luz fraca e velas, ou experimente cobrir o chão e a cama com pétalas de rosas para criar um espaço mais sensual.
- Reorganize o quarto de tempos em tempos, para sempre modificar o ambiente – mova a cama para uma posição diferente ou traga alguma mobília de outros cômodos.
- Anime o quarto com flores, ou mude as fotos dos porta-retratos. Você pode inclusive comprar novos pôsteres ou quadros para pendurar na parede.
- Use roupa de cama *sexy*, talvez lençóis de seda, ou um novo cobertor que imite pele de animais.
- Experimente mudar a cor da redoma da luminária ou troque as cortinas por tecidos transparentes levemente tingidos: uma mudança de intensidade ou coloração pode alterar completamente a atmosfera de um quarto.
- Caso você tenha um televisor no quarto, tente tirá-lo de lá por um tempo. Um estudo recente demonstrou que casais faziam mais sexo nos anos 1950 do que hoje em dia, e um dos motivos é justamente o hábito de assistir televisão por entretenimento. Ao tirá-la do quarto vocês precisarão ser criativos e se esforçar para entreterem um ao outro de alguma forma.

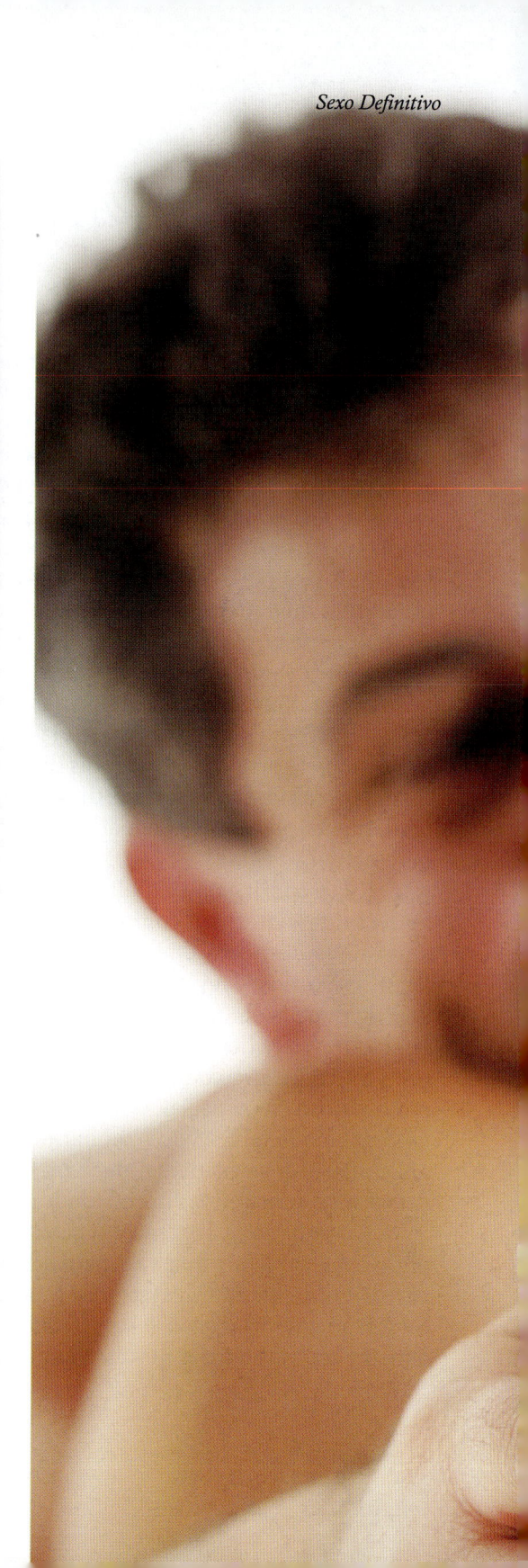

A Redescoberta 405

Tentar algo novo juntos pode no final ser motivo de risadas, mas enfim, não é esse o objetivo de tudo?

Etapas Práticas

A seguir, você encontrará algumas dicas e conselhos sobre o que casais podem incorporar a seus relacionamentos para ajudá-los a redescobrir a sexualidade entre si, e de cada um deles. O reconhecimento da importância do respeito e da confiança entre os membros de um casal são o verdadeiro cume de um relacionamento amoroso, e à medida que envelhecem e amadurecem juntos, é preciso desenvolver um caráter flexível que comporte também o crescimento e desenvolvimento pessoal. Isso pode incluir tomar atitudes práticas para cuidar, ouvir e agir sobre a necessidade do outro:

- Converse com seu parceiro sobre reservarem tempo para fazerem amor, e se vocês levam vidas muito corridas, abram espaço nas agendas. Não apresse as atividades sexuais, e deixe espaço também para as carícias do pós-coito.
- Vocês podem muito bem sentir excitação em momentos diferentes, e isso terá de ser negociado. Não existe nenhuma frequência ideal em se fazer sexo que possa ser prescrita – com qual frequência deve ser feito, ou de não deve –, isso simplesmente terá de dar certo para vocês dois.
- Conversem sobre suas fantasias sexuais e vejam se é possível realizar alguma delas. Se vocês perceberem que estão caindo na rotina, façam um balanço da situação e experimentem algo diferente. "Que tal tentarmos isto hoje?"
- Muitas pessoas veem o sexo como uma das maneiras de fazer as pazes depois de uma briga, o que pode ser muito excitante e um modo fácil de manter-se emocionalmente próximo ao seu parceiro. Mas o potencial de interpretar erroneamente o verdadeiro problema que serviu de causa à discussão é muito grande. Tentem compreender como vocês dois funcionam emocionalmente, conversem sobre isso e vejam no que dá.
- Muitas pessoas sentem como se não estivessem satisfazendo plenamente os seus parceiros, e se preocupam com isso. Tente se confortar conversando com seu parceiro sobre as questões que lhe incomodam em seu desempenho sexual, perguntando-lhe o que você pode fazer para satisfazê-lo melhor.
- A familiaridade em uma relação de longa duração pode gerar certa falta de consideração, portanto esforce-se para manter um ar de mistério e também para preservar sua privacidade. Por exemplo,

Não importa há quanto tempo vocês estão juntos, nunca é tarde para mudar as coisas para melhor.

o banheiro pode ser um ótimo lugar para vocês tomarem banho juntos, mas também deve ser um espaço privado de vez em quando. Vocês devem conseguir dizer ao outro quando precisam de privacidade e de um pouco de tempo e espaço para si próprios.
- E, por último, sejam românticos e atenciosos um com o outro. Beijem-se antes de se despedirem e também quando se reencontrarem. Lembrem-se de agradecer e de fazer pequenos agrados. Comprem presentinhos e pequenas lembrancinhas – afinal de contas, as pequenas coisas são as mais importantes.

Seu relacionamento com a pessoa amada
precisa ser algo divertido.

Táticas de Longo Prazo

> **Sex Appeal**
>
> Redescobrir o seu é uma questão de reconstruir a sua confiança. Se você se sente envergonhado ou desconcertado em relação ao seu corpo, então não conseguirá fazer sexo com todas as forças. Se a imagem que você tem do seu corpo está inibindo sua vida sexual, então precisa adotar algumas medidas para reverter essa situação. Comece fazendo mais exercícios; demore a se vestir, use roupas de baixo mais sedutoras. Saia de casa e vá a algum lugar um pouco mais requintado, que exija que vocês dois se vistam com um pouco mais de elegância.

ALGUNS DOS MAIS BEM-SUCEDIDOS relacionamentos de longa duração têm no bom humor e no fato de os companheiros serem melhores amigos os ingredientes essenciais para mantê-los funcionando. Uma grande amizade exige um comportamento de respeito mútuo, gestos de amizade, grande quantidade de toques e afagos e, claro, um bom sexo. Se vocês também conseguem compartilhar boas risadas, tanto melhor. Uma relação amorosa deve ser uma parceria de apreciação mútua. Respeitem suas diferenças e lembrem-se, vocês não podem mudar o outro. Somente eles conseguem mudar a si mesmos.

Pesquisas mostram que a risada é extremamente boa para a saúde. Ela diminui a pressão sanguínea, reduz o estresse e fortalece seu sistema imunológico. Ela também engatilha a liberação de endorfina, um componente químico que funciona como analgésico natural em nosso corpo e gera a sensação de "bem-estar".

Se todos nós repararmos na mecânica física de como as pessoas fazem amor, as situações em que se colocam, as expressões engraçadas que fazem quando estão tendo um orgasmo, as trapalhadas, os gases e barulhos engraçados que emanam na cama, ninguém nunca vai ser capaz de manter uma expressão serena enquanto faz sexo. Embora sexo seja algo extremamente divertido, ele possui seu lado ridículo. Há bons motivos para dizermos que a risada é o melhor dos remédios, e isso se aplica também ao seu relacionamento sexual.

Comprando Presentes

Comprar presentes *sexy* um para o outro é outra maneira fantástica de reavivar a sexualidade de seu parceiro. Todo mundo adora tanto receber quanto dar presentes, em especial quando eles são espontâneos. Os homens podem comprar para suas parceiras, em lojas especializadas, alguma *lingerie sexy* ou alguma roupa de baixo. É importante comprar algo que seja do gosto dela – se estiver em dúvida, peça ajuda ao atendente da loja, eles costumam ser treinados para isso! Também é importante comprar o presente sob as circunstâncias adequadas. Se o homem comprar algo porque secretamente deseja que ela fique mais *sexy*, ou sinta que a vida sexual está chata e quer apimentar um pouco mais, ela invariavelmente descobrirá esse segredo e se sentirá ofendida e magoada. Uma abordagem mais adequada é discutir com ela, com delicadeza e antecedência, esse desejo de apimentar um pouco mais as coisas, dizendo algo como: "Eu adoraria passar mais tempo com você, sexualmente, e talvez nós devêssemos tentar algumas coisas novas, juntos". Então ela estará mais preparada para receber seu presente, e ele provavelmente será mais bem recebido.

Presentes mais ousados, tais como vibradores, consolos e outros brinquedos sexuais também devem ser abordados com delicadeza. Se um casal entrou em um padrão de sexo bastante repetitivo e comum, e de repente um dos parceiros chega com um vibrador para dar ao outro, isso pode ser chocante, independentemente das intenções. Mais uma vez é importante estabelecer por meio de conversas esse desejo de ambos em experimentar algo novo – não há espaço disponível para decisões unilaterais.

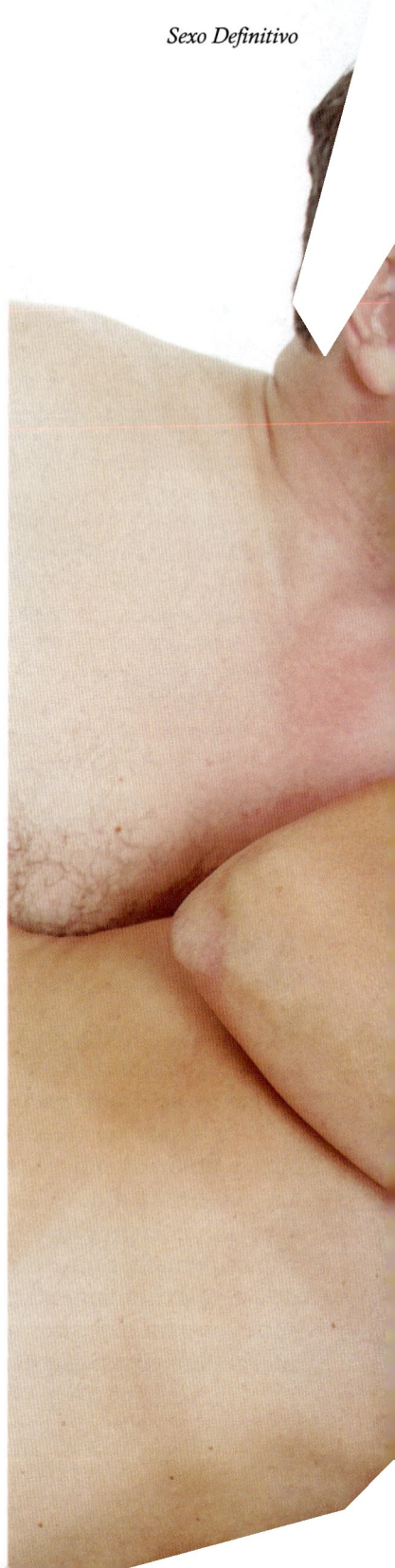

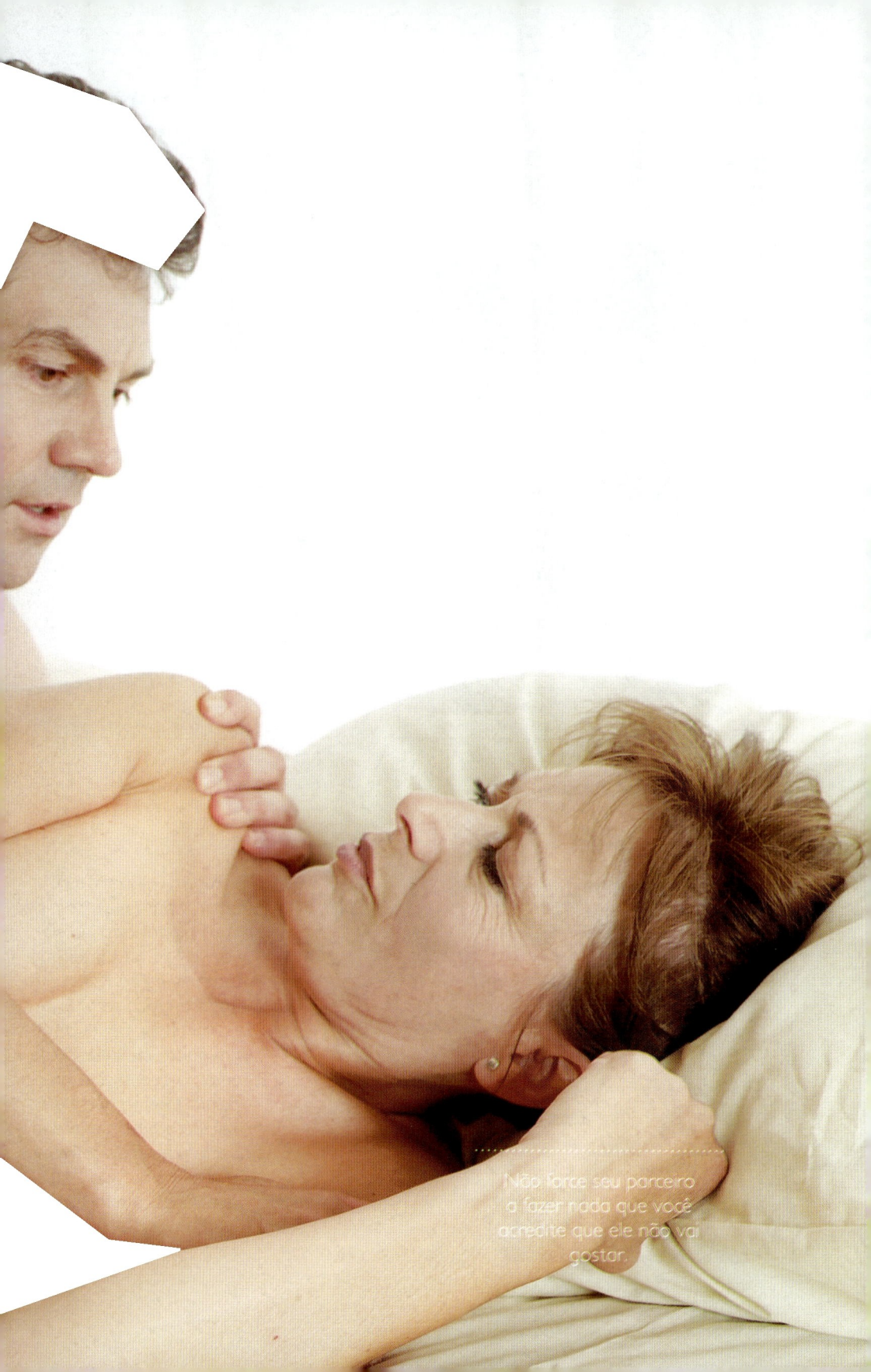

Não force seu parceiro a fazer nada que você acredite que ele não vai gostar.

Façam um acordo de comprar para o outro algo que gostariam que ele usasse: "Eu ouvi dizer que usar um vibrador durante o sexo pode ser muito divertido, e fiquei com um pouco de vontade de tentar, o que você acha da ideia?". Mesmo que ele ou ela não aceite, a porta foi aberta para mais conversas a respeito da vida sexual que vocês compartilham.

Conversando Sobre Sexo

Por algum motivo, alguns casais de longa data acham difícil conversar sobre sexo, independentemente do tempo que estão juntos. Uma das razões pode ser que, embora o sexo seja algo que você faça junto do outro, a experiência costuma ser extremamente pessoal. Durante o orgasmo, por exemplo, as pessoas geralmente desaparecem em seu próprio mundo de prazer intenso, e até mesmo construir o orgasmo exige certo grau de concentração.

Outro motivo que faz com que os casais achem difícil estabelecer conversas sobre sexo é o medo de que possam ofender ou chatear seus parceiros ao dizer do que gostam, e, mais importante ainda, do que não gostam. Isso é especialmente verdade quanto se trata de casais de longa data que passaram anos fazendo algo de determinada maneira, maneira que não vem dando satisfação suficiente para um dos dois.

O importante é lembrar que, quando vocês se amam, a necessidade de satisfazer e agradar um ao outro é essencial. A única coisa que vocês precisam fazer é abordar o assunto com cuidado, evitando críticas diretas. Uma boa técnica é fazer uso do método de perguntas e respostas. Quando vocês estiverem juntos na cama, passem algum tempo tentando redescobrir a sensualidade do corpo de seu parceiro, fazendo perguntas como "Eu posso tocar você aqui?" ou "Posso acariciar você aqui?". O recebedor deve evitar responder com frases negativas como "Não. Isso é terrível". Tente "É gostoso, mas fazendo deste jeito fica ainda melhor".

Outra situação delicada é quando seu parceiro está fazendo algo que você realmente não gosta, mas não se sente seguro ou segura de como deve lidar com a situação sem magoá-lo. Tente focar no aspecto positivo, como "eu gosto quando você faz isso, mas prefiro muito mais quando você faz isso", ou "adoro fazer sexo oral em você e adoro o seu gosto, mas fico incomodada quando você se movimenta abruptamente e com muita força dentro da minha boca, talvez nós pudéssemos tentar outras posições".

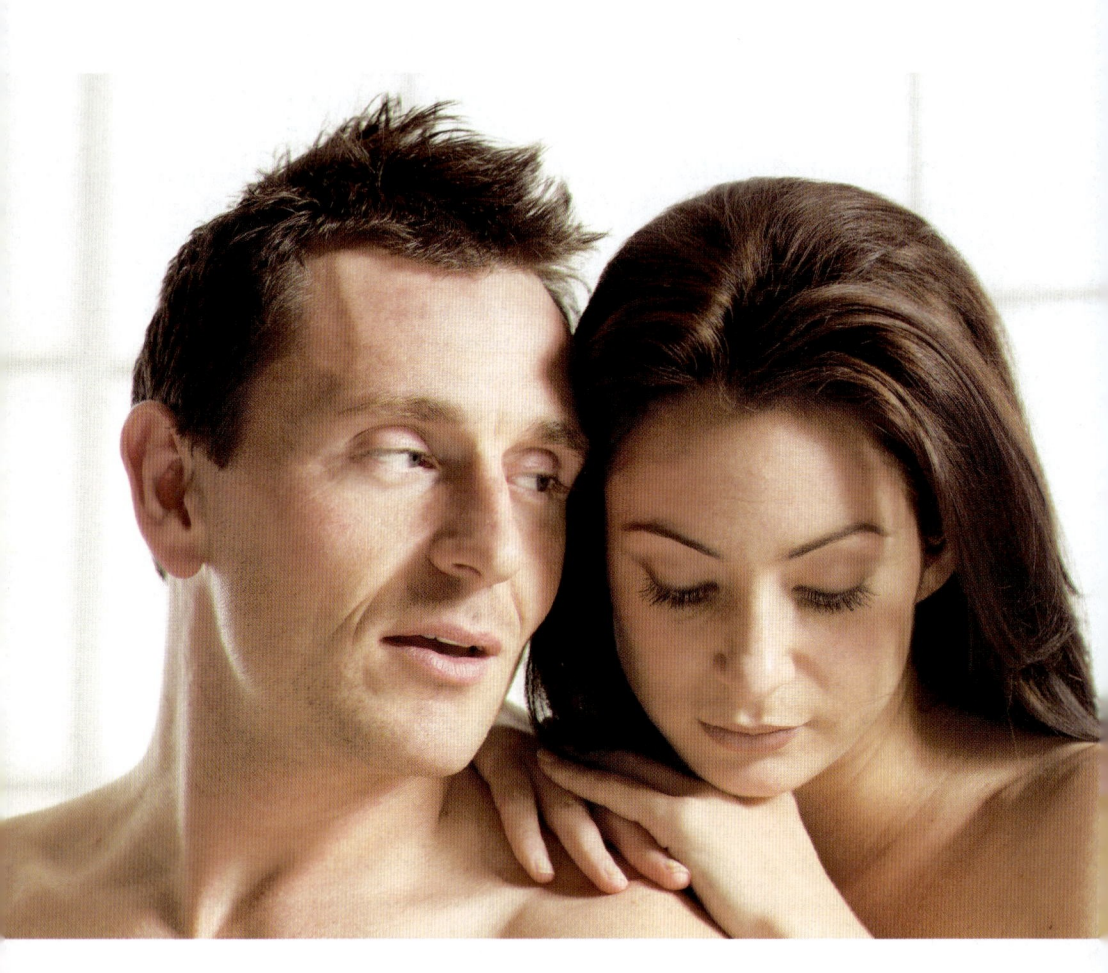

Criar uma conexão com seu parceiro é um pouco mais do que algo puramente físico — conversar e escutar são cruciais para manter um relacionamento forte e saudável. Se vocês pararem de se comunicar, as coisas tendem apenas a piorar.

Conversando e Ouvindo

UM DOS MAIORES PROBLEMAS que casais com dificuldade de comunicação têm em comum é a incapacidade de conversar com eficiência. Comunicação é a chave para conseguir de seu relacionamento aquilo que você deseja. Quando feita com a devida sensibilidade, a comunicação pode ajudar a aliviar mágoas entre vocês e fazer com que um dos parceiros pare de fazer algo que incomoda, magoa ou machuca o outro. Comunicação é uma habilidade que se aprende, e os bloqueios geralmente nascem de alguma situação que tenha acontecido na vida de um dos dois. O importante é que cada casal trabalhe junto para descobrir quais são os pontos fortes e os pontos fracos da comunicação, para assim compreenderem o que os fazem reagir um ao outro da maneira que fazem.

Conversem em Turnos

Reservem algum tempo sem interrupções para conversarem. O falante deve começar apresentando um assunto neutro ou algum acontecido recente, e dizer como ele se sentiu, o que considera importante e o que os aborreceu. O ouvinte deve se esforçar para realmente escutar o que está sendo dito e evitar qualquer reação ou comentário até que chegue a vez dele.
Na próxima vez que tentarem isso, inclua cinco minutos a mais, no final, para que o ouvinte repita o básico do que foi dito, demonstrando que estão cientes do que foi dito. Com tempo o ouvinte se tornará mais preciso, o que é sinal de que o casal está evoluindo e escutando um ao outro com mais clareza, o que por sua vez ajudará na reconstrução da confiança e respeito no relacionamento.

Aprendendo a Escutar

Escutar é crucial para uma comunicação de sucesso. Frequentemente, pessoas que não escutam os seus parceiros cortam a fala do outro, ou ficam em silêncio sem perceber. Pode ser que internamente elas estejam pensando no que irão dizer em seguida, sem na verdade estarem prestando muita atenção àquilo que seus parceiros estão dizendo. Saber ouvir é uma das habilidades mais valiosas que um terapeuta pode ensinar a alguém. Muito frequentemente aprendem isso quando notam a maneira que um terapeuta escuta a

ACIMA E NA PÁGINA SEGUINTE|
Às vezes é preciso voltar à escola e desaprender alguns maus hábitos.

cada um quando eles falam, e o efeito positivo que isso exerce sobre eles. Terapeutas podem encorajar os indivíduos a escutar mais abertamente e não assumirem posição defensiva diante de seus parceiros enquanto estes falam, reduzindo assim a necessidade de atacá-los. Ao escutar um ao outro, os casais aprendem a dar tempo para que cada um se expresse, levando embora o ressentimento e sentimentos negativos presentes quando acreditamos que não estamos sendo ouvidos.

Algumas das técnicas de escuta que terapeutas matrimoniais podem lhe ensinar são:

- Dê atenção completa a seu parceiro quando ele estiver falando. Concentre-se no rosto e na voz dele.
- Se outros pensamentos invadirem sua mente, faça com que eles desapareçam de maneira gradual, enquanto você volta sua atenção vagarosamente para o que está sendo dito.
- Quando ele terminar, não replique muito rápido, leve alguns segundos para avaliar o que foi dito e faça com que ele perceba que você está fazendo um balanço do que foi dito.

> **Um Exercício Útil**
>
> Um exercício que pode ajudar a compreender os bloqueios de comunicação é sentar junto, com um bloco e uma caneta, e terminar as seguintes frases:
> - Um momento quando eu disse algo que realmente fez diferença foi...
> - Um momento em que senti medo ou nervosismo para dizer o que pensava foi...
> - Um momento em que eu disse algo pelo que me arrependi mais tarde foi...
> - Um momento em que eu passei algum tempo escutando alguém e realmente ajudei essa pessoa foi...

- Escutar não é apenas ficar em silêncio enquanto mantém contato visual, também é preciso encorajar seu parceiro a falar e se abrir para você. A pessoa que estiver ouvindo deve tentar manter sua linguagem corporal aberta o quanto for possível, voltando-se de frente ao seu parceiro, sem bloqueá-lo com gestos. Deve-se manter o rosto voltado para a frente e transparecer interesse naquilo que está sendo dito.
- Sinais de reconhecimento são de grande ajuda. Balançar a cabeça ou dizer algo como "sim" e "ok" diz ao seu parceiro que as palavras dele estão sendo escutadas, e embora você não necessariamente concorde, está aceitando o que está sendo dito. Caso ele faça uma pausa, use palavras que o encoraje a elaborar o raciocínio. Frases como "aquele incidente deve ter deixado você bastante irritado", ou "você deve ter se sentido muito chateado quando isso aconteceu com você", irão ajudar seu parceiro a dizer mais sobre os sentimentos e emoções dele.

Dizendo Algo um ao Outro

Falar também é uma importante habilidade que terapeutas podem auxiliar casais a aprender. Quando um relacionamento está em seus primeiros estágios, os casais tendem a conversar muito um com o outro, para descobrirem coisas um sobre o outro. Quando eles permanecem juntos, essa conversa se esvazia cada vez mais, pois já conhecem um ao outro e não creem precisar perguntar tantas coisas com tanta frequência. As conversas podem se tornar cada vez mais curtas e estagnadas, sobre assuntos mundanos como "o que você quer de café da manhã?", em oposição a "como você se sente esta manhã?".

A pior coisa que um casal pode fazer quando conversar é se atacar. Em geral, quando as pessoas são intransigentes em relação a algo, a escolha de palavras instantaneamente se torna ofensiva, deixando-as com a sensação de que expuseram seu ponto de vista, mas deixaram o parceiro na defensiva.

A seguir, estão algumas frases e construções comuns que costumam servir de gatilho para brigas, e algumas maneiras alternativas de expor o mesmo problema, sem ser explosivo.

Culpa – "Você destruiu o meu dia quando contou aquela história para todo mundo." Em vez de culpar seu parceiro, tente descrever como você se sentiu: "Eu me senti desconfortável e não me diverti nem um pouco naquele dia".

Acusação – "Você me deixou furioso quando esqueceu de pagar a conta de gás." Admita os seus sentimentos dizendo: "Eu me senti..." em vez de "Você me fez sentir..."

Cobranças – "Eu pedi um milhão de vezes para você lavar a louça." Tente uma abordagem mais construtiva, como "Vamos lavar a louça juntos?".

Gritaria – Esforce-se para não levantar a voz e apontar seu dedo para expor seu ponto de vista. Gritar irá imediatamente evocar uma resposta defensiva. Em vez disso, tente usar um tom de voz mais suave, com mais delicadeza, e faça poucos gestos com as mãos.

Não importa o que você faça ou deixe de fazer na cama com seu parceiro, o crucial é deixar o canal de comunicação sempre aberto. Masters e Johnson, por meio de suas pesquisas, popularizaram o conceito de terapia sexual e conversam abertamente sobre sexo.

Buscando Ajuda

COMUNICAR-SE COM O OUTRO é uma das ferramentas mais úteis para garantir sucesso em um relacionamento. Infelizmente, a comunicação bem-sucedida não é algo tão fácil de conquistar como a maioria das pessoas pensa. Enquanto um relacionamento avança e outros fatores e influências aumentam de importância, como a pressão profissional e os filhos, muitos casais acabam se comunicando cada vez menos, involuntariamente erguendo barreiras que eventualmente parecerão impossíveis de serem quebradas.

Terapia pode trazer benefícios gigantescos nesse sentido. Muitos terapeutas dizem que vários casais os procuram pensando que seus relacionamentos já terminaram, que perderam fé no amor e que a terapia surgiu como "última tentativa". As boas notícias são que, com muita frequência, isso não é verdade. O emprego de terapia sexual e terapia de casal tem se tornado cada vez mais popular, já que os casais se tornaram menos inclinados a aceitar uma vida amorosa insatisfatória e acertadamente buscam melhorar a parceria nos níveis tanto emocional quanto físico.

O terapeuta passará algum tempo com o casal para reavaliar a qualidade de comunicação deste, encontrar a raiz do problema e ajudar com que mudem a abordagem de um ao outro para que as conversas sejam mais frutíferas e estimulantes. Com frequência esses problemas de comunicação nascem de padrões de comportamento aprendidos quando éramos crianças. Filhos de pais não comunicativos, ou até mesmo abusivos, podem carregar os efeitos emocionais dessa experiência para seus relacionamentos da vida adulta, em geral sem se darem conta do que estão fazendo. Esse é um problema muito comum e, uma vez que for identificado, pode ser trabalhado, e com a ajuda de um terapeuta, o casal pode começar a desenvolver métodos de comunicação mais eficazes.

Consultando um Terapeuta

A maioria dos casais que se consulta com terapeutas o faz porque acredita que seu relacionamento está em perigo. Em geral eles não têm conhecimento da proporção do problema e precisam de alguma opinião exterior para retorná-los ao caminho correto da investigação. Pessoas

> ## Saído do Forno
>
> Em 1948, Alfred Kinsey publicou seu estudo de massa sobre a sexualidade humana masculina, seguido em 1953 por um estudo semelhante sobre a sexualidade humana feminina. Ele chocou os Estados Unidos ao gerar estatísticas apontando que 50% dos homens já haviam traído suas esposas, e que 25% das mulheres já haviam feito o mesmo com seus maridos. A revista chegou às bancas em 1953, e nos anos 1960 William Masters e Virginia Johnson publicaram o primeiro estudo sério a respeito da fisiologia dos orgasmos e da excitação.
>
> Em 1976, Shere Hite publicou The Hite Report: *A Nation-wide Study of Female Sexuality*. O livro de Hite continha análises estatísticas, que foram questionadas e receberam apoio tanto de estatísticos como de outros críticos de ciência, gerando controvérsias e debates acadêmicos. A obra também continha anedotas de mulheres e suas opiniões e reclamações relativas a suas vidas sexuais. O livro se tornou um *best-seller* instantaneamente. Muitas barreiras foram quebradas no Ocidente com a publicação em 1972 do livro do Dr. Alex Comfort, *The Joy of Sex: a Gourmet Guide to Love Making*. Esse livro e os posteriores manuais de sexo do mesmo autor permitiram que casais explorassem sua sexualidade de maneira mais livre, expandindo os limites sem se sentirem culpados. Estudos sobre sexo percorreram um longo caminho, e hoje em dia há um fluxo constante de informações e livros novos, tais como este.

que não se sentem mais confortáveis em relação ao outro ou que conversam somente para brigar, em geral criaram barreiras com o passar do tempo, barreiras que não conseguem quebrar sozinhos.

Organizações de apoio a relacionamentos vêm treinando conselheiros que ajudam casais a se sentirem mais abertos um para o outro. Optar por consultar um conselheiro e escolher um é, em geral, o primeiro e mais difícil passo para qualquer casal vivenciando dificuldades, e isso se apoia em um desejo verdadeiro de ambas as partes trabalharem juntas na resolução dos problemas. Com frequência, as pessoas andam nervosas por estarem inseguras quanto ao que esperar da primeira consulta. O maior propósito do conselheiro será fornecer um ambiente seguro e de apoio que ajudará vocês a reconstruírem seu relacionamento.

Buscando Ajuda

A consulta com o conselheiro costuma ser em uma sala com privacidade onde os casais podem ficar relaxar com o terapeuta e serem guiados para conversar sobre os problemas. Uma grande gama de abordagens e técnicas é utilizada, de modo que não existe uma fórmula única. Eles analisam o passado de cada indivíduo como ajuda a fornecer significados e respostas para problemas que podem estar acontecendo. Eles usam interações e conversam com casais para ajudá-los a ressaltar ou refletir sobre as raízes de alguns problemas, e também sugerem alguns exercícios práticos que casais podem tentar juntos para criarem uma abordagem mais eficiente que busque a melhora em seu relacionamento.

Quando você acorda com a mesma pessoa todo dia, é difícil manter algum mistério.

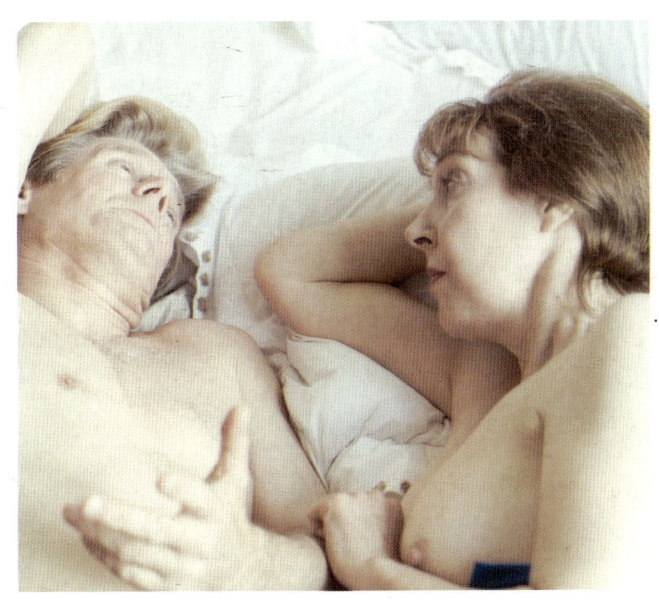

Esforce-se para conversar de maneira clara, usando gestos brandos e linguagem produtiva para não começar uma briga, e não se esqueça de escutar também.

As reações a respeito das necessidades especiais têm mudado lentamente, e os preconceitos do passado estão dando espaço para o reconhecimento de que as necessidades emocionais e sexuais de pessoas com necessidades especiais são em grande parte as mesmas de pessoas sem necessidades especiais.

Pessoas com Necessidades Especiais

A IMAGEM CORPORAL é uma das coisas mais difíceis que as pessoas com necessidades especiais precisam enfrentar, tenham elas dificuldades físicas ou de aprendizagem. A atitude de outras pessoas em relação a eles e a atitude deles em relação a si mesmos podem ser uma barreira para as interações sociais. As outras pessoas constantemente reforçam uma imagem negativa, e a maioria dos que não têm problemas físicos não associa sexualidade com indivíduos com necessidades especiais. Essa percepção tem a característica de se alastrar e de inibir a habilidade de uma pessoa com deficiência ser sexual. As pessoas com necessidades especiais não apenas precisam lutar contra o preconceito da sociedade que não os reconhece como pessoas sexuais, mas também precisam aprender a se aceitar como são, e a se tornar confiantes. Eles possuem exatamente as mesmas necessidades que as outras pessoas.

Efeitos da Deficiência

Muitas pessoas com necessidades especiais têm um contato limitado com o mundo exterior, o que faz com que seja mais difícil para elas encontrarem outras pessoas com quem possam se identificar. Timidez e falta de confiança agravam ainda mais o problema.

Uma das perguntas feitas com maior frequência é se homens em cadeiras de rodas têm ereção. A resposta a essa pergunta, com maior frequência do que "não", costuma ser "sim". Em geral, um homem que não tem sensibilidade na área genital não será capaz de ter uma ereção a partir apenas de estímulo visual, mesmo que ainda se sintam excitados. Normalmente é preciso haver estimulação direta dos genitais para ele ter uma ereção, e aqui é que as bombas a vácuo, injeções e implantes podem ajudar.

Aqueles que sofreram danos sérios na medula espinhal podem ter ereções de reflexo quando suas genitais são tocadas, embora estas não estejam necessariamente relacionadas com excitação. Essas reações de reflexo geralmente cessam quando a estimulação direta acaba, mas casais podem aprender a usar essas ereções de reflexo se mantiverem os estímulos constantes, para concretizarem a relação sexual. Aprender a ler os sinais corporais

Ficar confinado a uma cadeira de rodas não é mais do que o obstáculo mais evidente que uma pessoa com necessidades especiais irá enfrentar.

para compreender quando eles estão se sentindo excitados é algo de grande valia, já que a ereção nem sempre é um sinal confiável. Outros sinais de excitação são mamilos enrijecidos, arrepios, respiração pesada e batimentos cardíacos acelerados – mais ou menos tudo exatamente igual às pessoas que não possuem necessidades especiais.

Muitos homens que estão paralisados, em especial aqueles com ferimentos mais graves na medula espinhal, apresentam problemas no momento da ejaculação. Médicos conseguem "ordenhar a próstata" colocando eletrodos dentro do reto e dando pequenos choques nos nervos da próstata, mas isso é um pouco invasivo, quando não um pouco exagerado. Alguns homens com severos danos à medula espinhal alegam ser capazes de ejacular com a ajuda de um vibrador no pênis.

Outra pergunta levantada com bastante frequência é se mulheres em cadeiras de rodas podem alcançar o orgasmo. Em 1976, Bregman e Hadley entrevistaram algumas mulheres com danos na medula espinhal. As descobertas levaram à conclusão que a descrição de orgasmo feita por essas mulheres foi basicamente idêntica à descrição feita por mulheres sem necessidades especiais, o que é uma excelente notícia considerando o fato que muitas mulheres sem necessidades especiais também têm muita dificuldade para alcançar o orgasmo. Mulheres com danos sofridos na medula espinhal podem concluir que o auxílio de lubrificantes artificiais pode ser de grande ajuda, já que a lubrificação natural terá diminuído ou até mesmo desaparecido, depois do dano causado. Também já houve depoimentos de pessoas com danos na medula espinhal de que elas teriam passado pelo que conhecemos como para-orgasmos, que são diferentes da variável genital, pois surgem da estimulação de outras partes do corpo. Os para-orgasmos podem ser tão poderosos que algumas mulheres precisam ficar atentas e monitorar as alterações súbitas da pressão sanguínea.

A maioria das mulheres com necessidades especiais consegue engravidar até mesmo se estiverem paralisadas dos ombros para baixo. É importante, portanto, que ela continue utilizando métodos contraceptivos, a não ser que esteja planejando engravidar.

Necessidades Especiais e Doenças

Existem doenças que podem se desenvolver em deficiências de quaisquer níveis, e todas terão efeito sobre sua vida sexual. Diabetes, por exemplo, podem levar os homens a perderem a habilidade de ter uma ereção; com artrite, as articulações ficam tão doloridas que fica impossível se masturbar ou se tocar. Esclerose múltipla pode deixar você tão fatigado que não terá energia para mais nada, e algumas pessoas perdem a possibilidade de alcançar um orgasmo, em decorrência do excessivo dano aos nervos. Com os tratamentos para outras doenças, pode ser que a sua libido diminua, ou que seja perdida por completo de qualquer forma. Pessoas que estão passando por esse tipo de dificuldade devem se consultar com seus médicos, que poderão prescrever tratamentos alternativos para ajudá-las. Por exemplo, Viagra e Apomorfina já ajudaram muitos homens com diabetes, e existem pesquisas que sugerem que esses tratamentos exercem efeito positivo também nas mulheres que os adotam.

Soluções Práticas

Homens e mulheres com necessidades especiais muito frequentemente usam vibradores. Vibradores podem fornecer o estímulo necessário quando a mão não é capaz de fazê-lo. Se suas mãos não forem capazes de sustentar um vibrador comum, talvez um que tenha formato de bola seja mais fácil de manusear. Também é possível adquirir vibradores de comprimento maior, caso seja difícil alcançar a região entre suas pernas. Um vibrador recarregável ou à base de baterias costuma ser melhor, caso você tenha ressalvas quanto ao risco de sofrer choques com vibradores ligados à tomada, embora esses modelos estejam completamente fora de moda hoje em dia.

Pessoas sem necessidades especiais frequentemente não gozam de uma boa vida sexual porque não têm habilidade para comunicar os desejos a seus parceiros, geralmente confiando às suas genitais grande parte da responsabilidade sobre a excitação, ignorando total ou parcialmente outras regiões sensíveis e sexuais. Para alguém com necessidades especiais, isso não é uma opção. Uma pessoa com necessidades especiais precisa dizer ao seu parceiro como ele deve tocá-la, onde e como devem se deitar com ela, o que fazer com as mãos, pernas e boca, o que fazer para não machucá-la e como se certificar de que não vai machucar o parceiro.

Embora isso possa parecer técnico e complicado, não é assim que precisa ser encarado. Comunicação é a chave para qualquer sexo de qualidade, então pessoas com necessidade especiais, e confiantes, podem ser os amantes mais maravilhosos – em muitos casos eles constroem relacionamentos equilibrados, igualitários e arejados, uma dinâmica que tem muito a ensinar para pessoas sem necessidades especiais.

Dificuldades de Aprendizagem

Não são apenas as pessoas com necessidades físicas especiais, mas os adultos com dificuldades de aprendizagem também têm direito a uma vida sexual. Algumas pessoas julgam que deficientes mentais não possuem a maturidade emocional necessária para controlar a própria sexualidade. Essa é uma atitude errônea que cria diversas barreiras para um casal com necessidades especiais. Não costuma existir nenhum motivo contrário a eles gozarem de uma vida sexual saudável, e viverem vidas realizadas e independentes.

Cuidando de Quem Cuida

A maioria das pessoas que se responsabiliza por outras é devotada àqueles sob sua responsabilidade, mas esse tipo de cuidado carrega consigo alguns compromissos ocultos da agenda, em especial quando se cuida de um parente na própria casa. O compromisso de se responsabilizar por alguém pode deixar pouquíssimo tempo para cuidar de si mesmo, emocional, física e sexualmente. Portanto, é importante que você se esforce para balancear sua vida e consiga algum tempo livre para ser você mesmo alguém sexualmente ativo. Esteja você cuidando de algum parente idoso, criança ou parceiro com necessidades especiais, com frequência se sentirá como se estivesse em constante estado de alerta. Pode ser algo extremamente exaustivo tanto pelo viés físico quanto pelo mental, o que torna imperativo que você separe algum tempo para cuidar também de si. Existem muitos grupos de apoio para pessoas com essa responsabilidade, então certifique-se de conseguir a assistência necessária e disponível.

Buscando Apoio

Clubes e eventos de encontros secretos oferecem àqueles com necessidades especiais a oportunidade de ganhar confiança, fazer novos amigos e potencialmente encontrar um parceiro. É muito fácil se tornar isolado e excluído quando não se busca ajuda. Existem organizações de caridade que oferecem sugestões práticas para se conhecer, seduzir e fazer sexo com pessoas semelhantes. Elas podem ajudar você a encontrar novas maneiras de vivenciar essa experiência, de experimentar novas posições e combater a falta de confiança.

Às vezes os obstáculos para uma vida normal podem parecer instransponíveis, mas, a partir do momento que você conquistar suas próprias inibições e seu parceiro conseguir fazer o mesmo, vocês conseguirão relaxar e experimentar a melhora no sexo.

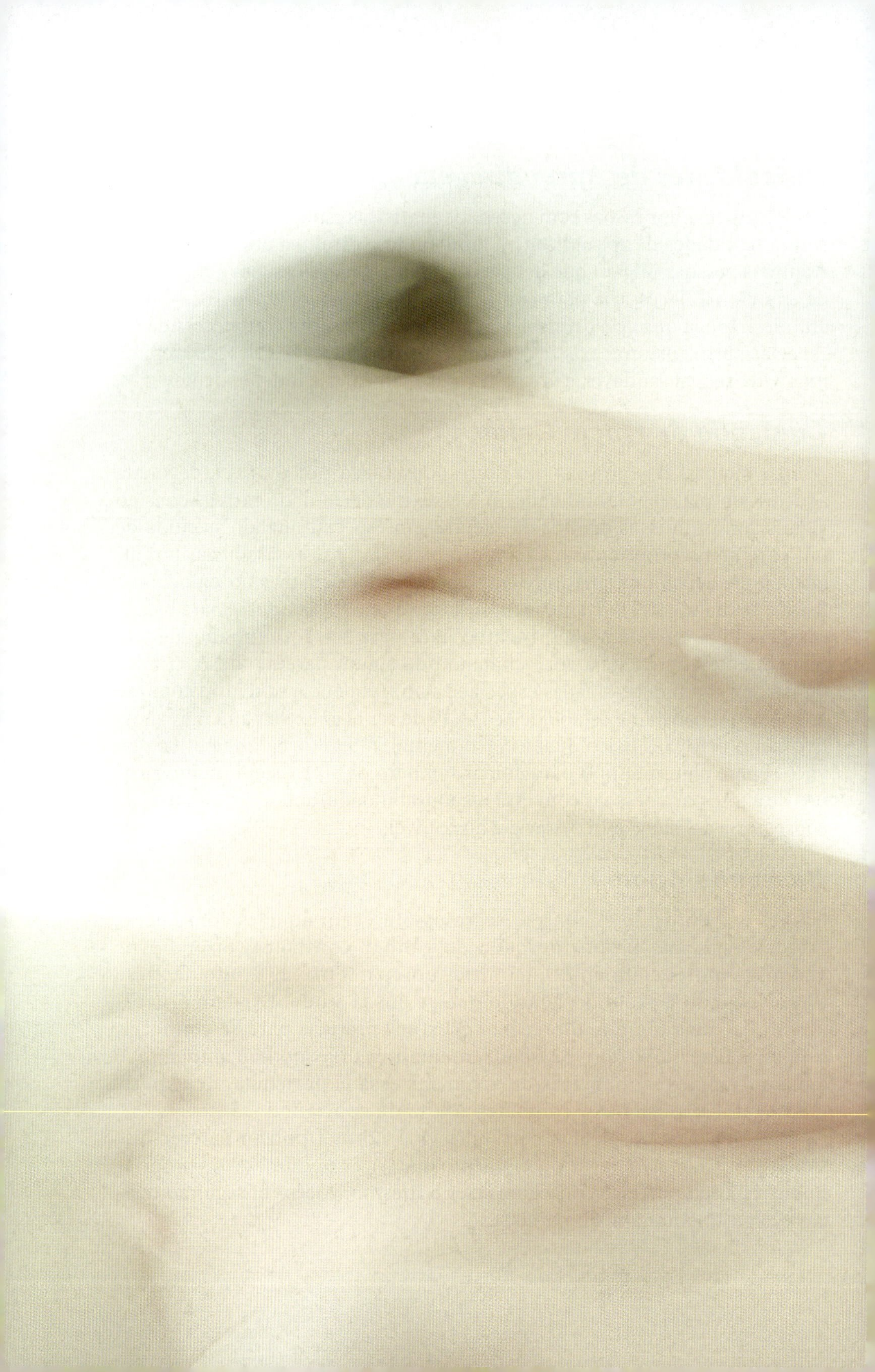

Saúde Sexual

O bom sexo em geral é vigoroso e enérgico, precisando ser, portanto, sustentado por um corpo em forma. Alimentar-se corretamente e fazer exercícios pode ajudar as pessoas a encarar os desafios da vida, a manter a energia e a vitalidade de suas vidas sexuais. Ser responsável e tomar precauções contraceptivas e praticar sexo seguro também são coisas importantes para manter-se saudável.

Fazer sexo já é por si só um exercício, mas será mais prazeroso – e frequente – se você se exercitar para se manter flexível e em forma.

Exercícios Entre Quatro Paredes

BOA SAÚDE SIGNIFICA BOM SEXO. Exercícios regulares aumentam a resistência física e a energia. Se você está se sentindo bem consigo mesmo e com seu corpo, então pode se sentir bem em relação à sua vida sexual, seja qual for sua idade.

Aparentemente, existe uma relação direta entre ser um verme de sofá e não ter potência sexual. Pesquisas nos Estados Unidos, feitas com grupos de homens de meia-idade que levavam vidas sedentárias, descobriram que a pequena quantia de uma hora de exercício três vezes por semana aumenta em muito a funcionalidade sexual, em termos de frequência, orgasmos e satisfação. Similarmente, um estudo com mulheres com cerca de 40 anos de idade que se exercitam regularmente revelou que elas faziam sexo com maior frequência e satisfação do que mulheres da mesma idade que não se exercitavam.

O sexo é por si só, claro, uma maneira de se exercitar, e precisa de saúde cardiovascular e muscular, o que já faz dos exercícios algo importante. E um dos muitos benefícios do sexo é que ele na verdade é um excelente exercício, que pode ajudar a manter você em forma. Os batimentos cardíacos de uma pessoa comum é em média de 70 batidas por minuto, e durante o sexo esse número pode subir para até 150 batidas por minuto, aproximadamente o mesmo número a que chegam os batimentos do coração de um atleta durante o pico de seu esforço físico. O sexo realmente vigoroso é equivalente a 15-20 minutos na esteira, e queima cerca de 200 calorias, o que é o motivo de muitas pessoas sentirem fome depois do sexo. As contrações da sua pélvis e de outros músculos durante o sexo também ajudam a tonificar e fortalecer esses músculos.

Regime de Fitness

Para mantermos uma vida sexualmente ativa ao passo em que envelhecemos e ficamos mais lentos, é preciso complementar o exercício físico com outros regimes. Exercícios de impacto, como corrida ou natação, por meia hora ou mais, três vezes por semana, ajudam qualquer pessoa a se manter mental e fisicamente em forma. O seu nível de mobilidade e estado de saúde ditará o tipo de atividade adequada para você. Seja uma caminhada mais leve ou

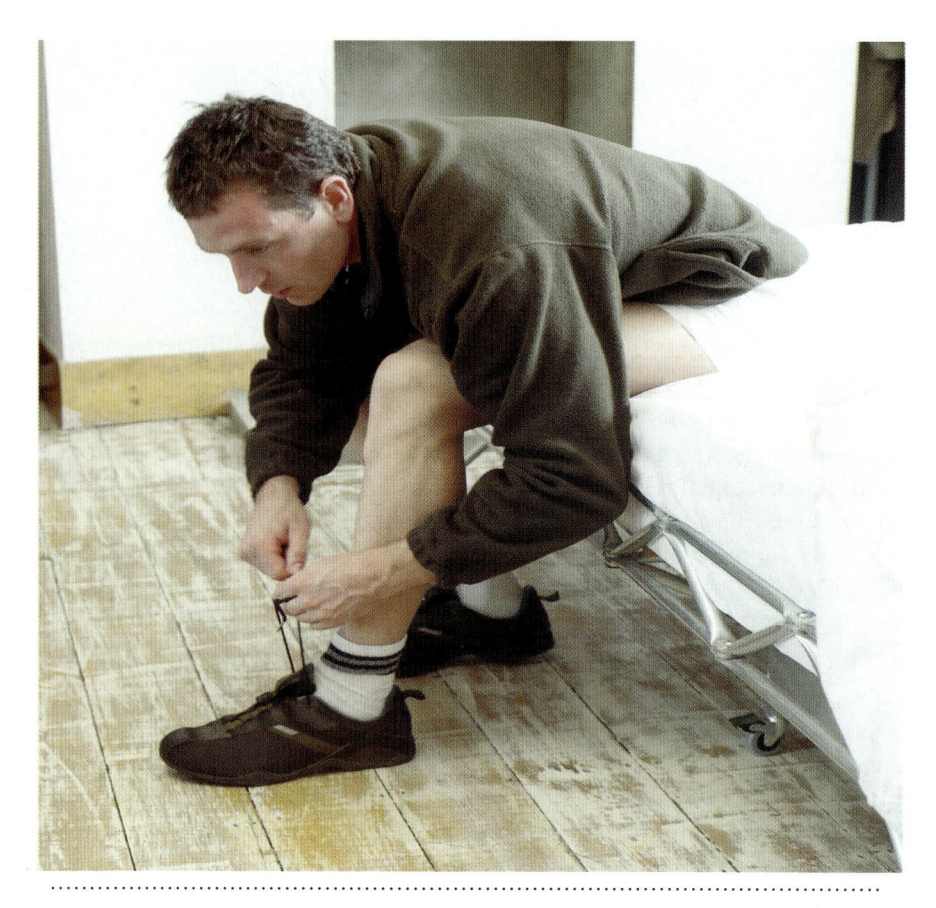

Correr é um ótimo meio de entrar em forma e aumentar sua resistência física e, além do custo de um bom par de tênis adequado à prática da corrida, é uma atividade completamente gratuita.

andar de bicicleta, ou uma visita à academia para usar equipamentos como a esteira ou a máquina de remo, tudo ajudará a melhorar sua forma física.

Um regime regular de exercícios físicos não apenas mantém seu sistema muscular e cardíaco saudáveis, mas também trará muitos outros benefícios – ajudará na diminuição do estresse e do nível de colesterol do sangue, reduzindo as chances de doenças cardíacas, pressão alta, acidentes vasculares cerebrais e diabetes. Também aumenta a força da sua musculatura e da sua estrutura óssea, e a sua flexibilidade. Esses benefícios não apenas o fazem sexualmente ativo por mais tempo como permitem que pratique posições que anteriormente podem ter sido difíceis de experimentar.

Existem muitos tipos de exercício que você pode tentar, seja qual for a sua idade. Caminhar ao ar livre com seu parceiro, sempre que puder, já manterá você em forma.

Nunca é tarde para começar a se exercitar, embora seja melhor começar antes que você tenha algum problema de saúde. As pessoas começam a fazer exercícios de diferentes níveis em diferentes momentos da vida. Se você não estiver certo da quantidade e do tipo de exercício que deve fazer, é uma boa ideia consultar seu médico, em especial se você possui alguma condição clínica ou se não tem feito muito exercício desde que saiu da escola.

Programas de exercícios estão disponíveis para qualquer pessoa – inclusive mulheres grávidas, idosos e pessoas com necessidades especiais. Sintomas relacionados à idade muito frequentemente são aliviados pelo aumento de mobilidade e atividade, e muitos centros recreativos possuem turmas especializadas para pessoas que sofrem de problemas de mobilidade ou necessidades especiais. Vale muito a pena conhecer a academia ou centro recreativo da sua região e conversar com um profissional treinado a respeito das opções disponíveis e como você se adaptaria a elas, com suas necessidades particulares. Profissionais da área são muito receptivos e motivam qualquer pessoa interessada em melhorar a saúde, e é muito provável que eles deem o máximo apoio para que você alcance seus objetivos.

Praticar yoga aumenta a elasticidade e flexibilidade, importantes para o bom sexo. Exercícios da musculatura do assoalho pélvico contraem os músculos do ânus, o músculo pubococcígeo e o umbigo para dentro do corpo, aumentando a energia, enquanto fortalece outros músculos da região.

Sexercícios

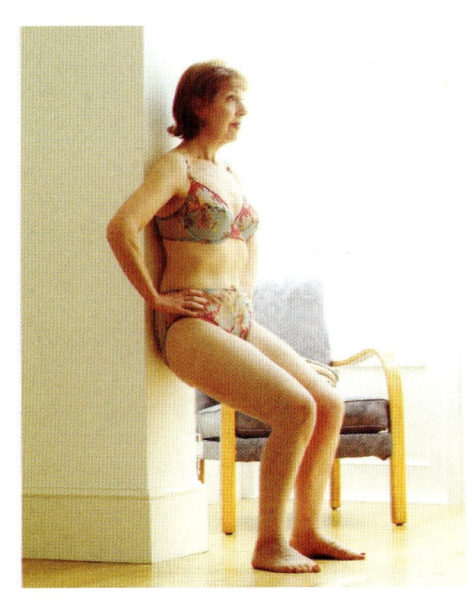

UMA ÓTIMA VIDA SEXUAL depende da sua boa saúde, e um aspecto de ficar bem é ficar em forma. Você terá os benefícios de ter pulmões e coração fortes e músculos definidos.

Para Ela

Existem determinados exercícios que as mulheres em especial precisam fazer, para se manterem sexualmente em forma. Ao passo que envelhecem, os músculos se tornam flácidos quando não são exercitados, e quando a mulher atinge a menopausa, os músculos começam a ficar ainda mais fracos. Isso também se aplica à musculatura do assoalho pélvico. Esse é o músculo que se estende, entre as pernas, do ânus às genitais, tanto nos homens quanto nas mulheres, e é o músculo que se contrai um pouco menos de uma vez por segundo durante o orgasmo.

Deslizar na parede fortalecerá suas pernas e músculos do estômago.

Mulheres que deram à luz provavelmente se lembrarão de alguma parteira dizendo-lhes para não esquecerem do exercício da musculatura do assoalho pélvico, o músculo que é muito esticado durante o parto. Existem boas razões para fazer esse exercício: evitar problemas de controle da bexiga (como espirros e tosse causando vazamentos, por exemplo) e queda do útero nos anos futuros. Os exercícios também ajudam a manter a vagina apertada para a atividade sexual. Exercícios pélvicos também são essenciais para mulheres jovens e para aquelas que nunca deram à luz, apenas para manterem a musculatura forte.

Os sexercícios eram praticados em civilizações antigas, como a China e a Índia, mas foi um americano, o dr. Kegel, que desenvolveu os famosos exercícios de Kegel nos anos 1950, exercícios hoje amplamente

A centena completa, com as pernas esticadas.

adotados para exercitar a pélvis. A maneira mais fácil de localizar o seu músculo do assoalho pélvico é interrompendo e recomeçando o fluxo urinário quando for ao banheiro, embora seja importante não praticar o exercício quando estiver urinando. Uma vez que você o tiver localizado, exercite essa musculatura em turnos, começando com 20 vezes em uma sessão, duas vezes ao dia. Aumente o número até chegar a 60 por dia, e quando tiver conquistado isso, tente prolongar a contração para cinco segundos por vez, fazendo-o até 200 vezes por dia.

Esses exercícios podem ser feitos enquanto você espera o ônibus. Ou até melhor, enquanto faz sexo, a mulher pode contrair a vagina em torno do pênis de seu parceiro e ele vai adorar. Isso era chamado de beijo da Cleópatra, e algumas cortesãs reais eram famosas pela prática. Alternativamente, exercite seu músculo do assoalho pélvico enquanto se masturba. Um dos resultados será a intensificação e prolongação de seu orgasmo e do orgasmo de seu parceiro.

A meia centena, com os joelhos dobrados.

Para Ele

Se um homem possui um músculo do assoalho pélvico forte, ele poderá controlar seu próprio orgasmo, mas não terá uma ereção mais dura do que antes. Um exercício adicional para os homens é repousar uma pequena toalha úmida sobre o pênis ereto e praticar movê-la para cima e para baixo. Uma vez que tenham feito isso, eles podem tentar com uma toalha maior. Esse exercício também é excelente para fortificar os músculos inferiores do abdômen.

Yoga e Pilates

Yoga e Pilates são modos extremamente benéficos e holísticos de exercício tanto para homens quanto para mulheres, jovens ou velhos. Como o sexo exige um pouco de resistência física, flexibilidade e força muscular (para segurar seu parceiro pelo quadril por meia hora, por exemplo), tanto yoga

O dardo é um exercício delicado que tonifica todos os músculos das costas e do pescoço.

quanto Pilates serão de grande ajuda. Reservar algum tempo e espaço para fazer alguns exercícios diários com seu parceiro manterá vocês relaxados, em forma e flexíveis. Fazer os exercícios junto com seu parceiro dará o incentivo que vocês precisam para continuarem fazendo-os.

Delizar na Parede

O objetivo desse exercício é alongar a base da coluna sem inclinar ou contrair demais a pélvis. Ao mesmo tempo, fortalece os músculos da coxa e alonga o tendão de calcâneo. Fique em pé com as costas contra a parede e os pés paralelos separados na largura do quadril, 15 centímetros distantes da parede. Coloque as mãos no quadril ou nas laterais do seu corpo. Pressione as costas contra a parede e inspire, alongando a coluna. Expire, eleve o assoalho pélvico e puxe seu abdômen inferior em direção à coluna (isso também é chamado de *zip up and hollow* = contrair os músculos abdominais e levantá-los em direção ao assoalho pélvico). Deslize parede abaixo por 30 centímetros. Inspire enquanto desliza de volta para cima. Repita oito vezes.

A tesoura é um exercício de Pilates que melhora o condicionamento dos músculos da perna e do estômago.

A ponte é uma posição bastante exigente. Continue com a prática regular desses exercícios básicos, e muito rapidamente as sessões ficarão mais fáceis.

O declive pélvico ajuda o fortalecimento e a resistência física ao redor da cintura pélvica, algo vital para a vida sexual. Caso você tenha problemas na parte inferior das costas, pode utilizar uma almofada ou um tapete enrolado sob seus joelhos, o que alivia qualquer pressão sobre a área.

A Centena Completa

Deite-se no chão, ou em um colchão ou tapete confortável, com os joelhos dobrados e as plantas dos pés no chão. Seus braços devem estar ao seu lado, com as palmas voltadas para baixo. Inspire e prepare-se. Expire, faça o *zip up and hollow*. Dobre um pouco o queixo para dentro e curve a parte superior do corpo afastando-a do chão, ao mesmo tempo em que levanta uma perna, reta, para o ar. Estique seu braço, alongando os ombros. Gire as pernas para fora a partir do quadril e flexione os pés, alongando-os a partir dos calcanhares de modo que sinta o alongamento na parte interior de suas pernas. Pressione uma coxa contra a outra e contraia a musculatura do assoalho pélvico. Inspire e conte cinco batidas do braço, então expire durante mais cinco batidas, movendo os braços como se estivesse acariciando o chão. Continue por 100 batidas e repita com a outra perna. Para principiantes, relaxe a cabeça e repouse-a sobre o chão.

A Meia Centena

Essa é uma versão um pouco mais avançada. Inspire e prepare-se. Expire e faça o *zip up and hollow*. Dobre seu queixo e curve a parte superior do corpo afastando-a do chão, ou repouse sua cabeça sobre o chão. Desta vez, dobre ambos os joelhos ao mesmo tempo enquanto repete os movimentos acima. Faça isso com regularidade e em pouco tempo perceberá uma melhora.

Tesouras

Deite-se no tapete, dobre os joelhos de encontro ao seu peito e segure sua perna direita na parte posterior da coxa. Inspire para se preparar. Expire e faça o *zip up and hollow*. Inspire e endireite ambas as pernas no ar, esticando os dedos dos pés. Expire, estique e abaixe a perna esquerda, mantendo-a um pouco acima do chão. Expire e troque as pernas, alternando-a como se fosse uma tesoura. Esse movimento fortalecerá seu abdômen, aumentará a flexibilidade dos tendões e aumentará sua coordenação.

A Ponte

Inicie deitando-se de costas no chão com os joelhos dobrados e a planta dos pés no chão, próximos a seu corpo e paralelos um ao outro. Repouse seus braços ao lado de seu corpo, com as palmas das mãos voltadas para baixo. Ao expirar, gire pélvis para trás e empurre a parte inferior das costas em direção ao chão. Ao inspirar, levante as costas do chão, vértebra por vértebra, começando pelo cóccix. Mantenha esta pose por de 15 a 30 segundos, ou até que sinta algum desconforto. Leve sua coluna de volta ao chão da mesma forma, começando pela parte superior das costas e alongando sua espinha dorsal em direção aos calcanhares.

O Dardo

Esta posição fortalece os músculos extensores das costas e as escápulas e trabalha com a flexibilidade do pescoço. Deite-se de bruços com os braços ao longo do corpo e as palmas das mãos voltadas para cima. Mantenha as pernas juntas, estique os dedos do pé e alongue o pescoço. Prepare-se inspirando, dobrando seu queixo e alongando sua coluna. Ao expirar, '*zip up*' os músculos do assoalho pélvico e '*hollow*' suas escápulas, voltando-as para dentro de suas costas. Ao mesmo tempo, alongue seus dedos em direção aos seus pés e continue olhando para baixo, para o chão. Evite tombar cabeça para trás, mas pressione as coxas uma contra a outra, mantendo os pés no chão.

Declive Pélvico

Esse é um exercício maravilhoso para nivelar os músculos do seu estômago e fazer com que você se sinta bem com seu corpo. Deite de costas, colocando as mãos sobre sua pélvis, com as pontas dos dedos no osso púbico e a palma da mão apoiada sobre o osso pélvico. Inspire e alongue-se a partir do topo da sua cabeça. Expire e levante a musculatura do assoalho pélvico e puxe os músculos abdominais inferiores para trás, em direção à coluna, esvaziando a parte inferior de sua barriga (isso é chamado de *zip up and hollow*, e é uma exigência em quase todos os exercícios). Mantenha o cóccix no chão, alongado, e não o puxe em direção à coluna nem dobre-o sob a pélvis. Inspire e relaxe.

Tente mais uma vez, com as pernas repousadas sobre o chão. Deite-se de costas, alongando sua coluna a partir da sua cabeça. Suas pernas devem estar separadas na largura dos ombros e completamente relaxadas. Seus braços devem estar ao seu lado com as palmas das mãos voltadas para cima. Inspire para se preparar, expire e faça o *zip up and hollow* com a musculatura do assoalho pélvico. O cóccix deve ficar no chão, alongando. Inspire e relaxe.

É sempre bom começar qualquer atividade física fazendo aulas com um profissional, antes de tentar fazer por conta própria. Encontre uma turma que pareça interessante e tente ir com seu parceiro ao menos uma vez por semana. Depois que tiverem aprendido algumas das posições, vocês poderão praticar em casa com o auxílio de um livro ou um vídeo. Se tiver uma boa orientação, dificilmente sairá machucado. Trabalhar em algumas posições, como as que abrem o quadril, ajudará a alcançar posições sexuais complexas que jamais imaginara. É possível, aos 55 anos, inclinar-se para a frente, segurar os dedos dos pés e encostar a cabeça nos joelhos, sem dobrar as pernas.

O Fator Sentir-se Bem

O corpo responde ao exercício físico liberando mais do hormônio adrenalina. Após o exercício, a queda da onda de adrenalina faz você se sentir relaxado, e com frequência também aumenta o desejo sexual, o que faz dos exercícios físicos uma excelente opção para pessoas com libido inconstante. O corpo também libera, a partir do cérebro, os hormônios da "sensação de bem-estar" chamados endorfinas, o equivalente natural, do nosso corpo, à morfina. As endorfinas bloqueiam a dor e fazem você se sentir com energia, alegre, revigorado e, em geral, calmo e feliz. Em outras palavras, elas criam o estado emocional e físico perfeitos para fazer amor. Como o exercício físico também intensifica o fluxo de sangue por todos os órgãos do corpo, eles podem contribuir à excitação, à sensibilidade e à lubrificação. Um maior fluxo de sangue também faz com que o orgasmo seja mais poderoso. Resumindo, quanto mais em forma, melhor será o sexo.

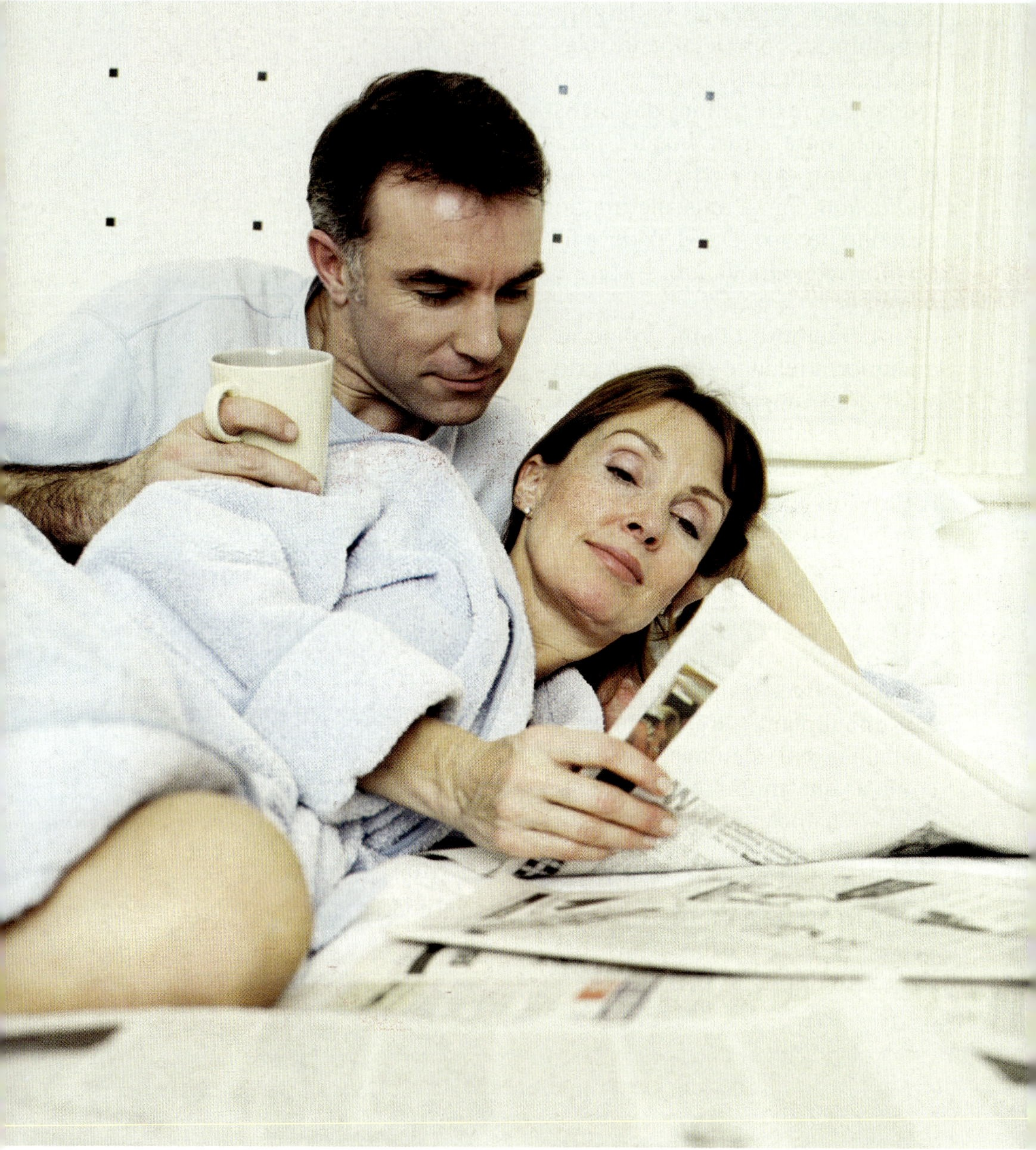

Métodos Contraceptivos e Sexo Seguro

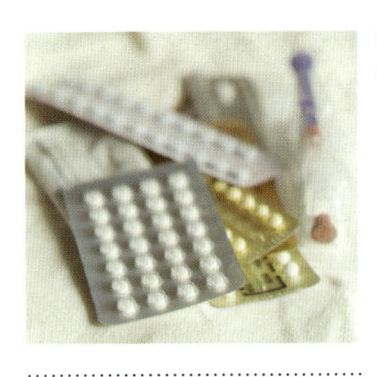

PRECAUÇÕES CONTRACEPTIVAS E A PRÁTICA DE SEXO SEGURO devem ser de primordial importância para todos que praticam sexo, e não apenas para as pessoas que não querem ter filhos. Todas as pessoas deveriam saber da importância do sexo seguro e estar cientes das medidas que podem ser tomadas, mas por alguma razão muitas ainda estão dispostas a correr os riscos. Assim como com diversas outras coisas que são boas na vida, existe um lado negativo. Tal qual um bolo pode engordar e o álcool deixá-lo de ressaca, o sexo pode deixar você doente. E isso começa no primeiro beijo. Até mesmo um beijo aparentemente inocente pode levar ao vírus do herpes, de que não conseguimos nos livrar.

É algo muito difícil de ser avaliado, mas, ao começar um novo relacionamento, é importante que avaliemos qual é o tipo de pessoa com quem você está prestes a construir uma intimidade. Jamais parta do princípio de que as outras pessoas são tão responsáveis com o corpo delas como você é com o seu. Você não tem como saber a história da vida delas e, em muitos casos, infecções e doenças não são diagnosticadas, já que muitas doenças são carregadas sem necessariamente apresentarem sintomas aparentes.

Quando for decidir sobre o método contraceptivo mais adequado, existem diversos fatores que devem ser considerados: idade, estilo de vida, saúde, a existência de filhos, e o desejo de ter filhos no futuro. O importante é ter em mente que o método contraceptivo é para *todos*, seja mulher, homem, casado ou solteiro. Quando você está em um

Assim como a pílula feminina, contraceptivos masculinos estão sendo desenvolvidos em formatos como gel transdérmico e adesivos, que contêm MENT™ (7amethyl-19-nortestosterona), um esteroide sintético similar à testosterona, mas sem o indesejado efeito colateral de uma próstata aumentada.

> **Educação Sexual**
>
> Uma pesquisa feita pela instituição de caridade Marie Stopes International revelou que um em cada cinco casais de pais acreditava que os filhos descobririam sozinhos o que precisam saber sobre sexo.
> Pesquisas mostraram que um terço dos jovens com menos de 16 anos são sexualmente ativos e que, por ano, 15 mil meninas com menos de 18 anos fazem um aborto. Sabe-se que pais que discutem abertamente o tema do sexo com seus filhos terão filhos sexualmente mais responsáveis e menos inclinados a perder a virgindade por pressão dos colegas.

relacionamento, o tratamento anticoncepcional deve ser um projeto de ambos, e não a responsabilidade apenas do homem ou da mulher. Manter isso na cabeça levará à construção de uma vida amorosa mais completa e de um relacionamento de confiança.

Nenhum contraceptivo é 100% eficiente, mas muitos se aproximam disso. Para gozar de uma tranquilidade adicional, sempre faça uso de mais de um produto – combinar a pílula anticoncepcional com camisinha, por exemplo.

Métodos Hormonais

A pílula anticoncepcional é um contraceptivo de controle hormonal, em forma da pílula combinada ou da pílula de progesterona.

A pílula combinada conta com os hormônios estrogênio e progesterona, para evitar que o ovário da mulher libere um óvulo por mês. Se tomada da forma correta, a pílula combinada tem eficiência de 99%.

Existem cada vez mais evidências que apoiam a teoria de que a pílula oferece alguma proteção contra o câncer uterino ou de ovário. Entretanto, nem sempre é adequada às mulheres com problemas como pressão alta, doenças circulatórias ou diabetes. Mulheres acima dos 35 anos que fumam ou estão acima do peso geralmente são aconselhadas a usar algum outro método anticoncepcional.

A pílula de progesterona também é conhecida como a "mini-pílula". A progesterona faz com que o muco cervical forme uma barreira grossa que evita a entrada do esperma no útero; ela também engrossa a camada interior do útero, para prevenir que óvulos fertilizados se prendam à parede. A mini-pílula é indicada para mães em fase de lactação, mulheres mais velhas e mulheres fumantes. Esse método, quando seguido corretamente, tem eficiência de 98%.

Para maior tempo de ação contraceptiva, hoje em dia temos disponível uma injeção cujo índice de eficácia é de 99%. Ela lentamente libera progesterona no corpo, prevenindo a ovulação. Cada injeção dura por

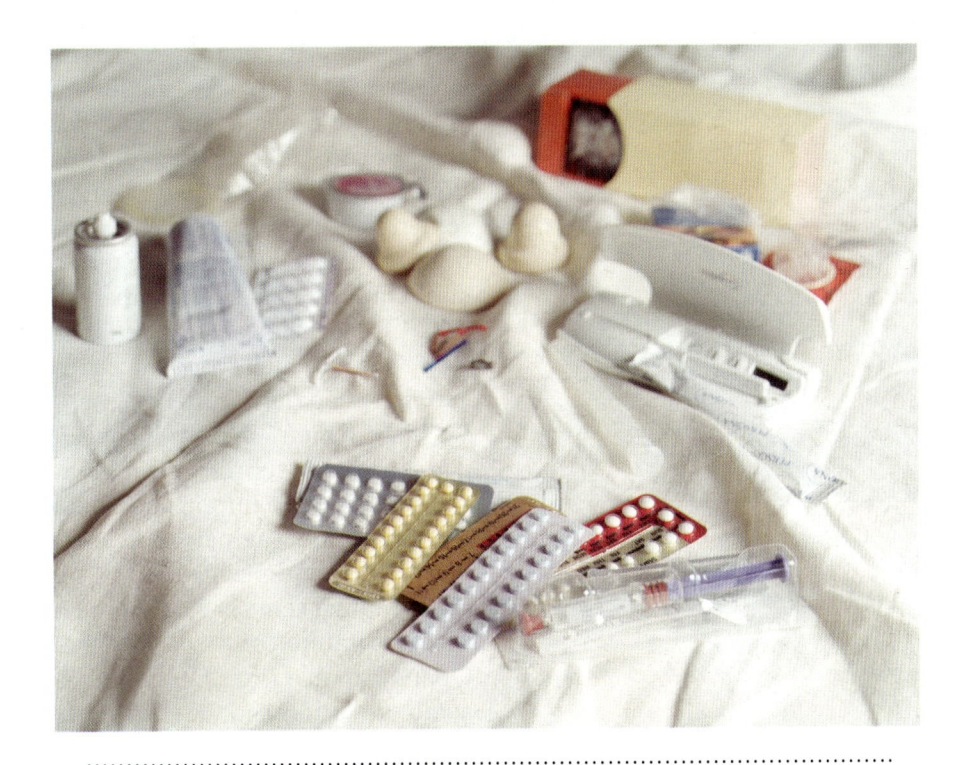

ACIMA E NA PÁGINA 447| A variedade de contraceptivos disponíveis hoje em dia no mercado significa que você não precisa manter o tratamento com nenhum método contraceptivo que não lhe sirva. Converse com seu parceiro sobre sua preferência, sobre efeitos colaterais, prós e contras de cada um dos métodos.

oito a 12 semanas. Efeitos colaterais incluem menstruação contínua ou ausência completa de menstruação.

O Implanon é um implante de progesterona, que age de maneira similar, liberando progesterona no corpo. A eficácia desse método é de 99% e seus efeitos duram por três anos, mas pode causar menstruações irregulares ou fazê-las cessar por completo. Métodos hormonais não fornecem proteção alguma contra DSTs, devendo, portanto, ser usados com métodos de barreira.

Métodos de Barreira

Camisinhas são o contraceptivo de barreira mais comum. Se usadas apropriadamente, elas têm eficácia de 94-98%, mas jamais se esqueça de verificar se a embalagem contém o selo de qualidade. As camisinhas geralmente são feitas a partir de látex ou borracha, e funcionam envolvendo o pênis ereto. Elas devem ser colocadas tão logo o pênis fique ereto, pois ele pode liberar sêmen antes da ejaculação. Embora robusta, ela precisa ser usada com cuidado para não romper ou sair. Os homens devem retirá-la assim que ejacularem e se certificarem de não derramarem sêmen.

O sêmen possui propriedades imunossupressoras. Essas propriedades são importantes para a penetração vaginal, pois elas permitem ao esperma entrar no canal vaginal sem ser atacado pelo sistema imunológico da mulher. Quando o esperma é engolido, o ácido do estômago quebra essas propriedades. Pouco se sabe sobre os efeitos que eles têm quando na passagem anal. Por esse motivo, é importante usar camisinha quando fizer sexo anal, assim como para se proteger de DSTs como HIV e AIDS. Além disso, sexo anal sem camisinha pode resultar também em partículas fecais presas à entrada uretral do homem, algo que não poderá ser removido

> Se você ou seu parceiro nunca utilizaram uma camisinha antes, por que não tentam colocar uma em uma banana ou um pepino antes de tentar de verdade? É importante remover o ar da bolha no topo, caso contrário ela pode estourar.

Métodos Contraceptivos e Sexo Seguro

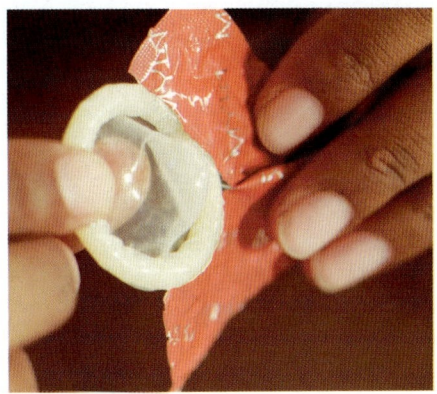

As camisinhas têm um elevado grau de eficácia enquanto método contraceptivo, e também protegem contra infecções transmissíveis. De todo modo, elas ainda podem rasgar, furar ou simplesmente escorregar para fora.

É importante ter cuidado extra quando remover a camisinha da embalagem, para garantir que suas unhas não a danifiquem de maneira nenhuma.

no banho. Isso é algo que pode levar à infecção no homem, e na mulher, caso haja penetração vaginal após a anal.

Usar lubrificantes ou géis contraceptivos em adição à camisinha também prevenirão infecções do trato urinário feminino. Certifique-se, entretanto, de não usar produtos à base de óleo, como gel de petróleo, pois eles reduzem a eficiência da camisinha em 90%: os lubrificantes à base de água são os melhores.

As camisinhas femininas são espessas e feitas de plástico polieturano. Elas se encaixam dentro da vagina e em torno da área ao redor para prevenir que o esperma entre no ambiente vaginal. Quando utilizada da maneira correta, elas têm 95% de eficácia, mas

Histórias de Esposas de Antigamente

Não acreditem em mitos que foram divulgados décadas atrás; as pessoas ainda acreditam.
Posições sexuais em pé não previnem a gravidez.
Estar em fase de lactação reduz a chance de engravidar, mas de maneira nenhuma exclui essa possibilidade.
Duchas não têm nenhum efeito contraceptivo e podem aumentar o risco de infecção em uma mulher.
Pular para cima e para baixo depois do sexo é uma grande bobagem.

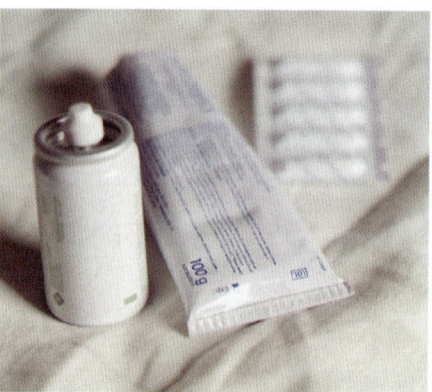

Um DIU pode durar de cinco a dez anos e é um bom método contraceptivo de longo prazo.

Um grande leque de espermicidas está disponível em forma de creme ou pessário.

é importante que o pênis entre na camisinha e não fique entre a camisinha e a vagina, senão o processo vai falhar.

O diafragma é outro método anticoncepcional e tem a eficácia de 92-96%. É uma redoma de borracha que se encaixa sobre o cérvix da mulher para prevenir que o esperma entre no útero. Deve ser utilizado em conjunto com gel espermicida ou pessários, e deve permanecer em posição por entre 5 e 6 horas depois do sexo. Seu médico saberá como tirar suas medidas para indicar o tamanho correto e ensinará como deve utilizá-lo. Esse método de barreira não oferece proteção contra DSTs, como HIV e AIDS.

A barreira dental é uma camada muito fina de látex que deve ser colocada de modo a cobrir toda a região da vulva e do ânus. Ela é usada no sexo oral (anal ou vaginal), tanto por casais gays quanto por casais hetero como uma precaução à infecção por doenças sexualmente transmissíveis, embora o risco nunca possa ser completamente eliminado.

Métodos Intrauterinos

Esses métodos de contracepção se configuram em três categorias: dispositivo intrauterino (DIU), sistema intrauterino (SIU) e o relativamente recente GYNEFIX. Todos funcionam de maneira semelhante e são posicionados, por um médico, no interior do útero.

> Usar um kit de teste hormonal para identificar os dias em que ocorre ovulação é a opção ideal, mas não à prova de falhas, para casais que não são afeitos à ideia de utilizar métodos exteriores para controle da fertilidade, seja por razões religiosas ou éticas, preocupações com a saúde ou simples desaprovação.

O DIU é um dispositivo de plástico em formato de T que funciona impedindo que o esperma chegue ao óvulo e prevenindo que o óvulo seja implantado no útero. Os DIUs podem fazer com que as menstruações fiquem mais fortes e dolorosas, e não são adequados para mulheres que possuem mais de um parceiro, já que podem aumentar o risco de infecção. O corpo de algumas mulheres já rejeitaram – e ejetaram – o DIU, mas em geral elas não notam isso até que engravidem.

O SIU funciona de maneira semelhante ao DIU, mas contém os hormônios progesterona e estrogênio, que são gradualmente liberados no corpo. Esse sistema pode reduzir a força da menstruação e de suas dores, e a eficácia está acima de 99%.

O Gynefix funciona de maneira semelhante ao DIU e ao SIU, com exceção de ter uma estrutura mais flexível. Ele é composto de uma fileira de esferas de cobre, que se dobra para entrar e se encaixar no interior do útero, e possui um fino fio de *nylon* que o conecta à parede uterina, portanto é mais seguro e menos provável de ser expelido. Ele também pode auxiliar no alívio de menstruações fortes e dolorosas, e foi provado que tem eficácia acima de 99% quando usado como método contraceptivo.

Os três dispositivos podem ficar no interior da mulher por até cinco anos, e os médicos ensinam às mulheres como checar qualquer problema em seus DIUs e SIUs e como se certificar de que eles continuam

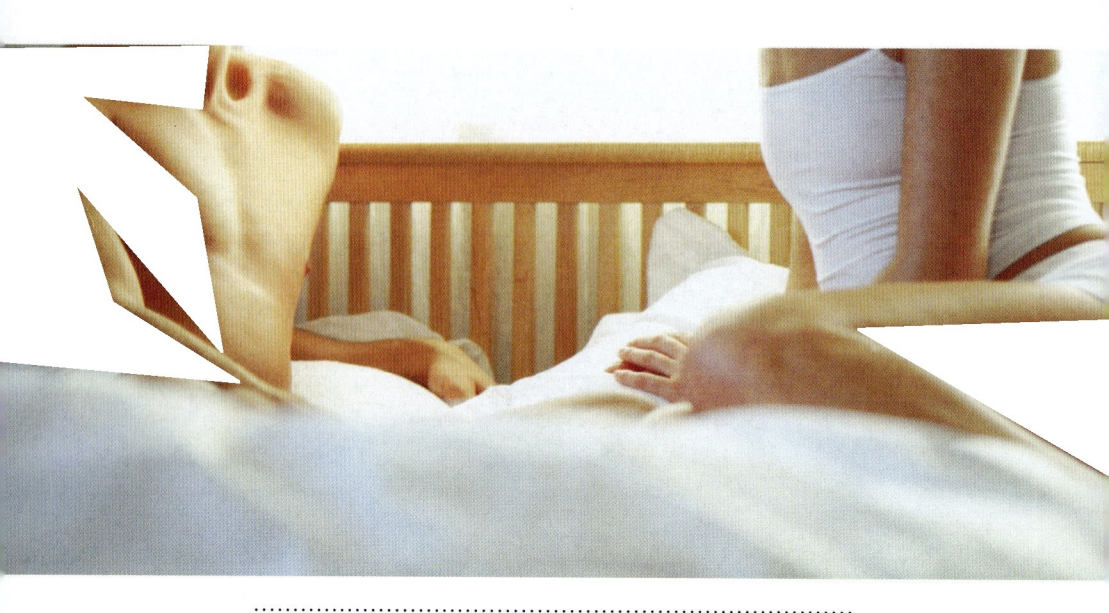

Compartilhar a responsabilidade de fazer sexo seguro aumenta a confiança sexual e contribui para o crescimento da relação.

no lugar correto. Isso é muito importante, e todas as mulheres que utilizam esses métodos devem fazer essa checagem regularmente. Nenhum deles, entretanto, protege contra DSTs, como HIV e AIDS. Então, mais uma vez, recomenda-se o uso de métodos de barreira.

Métodos Naturais

Fazer uso de métodos contraceptivos naturais implica em saber os dias férteis do ciclo menstrual da mulher (do primeiro dia de menstruação até o dia anterior ao início da próxima menstruação) e abster-se de fazer sexo durante esses dias ou utilizar outra forma de anticoncepcional. O período fértil equivale ao período em que ela estiver ovulando (liberando um óvulo). Embora o óvulo viva apenas por 24 horas, o esperma pode sobreviver por muito mais dentro do corpo da mulher, em alguns casos por até sete dias, o que faz com que sexo uma semana antes da ovulação ainda possa resultar em gravidez.

Para notar os sinais de ovulação, pode ser usado um kit de teste hormonal, o método da temperatura ou adotar a marcação de datas e secreções cervicais. Em geral, esses métodos são utilizados tanto por aquelas que querem engravidar quanto pelas que estão evitando a gravidez, e são mais eficientes quando combinados com outros métodos. Em caso de dúvida sobre a eficácia de qualquer um desses procedimentos, um método de proteção de barreira também deve ser empregado.

O método sintotérmico implica em medir a temperatura da mulher quando ela acorda todos os dias e anotar os valores em uma tabela. A partir dessas alterações de temperatura, é possível calcular o tempo de ovulação e, por conseguinte, os períodos em que a mulher está mais, e menos, fértil. Um dispositivo especial para a medição pode ser adquirido para que não seja necessário documentar tudo.

Os testes hormonais monitoram os níveis no corpo da mulher para indicar quais são os dias férteis e quais não são. Um kit contém tiras descartáveis para amostras de urina e displays que diferenciam com cores os dias em que ela estará fértil ou não.

Marcar datas e a longevidade dos ciclos menstruais pode funcionar melhor para mulheres que possuem um ciclo menstrual regular do que para aquela que não tem o ciclo regular. Esse método é melhor se utilizado em combinação com outra técnica, como a monitoração da secreção cervical e outras alterações relacionadas aos hormônios, como mudanças nos seios ou no humor. Secreções cervicais mudam de modo natural ao longo de um ciclo comum mensal, com a secura vindo após a fase de sangramento e aumento da secreção durante a ovulação.

Muitas mulheres preferem os métodos naturais, já que não existem efeitos colaterais ou envolvimento de componentes químicos. O sucesso dessas técnicas baseia-se não apenas na organização e disciplina do casal, mas também pode ser afetado pela idade, estresse, estado de saúde, tratamentos hormonais, ciclos menstruais irregulares e menopausa. Alega-se que os métodos naturais chegam a ter 94-98% de eficiência, desde que as instruções sejam seguidas à risca. Mais uma vez, essa forma de contraceptivos não oferece proteção contra DSTs, como HIV e AIDS.

Métodos Permanentes

A esterilização masculina e feminina são métodos anticoncepcionais permanentes escolhidos por alguns casais que acreditam ter certeza de que não querem filhos, ou quando já têm todos os que podem desejar. Eles não são aconselháveis para pessoas que têm dúvidas, mesmo que pequenas, pois não são reversíveis.

A esterilização da mulher é feita por um médico que fará uma pequena incisão embaixo do umbigo, para ter acesso às trompas de falópio, que enfim serão cortadas, rodeadas ou tratadas com calor para serem seladas. Isso impede o encontro entre o espermatozoide e o óvulo. É um procedimento relativamente seguro que começa a funcionar imediatamente e tem 99% de eficácia.

A esterilização do homem sela os vasos deferentes, os canais que levam os espermatozoides dos testículos ao pênis. Quando um homem que passou por uma vasectomia ejacula, sua ejaculação contém apenas sêmen sem espermatozoide. Os espermatozoides continuam a ser produzidos, mas são reabsorvidos. Ao contrário da esterilização feminina, a vasectomia leva algum tempo para começar a funcionar, pois em geral o esperma ainda apresenta espermatozoides por alguns meses depois da cirurgia. É necessário usar outros meios contraceptivos até que o médico acene que o processo está completo. A partir daí, pode-se começar a considerar o método como sendo 99% eficiente. Nem a esterilização feminina nem a masculina fornecem proteção contra DSTs, como HIV e AIDS.

Aborto

Muitas mulheres ficam grávidas sem desejar, e uma proporção surpreendentemente alta delas estava usando algum tipo de método contraceptivo. Se você decidir pela interrupção da gravidez, é importante ter um círculo próximo de amigos e familiares para lhe ajudar. A possibilidade de abortar varia de país para país. O importante é buscar aconselhamento honesto de uma organização que goze de boa reputação. Caso você decida pela interrupção, então é melhor fazê-la cedo, quando ainda é um procedimento simples.

Anticoncepcionais de Emergência

É possível adquirir a pílula anticoncepcional de emergência em uma farmácia ou com seu médico. Ela é cara e não é o melhor método contraceptivo, mas qualquer pessoa pode cometer erros: camisinhas rasgam ou caem, e de vez em quando as pessoas são acometidas por algum tipo de insanidade temporária e não usam nada.

Essa medida emergencial deve ser tomada dentro de 72 horas depois do sexo desprotegido, ingerindo duas pílulas, com 12 horas de intervalo entre uma e outra. A pílula pode impedir um óvulo de ser liberado, impedir o espermatozoide de chegar ao óvulo, ou impedir o óvulo de ser implantado ao útero. Se a mulher vomitar até duas horas depois de tomar a pílula, então é importante tomar a segunda pílula logo em seguida e então comprar mais uma. Versões mais recentes desse remédio prometem não ser causa imediata de náuseas.

Um DIU também pode começar a ser utilizado até cinco dias depois do sexo para prevenir a gravidez, e pode continuar sendo usado como medida contraceptiva de longo prazo, ou pode ser removido depois da primeira menstruação.

Dia Seguinte

A pílula do dia seguinte pode ser tomada até três dias depois do sexo. O acesso massificado à pílula vem sendo encorajado em todo o mundo. Mulheres no Reino Unido, França, Bélgica, Colúmbia Britânica e em alguns estados norte-americanos, conseguem adquirir a pílula diretamente com o farmacêutico, sem necessidade de se consultarem com um médico. Na Noruega, a pílula do dia seguinte está disponível diretamente no balcão.

Um casal precisa oferecer apoio mútuo e conversar juntos sobre mudanças nas necessidades contraceptivas.

Mudanças nas Necessidades

EXISTEM DIVERSAS FORMAS DE ANTICONCEPCIONAIS que servem às diversas necessidades no decorrer de diferentes épocas da vida. Ao passo que seu corpo se transforma durante sua vida, uma coisa é certa: se você for fértil e sexualmente ativo, e não desejar ter filhos, é preciso usar algum método de anticoncepcional. Seu médico, ginecologista ou conselheiro familiar saberá indicar a melhor opção para sua idade e estado de saúde. Muitos dos métodos mais populares de anticoncepcionais simplesmente não são adequados para determinadas pessoas. A pílula, por exemplo, não é boa para fumantes. O DIU não é adequado para mulheres que ainda não deram à luz e a camisinha não é 100% confiável. Na verdade, nenhuma forma de anticoncepcional é 100% confiável, portanto, a melhor opção é ter uma estratégia de reserva caso seja necessário. Por exemplo, se você toma pílula, pode ser bom considerar também o uso de camisinha.

Casais devem decidir em conjunto sobre anticoncepcionais. Em geral, é a mulher que fica com a responsabilidade – são elas que correm o risco de engravidar e são elas que têm mais opções de anticoncepcionais; os homens estão basicamente limitados à camisinha ou cirurgia de vasectomia. (A pílula masculina não deu muito certo.)

A vasectomia do homem é menos arriscada do que a esterilização da mulher. É uma grande decisão, portanto é bom pensar bem a respeito dessa decisão e considerar todas as implicações. Se você for adiante, e tempos depois entrar em um novo relacionamento, lembre-se de que a vasectomia não oferece proteção contra doenças sexualmente transmissíveis.

Quando você chegar à menopausa, não se engane pensando que não poderá engravidar. Mesmo com ciclos irregulares, você deve continuar usando métodos anticoncepcionais até pelo menos um ano depois de sua última menstruação e até que você tenha recebido o aval, depois de um teste hormonal.

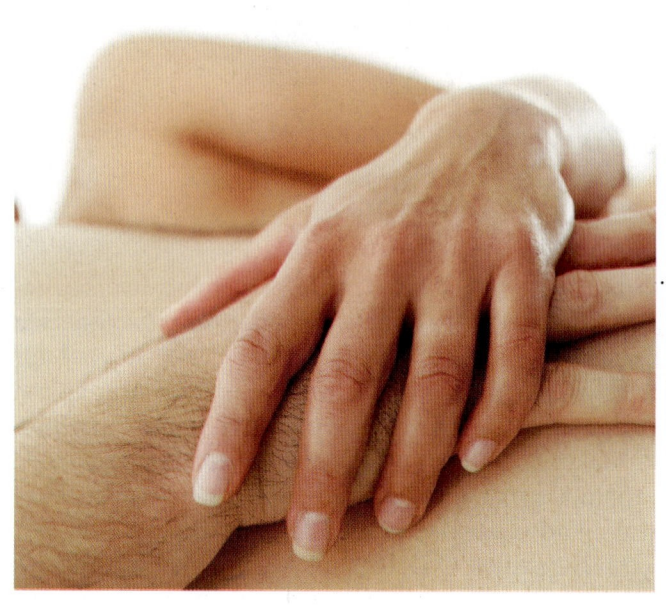

O desenrolar do tratamento de FIV pode ser um período emocional difícil, física e financeiramente, portanto certifiquem-se de embarcar nisso juntos.

Infertilidade

Ao passo que as pessoas envelhecem, o nível de fertilidade se altera, de maneira mais notável nas mulheres. As mulheres podem chegar à menopausa na meia--idade, o que resulta na impossibilidade para ter mais filhos. Mesmo com os homens, em geral, sendo capazes de se tornar pais em qualquer altura de suas vidas, a fertilidade deles pode ser afetada por problemas como baixo nível de esperma ou impotência relacionada à idade, e dificuldades de ereção. Um casal jovem, saudável e fértil tem aproximadamente uma chance em quatro, por ciclo menstrual, de conceber um filho. Quando a mulher atinge a idade de 35 anos, as chances se reduzem drasticamente para 10% por ciclo. Nesse estágio, alguns casais buscam auxílio médico para tratamentos hormonais ou fertilização *in vitro*. Casais tentando conceber um filho precisam estar em sintonia com o ciclo menstrual da mulher para estarem cientes do momento em que ela estiver mais fértil. Os ovários liberam um óvulo por mês no meio do ciclo menstrual, por volta do 14º dia. Uma mulher pode estar fértil alguns dias antes e até 24 horas depois de ovular. Os espermatozoides têm mais chance de chegar ao óvulo. Entretanto, quando ejaculado para dentro da vagina da mulher 24 horas antes do óvulo ser liberado, o espermatozoide pode permanecer vivo dentro do corpo da mulher por até três dias.

Durante a ovulação, a mulher pode notar que o muco liberado estará mais fino e viscoso do que em outros momentos. Outra maneira de saber se o óvulo foi liberado é usando um kit de teste da ovulação, que detecta alterações hormonais. Um método alternativo é registrar as alterações na temperatura da mulher usando um termômetro basal. Quando a mulher ovular, a temperatura dela subirá cerca de 0.2 a 0.6 graus e se manterá assim até o próximo ciclo menstrual. Quando ela ficar grávida, seu corpo manterá essa temperatura. (Veja a página 366 para informações adicionais.)

Fiv

> **Solo Fértil**
>
> Diversos fatores afetam a fertilidade, tanto de homens quanto de mulheres. Comer em excesso, fumar, estresse e drogas têm seus respectivos efeitos negativos sobre a produção de espermatozoides. Algumas pessoas afirmam que a retificação de deficiências minerais e alimentação com produtos orgânicos supostamente melhoram a libido e fertilidade em até 86%.

A fertilização *in vitro* é um procedimento que estimula a produção de óvulos por meio de fármacos e terapias hormonais. O crescimento dos folículos ovarianos é confirmado por ultrassom e, quando estes atingem o tamanho ideal, são administrados hormônios para fazer com que os óvulos sejam liberados. Os óvulos são colhidos usando-se uma agulha guiada por uma imagem de ultrassom. São então incubados em temperatura igual à do corpo humano por até seis horas, antes de o espermatozoide ser adicionado. O óvulo fertilizado é então mantido em cultura por cerca de dois dias, e depois um ou mais são implantados no útero da mulher utilizando uma agulha fina. Hoje em dia, esse procedimento ainda é cheio de dificuldades e apenas cerca de 10% das tentativas são bem-sucedidas, o que faz dele o método menos eficiente para engravidar artificialmente. Em geral é algo visto como último recurso, não apenas por sua taxa de erro, mas também por ser um procedimento consideravelmente desconfortável.

Outro método artificial é usado quando o homem tem baixo nível de espermatozoides. Este implica na injeção de apenas um espermatozoide diretamente no ovário, por meio de uma agulha. Esse método tem sido altamente criticado, pois existem algumas evidências que indicam o aumento da possibilidade de deficiências e malformações congênitas quando ele é empregado. Também se argumenta que ele interfere com o processo de seleção natural, em que apenas os espermatozoides mais aptos chegam ao óvulo, e que espermatozoides extraídos de um homem com baixa contagem de espermatozoides podem ser portadores de mutações genéticas passíveis de transmitir a infertilidade masculina para gerações futuras.

FIV é cara para o casal, tanto financeira quanto emocionalmente. Os casais que estiverem considerando a FIV devem consultar um profissional da área com antecedência para conhecerem melhor as opções e receberem todos os conselhos que podem precisar.

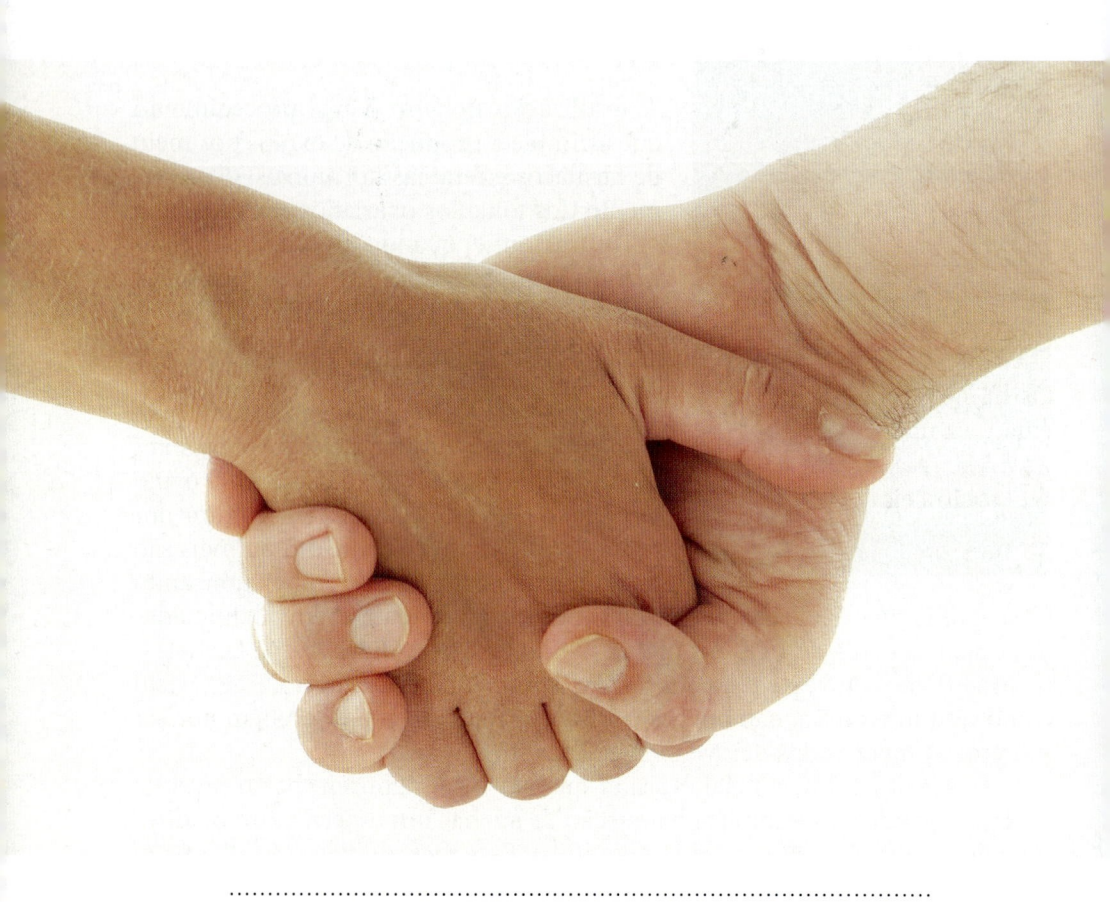

As pessoas – em particular os homens – em geral não estão dispostas a admitir que têm problemas sexuais, mesmo que estes sejam tão comuns. Sofrer em silêncio também traz sofrimento ao seu parceiro e não ajuda em nada a resolver a situação. Conversem um com o outro e, se for necessário, busquem ajuda profissional do seu médico ou de um terapeuta sexual.

Saúde Sexual

EM ALGUM MOMENTO DE SUA VIDA, sua atividade sexual provavelmente será interrompida e temporariamente suspensa. Isso pode acontecer tanto como resultado de alguma condição física, como problemas de coração ou cirurgias, ou como resultado de dificuldades psicológicas, como o sentimento de perda, rompimento de uma relação ou depressão, ou a combinação desses fatores. Isso é igualmente aplicável a homens e mulheres, e é crucial chegar à raiz do problema discutindo-o com seu parceiro, um médico ou um terapeuta sexual.

Problemas Masculinos

Os homens podem ter problemas de desempenho em qualquer altura da vida, seja na forma de ejaculação precoce, disfunções da ereção (dificuldade para ter uma ereção), ou não conseguindo ejacular. Embora as disfunções de ereção sejam mais prováveis de acontecer na vida madura, o pênis do homem também pode decepcioná-lo durante a adolescência ou juventude. Isso pode ser causado por diversas razões: ansiedade em relação ao desempenho, medo de sexo, excesso de bebidas alcoólicas ou uso de drogas. Um ciclo vicioso pode se formar se, após um incidente isolado de impotência, o homem ficar muito preocupado se isso voltará a acontecer na próxima vez. Em situações como essa, um parceiro compreensivo é importante, e um período de abstinência sexual até que o desejo sexual dele volte ao normal costuma resolver o problema.

A maioria dos homens, em algum ponto de suas vidas, vai experimentar o estranho constrangimento de não conseguir "fazer subir". Problemas de ereção em geral são considerados mais como problemas de origem psicológica. Entretanto, se ocorre regularmente, é sensato consultar um especialista. Essa condição é associada não apenas com o envelhecimento, mas com outras causas também, tais como diabetes, cirurgia de câncer de próstata, danos ao sistema nervoso, uso de remédios e exagero com bebidas alcoólicas e cigarros.

A ejaculação precoce se define pelo pouco controle que um homem tem para postergar seu orgasmo. Isso pode ser o resultado de ansiedade em relação ao seu desempenho, ou estar relacionado a pobres experiências sexuais anteriores. Essa condição pode ser somada a um problema de autoconfiança e, se for um problema de longo prazo, pode levar a maiores dificuldades no contexto de um relacionamento. Caso persista, um médico ou terapeuta deve ser consultado. Em geral a ejaculação precoce é o resultado de padrões comportamentais estabelecidos que podem ser deixados de lado, e novas pesquisas demonstram que em alguns casos a ejaculação precoce é hereditária.

Muitos homens consideram difícil conversar sobre problemas de saúde, seja com seus parceiros ou com um médico. Mas é importante fazê-lo. A sildenafila é uma opção, a "pílula azul" que faz crescer a capacidade do pênis de alcançar e manter a ereção uma vez que o homem ficar excitado. Qualquer homem que estiver considerando tomar essa medicação deve fazer um *check-up* clínico com antecedência, já que um número grande de severos efeitos colaterais já foi registrado.

Praticantes de medicina alternativa vêm pesquisando e desenvolvendo experimentos com um "Viagra" vegetal com, aparentemente, algum sucesso. O Ginko Biloba é usado há muito tempo para estimular a circulação e tratar alguns problemas de saúde. Existem dados registrados indicando que a administração de doses diárias da erva levou a melhoras significativas. Fitoterapeutas certamente indicarão mudanças que devem ser feitas em sua dieta, provavelmente excluindo gordura saturada, café e álcool. Fumantes serão aconselhados a parar. A acupressão, um sistema japonês de aplicar pressão com os dedos em pontos específicos do corpo, também tem tido sucesso para alguns. Antes de tomar remédios à base de plantas, você deve consultar um fitoterapeuta qualificado. Não há evidência que sugira que métodos alternativos irão funcionar, mas qualquer melhora na saúde de modo geral já será uma ajuda.

Problemas Femininos

Existem vários problemas que são comuns entre as mulheres. A dor durante o sexo, conhecida como dispareunia, pode ter causas psicológicas ou físicas. Pode ser a resposta a um problema de lubrificação, em especial com mulheres mais velhas. Nesse caso, o remédio é simples, então por que não adquirir um conjunto de géis exóticos com sabor em algum *sex shop*? Caso a dor seja profunda, talvez seja resultado de uma infecção ou cisto, e você deve consultar um médico. Problemas psicológicos possuem diversos níveis de gravidade. Muitos podem ser resolvidos com a ajuda de um parceiro compreensivo e da interrupção da penetração até que a mulher se sinta pronta. Problemas mais sérios ou de longa duração devem ser abordados com ajuda profissional.

Assim como com os homens, a vida sexual das mulheres será afetada por doenças como diabetes, doenças cardíacas ou pressão alta. Seu médico saberá como lhe aconselhar e certamente ajudará você a reconquistar uma vida sexual normal.

Saúde Sexual 465

Se um parceiro estiver sofrendo de problemas sexuais, é extremamente importante que o outro seja compreensivo. Manter abertos os canais de comunicação e expressar seu amor será um grande primeiro passo para vencer as dificuldades.

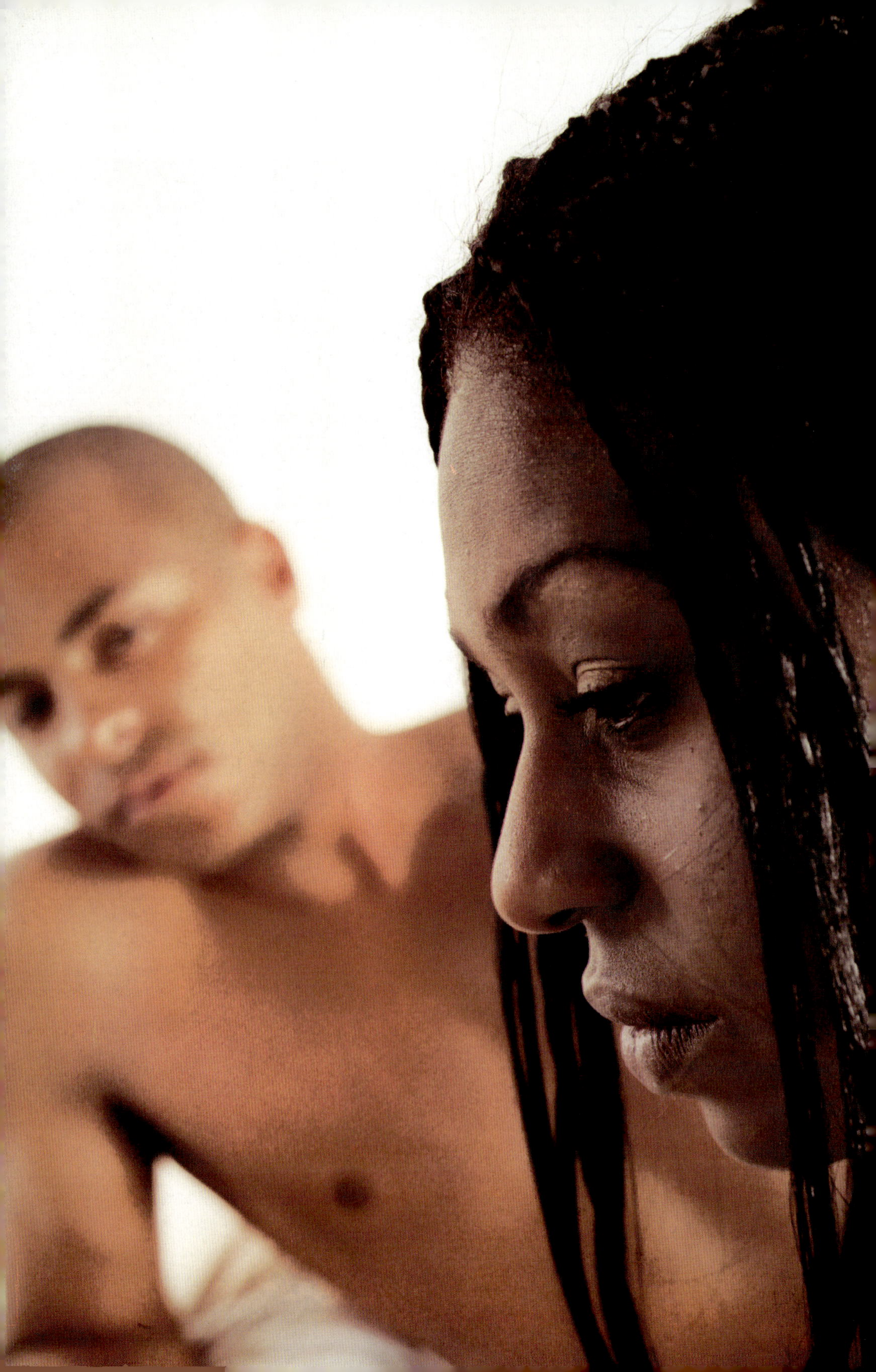

Perda da Libido e Outros Problemas

ACIMA E PÁGINA ANTERIOR| A perda temporária de libido é muito comum em relacionamentos de longa duração. Ela pode ser devastadora para ambos os parceiros quando ocorre, seja quando causada por questões emocionais ou problemas físicos. Entretanto, com a orientação correta, ela geralmente é vencida.

A PERDA DE LIBIDO pode afetar tanto homens quanto mulheres e se apresenta como falta total de interesse sexual. Pessoas que sofrem de impotência em geral sentem-se frustradas, porque ainda sentem desejo de fazer sexo, mas por uma razão ou por outra não conseguem um desempenho satisfatório. A perda de libido leva à perda do desejo de fazer sexo, e é tão frustrante quanto a impotência, mas de uma maneira diferente.

Pessoas com libido reduzida tendem a tomar atitudes que evitam com que elas façam amor, tais como ficar acordado até tarde para assistir televisão, iniciar uma discussão antes de deitar ou evitar qualquer forma de carinho com seu parceiro, geralmente deixando-o muito confuso e rejeitado.

As causas para o baixo desejo sexual costumam ser coisas comuns, tais como estresse, depressão, mal-estar físico, muito trabalho ou problemas no relacionamento. Nos homens, é um problema que tem crescido muito, em parte devido à tensão do ambiente competitivo de trabalho.

Um estudo norte-americano recente demonstrou que 33,4% das mulheres entre 18 e 59 anos sofrem de HSDD (frigidez) ou perda de libido. A definição é vaga porque outras pesquisas detalharam quão variado é o nível de interesse sexual entre as mulheres no geral. As causas de HSDD entre mulheres são controladas pelo ciclo menstrual e pelos estágios da vida reprodutiva e equilíbrio hormonal.

Muitos antidepressivos, como o inibidor seletivo de recaptação da serotonina, como o Prozac, são conhecidos por exercerem um efeito negativo sobre o desejo sexual. É importante continuar com a administração de qualquer medicação, mesmo que você acredite estar afetando sua libido, até consultar seu médico, que poderá indicar novas possibilidades e orientar você. Por vezes, a falta de libido pode ser sinal de algum outro problema que pode ser investigado.

Relação Amorosa Dolorosa

A relação amorosa não é para ser dolorosa, mas terapeutas dizem que um grande número de mulheres sofre por algum tempo antes de buscar ajuda. Relações dolorosas, ou dispaurenia, podem ser motivadas por causas que vão desde vaginismo (espasmos involuntários das paredes vaginais) até falta de lubrificação ou excitação. O principal é agir e não sofrer em silêncio, já que a solução pode muito bem ser mais simples do que você imagina. (Veja a página 375 para mais informações.)

Ejaculação Precoce

Um dos problemas sexuais mais comuns para os homens é a ejaculação precoce. Ela é a incapacidade de controlar a chegada do orgasmo. Alguns homens ejaculam assim que penetram a vagina da parceira, outros dentro de alguns minutos, ou dentro de um período que eles consideram extremamente pequeno.

Muitos homens vivenciam a ejaculação precoce em algum ponto da vida, mas é mais comum em jovens ou em homens sem experiência. Embora ninguém saiba exatamente

Problemas de ejaculação são terrivelmente frustrantes, mas é importante manter a situação em perspectiva. Sensibilidade combinada com humor pode ajudar, e tirar a ênfase da penetração concentrando-se nas preliminares pode desviar a atenção do problema e restaurar a confiança.

por que ela acontece, a maioria dos especialistas concorda que é uma condição provavelmente psicológica, resultado de uma ansiedade a respeito do sexo e sobre a qualidade do sexo que eles fazem. Com o passar dos anos, os homens geralmente aprendem a controlar seus orgasmos adquirindo experiência – fazendo mais sexo. E quanto maior o intervalo entre os orgasmos, mais rápido o homem irá ejacular na próxima transa.

Se você acredita que tem um problema, é possível treinar para controlar seu orgasmo. Comece masturbando-se até beirar a ejaculação. Pare, relaxe e recomece. Repita até não conseguir segurar mais o orgasmo. O objetivo disso é aprender quando você está à beira do clímax, portanto quanto mais praticar, maiores serão as chances de conseguir postergar seu orgasmo até o momento em que deseje ejacular. Quando tiver conquistado isso, tente com sua parceira. Enquanto ela estiver masturbando você, peça que ela pare quando você estiver a ponto de ejacular. Mais uma vez, pare, relaxe e recomece.

A técnica de apertar é outra maneira de alcançar o mesmo resultado. Ou você ou sua parceira podem apertar a ponta de seu pênis logo antes do clímax. O apertão força o sangue a sair do pênis e reduz a ereção. Outra coisa que pode ajudar é usar uma camisinha (ou duas, se necessário), porque preservativos reduzem a sensibilidade durante o sexo. Alternativamente, escolha uma posição sexual em que você creia ser mais fácil relaxar. Esta provavelmente é uma das posições em que sua parceira fica por cima, no controle.

Ejaculação Tardia

Isso ocorre com alguns homens que consideram difícil alcançar o orgasmo embora eles queiram e estejam recebendo a estimulação corretamente. A motivação para isso ou é fisiológica – devido a doenças como diabetes ou doenças da próstata, ou determinado tipo de terapia medicamentosa – ou psicológica, em que o homem se sinta reprimido ou inibido, com medo legítimo da mulher ou de engravidá-la. Terapia psicossexual pode ensinar aos homens como superar o comportamento inibido ou medos que se acondicionaram neles.

Ejaculação Retrógrada

Isso ocorre quando o homem sente a sensação da ejaculação e do orgasmo, mas não expele fluido algum pelo pênis. O sêmen é expelido dos testículos, mas, em vez de fluir em sintonia com as contrações em seu caminho pela uretra, ele viaja para dentro da bexiga, via colo vesical.

Isso é relativamente comum em homens que passaram por uma prostatectomia. Outros motivos para sua ocorrência são a interrupção do sistema nervoso, causado por dano à medula espinhal, diabetes, esclerose múltipla e algumas prescrições médicas.

Disfunções de Ereção

Durante a adolescência, os jovens com frequência ficam envergonhados com a prontidão – e falta de timidez – de suas ereções. A continuidade disso é que, com o aumento da idade, já não acontece com tanta frequência, não é tão firme e não dura por tanto tempo. Quando isso acontecer, a maioria dos homens estará madura o suficiente para explorar outras opções, de sexo oral à mudança de posição.

O álcool pode ser o culpado quando a vontade é de conseguir, mas o corpo não permite. Surpreendentemente, problemas de ereção em decorrência do abuso de álcool ocorrem com mais frequência entre jovens do que entre homens mais velhos.

A impotência também pode ser causada por um problema de ordem neurológica, em que os sinais do nervo são interrompidos; problemas com o fluxo de sangue; deficiências hormonais; diabetes ou infecções. O que pouco surpreende, talvez, é que os homens relutem em buscar tratamento, embora haja muitos à disposição. Um dos mais conhecidos é o Viagra (sildenafil), embora este seja eficaz para apenas um terço dos usuários. Outros tratamentos incluem bombas a vácuo usadas com anéis de constrição, implantes penianos e injeções uretrais.

Caso você não consiga contar pessoalmente aos seus parceiros sobre sua infecção, algumas clínicas de saúde oferecem um serviço de contato, que pode ser enviado anonimamente, e que, por sua vez, pode ser apresentado em qualquer outra clínica. O código indicará com precisão à equipe aquilo pelo que eles estão procurando.

Doenças Sexualmente Transmissíveis

O PRINCIPAL INCENTIVO ao sexo não seguro são o álcool e as drogas, que impedem adultos normalmente saudáveis de tomar decisões responsáveis. Muitos encontros sexuais e relacionamentos acontecem quando o protagonista está ou inebriado ou fora de si, o que faz crescer a libido, mas definitivamente piora o julgamento e o desempenho.

Houve muitas campanhas de conscientização nos últimos anos acerca dos perigos de ser infectado com o vírus HIV e a necessidade de praticar sexo seguro. Mas HIV é apenas uma doença de um número bem maior de perigos que podem ser contraídos se praticarmos sexo desprotegido – gay ou hetero. Uma situação apaixonada pode a qualquer momento virar algo mais, e vale lembrar que pessoas portadoras de doenças sexualmente transmissíveis se assemelham a qualquer outra pessoa, e pode ser que não digam nada a respeito.

O que muitas pessoas não percebem é que muitas doenças sexualmente transmissíveis podem ser contraídas sem a necessidade de penetração. Se por um lado as camisinhas protegem contra doenças sexualmente transmissíveis que são contraídas por meio da troca de fluidos corporais, por outro elas não oferecem proteção contra herpes, verrugas, piolhos pubianos e sarna.

No sexo entre duas mulheres, os mesmos princípios se aplicam. O uso de uma barreira dental ou de camisinhas (caso usem vibradores) é recomendável como medida de proteção contra a troca de fluídos corporais. Lembre-se de que doenças sexualmente transmissíveis também podem ser transmitidas por meio de brinquedos sexuais.

Quando o HIV e a AIDS primeiro vieram a público, havia a preocupação crescente com a necessidade de fazermos sexo seguro, mas hoje em dia existe uma crescente tendência pela complacência. Ainda é vital se proteger de DSTs com barreiras dentárias e camisinhas.

Muitas pessoas não têm ideia de que contraíram uma DST. Às vezes não há nenhum sintoma exterior, como com clamídia, que pode exercer um efeito terrível. Entretanto, existem muitas outras doenças que deixam sim o seu cartão de visitas.

Uma consulta à clínica de saúde sexual de sua preferência é a melhor maneira de lidar com quaisquer medos que você possa ter em relação às DSTs. Não importa quão desconcertante seja para você, existem a cada semana outras milhares de pessoas que buscam ajuda.

Sinais Pelos Quais Procurar

Se você apresenta algum destes sintomas, consulte-se com um médico:

- Saliências e bolhas na região genital ou em qualquer lugar entre seu umbigo e seus joelhos. Eles podem ser extremamente doloridos.
- Sintomas de gripe persistentes e urinação dolorosa.
- Corrimento descolorido ou ardente da vagina ou do pênis, sangramento anormal ou dor pélvica, dores na virilha, estômago ou testículos.
- Cor da pele ou do branco dos olhos assumindo coloração amarelada, náusea, febre, descoloração das fezes ou da urina, feridas que coçam

onde quer que haja pelo no corpo, coceira na região genital, corrimento de cheiro desagradável.

Se você apresenta alguns desses sintomas, consulte um médico ou uma clínica GU (Genito-urinária), não importa quão desconcertante, pode salvar vidas ou impedir que você se torne infértil. Todos nós conhecemos muito bem nossos corpos, então você deve verificar quando sentir que algo não está certo.

Vírus do Papiloma Humano (HPV)

Existem mais de 50 variáveis de HPV. Algumas causam verrugas na região genital e outras, mais perigosas, podem causar câncer cervical. O HPV é transmissível por meio da relação vaginal ou anal com uma pessoa infectada. As verrugas são pequenos caroços indolores com forma semelhante à couve-flor, que aparecem na vulva, vagina, pênis ou ânus. O médico pode conseguir removê-los com sucesso, mas você precisa cuidar de si mesmo e fazer exames com regularidade, já que a camisinha não oferece proteção.

Clamídia

Esse é o tipo mais comum de DST no Reino Unido e nos Estados Unidos. Ela causa uma infecção que se difunde pela região genital dos homens e das mulheres, em especial das mulheres. Ela pode resultar em inflamação do colo uterino, bloqueio das trompas de falópio e inflamação das glândulas que produzem fluídos sexuais. Nos homens ela causa inflamação da uretra ou da parte tubular dos testículos e articulações ou, em casos extremos, problemas nos olhos. Nas mulheres ela geralmente não apresenta nenhum sintoma, mas pode levar à infertilidade, o que aumenta a importância de exames regulares com o ginecologista. Quando diagnosticada nos primeiros estágios, pode facilmente ser curada com antibióticos. Se não for tratada, poderá causar tracoma, que é uma infecção séria nos olhos que pode levar à cegueira e que, hoje, acomete 500 milhões de pessoas.

Gonorreia

A gonorreia é causada pela transmissão de bactérias de um indivíduo, e pode se alastrar através da circulação sanguínea. Pode ser que ela não apresente nenhum sintoma por algum tempo, por ter um período de incubação que varia de dois a dez dias, e mesmo após esse período pode não apresentar sintoma algum.

Os homens sentem desconforto quando urinam ou um corrimento amarelo-esbranquiçado saindo do pênis. As mulheres podem vivenciar um corrimento vaginal amarelo ou verde, dor abdominal ou perturbações nos ciclos menstruais. Se não for tratada, a gonorreia pode causar doença inflamatória pélvica, ou fechar as trompas de falópio, causando infertilidade.

Sífilis

Essa doença tornou-se, nos últimos anos, mais comum entre os homens do que entre as mulheres, e a maioria dos novos casos acontecem entre homens homossexuais. Um terço dos portadores da doença que não são tratados morre por dano ao cérebro, aos nervos ou ao coração. Ela tem um período de incubação de aproximadamente três semanas e pode ser tratada com sucesso nas fases iniciais com antibióticos. Caso não seja tratada, pode eclodir dez anos depois da infecção. Os sintomas geralmente se manifestam na forma de feridas indolores semelhantes a erupções, chamadas cancros.

Herpes Genital

Essa infecção que pode não apresentar sintoma algum é transmitida depois do contato genital com um parceiro que possui uma área de infecção. Homens podem desenvolver bolhas no pênis, escroto ou áreas próximas (as bolhas podem ser encontradas também no umbigo e nas coxas), geralmente muito doloridas. As mulheres podem apresentar saliências avermelhadas que podem se transformar em bolhas, também doloridas. Essas saliências costumam ser encontradas nos lábios vaginais, mas também podem surgir no cérvix, no ânus e no umbigo. A herpes também pode causar sintomas semelhantes ao da gripe, tanto em homens quanto em mulheres. A herpes pode estar associada com câncer cervical, portanto, se você crê que pode estar infectado, é muito importante seguir o tratamento à risca.

Hepatite A, B E C

A hepatite é uma infecção que afeta o fígado e pode estar associada com uso abusivo de álcool, consumo de drogas ou químicos e infecção por vírus. A hepatite A não costuma ser transmitida por meio da penetração, mas pode sê-lo por meio de sexo anal. A hepatite B é transmitida por meio do sêmen, do muco ou do sangue. A hepatite C é similar à B, mas é transmissível pelo sangue, então é mais comum de ser transmitida pelo compartilhamento de seringas. As hepatites B e C têm períodos de incubação que duram de seis semanas a seis meses, e podem tanto não apresentar sintoma algum quanto sintomas muito graves. Para ambos, os sintomas variam de pele amarelada, fadiga crescente, urina de cor escura e fezes esbranquiçadas. Infelizmente, assim como com HIV e AIDS, é causada por um vírus e não há cura para essa doença, embora existam tratamentos que ajudem a controlar os sintomas.

Infecção por Fungos

Essas infecções são bastante comuns entre as mulheres: os sintomas em geral incluem coceira na genitália e um corrimento denso, esbranquiçado e coagulado saído da vagina. Infecções por fungos não são necessariamente transmitidas sexualmente, mas podem ser causadas por antibióticos e pela utilização de roupas sintéticas justas, que não deixam a pele respirar. Os homens também podem sofrer infecções por fungos, mas é menos comum.

A vaginose bacteriana possui sintomas similares, mas o corrimento costuma exalar cheiro piscoso e é de densidade mais cremosa. A vaginose bacteriana pode causar dor ao urinar. A tricomoníase afeta aos homens na uretra e às mulheres, em geral, na vagina. Ela pode não apresentar sintoma algum, mas um corrimento de cheiro forte ou dor ao urinar podem ser sinais.

Piolhos Pubianos (Chatos) e Sarna

Essas infecções são causadas por pequeninos ácaros que são terrivelmente contagiosos. A sarna se instala sob a pele da pessoa infectada, causando ferimentos de coceira, e os piolhos pubianos se juntam principalmente em regiões do corpo com densidade capilar, em geral a região púbica. Seu farmacêutico ou seu médico podem aconselhar algum tratamento, mas é importante que você lave todas as suas roupas à alta temperatura. Qualquer coisa que não possa ser lavada deve ser embalada à vácuo, em plásticos, por ao menos duas semanas.

HIV e AIDS

O vírus da imunodeficiência humana (HIV) é o vírus que primariamente leva à síndrome da imunodeficiência adquirida (AIDS). Muitas pessoas já faleceram desde a epidemia de 1980. O registro do número de pessoas com HIV em países industrializados cresce a cada ano por causa da maior eficiência diagnóstica e diminuição do número de mortes decorrente das terapias antirretrovirais. Entretanto, muitos casos não são diagnosticados.

Acredita-se que a maioria das primeiras infecções registradas foi resultado de relações sexuais entre homens. Após um decréscimo inicial no número de novos casos, os números de diagnóstico vêm crescendo a cada ano. Estima-se que um quarto dos homens infectados por HIV, que fizeram sexo com outros homens, não foram diagnosticados.

Desde 1999, houve um aumento no número de diagnósticos de infecções adquiridas por relações heterossexuais em países do primeiro mundo, embora 80% dos casos sejam de infecção em outros lugares, em especial na África. Globalmente, as mulheres têm se tornado cada vez mais infectadas pelo HIV. Aproximadamente 50%, ou 19,2 milhões, dos 38,6 milhões de adultos vivendo atualmente com HIV ou AIDS no mundo inteiro são mulheres.

Se uma doença ou algum outro problema está o incomodando, o melhor é que você seja honesto e compartilhe isso com seu parceiro.

É importante que as pessoas tomem conhecimento do HIV e da AIDS, que são transmitidos por meio da troca de fluidos corporais, tais como o sêmen, secreções vaginais e sangue, e muito raramente pela saliva. O efeito da AIDS no corpo é o de gradualmente enfraquecer os mecanismos de defesa natural do corpo até que este não consiga mais combater a infecção. O resultado disso é que as pessoas infectadas morrem de doenças geralmente simples e facilmente tratáveis, como gripe ou, um caso particularmente comum, pneumonia.

Os sintomas em geral são difíceis de identificar. Nas primeiras semanas, apenas metade dos infectados apresenta sintomas similares aos de gripe, como febre, fadiga ou inchaço nas glândulas. Isso costuma acontecer quando a pessoa está portando o vírus e os médicos usam terapias de drogas combinadas para manter o paciente em um estágio relativamente "saudável" pelo máximo de tempo que for possível. Se o HIV se desenvolver em AIDS, então o indivíduo ficará passível de adoecer muito mais, com consistente inchaço das glândulas, diarreia crônica, perda de peso, febre e surgimento de lesões no corpo.

É importante – na verdade, vital – que as pessoas sejam lembradas constantemente dos riscos, independentemente de sua sexualidade, pois é um problema extremamente real, preocupante e aflitivo. A maior arma contra a AIDS é a educação e a destruição de crenças infundadas. Ela não é um ato divino de punição à raça humana; ela é uma doença e podemos evitar que se espalhe. O recado é: use camisinha.

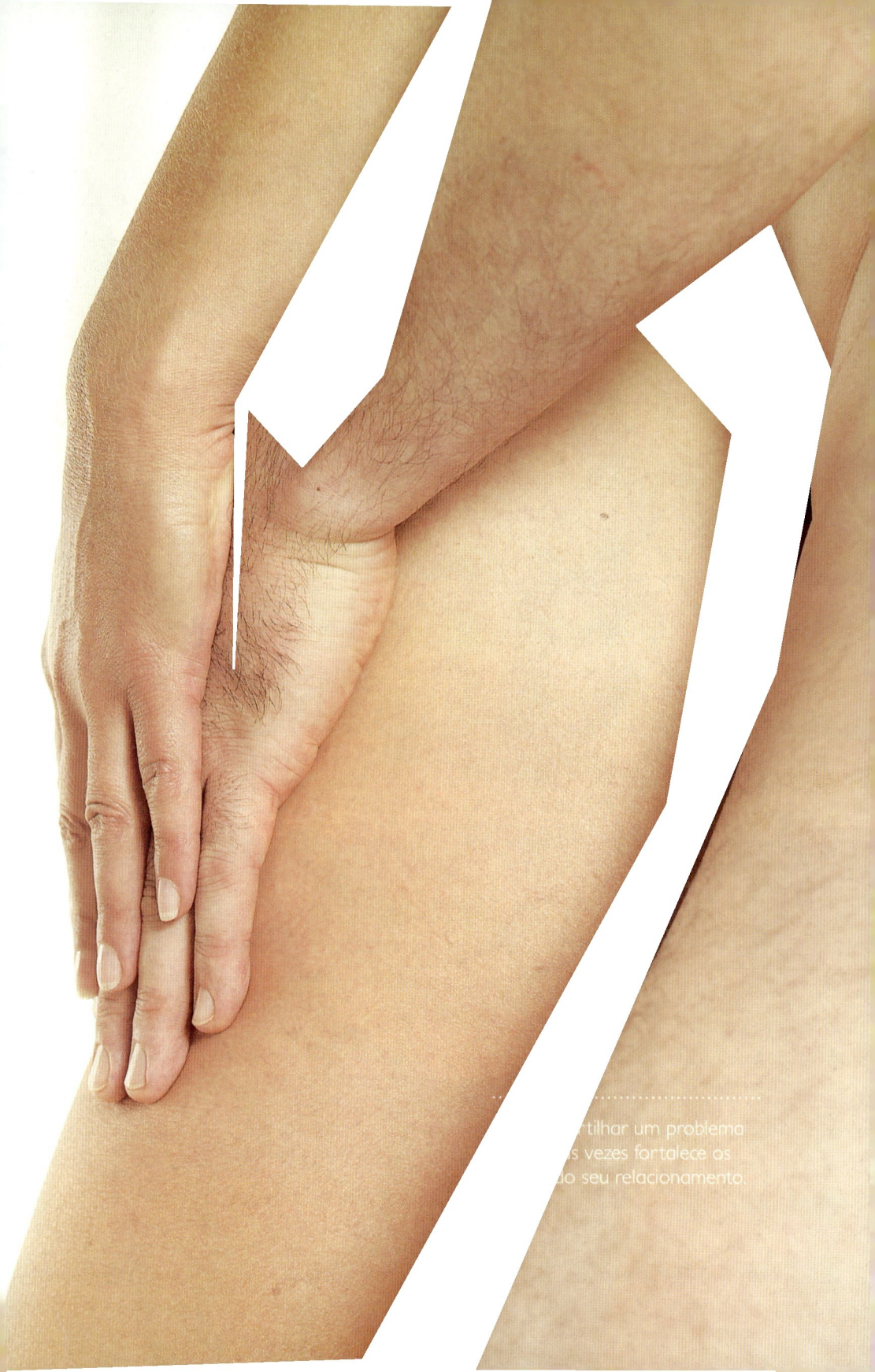

...tilhar um problema
...s vezes fortalece os
...o seu relacionamento.

Não existe nenhuma fórmula mágica para se recuperar de um crime sexual ou abuso. É importante, entretanto, lembrar que tempo e terapia são grandes formas de cura. E mais importante do que tudo, lembre-se de que a culpa não foi sua.

Estupro e Abuso

O ESTUPRO E A VIOLÊNCIA SEXUAL são muito mais comuns do que as pessoas pensam, e qualquer um pode ser uma vítima: mulheres jovens, mulheres mais velhas, homens, crianças – em resumo, pessoas de qualquer classe e cultura. A maioria dos estupros e dos casos de violência sexual é realizada por homens contra as mulheres. A maioria das mulheres que foi estuprada conhece o homem que as atacou, porque são o parceiro atual, ex-parceiro, amigo da família, vizinho ou colega de trabalho: alguém em quem confiavam.

Por que os Homens Estupram as Mulheres?

O estupro é menos motivado por sexo do que por controle e poder. Por exemplo, o conhecido caso em que a vítima, em geral mulheres jovens com menos de 25 anos, é drogada com substâncias como flunitrazepan, usadas para batizar a bebida da vítima, são perpetrados por homens. Muitos dos homens interrogados não admitem que o comportamento que tiveram foi errado. Com muita frequência, os criminosos acreditam que quando a mulher diz não, ela não está realmente sem vontade. Ela queria sexo, ela estava pedindo por sexo, dizem eles, que acreditam merecer algo em troca do dinheiro e atenção que dispensaram a elas.

Um dos argumentos mais comuns que os homens usam quando forçam sexo com suas esposas, namoradas, ou ficantes, é que, durante um momento de carinho, quando o homem está pronto para fazer sexo, a mulher decide que não quer continuar. Ela interrompe o momento romântico e deixa seu parceiro frustrado. Entretanto, se uma mulher diz não, ela realmente quer dizer não. Se uma mulher quer pular fora no último segundo, ela está em pleno direito. Não existe absolutamente nenhuma razão biológica ou psicológica que a impeça de parar o homem.

Por que Homens Estupram Homens?

Em muitos países, o estupro masculino se tornou um crime apenas recentemente. Na Inglaterra, estatísticas oficiais de 1997, do Ministério do Interior, demonstram que 342 homens foram estuprados. Acredita-se que esse número já esteja consideravelmente abaixo do número real.

Embora tenha havido menos pesquisas sobre esse tipo de estupro do que sobre o estupro de mulheres, e ainda que existam muito menos serviços para a vítima do sexo masculino, sabemos que muitos homens não admitem ter sido estuprados. Isso também é uma questão de poder. É reinante em instituições, particularmente em prisões, e apenas recentemente começou a ser tomada a sério pelas autoridades. Muitos mitos cercam o estupro de homens: apenas homens gays são estuprados; homens são estuprados porque são fracos; homens são fortes e deveriam conseguir defender-se de ataques. Homens heterossexuais, assim como gays, são estuprados e isso pode, em consequência, fazer com que questionem a própria sexualidade.

O que Fazer se Você For Estuprado

Se você tiver sido estuprado, seja você homem ou mulher, vá para um local seguro, ligue para a polícia ou para uma central de crimes sexuais, ou telefone para um membro de sua família ou para algum amigo para conseguir ajuda. Você deve se consultar com um médico para passar por exames. Também será preciso coletar evidências médicas para uma eventual acusação. Não mude de roupa, não tome um banho, não penteie seu cabelo, ou mude nada até ser examinado pelo médico; caso contrário, pode ser que você destrua provas.

Caso tenha passado por um estupro, ou tenha sofrido abuso de um membro da sua família, o mais importante é ter em mente que a culpa não é sua. Estupradores são os responsáveis por seus próprios atos. É uma experiência brutal e humilhante e você precisará de cuidados atenciosos depois. Terapia costuma ser necessária depois de uma experiência tão difícil.

Apesar de a maioria dos estupros ser cometida por homens que conhecem suas vítimas, existem estupros que são absolutamente aleatórios. As pessoas precisam ficar atentas onde quer que estejam, seja andando por uma rua escura à noite, ou em um vagão vazio de um trem, ou até mesmo em alguma situação de trabalho. Tome todos os cuidados consigo e, caso esteja querendo viajar só, planeje cuidadosamente como fará para chegar com segurança ao seu destino.

Muitas pessoas apresentam tendências ao suicídio, sofrem de transtorno de estresse pós-traumático e entram em depressão profunda depois de serem estupradas. A terapia provavelmente é a melhor solução de longo prazo depois de uma experiência tão traumática.

Uma em quatro mulheres será estuprada ou sofrerá uma tentativa de estupro durante a vida, e a maioria não irá procurar a polícia. A definição legal de estupro varia de país para país, mas se um homem encerra uma relação sexual com uma mulher que no momento não consentiu com o ato, isso essencialmente é um estupro. Ele é definido

> Após uma experiência traumática, não sofra em silêncio, não importa quão envergonhado ou quanto medo você sinta. Encontre alguém em quem confie, que o apoie e descubra com qual organização deve entrar em contato para pedir ajuda caso precise.

como penetração não consensual da vagina ou do ânus por um pênis. Sexo oral forçado e a penetração da vagina ou do ânus por objetos estranhos ao corpo são, no mínimo, abuso sexual grave. Toques e outros tipos de contato sexual não desejado também são abuso sexual.

Abuso

Essa é uma forma extrema de controle. Apesar de a maioria dos estupros ser cometida por homens contra mulheres ou crianças, ele acontece dentro de relacionamentos gays, e a violência da mulher contra o homem aparentemente tem aumentado. O abuso pode ser tanto emocional quanto físico. Um parceiro pode apanhar, ser chutado, humilhado na frente de outras pessoas, ameaçado de morte, ou obrigado a tomar parte em atos sexuais que não deseja: na verdade, estupro. Mesmo o tratamento do silêncio, em que um parceiro se recusa a comunicar-se, é um tipo de abuso.

Sofrer abuso pode causar depressão, ansiedade e doenças, assim como ferimentos. Em muitos casos pode levar à mendicância e, em casos extremos, resulta em homicídio. Muitas das pessoas que cometem o abuso não compreendem o significado e efeito do abuso emocional e verbal, e precisam aprender o significado de ter um comportamento respeitoso com o parceiro. Muitas vítimas perdem a autoestima e podem até perder qualquer controle das próprias ações e sobre a própria vida.

Ninguém deveria ser obrigado a tolerar isso, portanto se você estiver sofrendo abuso, busque ajuda. A maioria das pessoas sente extrema vergonha do abuso que sofre e de suas consequências, mas é vital que procure ajuda de um profissional para ser orientado durante esse período.

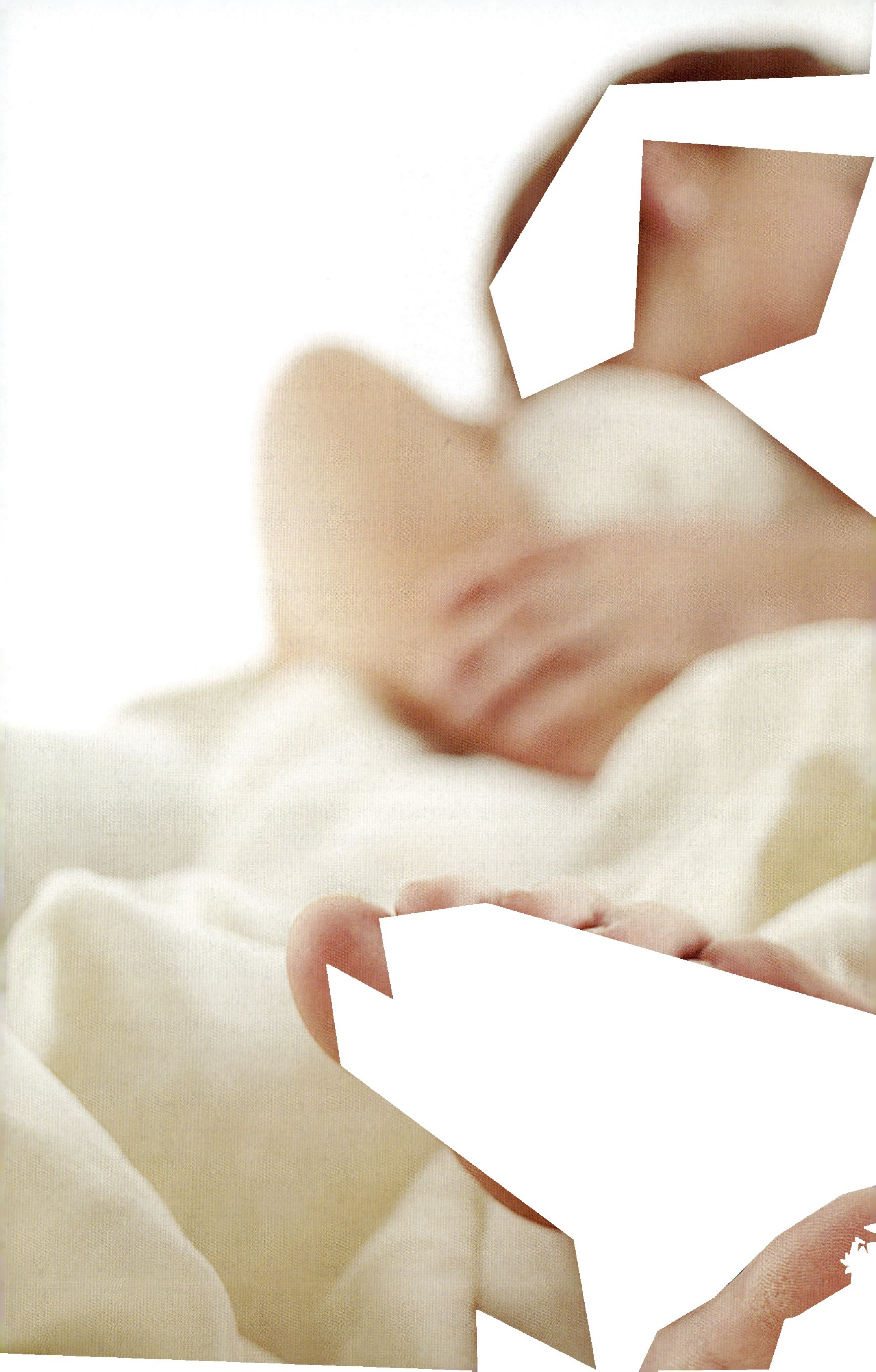

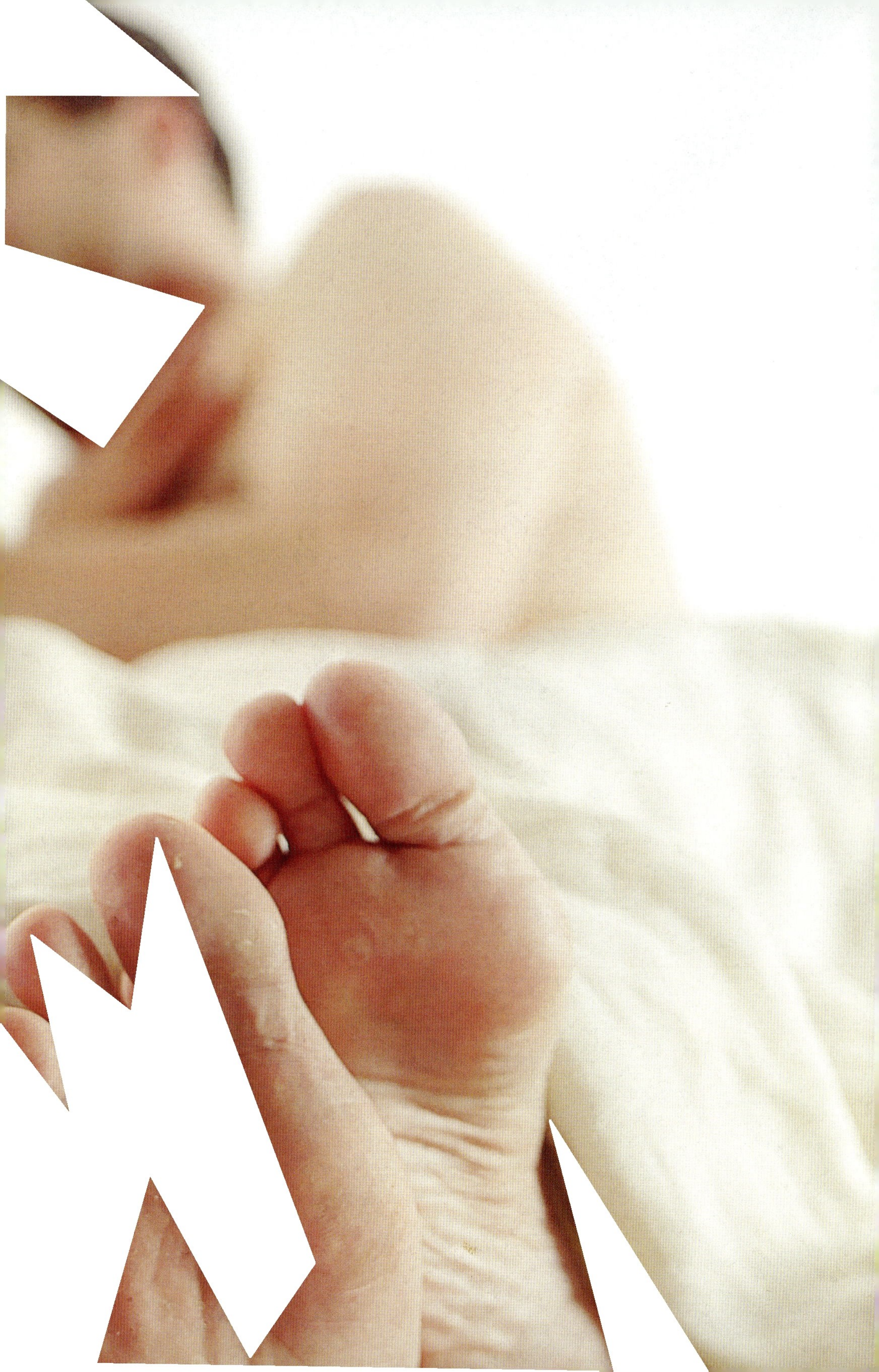

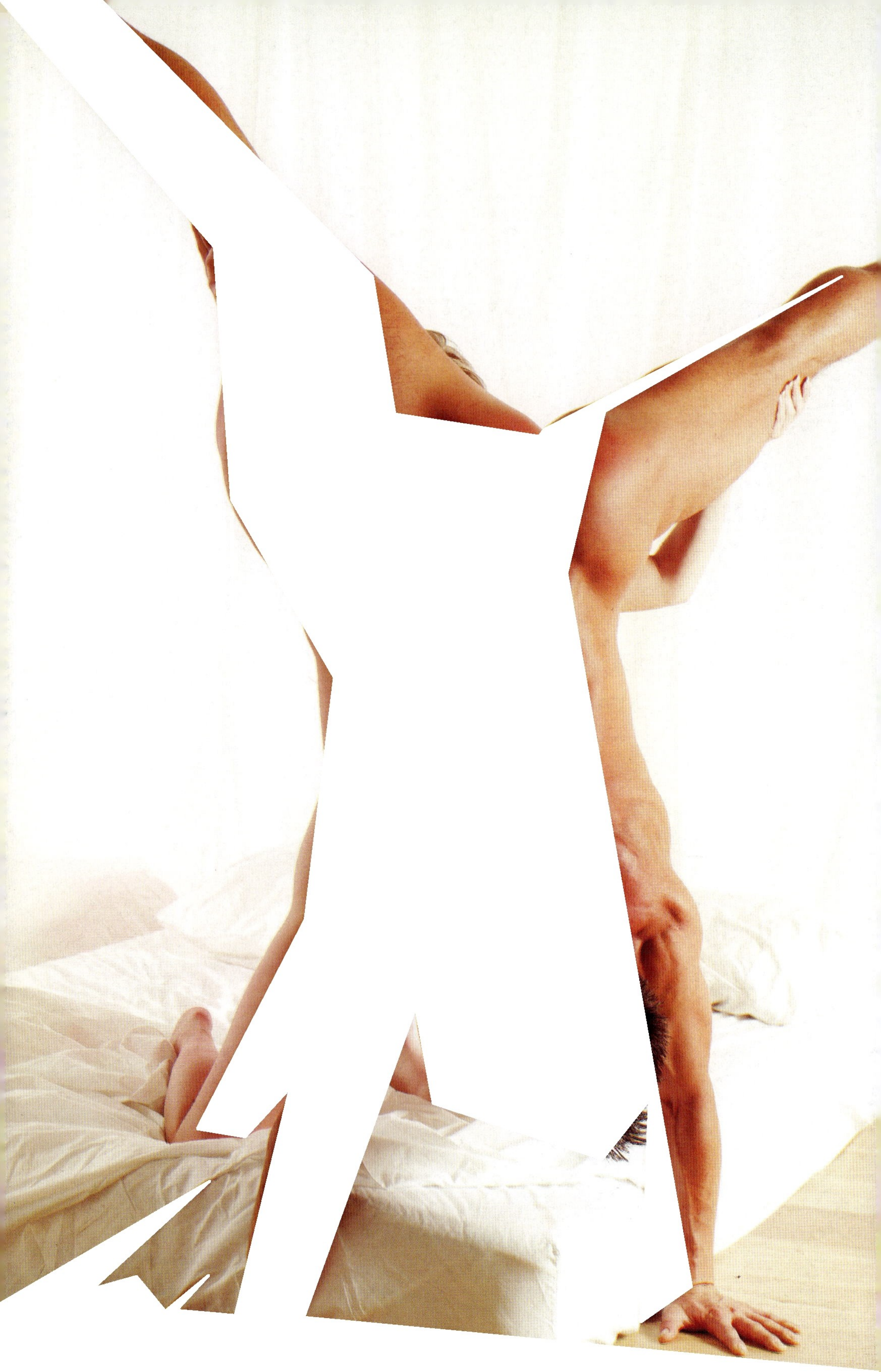

Glossário

Adrenalina – Um hormônio liberado depois de exercício físico e que pode aumentar a libido.

Afrodisíaco – Uma experiência ou substância que estimula ou aumenta o desejo sexual.

A média de Kinsey – O tempo que o pesquisador Alfred Kinsey estimou que um homem normal demora para chegar ao orgasmo em uma relação sexual.

Anal – Relativo ao ânus, como em "sexo anal".

Anel peniano – Um anel para o pênis feito de borracha ou couro, que se encaixa à base do falo ereto para manter a ereção por mais tempo, impedindo o fluxo de sangue para o órgão. Nunca o utilize por mais de 20-30 minutos.

Anulingus – Beijar ou lamber o ânus.

B/D – *Bondage*/Disciplina.

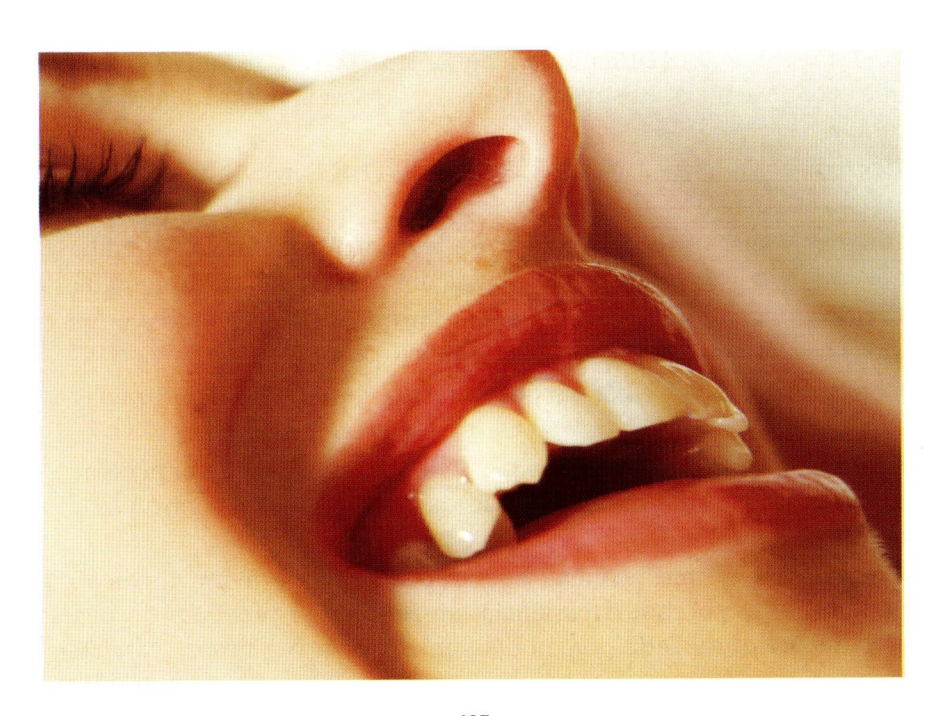

BDSM – *Bondage*, Disciplina e Sadomasoquismo – os elementos de dominação e submissão.

Beijo francês – Um beijo de boca aberta com movimentação de língua.

Bissexual – Uma pessoa que se sente excitada por ambos os sexos.

Bondage – Excitação sexual por intermédio de restrições, tais como algemas e cordas.

Camisinha – Uma cobertura de látex que se encaixa no pênis e é o método contraceptivo de barreira mais utilizado.

Candidíase – Uma infecção vaginal por fungo causada ou por cândida ou monilia fungus. Pode ocorrer também no pênis, mas é menos comum.

CAT (Técnica de Alinhamento no Coito) – Uma técnica sexual em que você deve mais se esfregar do que se movimentar para dentro e para fora.

Centena completa – Um exercício baseado em Pilates, que você repete 100 vezes.

Chacras – Sete vórtices de energia descritos no sexo tântrico. Acredita-se que cada um desses sete pontos regula um tipo específico de energia.

Chatos – Uma doença sexualmente transmissível configurada em piolhos que habitam a região dos pelos púbicos.

Chuva dourada – Urinar em seu parceiro como meio de estimulação sexual.

Cinto vibrador – Um aparelho que pode ser vestido com um pênis acoplado e que permite movimentação de entrada e saída sem o uso das mãos.

Circuncisão – Uma pequena operação realizada por um médico ou por um religioso com experiência em remover o prepúcio do pênis. Geralmente é utilizada por motivos médicos, como fimose (prepúcio estreito), por razões de higiene ou por motivos religiosos.

Clamídia – Uma doença sexualmente transmissível que afeta tanto homens quanto mulheres. Costuma não apresentar sintoma algum, mas pode levar à infertilidade, o que ressalta a importância de fazer exames com regularidade. Se descoberta cedo, pode ser tratada com antibióticos.

Clitóris – O único órgão do corpo humano cujo único propósito é o prazer. Esse pequeno órgão se localiza no topo da vulva da mulher. É coberto pelo capuz do clitóris e se torna ereto quando a mulher fica excitada.

Consolo duplo – Um consolo que pode ser utilizado nas duas extremidades, por duas pessoas ao mesmo tempo.

Consolo – Objeto em forma de pênis, que pode ser inserido dentro da vagina ou do ânus para estimulação sexual. Não confundir com um vibrador, que tem estrutura semelhante, mas funciona à base de bateria e vibra, para oferecer mais estimulação.

Cross-Dressing – Quando um membro de um sexo considera sexualmente gratificante usar roupas e imitar o sexo oposto. *Cross-Dressers* nem sempre são gays.

Cunilíngua – Sexo oral feito na mulher. *Cunnus* em latim significa vulva e *lingere* significa lamber.

Declive pélvico – Um exercício para manter a musculatura da pélvis em forma.

De quatro – Uma posição sexual em que a mulher se apoia com as mãos e os pés e o homem a penetra por trás.

Deslizar na parede – Um exercício que visa fortalecer a coxa e os músculos da barriga.

Diafragma – Método contraceptivo de barreira que armazena gel espermicida contra a abertura cervical da mulher.

Disforia de gênero – Quando uma pessoa de determinado sexo deseja ser do sexo oposto.

DIU – Dispositivo intrauterino que é encaixado no interior do útero e impede a gravidez, impedindo o óvulo de se implantar ao útero.

Doença inflamatória pélvica – Uma infecção bacteriana que causa a inflamação dos órgãos sexuais femininos, em geral nas trompas de falópio.

Dominante – O mestre, senhor(a) no BDSM.

Dom – Dominante ou *Dominatrix*.

DST – Doença sexualmente transmissível. Também conhecida como Doença Venérea.

Dupla penetração – Um pênis ou consolo na vagina e no ânus ao mesmo tempo.

Emissão noturna – O sonho molhado, comum em garotos durante a puberdade.

Endorfinas – São os hormônios da "boa sensação", neurotransmissores que têm um grande leque de funções. Eles ajudam a regular atividades cardíacas, funções hormonais, percepção de dor e os mecanismos de choque por perda de sangue, e acredita-se estarem envolvidos de alguma forma no controle das emoções, do humor e da motivação. Acredita-se que exercícios físicos, sexo e chocolate estimulem sua produção.

Esferas anais – Um elo de esferas a serem inseridas e retiradas do ânus quando próximo ao orgasmo.

Esmegma – Substância grossa e sebosa que se acumula debaixo do prepúcio ou do capuz do clitóris.

Espermicida – Um creme gel ou pessário que exterminará os espermatozoides ao entrar em contato com eles. Comumente adicionado aos preservativos.

Esponja uretral – Área acolchoada que protege a uretra durante a relação sexual.

Estupro – Sexo imposto a um homem ou uma mulher. Um crime sexual grave que resulta em grande dano psicológico às vítimas.

Exercícios de Kegel – Contração da musculatura do assoalho pélvico. Esses exercícios ajudam a tornar você mais sensível sexualmente, e alguns dizem que colaboram para se ter orgasmos mais intensos. Especialmente útil para as mulheres reconquistarem a força na genitália após dar à luz.

Felação – Sexo oral feito no homem.

Felching – Sucção oral do sêmen masculino da vagina ou do ânus.

Fetiche – Um objeto específico ou parte do corpo que é erotizada por um indivíduo em troca de gratificação sexual.

Frottage – Simulação de sexo sem tirar a roupa.

Frênulo – Localizado abaixo da glande ou cabeça do pênis, na face que fica do lado oposto do corpo, quando o pênis está ereto. É uma área extremamente sensível.

Genitais – Órgãos sexuais.

Glande – A cabeça do pênis.

Glândulas de Cowper – Pequenas estruturas próximas da uretra no interior da base do pênis, envolvidas na secreção de fluido pré-seminal.

Glândulas de Montgomery – Pequenas saliências nos mamilos.

Grampos de mamilo – Grampos que são colocados sobre os mamilos durante o sexo. Eles vêm em diferentes níveis de pressão e em geral são utilizados em BDSM.

Gravidez ectópica – Quando o embrião em desenvolvimento se implanta às trompas de falópio e não no útero. Caso não seja diagnosticada rapidamente, pode levar à morte da mãe.

Gônada – Uma glândula sexual.

Hermafrodita – Um indivíduo que nasce com os órgãos sexuais tanto masculinos quanto femininos. Isso geralmente é causado por excesso do hormônio andrógeno durante a gravidez.

Herpes – Um vírus que pode atingir tanto a boca quanto a genitália. Ele forma uma ferida e pode provocar sintomas semelhantes aos da gripe. Uma vez infectado, ele permanece no corpo, geralmente em um estágio dormente relativamente inofensivo. É importante fazer uso de métodos anticoncepcionais de barreira como camisinhas se você estiver certo de ser um portador, mas em especial se você não estiver 100% seguro de que o seu parceiro não o é.

Impotência – Quando um homem não consegue sustentar uma ereção de maneira regular.

Infecção por fungos – Infecções por fungos que afetam em particular algumas regiões úmidas do corpo, tais como entre os dedos dos pés, a vagina e o pênis.

Kama Sutra – Um livro clássico indiano sobre a arte e a técnica do amor e do sexo.

Kundalini – Deriva da palavra sânscrita *kundal*, que significa enrolada, e que em textos védicos e tântricos normalmente é representada por uma serpente enrolada ou dormindo. A compreensão de sua energia dentro do corpo humano era considerada por santos e guardiões como o conhecimento mais elevado.

Labia minora – Os pequenos lábios da vagina ligados ao clitóris. Têm coloração rosada e são mais finos que os grandes lábios (lábia majora).

Libido – O desejo que nos leva a estabelecer relações sexuais com outra pessoa.

Ligação das Trompas – Esterilização permanente feminina, em que as trompas de falópio são cirurgicamente fechadas.

Lingham – Palavra em sânscrito que significa pênis, uma definição utilizada em textos tântricos.

Lésbica – Uma mulher que prefere estabelecer relações sexuais com outras mulheres.

Maithuna – Uma técnica tântrica utilizada por homens para suprimirem seus orgasmos.

Masoquista – Uma pessoa que é receptiva à dor e sente gratificação sexual ao recebê-la. Também conhecido como submissa.

Masturbação – Estimulação da própria genital para alcançar prazer sexual.

Merkin – Uma peruca feita especialmente para a região púbica. Grudada com cola.

Modificação Corporal – Alterar o seu corpo com tatuagens, *piercings* e espartilhos.

Monte de Vênus – A saliência carnuda no topo da vulva onde crescem os pelos pubianos.

Glossário

Monília – Uma infecção vaginal por fungo (*candida albicans*) que pode ser dolorosa e causar corrimentos grossos, juntamente com grande coceira.

Mula bandha – Ou trava do chacra base – é uma posição de yoga focada nos músculos do assoalho pélvico.

Músculo do assoalho pélvico (PC) – O músculo que mantém o assoalho pélvico unido.

Nonoxynol-9 – Ingrediente da maioria dos géis contraceptivos que altera o PH do esperma masculino e o torna infértil.

Orgasmo – A sensação que se agita pelo seu corpo durante o clímax da excitação sexual.

Papai-e-mamãe – O homem e a mulher fazem sexo na horizontal voltados um para o outro com o homem por cima.

Papaverina – Um medicamento injetado no pênis para torná-lo rijo e ereto.

Períneo – Área de grande sensibilidade entre o ânus e a genital masculina ou feminina.

Pessário – Espermicidas no formato de pequenas cápsulas a serem inseridas na vagina da mulher.

Piercing do Príncipe Albert – Um piercing da genitália masculina que atravessa a abertura uretral do pênis, e se prolonga até o exterior da face inferior do pênis.

Pilates – Uma forma delicada de exercícios criada por Joseph Pilates.

Plataforma orgástica – A vulva e o primeiro terço da entrada vaginal, onde estão concentradas as terminações nervosas.

Plug anal – Objeto em formato de diamante que é inserido no ânus e geralmente é feito de plástico ou silicone. É usado para criar a sensação de preenchimento.

Poliamorosos – Indivíduos que estabelecem relações sexuais fixas com mais de um parceiro.

Ponto A – A zona erógena fórmex anterior é vizinha do ponto G. Localizado aproximadamente a um terço do caminho abaixo na parede frontal da vagina.

Ponto G – Batizado em homenagem a Ernest Grafenburg, que afirmou que uma área na região do topo da vagina é potencialmente estimulante sexualmente para algumas mulheres.

Porra – Gíria para o esperma masculino.

Pranayama – Uma técnica de respiração praticada na yoga.

Pregozo – O fluido que vaza de um pênis ereto no decorrer da excitação sexual. Possui propriedades que amenizam a acidez da uretra para que o sêmen tenha mais possibilidade de engravidar a mulher.

Prepúcio – Pele que cobre a glande do pênis.

Prepúcio – Um pedaço de pele que se estende do corpo do pênis até a ponta da cabeça para manter a umidade e fornecer proteção. É retirada em indivíduos circuncidados.

Priaprismo – Batizado em homenagem ao deus grego da força reprodutiva masculina, Priapus, é uma condição médica em geral muito dolorosa que causa uma ereção intermitente, que não cessa. Em geral é preciso buscar assistência médica para não sofrer danos permanentes.

Próstata – A glândula responsável por parte do fluido ejaculado pelo homem. Ela se contrai segundos antes do orgasmo. Localizada no assoalho do reto.

Pílula do dia seguinte – Método contraceptivo de emergência que vem na forma de pílulas a serem tomadas com intervalo de 12 horas entre elas. Podem ser usadas até 72 horas depois do sexo desprotegido.

Retroversão uterina – Um útero que aponta para as costas em vez de se posicionar paralelo à espinha dorsal. Pode causar problemas quando da concepção.

S&M – Encenações sexuais onde os indivíduos realizam suas fantasias de dominação e submissão.

Senhas – Usadas em BDSM, é um palavra combinada com antecedência e usada para o submisso pedir ao dominante que pare ou diminua a intensidade.

Serotonina – O neurotransmissor e hormônio 5-hidroxitriptamina (5-HT) que pode ser encontrado em muitos tecidos do corpo, em especial no cérebro, plaquetas do sangue e forro intestinal. A serotonina se ocupa do controle de humor e níveis de consciência.

Sexo seguro – É importante tomar as devidas precauções contra DSTs, mas não existe sexo completamente seguro.

Sodomia – Refere-se à penetração anal.

Glossário

Soixante-neuf (69) – Quando um casal realiza sexo oral um no outro simultaneamente.

Submisso – O indivíduo submisso de um casal *bondage*. O outro é conhecido como dominante.

Swing – Troca de casais, em geral envolvendo sexo grupal ou festas específicas em que os casais se misturam e fazem sexo com o parceiro de outros.

Switches – Pessoas que fazem BDSM e alternam os papéis de "dominante" e "submisso".

Sânscrito – O antigo idioma indo-europeu literário da Índia.

Sêmen – O fluido branco que em geral acompanha o orgasmo masculino.

Síndrome do choque tóxico – Infecção rara, porém potencialmente mortal decorrente do uso do tampão.

Tampão – Dispositivo anticoncepcional que cobre o cérvix e atua como barreira para impedir a entrada dos espermatozoides.

Tantra – Escritos budistas e hindus que contêm ensinamentos religiosos e instruções ritualísticas.

Tesouras – Um exercício baseado em Pilates em que as pernas são levantadas para o ar e simulam o movimento de uma tesoura.

Uretrite inespecífica – Uma infecção do trato urinário que é bastante recorrente.

Vibrador – Dispositivo elétrico vibratório usado em geral por mulheres para propósitos de masturbação. Pode ser usado tanto na vagina quanto no ânus.

Voyerismo – Um fetiche em que os indivíduos envolvidos se sentem sexualmente estimulados ao ver outras pessoas se despindo ou fazendo sexo.

Vulva – A parte externa da genitália feminina.

Yoga – Uma antiga e holística forma de exercício adequada a todas as idades.

Yoni – A palavra em sânscrito usada para se referir à vulva de uma mulher, termo extensamente utilizado no Tantra.

Sexo Definitivo

Bibliografia

Allende, Isabel, *Aphrodite: The Love of Food and the Food of Love* (Flamingo, UK, 1998).

Allison, Sadie, *Tickle Your Fancy* (Tickle Kitty Press, USA, 2002).

Alman, Isadora, *Doing it* (Conari Press, USA, 2001).

Anderson, Dan; Berman, Maggie, *Sex Tips for Straight Women from a Gay Man* (2ª ed., Thorsons, UK, 2002).

Blank, Joani, *Still Doing it: Women and Men over 60 Write About their Sexuality* (Down There Press, USA, 2000).

Burton, Sir Richard, *The Kama Sutra of Vatsyayana and the Phaedrus of Plato* (Kimber Editions, 1963).

Cattrall, Kim; Levinson, Mark, *Satisfaction: The Art of the Female Orgasm* (Thorsons, 2002).

Comfort, Alex, *The Joy of Sex* (5ª ed., Mitchell Beazley, UK, 1996).

D'Argy Smith, Marcelle, *The Lover's Guide: What Women Really Want* (Carlton Books, UK, 2002).

Davies, Dominic, Gillespie-Sells, Kath, Shakespeare, Tom, *The Sexual Politics of Disability: Untold Desires* (Cassell, UK and New York, 1996).

Delvin, David, *The She Complete Guide to Sex and Loving* (Ebury Press, UK, 1985).

Dennis, Wendy, *Hot and Bothered* (2ª ed., Grafton, UK, 1993).

Easton, Dossie; Hardy, Janet W, *The New Bottoming Book* (Greenery Press, USA, 2001).

Friday, Nancy, *My Secret Garden* (Quartet Books Ltd, UK, 1975).

Hooper, Anne, *Massage and Loving* (Unwin Hyman Ltd, UK, 1988).

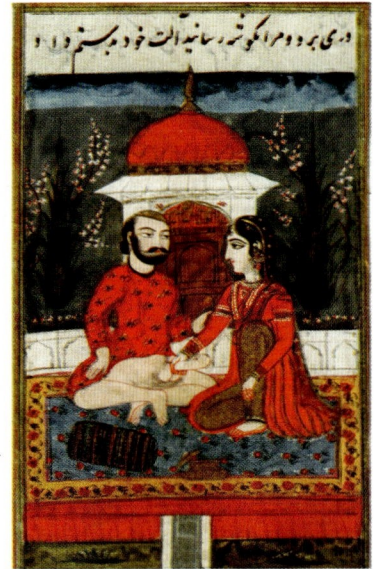

Joannides, Paul, *Guide to Getting it On* (2ª ed., Vermilion, UK, 2001).
Kriedman, Ellen, *Light His Fire* (Judy Piatkus Ltd, UK, 1990).
Lacroix, Nitya, *Love, Sex and Intimacy* (7ª ed., Lorenz Books, UK, 2002).
Lacroix, Nitya, *Tantric Sex: The Tantric art of Sensual Loving* (2ª ed., Southwater, UK, 2000).
Lawson, Michael, *The Better Marriage Guide* (Hodder & Stoughton Ltd, UK, 1998).
McConville, Brigid, *My Secret Life: Sexual Revelations from Long-term Lovers* (Thornsons, UK, 1998).
Paget, Lou, *How to Give Her Absolute Pleasure* (2ª ed., Judy Piatkus Ltd, UK, 2001).
Paros Lawrence, *The Erotic Tongue* (2ª ed., Arlington Books Ltd, UK, 1988).
Powling, Suzy; Thoburn, Marj, *The Relate Guide to Loving in Later Life: How to Renew Intimacy and Have Fun in the Prime of Life* (2ª ed., Vermilion, UK, 2000).
Quilliam, Susan e Relate, *Staying Together: From Crisis to Deeper Commitment* (2ª ed., Vermilion, UK, 2001).
Reyes, Alina, *The Butcher* (3ª ed., Minerva, UK, 1992).
Youngson, Dr. Robert, *The Royal Society of Medicine Health Encyclopedia* (3ª ed., Bloomsbury Publishing Plc, UK).

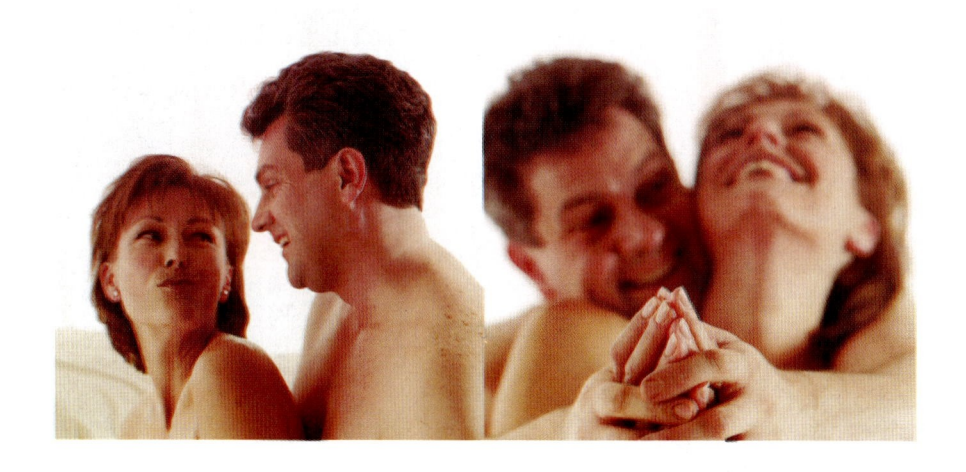

Bibliografia

ARTIGOS

Campbell, Carolyn, Speed Dating: A New Form of Matchmaking (*Discovery Health Channel website*).

Crisp, Charlotte, Talking Dirty (*Cosmopolitan*, May, 2002), p. 145.

Goleman, Daniel, Language of Love (*New York Times*, 14 de fevereiro de 1995).

Guerra, Fred, What is Semen Made From? (JakinWorld.com Science Corner).

Hill, Amelia, Women to Get Sex Toys on the NHS (*The Observer website*, 19 de setembro de 2002).

Kaylin, Lucy, The Porning of America (*GQ*, agosto de 1997), p. 166-170.

Keyishian, Amy, The Complete Guide to Your Clitoris (*Cosmopolitan*, maio de 2002), p. 137-140.

Mauro, Jim, Keeper of the Flame (*Smoke*, vol 11, nº 2) p. 84-91.

O'Connell, Sanjida, Follow Your Nose (*Guardian Unlimited*, 27 de setembro de 2002).

Stewart, Fiona, R U RDY 4 THS? (iVillage.co.uk, 5 de setembro de 2002).

Vincent, Sally, Everybody's Doing It (*The Guardian Weekend*, 10 de agosto de 2002).

Whitfield, John, The Sweet Smell of the Immune System (Nature News Service, 7 de março de 2002).

SITES NA INTERNET

www.cliterati.co.uk – The website that admits that women like sex too. [O website que admite que as mulheres também gostam de sexo.]

www.tantra.com – The resource for Tantra, sex and the *Kama Sutra*. [O canal sobre Tantra, sexo e *Kama Sutra*.]

www.tantra.org – Church of Tantra and the text of the *Kama Sutra*. [O templo do Tantra e do texto do *Kama Sutra*.]

www.tantraworks.com – *Vatsayana*'s contribution. [As contribuições de *Vatsayana*.]

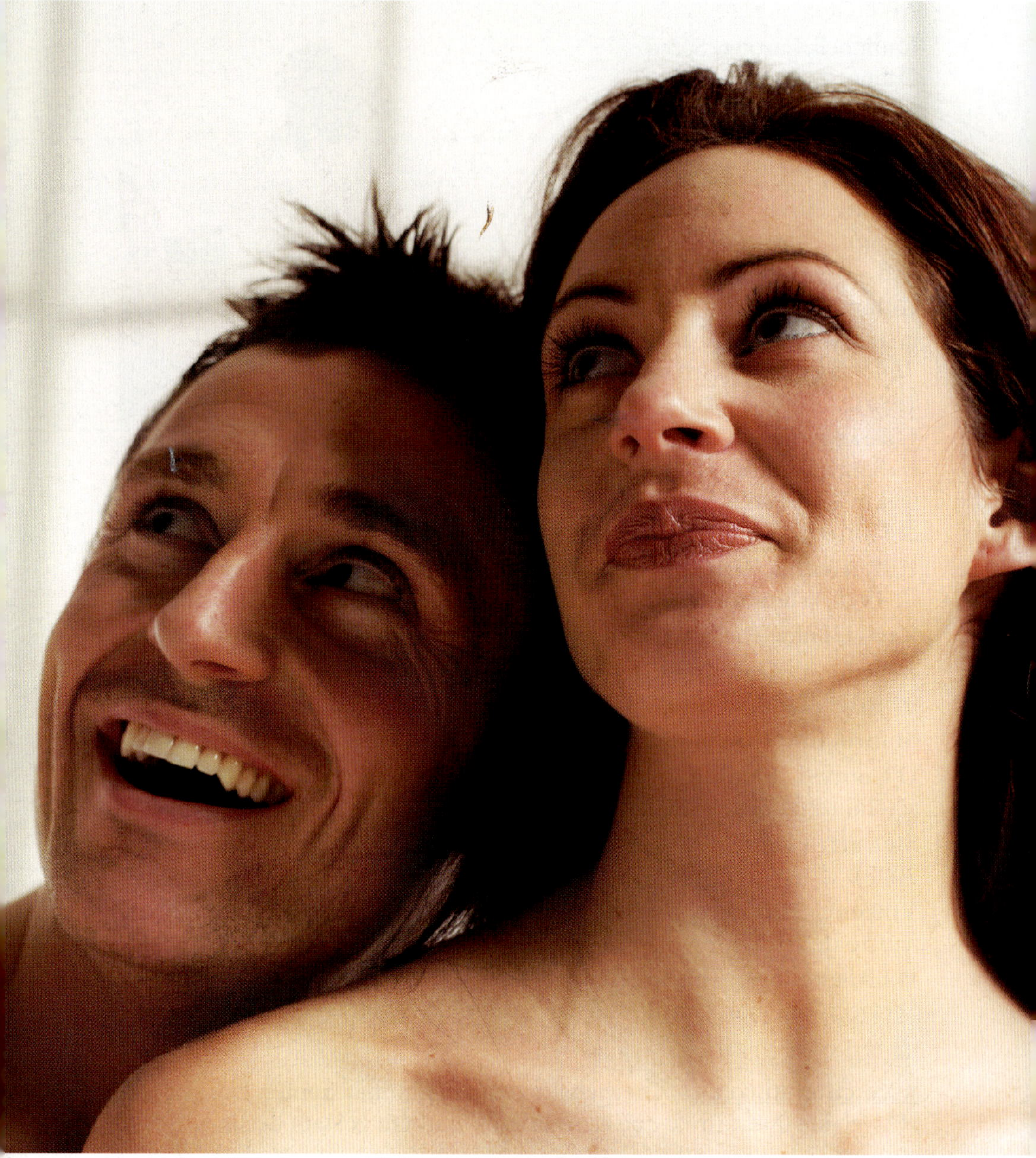

Índice Remissivo

A

Aborto 456
Abuso 481, 483
Afrodisíacos 363
AIDS 111, 223, 224, 450, 452, 454, 455, 456, 473, 477, 478
Ajuda profissional 84, 238, 421
Ananga Ranga 18, 299, 309, 310, 321, 322, 324, 325, 327
Anilingus 206
Anosgarmia 127
Ânus 50, 56, 65, 66, 73
Arbuthnot, F.F. 301
Aroma 25
Autoexame 60, 61

B

Batendo 342
Beijo da Cleópatra 85, 86, 87, 316, 317, 318, 319, 488
Beijo de nariz 85, 86, 87, 316, 317, 318, 319, 488
Bondage 15, 487, 488
Brauer, Alan 294
Brincadeira de desconhecidos 241
Brincadeira do banquete à meia-noite 241
Brinquedos 257, 258, 261
Bulbos do vestíbulo 65
Burton, Sir Richard 301, 497

C

Cama versus Chão 113, 187
Câncer 60
Cérvix 71, 73
Chacras 342, 488
Chatos 477, 488
Checagem 76
Chicago, Judy 70, 372
Circuncisão 488
Clamídia 475, 489
Clitóris 64, 136, 219, 489
Coito 7, 103, 143, 293, 488
Comfort, Dr. Alex 422, 497
Comida 357, 358, 359, 363, 367, 374, 381
Comunicação sexual 16, 106, 108, 109, 119, 145, 415, 428
Conchinha, ver lado a lado 392
Consolos strap-on 258, 259
Contraceptivos de emergência 447
Contraceptivos naturais 447
Conversa de travesseiro 91, 107
Conversando 201, 413, 415
Coquetéis 361
Corpo feminino 7, 45, 47, 48, 63, 65
Corpo masculino 7, 45, 47, 48, 63, 65
Cozinhando juntos 371
Cunilíngua 217, 350, 489

D

Darwin, Charles 37
Dedos dos pés 95, 97
De quatro, ver entrada por trás 489
Deslizar na parede 437, 489
Disfunções da ereção 471
Doenças sexualmente transmissíveis 427, 473
Dominação 246, 247, 289
Dubberley, Emily 5, 133

Índice Remissivo

E

Educação sexual 448
Ejaculação precoce 468, 470
Entrada por trás 167
Epidídimo 55, 56
Erotismo 7, 231, 233, 236, 237
Esperma 50
Esportes aquáticos 250
Esterilização 492
Estupro 481, 490
Exercício de dardo 418
Exercício do declive pélvico 418
Exercícios entre quatro paredes 73, 307, 331, 433, 436, 437, 490

F

Falando sacanagem 90
Fantasia 136
Fazendo swing 139, 290
Felação 209, 349, 491
Feromônios 24
Fetiches 249, 250
Filosofia 299
Fingindo o orgasmo 127
Flertando 27
Flores 42
Freud, Sigmund 117
Friday, Nancy 253, 497
Fruta 369

G

Glândulas bulboretrais 56
Glândulas de Cowper (glândula) 491
Gonorreia 475
Grafenberg, Dr. 125
Grammer, Karl 29
Gravidez 392, 491

H

Hepatite 476
Herpes genital 476, 491
Higiene 224
Histórias de esposas de antigamente 451
Hite, Shere 422
HIV 223, 224, 450, 452, 454, 455, 456, 473, 477, 478
Homem 47, 149, 151, 152, 153, 154, 155, 156, 157, 214, 303, 372
Homem por cima 151, 153, 154, 156, 157
Homens 24, 39, 113, 122, 129, 167, 224, 225, 331, 399, 428, 476, 481, 482
Homens por cima 24, 39, 113, 122, 129, 167, 224, 225, 331, 399, 428, 476, 481, 482

I

Infecções por fungo 477, 492
Infertilidade 460

J

Jogos sexuais 241, 242, 273, 289
Johnson, Virginia 420, 422
Juntos 94, 139, 285, 306

K

Kama Sutra 4, 18, 105, 285, 298, 299, 300, 301, 303, 307, 309, 321, 327, 337, 342, 492, 497, 499
Kegel, Dr 295, 307, 437, 490
Kinsey, Alfred 422, 487
Kleinke, Chris 31

L

Labia 492
Lábios 63, 86

Lado a lado 190, 191
Locais 33
Lubrificantes 260
Lugares para conhecer pessoas 265, 275

M

Malla, Kalyana 299, 309, 313, 327
Mamilos 69
Massagem 99, 131, 281
Masters, William 420, 422
Masturbação 129, 133, 201, 492
Meia nove 206, 235, 243, 395, 396, 443
Mensagens de texto 42
Modificação corporal 250, 492
Monte de Vênus 492
Mordendo 324
Mulheres 29, 59, 67, 70, 121, 133, 160, 400, 427, 437, 448, 457, 481
Mulher por cima 160, 161, 162, 163, 165
My Secret Garden 253, 497

O

O'Connell, Helen 64, 499
O'Keeffe, Georgia 70
Orgasmo 7, 115, 121, 122, 127, 293, 294, 353, 392, 493
Orgasmos de energia 115, 122, 123, 126, 293, 355
Orgasmo sexual estendido 7, 115, 121, 122, 127, 293, 294, 353, 392, 493
Orgasmo simultâneo 7, 115, 121, 122, 127, 293, 294, 353, 392, 493
Orgasmos múltiplos 115, 122, 123, 126, 293, 355
Ouvindo 415
Ovários 72, 73

P

Paladar 235
Papai-mamãe, ver homem por cima 493
Penas 278

Penetração 174, 181
Pênis 47, 48
Períneo 50, 65, 66, 493
Pessoas assistindo 39, 119, 359, 421, 425, 428, 467, 495
Pessoas com necessidades especiais 39, 119, 359, 421, 425, 428, 467, 495
Pilates 439, 440, 441, 488, 493, 495
Pílula, anticoncepcional 494
Pílula do dia seguinte 494
Ponto G 56, 73, 125, 140, 493, 494
Ponto U 69 56, 73, 125, 140, 493, 494
Pornografia 237
Posições 177, 181, 183, 193, 298, 327, 345, 451
Posições de joelhos 183
Posições em pé 177, 181, 183, 193, 298, 327, 345, 451
Posições sentadas 177, 181, 183, 193, 298, 327, 345, 451
Prazer pós-coital 137, 201, 206, 337
Preliminares 89, 92
Presentes 42, 410
Primeiras impressões 23, 31
Problemas de ejaculação 469
Puxar o cabelo 325

R

Rapidinha 269
Relação amorosa dolorosa 468
Relacionamentos de longa duração 3, 112
Restrição 289
Reto 56, 57
Reyes, Alina 4, 237, 498
Romance 83

S

Sadomasoquismo 245, 246, 488
Saindo do armário 111, 265
Saindo em encontros 111, 265
Sânscrito 307, 495

Saúde sexual 7, 59, 431, 463
Sedução 7, 79, 81
Seios 67, 282, 283
Sêmen 51, 215, 495
Sem pratos 18, 225, 277, 377
Sensualidade 233, 277
Sex and the City 259
Sexo anal 224
Sexo gay 7, 13, 16, 19, 43, 92, 108, 111, 118, 167, 169, 170, 171, 172, 173, 175, 176, 187, 194, 205, 214, 223, 224, 228, 241, 265, 273, 275, 290, 297, 299, 331, 350, 359, 365, 368, 381, 382, 392, 403, 413, 447, 483, 489, 490, 491, 494
Sexo oral 7, 13, 16, 19, 43, 92, 108, 111, 118, 167, 169, 170, 171, 172, 173, 175, 176, 187, 194, 205, 214, 223, 224, 228, 241, 265, 273, 275, 290, 297, 299, 331, 350, 359, 365, 368, 381, 382, 392, 403, 413, 447, 483, 489, 490, 491, 494
Sexo oral na mulher, ver cunilíngua 7, 13, 16, 19, 43, 92, 108, 111, 118, 167, 169, 170, 171, 172, 173, 175, 176, 187, 194, 205, 214, 223, 224, 228, 241, 265, 273, 275, 290, 297, 299, 331, 350, 359, 365, 368, 381, 382, 392, 403, 413, 447, 483, 489, 490, 491, 494
Sexo seguro 7, 13, 16, 19, 43, 92, 108, 111, 118, 167, 169, 170, 171, 172, 173, 175, 176, 187, 194, 205, 214, 223, 224, 228, 241, 265, 273, 275, 290, 297, 299, 331, 350, 359, 365, 368, 381, 382, 392, 403, 413, 447, 483, 489, 490, 491, 494
Sexo tântrico 7, 13, 16, 19, 43, 92, 108, 111, 118, 167, 169, 170, 171, 172, 173, 175, 176, 187, 194, 205, 214, 223, 224, 228, 241, 265, 273, 275, 290, 297, 299, 331, 350, 359, 365, 368, 381, 382, 392, 403, 413, 447, 483, 489, 490, 491, 494

Sexo Taoista 7, 13, 16, 19, 43, 92, 108, 111, 118, 167, 169, 170, 171, 172, 173, 175, 176, 187, 194, 205, 214, 223, 224, 228, 241, 265, 273, 275, 290, 297, 299, 331, 350, 359, 365, 368, 381, 382, 392, 403, 413, 447, 483, 489, 490, 491, 494
Sífilis 476
Sinais sexuais 37, 418, 474
Sodomia 494
Submissão 245, 247
Suprimindo 353

T

Técnica de espremer 4, 100, 209, 293, 488
Técnica do Alinhamento no Coito (CAT) 4, 100, 209, 293, 488
Técnicas 136, 313, 317
Tentação 81
Tente coisas novas 92, 123, 133, 204, 218, 220, 233, 251, 267, 270, 284, 285, 291, 327, 334, 361, 374, 391, 393, 406, 413, 419, 444
Testículos 49, 56
The Butcher 4, 237, 498
The Hite Report 422
The Joy of Sex 422, 497
Toque 75, 243, 277
Trompas de falópio 72, 73, 492

U

Umbigo 95
Uretra 48, 56, 66, 73
Útero 72, 73

V

Vadavaka 339
Vagina 71, 73
Vatsayana, Mallanga 299, 300, 301, 303, 306, 307, 327, 343, 345, 349, 499
Vibradores 257, 258, 260, 428
Vida familiar 164, 395, 397

Vírus do papiloma humano (hpv) 475
Vitaminas 382
Voyerismo 495

W

Wedekind, Claus 25

Y

Yab-yum 343
Yoga 439, 495

Z

Zonas erógenas 95

Conheça Outros Livros

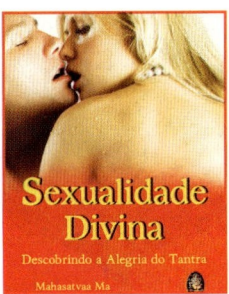

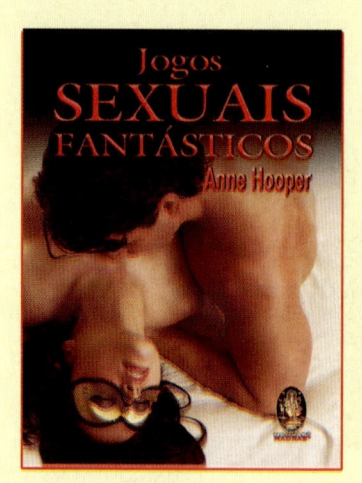

JOGOS SEXUAIS FANTÁSTICOS
Anne Hooper

Coloque o fogo de volta ao sexo com jogos eróticos ousados. Realize suas mais audaciosas fantasias sexuais com jogos sexuais ousados e sensuais. Combinem borbulhas com carícias e descubram o prazer do banho divertido e travesso. Explorem o erotismo da comida em piqueniques promíscuos e banquetes sexuais. Aprimorem suas técnicas sexuais e prolonguem o prazer com seus corpos.

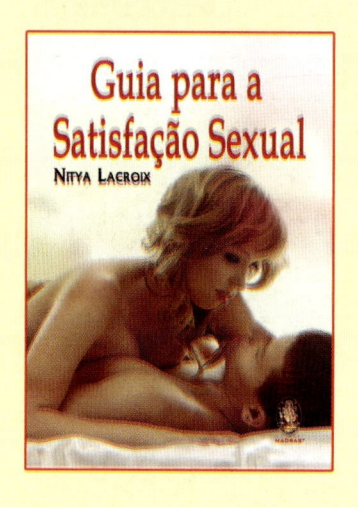

GUIA PARA A SATISFAÇÃO SEXUAL
Nitya Lacroix

O *Guia para a Satisfação Sexual* tem o objetivo de atenuar todas as nossas preocupações, gerar confiança e aumentar o prazer e a excitação por meio de uma compreensão mais profunda a respeito do nosso corpo e o do parceiro, e uma maior consciência de nossa habilidade de dar e receber prazer com alegria e confiança. O livro começa com orientações objetivas e informações sobre práticas sexuais seguras essenciais no mundo de hoje, que são primordiais para todos os parceiros.

MADRAS Editora — CADASTRO/MALA DIRETA

Envie este cadastro preenchido e passará a receber informações dos nossos lançamentos, nas áreas que determinar.

Nome _____
RG _____ CPF _____
Endereço Residencial _____
Bairro _____ Cidade _____ Estado _____
CEP _____ Fone _____
E-mail _____
Sexo ❏ Fem. ❏ Masc.   Nascimento _____
Profissão _____ Escolaridade (Nível/Curso) _____

Você compra livros:
❏ livrarias   ❏ feiras   ❏ telefone   ❏ Sedex livro (reembolso postal mais rápido)
❏ outros: _____

Quais os tipos de literatura que você lê:
❏ Jurídicos   ❏ Pedagogia   ❏ Business   ❏ Romances/espíritas
❏ Esoterismo ❏ Psicologia ❏ Saúde   ❏ Espíritas/doutrinas
❏ Bruxaria   ❏ Autoajuda   ❏ Maçonaria ❏ Outros:

Qual a sua opinião a respeito desta obra? _____
_____

Indique amigos que gostariam de receber MALA DIRETA:
Nome _____
Endereço Residencial _____
Bairro _____ Cidade _____ CEP _____

Nome do livro adquirido: ***Sexo Definitivo***

Para receber catálogos, lista de preços e outras informações, escreva para:

MADRAS EDITORA LTDA.
Rua Paulo Gonçalves, 88 – Santana – 02403-020 – São Paulo/SP
Caixa Postal 12183 – CEP 02013-970 – SP
Tel.: (11) 2281-5555 – Fax.:(11) 2959-3090
www.madras.com.br

Este livro foi composto em Times New Roman, corpo 11,5/13.
Papel Couche 150g
Impressão e Acabamento
Atrativa Gráfica
Rua Cabo Romeu Casagrande, 277 – Parque Novo Mundo
– CEP 02180-060 - São Paulo – SP
Fone/fax: (11) 2632-6633 – E-mail: atrativa@atrativagrafica.com.br